# Inhalt

# Zu diesem Buch

»Seit einiger Zeit fühle ich mich so bedrückt – alles ist mir zuviel – ich muß mich auch für die kleinste Arbeit richtig aufraffen – manchmal ist es, als sei ich wie gelähmt. Dann möchte ich am liebsten den ganzen Tag im Bett bleiben. Körperlich bin ich gesund, sagt mein Hausarzt, nachdem er alles untersucht hat. Es müsse psychisch sein, ich solle etwas für meine Seele tun. Ich brauche also Psychotherapie – aber welche, es gibt ja so viele Richtungen?«

»Mein Sohn ist in einer Psychotherapeutischen Klinik. Ich finde das schlimm, weil ich nicht weiß, was dort mit ihm geschieht. Sicher bekommt er auch Medikamente. Ob diese Nebenwirkungen hinterlassen? Er hat einen Selbstmordversuch gemacht. Warum wohl? Hätte ich es verhindern können? Wie gehe ich mit ihm um, wenn er jetzt entlassen wird? Das belastet mich alles sehr.«

»Jetzt sind die Kinder aus dem Haus, und ich habe viel mehr Zeit als früher. Ich möchte diese Zeit gern nutzen, um endlich etwas Gutes für meinen Körper und meine Seele zu tun. Es ist mir auch wichtig, mich selbst besser kennenzulernen und meine Persönlichkeit weiter zu entwickeln. Was ist da wohl für mich geeignet?«

Solche oder ähnliche Fragen bewegen heute viele Menschen. Je mehr Angebote und Möglichkeiten es gibt, um so schwerer wird die Wahl. Manche Psychotherapie- oder Selbsterfahrungsmethoden klingen sehr vielversprechend, andere sind weitgehend unbekannt. Häufig weiß man kaum, was sie beinhalten, wie sie durchgeführt werden und für wen sie geeignet sind.

Dieses Buch ist als Orientierungshilfe gedacht. Von kompetenten Fachvertreterinnen und Fachvertretern werden 50 verschiedene Methoden der Behandlung oder Selbsterfahrung dargestellt. Bei der Zusammenstellung haben wir uns bemüht, daß Verfahren, die sich überwiegend auf Körpererleben stützen oder vor allem im seelischen Bereich ansetzen beziehungsweise der geistigen Orientierung und Vertiefung dienen, gleichermaßen berücksichtigt werden.

Allen Mitarbeiterinnen und Mitarbeitern danken wir sehr dafür, daß sie, obwohl komplizierte wissenschaftliche Darstellungen gewohnt, ihre Beiträge in so klarer, einfacher Weise geschrieben und die gebotene Kürze eingehalten haben, ohne an Gehalt zu verlieren. Die Vielfalt und Lebendigkeit der hier vertretenen Methoden war auch für uns immer anregend. Oft verspürten wir Lust, selbst entsprechende Erfahrungen zu machen. Die Fülle des Stoffes war nie ermüdend. Wir hoffen, daß es den Leserinnen und Lesern ähnlich ergehen wird und sie das Buch bereichert aus der Hand legen, aber auch immer wieder gern zur Hand nehmen, um nachzuschlagen und sich zu informieren.

*Angela Waiblinger und Theodor Seifert*

# Aktive Imagination

Paul Schmidt

*Geboren 1937; Studium der Katholischen Theologie, Diplom; Studium der Psychotherapie und Tiefenpsychologie; Mitarbeiter der Psychotherapeutischen Klinik Stuttgart; Dozent und Lehranalytiker am C.G. Jung-Institut Stuttgart.*

## Das Phänomen

Die *Aktive Imagination* (AI) ist eine von C.G. Jung wiederentdeckte Möglichkeit, aktiv mit der eigenen Seele in Beziehung zu treten (s. auch Analytische Psychologie).

Sie ist kein Traum, an den sich jemand am Morgen erinnert, sie ist ein im Zustand des Wachseins entstandenes Phantasiebild, an dessen Geschehen das Ich aktiv beteiligt ist. Im Gegensatz zu einer *passiven Imagination*, wo das Bewußtsein innere Bilder wahrnimmt, sie an sich vorbeiziehen läßt, aber weiter nicht beteiligt ist, setzt sich in der AI das Ich mit den Gegebenheiten der Phantasie aktiv auseinander, der ganze Mensch ist mit seinem Erleben und inneren Tun beteiligt.

Meistens wendet sich das Ich eines Menschen mit einem bestimmten Anliegen an das Unbewußte; es ist aber durchaus auch möglich, daß sich eine Gestalt aus dem Unbewußten von sich aus an das Ich wendet. Als ich einmal in Kairo das Ägyptische Museum und die Pyramiden besucht hatte und insgesamt tief beeindruckt, aber mit einem körperlichen Symptom, das sich dort bemerkbar gemacht hatte, im Flugzeug saß, meldete sich kurz nach dem Start eine innere Gestalt, die sich als »Hüterin der religiösen Stätten des Alten Ägypten« vorstellte. Sie hatte das Bedürfnis, mir zu sagen, warum ich dieses Symptom bekommen hatte: Ich sei ehrfurchtslos, wie eben ein Tourist, durch die heiligen Stätten gelaufen. Das sei falsch, und deshalb hätte ich jetzt diesen Durchfall.

Diese Erklärung, die mir spontan gegeben wurde, hat mich tief beeindruckt, ich werde den gleichen Fehler nicht wieder machen. Auch meine rationalen Erklärungsversuche – ungewohnte Kost oder mangelnde Sauberkeit als Ursache für diese unangenehme Geschichte – hielten ihr gegenüber nicht stand.

Wenn ich davon sprach, daß C.G. Jung die AI wiederentdeckte, so möchte ich auch erwähnen, daß die älteste uns bekannte AI von einem Ägypter stammt, der vor etwa 4000 Jahren gelebt hat. Diese Zeit war gekennzeichnet durch politische Instabilität im Land; Raub, Mord und Intrigen waren alltäglich. Mit unseren Begriffen würde man von einer Revolution sprechen, vielleicht der ersten, die uns schriftlich überliefert ist. In der Not äußerer Bedrängnis sprach der Ägypter mit seinem Ba – seiner Seele –, um herauszufinden, ob er sich umbringen oder weiterleben sollte. Man versteht den Ba aus den altägyptischen Texten als ein Wesen von göttlicher Natur, das sich in einem Menschen inkarniert hat; so ist der Ba der göttliche Funke, den der einzelne in sich wahrnimmt.

In der Geschichte der Menschen hat es viele aktive Auseinandersetzungen mit dem Unbewußten, mit Göttern, mit Gott, dem Selbst oder wie wir es benennen wollen, gegeben; wir brauchen uns nur an Hiob, die Schamanen, die Mystiker oder an Faust zu erinnern, um nur einige bekannte Beispiele zu nennen.

Auch heute gibt es nicht wenige Menschen, die eine innere Stimme besitzen, die ihnen Sicherheit gibt. Ich erinnere mich an eine Frau, die ihre innere Stimme während einer Behandlung wiederentdeckte und sie während und nach der Analyse als zuverlässigen Partner schätzen gelernt hat.

Die Begabungen für die AI sind recht verschieden. Neben den geschilderten Beispielen der aktiven Auseinandersetzung im Bild oder über die Sprache gibt es die Möglichkeiten des Malens, des

Gestaltens in Ton, des Schreibens, des Ausdrucks im Tanz oder im Sandspiel, in denen sich die Phantasien des Unbewußten manifestieren. Gemeinsam ist diesen Techniken, soweit sie im Rahmen eines therapeutischen Prozesses verwendet werden, daß nicht die Aufmerksamkeit des Ich die Richtlinien bestimmt, daß vielmehr die Hand malt, tont, schreibt, Figuren in den Sand setzt oder der Körper insgesamt sich bewegt, und zwar als Werkzeug des Unbewußten und nicht des Bewußtseins.

### Der Anlaß

Jemand hat einen Traum, der ihn beschäftigt; eine negative Stimmung oder Gereiztheit, die ihn möglicherweise über längere Zeit begleitet; er hat Auseinandersetzungen mit dem Partner, den Kindern, dem Nachbarn oder sonst einer Person, von denen er nicht loskommt; ein Bild, das er irgendwo gesehen, oder einen Artikel, den er gelesen hat, die ihm nicht aus dem Kopf gehen – kurz, das Bewußtsein ist mit etwas beschäftigt, für das es keine Lösung findet, das es nicht einzuordnen vermag, dem es hilflos ausgeliefert ist. In einer solchen Situation kann sich das Ich nach innen wenden, eine Antwort erbitten vom Selbst, von Gott, von einem Wesen, das mehr weiß.

Anlaß für die AI kann auch die analytische Situation sein. Der Analysand kommt mit seinen Symptomen in die Analyse. Meistens hat er keine Ahnung, warum gerade er sich mit solchen Schwierigkeiten herumschlagen muß. In einer solchen Situation ist der Analytiker der Mittler zwischen dem Bewußtsein und dem Unbewußten des Patienten. Er vermittelt, indem er die Sprache des Innen, die in Träumen, Einfällen, Phantasien, in Gestaltungen durch Farbe und Ton ihre ganz eigene Ausdrucksweise besitzt, dem Ich übersetzt, sie erleb- und verstehbar macht. Diese Mittlerfunktion kann zu einer Abhängigkeit führen, die während eines gewissen Abschnittes der Analyse notwendig sein mag, das Ziel ist jedoch die Selbständigkeit des Analysanden. Diese kann erreicht werden, indem der Patient gleichsam selbst diese Mittlerfunktion übernimmt und sich über die AI seinem Innen zuwendet und in der lebendigen Auseinandersetzung mit dem Unbewußten sich seine Problemlösungen erarbeitet.

Über die AI ergibt sich nicht nur Unabhängigkeit gegenüber dem Analytiker, sondern auch gegenüber den Träumen. Es geht um die Frage, wer initiativ werden kann. Solange das Ich auf Äußerungen des Unbewußten, wie Träume, wartet, ist und bleibt es abhängig; über die AI vermag es selbst initiativ zu werden. Ich konnte gelegentlich beobachten, daß Menschen, die aktiv imaginierten, weniger träumten. Ich verstehe dies als ein Einverständnis des Unbewußten, daß das Bewußtsein durch die AI Kontakt mit ihm aufnimmt.

## Die Methode

Abgeschirmt von äußeren Reizen, von Gedanken, die mich vorher beschäftigten, lasse ich Phantasien in mir aufsteigen. Es ist empfehlenswert, sich dabei entweder hinzulegen oder zu setzen. Am Anfang meiner Erfahrung mit der AI begann ich zunächst mit einer Entspannungsübung. Sie verhalf mir dazu, gleichsam die Türe nach außen zu schließen und die nach innen zu öffnen, was bedeutet, die notwendige innere Leere herzustellen, um so die Äußerungen des Unbewußten wahrzunehmen.

Normalerweise begegnen uns dann, sofern wir nicht aktiv mit etwas beschäftigt sind, nach wenigen Augenblicken Phantasien, die in uns aufsteigen. Meistens bleiben sie im Grenzbereich des Bewußtseins, und wir müssen schon einen bewußten Akt setzen, um sie wahrzunehmen. Wenn jemand allein spazierengeht, in einem Sessel sitzt oder im Bett liegt, kann er sich fragen, womit er im Moment beschäftigt ist. Mit Sicherheit nimmt er Phantasien wahr, mit denen er umging.

Der Vorgang bei der AI ist insofern der gleiche, als ich bei ihr zunächst auch Bilder aus dem Unbewußten aufsteigen lasse. Gelegentlich muß zunächst eine Auswahl getroffen werden. Es kann sein, daß mir Bilder hochkommen, die sich damit beschäftigen, womit ich mich vor Beginn der AI auseinandergesetzt habe. Vielleicht kommen auch Bilder hoch, die sich mit etwas beschäftigen, was zwar wichtig, aber jetzt ohne Bedeutung ist. Solche Bilder schiebe ich einfach zur Seite; es entwickelt sich ein Gefühl dafür, ob die auftauchenden Phantasien etwas mit dem Anliegen zu tun haben, weswegen ich mich an das Unbewußte wandte. Ich mache mich wieder leer und lasse erneut ein Bild aufsteigen.

Dieser Vorgang macht gelegentlich, vor allem am Anfang, Angst, weil das Bewußtsein befürchtet, von den inneren Bildern überflutet zu werden und sich nicht mehr genügend abgrenzen zu können. Diese Angst kann zu einer Verkrampfung führen, die dann verhindert, daß beim Versuch der AI überhaupt Bilder aus dem Unbewußten aufsteigen. Das Bild, das auftaucht, halte ich fest, es wird sich von selbst verändern. Entscheidend ist dann, daß das Ich mit in das Geschehen hineingeht. Es handelt entsprechend den Gegebenheiten oder unterhält sich auch mit den Gestalten, die aus dem Unbewußten auftauchen, wie in dem eingangs dargestellten Beispiel zu sehen war.

Wichtig ist, daß sich beide, Bewußtsein und Unbewußtes, gleichsam an einen Tisch gesetzt haben. Durch eine schlechte Stimmung, durch einen abgebrochenen Traum oder durch ein Symptom ist das Ich durch Signale aus dem Unbewußten beeinträchtigt und diesem hilflos ausgeliefert, was sich dann darin zeigt, daß beispielsweise Gereiztheit oder Symptome nicht einfach zur Seite geschoben werden können. Im Geschehen der AI nimmt das Ich über das Phantasiebild das Anliegen des Unbewußten wahr und wird seinerseits den ihm eigenen Standpunkt, seine Haltung, aktiv vertreten.

In der passiven Imagination läßt das Bewußtsein die Bilder des Unbewußten einfach an sich vorbeiziehen, bei der AI ist entscheidend, daß sich beide miteinander auseinandersetzen und ein Weg gefunden wird, der für beide annehmbar wird. Wird das Unbewußte in dieser Weise vom Ich anerkannt, dann wird es in dieser Sache nicht mehr zu Gereiztheiten oder zu Symptombildungen kommen, wozu allerdings oft mehrere Aktive Imaginationen notwendig sind.

## Die Gefahren

Die AI ist eine künstlich herbeigeführte Psychose insofern, als die Inhalte des Unbewußten sich zur Entfaltung bringen und das Ich, das normalerweise diese Inhalte unterdrückt, sich diesen aussetzt. Damit es nicht zu einer Überflutung des Ich kommt und damit zu einer echten Psychose, ist ein hinlänglich stabiles Ich notwendig, das sich nicht vom Unbewußten assimilieren läßt. Menschen, die in dieser Hinsicht gefährdet sind, sollten sich nicht an die AI wagen.

Zu somatischen oder psychischen Symptomen kann es kommen, wenn eine AI nicht richtig durchgeführt wird, wenn der Imaginierende sich beispielsweise nicht vollständig auf den Prozeß einläßt oder ihn abbricht, wo er weitergeführt werden sollte. Ich erinnere mich an einen Mann, der, weil er seine AI nicht weiterführte, in eine schwere Depression verfiel.

Das Wissen aus der AI bringt eine moralische Verpflichtung mit sich, nämlich die, das Erkannte im realen Leben umzusetzen. Die AI ist kein Spiel, das man nach Gutdünken betreiben oder lassen kann.

In der Anfangszeit tauchen nach der AI Zweifel auf, ob ich mir das nicht alles nur ausgedacht, dieser oder jener Gestalt die Worte nicht selbst in den Mund gelegt habe. Die Gefahr besteht darin, dann aufzuhören. Es handelt sich dabei um eine Angst des Ich, die der Imaginierende am besten dadurch überwindet, daß er einfach weitermacht.

Widerstände gegen die AI sollten immer ernst genommen werden. Ich erinnere mich an einen Mann, der nach der ersten AI massive Ängste bekam und als Folge nie mehr imaginierte. Dieses Erleben war ein Signal, das beachtet werden mußte.

### Die Wirkung

Die erhoffte Wirkung ist sicherlich die, daß sich über die AI Schwierigkeiten verringern oder gänzlich verschwinden. Um dieses Ziel zu erreichen, setzt sich das Ich der Bilderwelt des kollektiven Unbewußten aus. In diesen Urbildern ist die Erfahrung der ganzen Menschheit gesammelt und damit auch eine Lösung für das eigene Problem auffindbar. Die dabei aus dem Unbewußten aufsteigenden Bilder haben numinosen Charakter und vermögen das Ich tief zu beeindrucken.

Bislang gebundene Energien werden frei, was oft zur Problemlösung beiträgt und zu einem verstärkten Selbstwertgefühl führt.

Ich habe die Erfahrung gemacht, daß dieses Wesen, mit dem ich in mir Kontakt gefunden habe – man mag es das Selbst, Gott, Dämon oder anders nennen –, mein Leben wesentlich verändert und bereichert hat. Wir beide sind Partner geworden. Als ich mich während eines Urlaubs nicht um Träume und AI kümmern wollte, wurde ich depressiv verstimmt. In der AI erfuhr ich, daß eine innere Gestalt mich und mein Bewußtsein brauchte und daß ich mich nicht einfach davonschleichen durfte, wie sie sich ausdrückte. Daß diese Gestalt mich brauchte, hat mich sehr betroffen gemacht, zuvor hatte ich angenommen, ich brauchte sie. Darüber sind wir Partner geworden.

Zum Schluß möchte ich die AI eines 39jährigen Mannes vorstellen, die nicht interpretiert werden soll, deren Wirkung jedoch deutlich zu spüren ist.

»Ich sah einen uralten Mann, mit den Händen an eine Holzstange gefesselt. Aus Erschöpfung war er mit dem Oberkörper vornübergefallen; ob er tot oder lebendig war, konnte ich zunächst überhaupt nicht feststellen. Ich band ihn sofort los und legte ihn auf den Boden.

Das Ganze fand in einer riesigen Höhle statt, die alt und verstaubt war; seit Jahrtausenden hatte sich hier kein menschliches Wesen mehr aufgehalten. In dieser Höhle standen Regale, die mit Weinflaschen gefüllt waren, die sehr viel jüngeren Datums sein mußten. Zwischen den Regalen lief ein Wesen, halb so groß wie ein Mensch und uralt, das etwas Tierähnliches an sich hatte. Hinter diesem Wesen kam jemand, der kräftiger war und einen ganz primitiven Karren, bestehend aus nur einem Brett und vier Holzrädern, zog. Die beiden sollten, wie ich gleich wußte, die Leiche dieses alten Mannes holen. Ich legte ihn aber so, daß sie ihn nicht sehen konnten. Sie gingen vorbei, offenbar wußten sie nicht genau, wo sie ihn holen sollten. Dann suchte ich Wasser, nachdem ich den alten Mann untersucht und festgestellt hatte, daß sein Puls noch schlug. Durch das eingeflößte Wasser wurde er wieder lebendiger. Nun gingen wir vorsichtig in die Richtung, in der sich möglicherweise ein Ausgang aus der Höhle befand, er einige Schritte hinter mir.

Dann frage ich den alten Mann, ob er Christus kenne. Er verneinte. Einige Zeit danach sagte er mir, er selbst sei ein Gott – der Gott der Sonne und des Weines. Dann veränderte er sich, bekam ein schönes, altes, männliches Gesicht, hatte eine Krone auf dem Haupt und um sich einen Kreis, der ganz feurig war. Dieser Mann beeindruckte mich sehr.«

*Literaturhinweise:*

Ammann, A. N., Aktive Imagination. Darstellung einer Methode, Olten/Freiburg 1984[2]

Hannah, Barbara, Begegnungen mit der Seele, München 1985

# Analytische Psychologie

Lutz Müller

*Dr., geboren 1949. Psychotherapeut in eigener Praxis in Stuttgart und Dozent am C.G. Jung-Institut in Stuttgart. 1969 bis 1974 Studium der Psychologie in Mannheim und Mainz; 1974 bis 1977 Promotionsstudium in Freiburg, Mitarbeiter am Institut für Grenzgebiete der Psychologie und Psychohygiene. Promotion 1977. Von 1977 bis 1983 Psychotherapie-Ausbildung am C.G. Jung-Institut in Stuttgart. Veröffentlichungen: Para, Psi und Pseudo, Berlin 1980, Das tapfere Schneiderlein, Zürich 1985, Suche nach dem Zauberwort, Stuttgart 1986.*

Die Analytische Psychologie wurde von dem Schweizer Arzt C.G. Jung (1875–1961) begründet. Sie geht von der Vorstellung der Ganzheit der Psyche aus und versucht, alle Lebensäußerungen des Menschen einzubeziehen und sie nicht auf einzelne Grundbedürfnisse zu reduzieren. So finden in der Analytischen Psychologie die körperlichen, emotionalen, geistigen, sozialen und individuellen Bedürfnisse des Menschen ebenso Berücksichtigung wie seine Suche nach einem sinnerfüllten, schöpferischen Leben und seine Sehnsucht nach dem Transpersonalen. Das zentrale Anliegen der Analytischen Psychologie ist die »Individuation«, eine ganzheitliche Verwirklichung des Wesens des Menschen durch die Herstellung einer Beziehung zum »Selbst« als seinem überpersönlichen Zentrum. Eine solche im tiefsten Sinne des Wortes gemeinte »Selbst«-Verwirklichung umfaßt die Integration und Entfaltung nicht bewußter und nicht gelebter Seiten, wie zum Beispiel bestimmter Ich-Fähigkeiten, »schattenhafter« und gegengeschlechtlicher Persönlichkeitsanteile. Sie zielt auf eine Bewußtseinserweiterung und Identitätsfindung des Menschen hin. Dieses umfassende Modell vom Wesen und den kreativen Möglichkeiten des Menschen bestimmt auch das Verständnis von der Natur seelischer Krankheiten und deren Behandlung.

Die Analytische Psychologie sieht in den vielfältigen Formen seelischer Störungen, neurotischer Symptome und psychosomatischer Erkrankungen im wesentlichen drei umfassende allgemeine Ursachen: das Fehlen oder der Verlust von Identität, von schöpferischem Lebenssinn und von Transzendenz. Wir müssen uns hier beschränken auf die Identitätsproblematik, weil sie in der praktischen therapeutischen Arbeit meist im Vordergrund steht.

### Identitätsproblematik und Sinn des Krankheitssymptoms

Identität ist ein Gegenbegriff zu Selbstentfremdung und meint, daß wir ausreichend gut mit uns selbst übereinstimmen, daß wir in unserem Erleben und Verhalten in Einklang sind mit der Eigenart und den Grundbedürfnissen unseres Wesens. Den wenigsten Menschen ist es vergönnt, im Laufe ihrer Entwicklung vom Säugling bis zum Erwachsenen ungestört eine stabile Identität aufzubauen. Zu komplex ist das menschliche Leben, zu zwingend sind die fremdbestimmenden elterlichen und gesellschaftlichen Anpassungsforderungen und zu prägend die vielfältigen Störeinflüsse, als daß Identität einfach und selbstverständlich gewonnen werden könnte. Für viele bildet sich das Erleben eines »Mit-sich-selbst-identisch-Seins« erst im reiferen Erwachsenenalter jenseits der Lebensmitte. Bei Menschen, die unter seelischen Erkrankungen leiden, ist nun in der Regel dieser Identitätsfindungsprozeß stark gehemmt. Sie wagen nicht, der zu sein, der sie sind, oder mehr noch: sie spüren nicht einmal, wer sie sind; sie wissen kaum noch, daß sie eigene Bedürfnisse, Gefühle, Sehnsüchte und Wünsche haben und wie diese aussehen. Statt dessen haben sie Symptome. Die Symptome sind ein Kompromiß und ein Ersatz für das nicht gelebte und auch nicht gewagte Leben. Deshalb legt die Analytische Psychologie großen Wert auf das Verstehen des Sinns eines Symptoms. Sie fragt nicht nur nach der Entstehungsgeschichte des Symptoms in der Vergangenheit, sondern vor allem nach seinem schöpferischen Sinn, nach dem geheimen Leben, das sich in ihm verbirgt. Sie fragt danach, zu welchen Einstellungsveränderungen und Reifungsschritten das Symptom den an ihm leidenden Menschen aufruft.

## Ziele und Prozesse der analytischen Psychotherapie

Es ist für Patienten häufig enttäuschend, zu erfahren, daß ihnen eine analytische Psychotherapie keine schnell wirksame Hilfe zur Linderung ihrer Symptome zu vermitteln vermag, ja daß eine solche vom Therapeuten auch gar nicht hauptsächlich angestrebt wird. Die analytische Psychotherapie verfolgt andere Ziele: Sie möchte den Patienten darin unterstützen, sich mit Hilfe seines Symptoms und seines Leidens selbst besser sehen und verstehen zu lernen. Sie möchte ihn dazu ermutigen, die Schritte, die zu seiner Heilung oder zur Besserung seiner Symptomatik führen, selbst zu entdecken, auszuprobieren und schließlich eigenverantwortlich zu gehen. Sie vertraut darauf, daß ein Mensch, der Zugang zu sich selbst gefunden hat und der sich selbst erkennt, auch am besten jene Wege finden wird, die ihn aus der Sackgasse der Neurose herausführen.

Ein wesentliches Ziel der analytischen Psychotherapie ist also, an der nicht verwirklichten Identität des Patienten zu arbeiten und unbewußte Aspekte seiner Persönlichkeit bewußt zu machen. Diese angestrebte Reifung und Bewußt-Werdung ist aber keine intellektuelle Aufklärung oder rationale Interpretation, die der Therapeut dem Patienten gibt, sondern ein sich allmählich vollziehender Wandlungsvorgang, der den ganzen Menschen umfaßt und zu einer Veränderung seines Denkens und Fühlens, seiner Einstellungen und Werte, seines Erlebens und Verhaltens führt.

## Die therapeutische Grundhaltung

Der analytische Psychotherapeut bemüht sich, dem Patienten gewissermaßen mit offenen und leeren Händen zu begegnen. Die Therapie wird als ein schöpferischer Vorgang aufgefaßt, der eine weitgehende Offenheit für das Neue, das sich im Patienten entfalten möchte, erfordert. Damit setzt sie eine Bereitschaft des Therapeuten voraus, sich vorurteilslos auf die individuelle Eigenart des Patienten und seine persönliche Geschichte einzulassen und auf vorgefaßte Theorien, schnelle Urteile, Bewertungen, spezifische Techniken und vorgeschriebene therapeutische »Settings« so gut es geht zu verzichten (z.B. kann der Patient während der Therapie sitzen, liegen, stehen oder auch herumlaufen). Dem Patienten wird eine zwischenmenschliche Beziehung angeboten, die es ihm ermöglichen soll, sich entspannt, angstfrei und vertrauensvoll zu erkunden, ohne den Erwartungen und Vorstellungen eines anderen entsprechen zu müssen.

## Das offene Gespräch

Damit der Therapeut seinen Patienten auf dem Wege der Selbstentdeckung begleiten und unterstützen kann, bittet er ihn, ihm alles mitzuteilen, was ihn bewegt, beschäftigt, was er fühlt, phantasiert und denkt, wenn er in der Stunde ist. Er soll dabei versuchen, so offen wie möglich zu sein, gerade auch dann, wenn ihm bestimmte Gedanken, Gefühle und Vorstellungen peinlich sind, wenn er sich ihrer schämt, wenn er Angst vor ihnen hat oder sich schuldig und schlecht fühlt. Diese unangenehmen, angstbesetzten Gefühle sind es nämlich meist, die eine Weiterentwicklung des Patienten bisher blockiert haben. Nur wenn die mit ihnen verbundenen Inhalte wahrgenommen, zugelassen und verstanden werden, können sie sich auch verändern. Der Therapeut bemüht sich deshalb, den Patienten mit Hilfe von einfühlendem Verstehen und mit Hilfe von Fragen und Hinweisen auf gerade jene vernachlässigten oder verdrängten Inhalte aufmerksam zu machen und sie mit ihm durchzuarbeiten.

Aber nicht nur über das offene Gespräch lassen sich die unbewußten Bereiche der Persönlichkeit erschließen. Das ganze Verhalten und Erleben des Patienten kann dazu dienen: zum Beispiel seine Symptomatik, seine Körpersprache, seine Interessen, Tagesphantasien und Wünsche, sein Verhalten in sozialen und partnerschaftlichen Situationen, die Reaktion seiner Mitmenschen auf ihn, seine Mißgeschicke und Fehlleistungen. Besonders hilfreich sind die Träume, die Imaginationen und die Übertragungsreaktionen des Patienten.

## Träume und Aktive Imagination

In den Träumen und Imaginationen spiegeln sich nach Auffassung der Analytischen Psychologie in bildhafter, symbolischer Weise zentrale Konflikte, Ängste, Wünsche, schöpferische Lösungsansätze und Entwicklungspotentiale des Menschen. Deshalb bittet der analytische Therapeut seine Patienten häufig, auf ihre Träume zu achten und sie mit in die Therapie zu bringen. In fortgeschritteneren Phasen der Therapie empfiehlt er ihnen gelegentlich, aktiv zu imaginieren (vgl. Aktive Imagination).

## Übertragung und Gegenübertragung

Durch die Besonderheit der therapeutischen Situation entwickelt der Patient in der Regel relativ schnell intensive Gefühle für den Therapeuten. Er neigt beispielsweise dazu, ihn zu idealisieren, zu bewundern, er möchte ihn für sich allein haben, ist eifersüchtig auf die anderen Patienten und die Familie des Therapeuten, kann aber auch mit starker Angst, Wut und Enttäuschung reagieren, wenn der Therapeut sich nicht so verhält, wie er es sich ersehnt. Der Patient wiederholt damit unbewußte Ängste, Sehnsüchte und Verhaltensweisen, die meist aus frühen Kindheitstagen stammen und damals nicht bewältigt oder befriedigt werden konnten. Er »überträgt« auf diese Weise alte, unbewußte Erfahrungen und Beziehungsmuster auf den Therapeuten und die therapeutische Situation. Der Therapeut hat es durch seine Ausbildung und Erfahrung gelernt, Übertragungen zu erkennen und sie nicht persönlich zu nehmen. Er versucht, sie zusammen mit seinen Gegenübertragungsreaktionen – das sind seine eigenen Gefühle und Phantasien, die sich bei ihm als Reaktion auf die Übertragungen des Patienten einstellen – für den Bewußtwerdungsprozeß des Patienten nutzbar zu machen. Deshalb ist es in den meisten analytischen Therapien sehr wichtig, daß der Patient den Mut findet, offen über seine meist widersprüchlichen Gefühle dem Therapeuten gegenüber zu sprechen (vgl. Psychoanalyse).

## Durcharbeiten und Bewußtmachen unbewußter seelischer Inhalte

In der Regel sind dem Patienten jene Eigenschaften, Konflikte und Wünsche, die sich in seiner Symptomatik, seiner Körpersprache, seinen Träumen, seinen Übertragungsgefühlen und so weiter darstellen, so bewußtseinsfern, daß sie über lange Zeit immer wieder geduldig angesprochen und von vielen Seiten her durchgearbeitet werden müssen. Um sie seinem Bewußtsein allmählich zugänglich zu machen, bedient man sich in der analytischen Psychotherapie neben den bereits skizzierten Methoden noch einiger Hilfsmittel, die anhand eines Traumsymbols kurz erläutert seien. Diese Hilfsmittel lassen sich aber ebensogut auf andere unbewußte Ausdrucksformen anwenden.

Eine 43jährige unverheiratete Patientin mit depressiver Symptomatik berichtet folgenden Traum:

»Ich begegne einem unbekannten Mann etwa meines Alters. Er wirkt ungemein faszinierend und verführerisch auf mich. Ich wache in glücklicher Stimmung auf.«

1. *Assoziation:* Man fragt nach den persönlichen Einfällen, Gedanken und Gefühlen, die die Patientin mit einem Traumbild oder -symbol verbindet. Die Träumerin in unserem Beispiel erinnert sich dunkel an eine frühere intensive Verliebtheit in einen Mann, die aber sehr enttäuschend endete. Seither will sie von Männern nichts mehr wissen, »mit denen man ja ohnehin nichts Vernünftiges anfangen kann«. Der Traum ärgert sie deshalb im Grunde, obwohl sie in glücklicher Stimmung aufgewacht ist. Auf meine Frage, ob sie damals in ihrer Verliebtheitsphase auch depressiv gewesen sei, antwortet sie: »O nein, damals war ich voller Leben, Freude, Unternehmungslust und originellen Einfällen.«

So wird deutlich, daß der unbekannte, faszinierende Mann in ihrem Traum offenbar ein Bild ist für diese starken Lebensgefühle, die sie aufgrund ihrer niemals richtig verarbeiteten Trauer und Enttäuschung verdrängt und verloren hat.

2. *Amplifikation:* Manchmal ist es hilfreich, das Symbol auf seinen allgemeinmenschlichen, archetypischen Hintergrund hin zu betrachten, indem man es mit ähnlichen Bildern und Motiven, die aus der Kultur-, Geistes- und Gesellschaftsgeschichte der Menschheit stammen, anreichert und erweitert (amplifiziert). Das können Motive aus Mythologien, Sagen und Märchen sein, aber auch aus Religion und Kunstgeschichte (Malerei, Literatur), aus Parabeln, Redensarten und Witzen. Wenn der Patient erfährt, daß sein Symbol und das damit verbundene Problem ein allgemeinmenschliches ist, dann kann er sich häufig besser mit ihm anfreunden und es objektiver betrachten. Im Falle des obigen Traums ist offensichtlich, daß es sich bei dem faszinierenden Mann um eine archetypische Gestalt handelt, die in allen Zeiten und in unzähligen Formen als der unerreichbare Geliebte, der wunderschöne Märchenprinz oder der befreiende und erlösende Held die Sehnsucht der Frauen

erfüllt hat. C.G. Jung hat diesen Aspekt des Männlichen in der Frau als »Animus« bezeichnet.

*3. Gestaltung:* Das Symbol wird künstlerisch gestaltet, zum Beispiel gezeichnet, modelliert, zu einer Geschichte verarbeitet, in Gedichtform gebracht, musikalisch ausgedrückt oder durch Bewegung und Tanz dargestellt. Die Gestaltungstechniken sind eine wertvolle Hilfe, mit einem Symbol ganzheitlich zu arbeiten und sich seinem Erfassen behutsam zu nähern. Manchmal sind sie die einzigen und besten Möglichkeiten überhaupt, einem Symbol gerecht zu werden.

*4. Identifikation:* Hierbei identifiziert man sich mit dem Symbol und tritt in einen Dialog mit ihm ein. Die Identifikation ist eine Methode, mit der man hautnah und erlebnisintensiv an ein Symbol heranzukommen vermag. In unserem Beispiel könnte sich die Patientin mit ihrem Traum-Ich oder auch mit dem unbekannten Mann identifizieren, beide Seiten in einen Dialog miteinander treten lassen und auf diese Weise wieder Anschluß an ihre verlorengegangenen Gefühle der Lebensfreude und der Unternehmungslust gewinnen.

*5. Realisation:* Der Therapeut ermutigt den Patienten schließlich, seine Phantasien, Wünsche und neu gewonnenen Einsichten in konkretes Verhalten umzusetzen und im Alltag auszuprobieren. Auf die genannte Patientin übertragen könnte das heißen, daß sie, nachdem sie sich auf verschiedene Weise mit ihrem »inneren Männlichen« (z.B. in Form von Tatkraft, Aktivität, Kreativität) vertraut gemacht hat, nun auch nach außen dieses Verhalten einüben und verwirklichen muß. Zwischen Einsicht und Realisation besteht eine enge Wechselwirkung. Neue Einsichten führen zu verändertem Verhalten, und verändertes Verhalten führt zu neuen Einsichten. Erst wenn sowohl Einsicht als auch Verhaltensänderung erreicht sind, kann von einem therapeutischen Fortschritt gesprochen werden.

## Der Widerstand gegen Veränderung

Die Veränderung von Einstellungen und Verhaltensweisen erfolgt aber keineswegs so einfach und organisch, wie man nach den eben beschriebenen Verfahren vermuten könnte. Die Persönlichkeitsstruktur und Lebensform, die ein Patient gefunden hat, ist für ihn zum gegenwärtigen Zeitpunkt die bestmögliche, auch wenn sie noch so neurotisch erscheint. Deshalb hat er eine instinktive Angst davor, sie zu verändern. Er muß befürchten, daß jede andere Haltung oder Verhaltensweise alles nur noch schlimmer für ihn macht. Weitere Faktoren, die einer Veränderung entgegenwirken, sind die Macht der Gewohnheit und Trägheit, die Angst vor Konflikten und vor Ablehnung durch die Mitmenschen und auch das, was Freud den sekundären Krankheitsgewinn genannt hat. Der Patient zieht eben aus seiner Symptomatik auch gewisse Vorteile, die auf den ersten Blick meist gar nicht bemerkt werden. So vermeidet er zum Beispiel häufig die Anstrengungen und Risiken, die mit eigener Verantwortungsübernahme, mühseligen Lernschritten und unbequemen Entscheidungen verbunden sind. Oder er kann mit seiner Krankheit Macht und Kontrolle über andere ausüben. Manchmal ist selbst der Wunsch nach einer Psychotherapie nur eine subtile Ausrede dafür, für sich selbst keine Verantwortung übernehmen zu müssen. Deshalb ist es meist die schwierigste und heikelste Arbeit für den Therapeuten, dem Patienten seinen Widerstand gegen Einsicht und Veränderung bewußt zu machen.

## Einige typische Aspekte analytischer Psychotherapie

Die meisten analytischen Psychotherapien kreisen um archetypische Grundsituationen, von denen einige im folgenden kurz dargestellt werden sollen.

## Der Archetyp der Kind-Eltern-Beziehung

In den Neurosenbehandlungen dominiert über lange Phasen der Therapie die archetypische Grundsituation der Kind-Eltern-Beziehung. Die therapeutische Situation weckt im Patienten sehr schnell Bedürfnisse, Sehnsüchte und Ängste der Kindheit. Der Patient erlebt, daß er in seinen Einstellungen und Verhaltensweisen noch weitgehend das Kind ist, das er einst war. Er erlebt, daß er in vielerlei Hinsicht die Welt aus dem Blickwinkel des kleinen, hilflosen, vernachlässigten, ungeliebten und unverstandenen Kindes sieht und daß er aufgrund dieser Perspektive seine Mitmenschen (Partner, Mutter, Vater, Vorgesetzte, Autoritätspersonen) mit einer bedrohlichen Macht und Überlegenheit ausstattet, die ihnen objektiv gesehen gar nicht zukommt. Indem der Patient sich seinem inneren Kind zuwendet, sich seiner niemals richtig verarbeiteten

Schmerzen, Enttäuschungen, Ängste, Verletzungen und Kränkungen, seiner starken Bedürfnisse nach Liebe, Zärtlichkeit, Geborgenheit, Bewunderung und Anerkennung, aber auch seiner grenzenlosen Wut, seiner aggressiven Todeswünsche, seines blinden Egoismus und seiner überdimensionierten Riesenansprüche bewußt wird, befreit er sich aus seinen festgefahrenen infantilen Haltungen und beginnt die fesselnde Macht des Elternarchetyps zu überwinden.

Die Begegnung mit dem inneren Kind ermöglicht aber nicht nur die Ablösung von den beschriebenen kindlichen Haltungen, sondern vermag auch überaus wertvolle Eigenschaften und Gefühlsbereiche zu erschließen, wie zum Beispiel Phantasie, Spontaneität, Neugier, Sinnlichkeit, Lebensfreude und Optimismus. Diese umfassende Bedeutung des Kindarchetyps macht verständlich, wieso er in den meisten Psychotherapieformen eine so große Rolle spielt (s. auch Transaktionsanalyse).

### Der Archetyp des Helden und die Auseinandersetzung mit dem Schatten

Wenn die Aufarbeitung der kindlichen Haltungen so weit fortgeschritten ist, daß der Patient beginnt, Verantwortung für sich selbst zu übernehmen, und es nicht mehr nötig hat, seinen Eltern, den Mitmenschen und der Umwelt die Schuld für sein unglückliches Leben zuzuschieben, dann erwacht in ihm gewissermaßen der Archetyp des Helden. Wie die Helden und Heldinnen in unzähligen Mythen, Märchen, Geschichten und Filmen beginnt er mutig, an die Eigengestaltung seines Lebens heranzugehen. Er setzt sich mit alten gesellschaftlichen Normen und Werten auseinander und überprüft, welche Gültigkeit sie für sein Leben haben; er beginnt zu spüren, was er eigentlich wirklich für sich will, und ist bereit, für die Realisierung dieser seiner Vorstellungen entsprechende Anstrengungen, Opfer und Einschränkungen auf sich zu nehmen. Sein wachsendes Selbstvertrauen macht es ihm auch möglich, sich den dunklen, weniger förderlichen Seiten seines Wesens, seinem »Schatten«, zu stellen. Er vermag zum Beispiel seine Schwächen, Fehler, Einseitigkeiten, seine Bequemlichkeit und Trägheit, seine Vorurteile, seine Intoleranz und seinen Egoismus besser wahrzunehmen und verantwortlich mit ihnen umzugehen. Die Integration des »inneren Kindes«, des »inneren Helden« (Heldin) und des

»Schattens« führt in der Regel zum Erleben einer relativ stabilen Identität. Allerdings kommt es nur in wenigen Psychotherapien zur vollen Entfaltung des »Heldenarchetyps«. Meist muß man sich damit begnügen, die gravierendsten Hemmungen des »inneren Kindes« zu lockern, damit es etwas mehr Lebensraum gewinnen kann.

### Individuation, das schöpferische Leben und die Umkreisung des Selbst

Aber auch Menschen mit einer relativ stabilen Identität können seelisch erkranken. Die Ursachen dafür liegen nach Auffassung der Analytischen Psychologie häufig im Fehlen eines befriedigenden Lebenssinns und des Bezugs zum Transpersonalen. Die analytische Psychotherapie maßt sich zwar nicht an, dem Klienten den »wahren« Lebenssinn und den »richtigen« Weg zum Transpersonalen vermitteln zu können, aber sie ermutigt ihn, durch das Sich-Einlassen auf die unbewußten Dimensionen der Psyche – sei es durch Traumarbeit, Imagination, künstlerisches Gestalten oder Meditation – sich einen eigenen Lebenssinn und einen eigenen Bezug zum Transpersonalen schöpferisch zu erschließen. Die Erforschung dieses Prozesses war eines der zentralen Anliegen C. G. Jungs. Seine Begriffe: »kollektives Unbewußtes«, »Individuation«, »Animus/Anima« (dies bezeichnet die unbewußten gegengeschlechtlichen Seiten in der Psyche des Menschen), »Selbst« und »Vereinigung der Gegensätze« beziehen sich auf diesen Vorgang, in dem der Mensch in eine lebendige Kommunikation mit den un- und überpersönlichen Wirkkräften seiner Seele tritt und dadurch eine tragende Lebensorientierung erhält. Nähere Hinweise dazu kann der Leser der angegebenen einführenden Literatur entnehmen.

*Literaturhinweise:*

Jung, C. G., Der Mensch und seine Symbole, Olten/Freiburg 1968

Müller, L., Suche nach dem Zauberwort. Identität und schöpferisches Leben, Stuttgart 1986

Seifert, Th., Lebensperspektiven der Psychologie. Wege, Schnittpunkte, Gegensätze, Olten/Freiburg 1981

# Anthroposophisch orientierte Psychotherapie

Paul von der Heide

*Dr. med., 1918 in Berlin geboren. Aufgewachsen in Österreich in der Nähe von Wien. Studium der Medizin in Tübingen, Heidelberg und Wien. Der berufliche Werdegang führte vom Kinderarzt über kinder- und jugendpsychiatrische Tätigkeit zum Nervenarzt und Psychotherapeuten. Das besondere Interesse galt den seelischen Ursachen körperlicher Erkrankungen, den psychovegetativen Störungen, den Neurosen und der Erweiterung der Medizin durch das Menschenbild der Anthroposophie. Von 1958 bis 1975 als niedergelassener Nervenarzt und Psychotherapeut in Stuttgart tätig gewesen. Mitbegründer der Filderklinik bei Stuttgart. Seit 1975 leitender Arzt der Abteilung für Künstlerische Therapie und Psychosomatische Medizin an der Filderklinik.*

### Eine häufige Klage in der täglichen Sprechstunde

Ich bin enttäuscht am Partner, am Leben überhaupt. Ich sehne mich danach, lieben zu können und geliebt zu werden. Die Sehnsucht blieb unerfüllt. Schmerzhaft erlebe ich, daß ich nicht mehr unbefangen wahrnehmen kann und mich weder über die Natur noch über menschliche Begegnungen zu freuen vermag. Ich erlebe aber ebenso schmerzlich, daß ich von meinen Schicksalspartnern auch nicht mehr wahrgenommen werde. Das kränkt. Ich werde zunehmend einsamer, verletzlich, verbittert. Ich fühle mich in diesen Seelenstimmungen wie gefangen.

## Zauber und Offenheit der Kinderseele

Wie anders ist die Seelensituation in der frühen Kindheit! Die Seele ist weit offen. Voller Entdeckungsfreude sucht das Kind die Welt zu erobern. Sinnesoffenheit und Liebefähigkeit bilden den Zauber des erwachenden Seelenlebens, das sich an der Begegnung mit der Welt entzündet. Bemerkenswert ist, in welcher Unmittelbarkeit das Wesenhafte eines Naturobjektes, ebenso aber die Stimmungen und Eigenschaften eines anderen Menschen erlebt werden. Die Wirkungen erstrecken sich bis in das Leibesgeschehen. – Das Seelenleben entzündet sich an der Welt, ist aber bereit, in immer wieder neuen Begegnungen sich an der Welt zu korrigieren. Selbständigwerden des Innenlebens und Weltverbundenheit werden nur dann eine Einheit. Es ist dies ein ähnlicher Prozeß wie im Leibesgeschehen das Zusammenklingen der Pulsation des Blutes mit dem Atem, durch den wir mit der Welt verbunden sind. Beide Prozesse sind nur dann gesund, wenn sie eine Einheit sind. Eine Schwäche im Atmen hat Störungen der Pulsation zur Folge und umgekehrt.

## Das Erziehen des Kindes fordert Ich-Taten des Erwachsenen

Ob diese Prozesse sich im Kind in guter Weise entfalten können, hängt von der Fähigkeit des Erwachsenen ab, sie zu begleiten, zu beschützen, zu fördern. Seelenoffenheit und Liebefähigkeit müssen in gleicher Weise in der Seele des Erwachsenen wirksam sein! – Bringen wir so viel Selbsterkenntnis auf, daß die schädigende Wirkung rechtzeitig bemerkt wird, wenn wir uns von Stimmungen oder Affekten als Erzieher beherrschen lassen? Oder wenn feste Meinungen und starre pädagogische Ideale zwingend auf das Kind einwirken? – Die Grundlage jeder Selbsterkenntnis ist die Fähigkeit, *Abstand zu erzeugen* gegenüber dem eigenen Seelenleben! Bemerkt man dabei eigene Einseitigkeiten, entsteht der Wunsch, die Fähigkeit zur Seelenoffenheit und Liebe bewußt wiederherzustellen. Dies hätte aber zur Voraussetzung, daß es möglich wird, aus Liebe zum Kind auf unbewußt ablaufende Affekte und auf feste Meinungen zu verzichten. Es entspräche dies geradezu einem freiwilligen Todesprozeß! Wie unterscheidet sich diese Art des Verzichtes gegenüber einem Verzicht aus zwingenden Moralvorstellungen oder gar Ängsten? Vielleicht kann das Bild helfen: Nur aus einem Verbrennungsvorgang kann Wärme entstehen. Hat man den Mut, den seelisch-geistigen Prozeß des echten Verzichts zu wagen, weiß man unmittelbar: Auch in der Seele entsteht, wie in der Natur, aus Tod neues Leben. – Verzicht wird Quell reiferer Liebe!

Der Erwachsene kann noch eine weitere Entdeckung machen: Er gewinnt die Überzeugung, daß es sehr *verschiedene Qualitäten der Liebe* gibt. In der Frühzeit des Kindes ist die einhüllende Liebe richtig. Sie muß sich aber wandeln in die Liebe der Hingabe, die versucht, innerlich zu erfragen, was das Kind bewegt, was es hemmt, was für es wichtig ist. Daraus entwickelt sich der Wille, dieses Werden des Kindes zu fördern und zu stärken. Das ist aber nur möglich, wenn die Liebe sich bewußt mit einer neuen Seeleneigenschaft verbindet. Es ist dies der innere Abstand vom Kind. Abstand und Liebe sind dann gleichzeitig wirksam! Nur dann vermag die Liebe freizulassen. Nur dann kann eine freie Persönlichkeit heranwachsen. – Eine zweite Form der Liebe ist die Fähigkeit zu lauschen, das Wesen des Kindes in die Wärme des eigenen Wesens aufzunehmen. (Diese Art der Liebefähigkeit wird von engagierten Ärzten in den Balint-Gruppen geübt.) Die Wirkungen auf den anderen Menschen sind immer wieder überraschend. Das Kind fühlt sich angenommen und verstanden. Die dunklen und engen Seiten seines Wesens, aber auch seine Kümmernisse schmelzen in dieser Liebe dahin. Sein eigentliches Wesen leuchtet auf und fühlt sich gestärkt. (In der Zeit der Pubertät ist diese Form der liebevollen Begegnung von besonderer Bedeutung.)

Die bewußt gepflegte und immer wieder neu errungene »Seelenoffenheit und Liebefähigkeit« schenken dem Kind das Bewußtsein von der immer verläßlichen Tragkraft der Liebe. Sie löst alle Einengungen auf und schenkt die Fähigkeit, die notwendigen Begrenzungen und Verzichte, die das Kind ja auch erlernen muß, zu ertragen. Kümmernisse, Schmerzen, selbst Traumen schwinden dahin und können nicht mehr schädigend wirken. Aus eigenem Erleben entsteht Lebensvertrauen. Aus eigener Erfahrung weiß das Kind von der belebenden Kraft der Liebe. Unbemerkt wurde es für die späteren Aufgaben des Erwachsenseins vorbereitet.

## Die Entdeckung der Selbsterziehung als Ich-Tat

Wie wunderbar: Das Erziehen weckt die Fähigkeit zur Selbsterziehung! Aus ihr erwächst Achtung vor dem geistig-seelischen Wesen des Kindes. Die Selbsterziehung schafft den Blick für das Werden und Sich-Wandeln im Seelenleben des Kindes. – Ein Schlüssel für die Selbsterziehung ist die Unterscheidung der nur seelischen von der geistigen Einstellung zur Welt. Die seelische Einstellung ist beherrscht von der Frage: »Was bedeutest du für mich?« Sie ist ein gesunder Seelenvorgang, wenn sie sich – wie der Puls mit dem Atem – mit der geistigen Einstellung verbindet. Diese ist gekennzeichnet durch die Frage: »Was ist für dich von Bedeutung?« Die geistige Einstellung weckt das Vermögen, »Seelenoffenheit und Liebefähigkeit« bewußt zu pflegen. Im Erwachsenenleben bleiben diese Fähigkeiten nur erhalten, wenn sie immer wieder neu erzeugt werden. Es wird erlebt: Das Überwiegen der seelischen Einstellung zur Welt engt ein und nimmt gefangen. Die geistige Einstellung als bewußte Ich-Tat wirkt befreiend und gesundend, bringt Stockungen des Seelenlebens wieder in Fluß.

Definition des Ich: Das Ich repräsentiert das Werdende in unserer Persönlichkeit, die Fähigkeit zur Entwicklung, Wandlung und Reifung. Selbst ein geistiges Wesen, ist es zur »geistigen« Haltung der Welt gegenüber fähig, das heißt, es vermag nach der geistigen Wesenheit eines anderen zu fragen. Das Ich ist in der Lage, den Abstand von den eigenen Seelenregungen herzustellen und sie bewußt zu lenken.

## Dramatik und Tragik des Erwachsenseins

Jeder Mensch sehnt sich danach, lieben zu dürfen und geliebt zu werden. In der Begegnung mit dem Partner entstehen Seelenoffenheit und Liebesfähigkeit als Naturgeschenk. Sie umfassen den geliebten Menschen, weiten sich aber und möchten die ganze Welt umfangen. Der Blick auf das Werdende im anderen, auf die Keimkraft seiner Seele gehört zum Zauber der Liebe. Man sieht, was der andere für Möglichkeiten hat, und möchte helfen, daß sich diese frei entfalten können. – Wie tragisch, daß oft schon nach relativ kurzer Zeit Enttäuschungen die Seelen ergreifen. Statt Weite entstehen Enge und Härte; statt Wärme und Liebe kalter Haß und nagender Ärger. Die Stimmungen, die anfangs geschildert wurden, nehmen unser Seelensein gefangen. – In dieser Situation, vor allem wenn es dabei zu dramatischen Auseinandersetzungen kommt, gibt es gar nicht so selten ein schreckhaftes Erlebnis wie ein momentanes Aufwachen: »So will ich doch gar nicht sein.« Einen Augenblick stehen wir uns mit innerem Abstand gegenüber. Bleibt dieses Erleben ein Schicksalsgeschenk, das aber rasch dahinschwindet? Oder können wir die Kraft des Abstandes uns selbst gegenüber als Tat unseres bewußten Ich pflegen und befestigen? – Gelingt uns dies, können wir eine Reihe von interessanten Beobachtungen und Entdeckungen machen. Wir bemerken: Die Sensibilität und Seelenoffenheit der anfänglichen Liebe hat sich in Überempfindlichkeit, die sich bis zur seelischen Allergie steigern kann, verwandelt. – Das Dunkle in der Seele des anderen Menschen weckt mit zwingender Notwendigkeit dunkle Regungen im eigenen Seelenleben. Unbewußt ablaufende Affektausbrüche wecken Affekte bei uns selbst. Drastisch ausgedrückt: Böses weckt Böses. – Es entsteht die Frage: Sind unbewußte Seelenregungen geradezu die Ansatzpunkte für egoistische Entwicklungen? – Erlebe ich meinen eigenen guten Willen, kann diesen beim anderen aber nicht entdecken, so fühle ich mich berechtigt, über ihn weiterhin zu urteilen oder ihn zu korrigieren. Diese Haltung blockiert in unerbittlich zwingender Weise die Möglichkeit, den Abstand von sich selbst, also Selbsterkenntnis zu erringen. – Die Kraft des Denkens kann die Fähigkeit verlieren, die Beziehung zur Welt, aber auch zum eigenen Innenleben zu ordnen. Das Denken wird zum Diener, ja Sklaven unbewußter Seelenregungen und Affekte. Diese »Verknäuelung« von Denken, Fühlen und Wollen bekommt Eigenleben. Die Gedanken drehen sich im Kreise und verstärken die affektive Spannung.

### Haben Krisen einen Sinn? Sind sie Lebenschancen?

Sollen wir an ihnen vielleicht entdecken, daß die überwiegend seelische Einstellung zur Welt uns zwar stark das Innenleben empfinden läßt, daß es uns aber gefangennimmt, abschließt und einseitig macht, wenn nicht gleichzeitig die atmende Wechselwirkung mit der Welt in Sinnesoffenheit und Liebefähigkeit gepflegt wird? An den Nöten des Seelenlebens würden wir dann aufwachen können, die Gesetze der »geistigen« Haltung zu entdecken. Aus dieser werden die weiteren Entwicklungsschritte des Ich möglich, etwa das bewußte Bemühen um Seelenoffenheit und Liebefähigkeit.

Bleibt die »Gefangenschaft« in der beherrschenden seelischen Einstellung zur Welt in dieser Krisensituation bestehen, oder entwickelt sich daraus eine seelische Erkrankung, so sind Selbsterkenntnis und Selbsterziehung nicht mehr möglich. Kann Psychotherapie die befreienden Ich-Taten trotzdem wieder in Gang bringen? Ist dies auch noch möglich, wenn bereits die seelische Entwicklung des Kindes gestört verlief?

### Psychotherapie als Befreiung aus der Enge der seelischen Einstellung zur Welt

Jede Therapie möchte den Patienten aus der Gefangenschaft seiner übermächtig wirkenden seelischen Einstellung zur Welt befreien und in ihm die Fähigkeit wecken, aus bewußten Ich-Taten Seelenoffenheit und Liebefähigkeit wieder zu erringen. Man kann dabei folgende Schritte unterscheiden, die je nach Schwere der Krise oder der seelischen Erkrankung verschiedenes Gewicht haben und unterschiedliche Dauer benötigen: Jeder Patient muß sich angenommen und verstanden fühlen und dabei das Erlebnis haben, daß er freigelassen wird. – In der Analyse der seelischen Situation gilt es, die Gesetze zu kennen und aus ihnen zu handeln, die wir den psychotherapeutischen Schulen verdanken. – Nicht zu lange sollte aber bei dieser Phase verweilt werden, um die Gefahr zu vermeiden, daß sich die seelische Einstellung (was bedeutet alles für mich?) im Patienten zusätzlich verstärkt. Es gilt, durch die Art der Gesprächsführung unbemerkt die abstandschaffende Kraft im Patienten zu wecken. Selbsterkenntnis wird sicher durch längere Zeit nur wenig möglich werden. Aber es kann der Blick auf Menschenbegegnungen gelenkt werden, die in positiver Weise unser Leben prägten. Dabei wird die geistige Einstellung zur Welt ein wenig gemeinsam geübt. – Oft benötigt es lange Zeit, bis die gleiche Haltung auf den Partner, der – so nehmen wir einmal an – das Krankheitsgeschehen auslöste, angewendet werden kann:

Wie war das erste Kennenlernen? Wie habe ich die »Keimkraft« in seiner Seele erlebt? Gelingt es, im Gespräch die Dramatik zwischen der Zeit der ersten Liebe und der Enttäuschung zum Erlebnis zu bringen? Wie anders war die eigene Haltung in diesen beiden Phasen? Der Unterschied zwischen der seelischen und geistigen Einstellung zur Welt kann an diesen praktischen Beispielen erarbeitet werden. – Ist es denkbar, daß man wieder lernen kann, nach dem Wesen des anderen bewußt zu fragen, aus der Bereitschaft, auf festgefahrene Urteile und unbewußt hochdrängende Affekte zu verzichten? Ist es überhaupt vorstellbar, daß die Fähigkeit der Seelenoffenheit und Liebefähigkeit bewußt in Gang gesetzt werden kann? – Die künstlerischen Therapien können eine große Hilfe werden, dieses Vertrauen zu wecken. Wir regen an, das Wesen einer Farbe oder die Wesensart von Farbbeziehungen selbst zu entdekken. Dabei wird unbemerkt die geistige Einstellung geübt, ebenso wie die Fähigkeit der seelischen Offenheit und liebevoll freudigen Hinwendung. Es wird erlebt, wie stagnierende Seelenkräfte wieder fähig werden zur unbefangenen Weltverbindung. –

Die schwerste Arbeit besteht meist darin, die abstandschaffende Kraft des Ich gegenüber der eigenen Seele in Anwendung zu bringen. Gelingt es dabei, in der Fortfühung des Gesprächs die Gesetze des Seelenlebens an den eigenen Schwierigkeiten zu entdecken oder gar die Besonderheit der eigenen Lebensthemen zu bemerken? Hilfreich ist die Feststellung, daß es Seelengesetzmäßigkeiten gibt, die alle Menschen betreffen. Diese Weitung des Blickes schafft ebenfalls ein Abstandselement gegenüber der eigenen Person. Der Sinn von Seelennöten und Seelenkrisen kann an der eigenen, aber auch an fremden Biographien erahnt werden. Es wird wieder denkbar, daß man Schicksalsschlägen einen Segen abgewinnen kann.

Eine besondere Bedeutung hat das Erkennen der Gesetze des Unbewußten. Das Unbewußte umfaßt nicht nur die Gebiete der Triebe und unverarbeiteten Seelenerlebnisse, sondern auch die Seelenregungen des täglichen Lebens, die gewohnheitsmäßig, also unbewußt ablaufen. Dies gilt zum Beispiel für die »Art«, Urteile zu fällen, die »Art«, gefühlsmäßig zu reagieren, Wissensbesitz und sogenannte Lebenserfahrungen zur Anwendung zu bringen. – Auch der Erlebnisanteil jeder Wahrnehmung bleibt weitgehend unbewußt. – Erahnt man die Realität einer göttlich-geistigen Weisheit, die alles Leben auf Erden durchdringt, können die geheimnisvollen Erlebnisse der Seele im Schlaf als unmittelbares Durchdrungensein mit göttlichen Schöpferkräften empfunden werden. In den Träumen müßten die Nachklänge dieser unbewußten Begegnung mit »höheren« Kräften ebenso zu erkennen sein wie die verdrängten Erinnerungen und unbewußten Triebspannungen, die unterhalb des Niveaus unseres Tagesbewußtseins bleiben. – Kann man sich vorstellen, daß nach dem Tode ein ähnliches Aufgehen in göttlichen Weisheitskräften stattfindet, so kann vielleicht erahnt werden, daß Schicksalsimpulse und Lebensthemen einen tieferen Hintergrund haben.

Das Schwierige bei diesem Weg ist, daß nie Wissen übermittelt werden darf, obwohl für den Therapeuten so viele Wissensvoraussetzungen von Bedeutung sind. Vor allem dürfen natürlich nie weltanschauliche Ansichten weitergegeben werden. Im Gespräch wird gemeinsam so gearbeitet, daß der Patient die Kraft des Abstandnehmens vom eigenen Seelenleben selbst entdeckt und zu praktizieren beginnt. Selbst entdeckt muß werden, daß die erkannten Reifungsgesetze des Ich nur durch tägliches Üben helfende Konsequenzen haben.

Wirksam wird das Bemühen des Therapeuten nur dann, wenn er selbst in der Lage ist, Wissen in praktische Lebenshaltung zu verwandeln. Der Übungsweg der Anthroposophie gibt ihm dafür die nötigen Hilfen. Er kennt dann selbst den Kampf der Selbsterkenntnis und Selbsterziehung und weiß, daß es möglich ist, die befreienden Kräfte von Seelenoffenheit und Liebefähigkeit als Ich-Tat zu erringen.

*Literaturhinweise:*

Treichler, Rudolf, Die Entwicklung der Seele im Lebenslauf, Stuttgart 1981

Lievegoed, Bernhard, Lebenskrisen – Lebenschancen, München 1979

# Astrologie


## Bruno von Flüe

*Dr. phil., geboren 1948 in Luzern. Studium der Philosophie in Freiburg i. Ue. Promotion 1971 über M. Heidegger und M. Boss. Neben der Arbeit als Lehrer für Philosophie Ausbildung zum Analytiker am C. G. Jung-Institut Zürich. 1975 Begegnung mit Thomas Ring und seiner revidierten Astrologie. Seither ständige Vertiefung der astrologischen Erfahrung und Einbezug in die therapeutische Arbeit. Seit 1976 Praxis als Psychotherapeut in Luzern und Zürich. Dozent und Lehranalytiker am Jung-Institut Zürich.*

Es ist fraglich, ob es uns je gelingen wird, die Anfänge der astrologischen Erfahrung aus dem Dunkel des Vorgeschichtlichen herauszuheben. Sicher stammen sie aus einer Zeit, in der die menschliche Seele noch tief in die Zusammenhänge der Natur einverwoben war und diese Zusammenhänge in großen, urtümlichen Bildern vor sich hinstellte. Wir haben in unserem Jahrhundert, besonders unter dem Einfluß der Tiefenpsychologie, in erstaunlichem Maße neu gelernt, die ganz eigene Sichtweise und Wahrheit dieser urtümlichen Bilder, wie sie die Erzählungen des Mythus enthalten, wieder zu erkennen. Das vielleicht eindrücklichste Beispiel der »Natursichtigkeit« (so nannte es Dacqué) der alten, großen Bilder des Mythus ist der zwölfteilige Tierkreis – eine Art Prozeßlogik des Wachsens und Werdens am Modell des jahreszeitlichen Naturkreislaufes – und die Beschreibung und systematische Schau der zehn Planeten-Prinzipien als Gestaltbildekräfte, als formende Wesenskräfte, wie sie auf allen Stufen der Natur am Werk sind. Mit dem Tierkreis und den zehn Planeten-Prinzipien haben wir aber bereits das Herzstück der astrologischen Wahrnehmung vor uns.

## Die zehn Planeten-Prinzipien als formende Wesenskräfte der Natur

Was lange und reichhaltig ausgeführt werden müßte, sei hier nur schlagwortartig umrissen: Wir können genau das, was die astrologische Tradition und der Mythus als Planeten-Prinzip umschrieben hat, als Bauform in jedem Organismus wiederfinden. Jeder Organismus stellt eine zentrierte Einheit dar und drückt aus seiner Mitte heraus eigene Lebensmächtigkeit aus. Dies ist seine Sonnenhaftigkeit. Andererseits ist er immer auch Teil einer Umwelt, über unzählige verschiedenartige Funktionen mit ihr verbunden, im Austausch mit ihr auf sie offen. Auch in sich selbst besteht er aus unzähligen Teilen, die alle miteinander durchgehend verbunden sind. Dies zeigt seine mondhafte Seite. Im weiteren ist er in seiner Art und Individualität an eine Strukturform gebunden, in dieser eingegrenzt und gehalten, gewinnt so Dauer und Stabilität. Seit die naturwissenschaftliche Erkenntnis den genetischen Code als Strukturprogramm in jeder Zelle liegend zu entschlüsseln vermochte, ist ihr der bisher genialste Einblick in die Wesenskraft des Saturnischen gelungen. Im weiteren ist jeder Organismus ein System, das in vielfacher Weise eine abgestimmte Anordnung (Symmetrien, Proportionen, Gleichgewichte) darstellt; hierin zeigt sich das Prinzip des Venusischen. Zugleich aber bringt schon die kleinste Lebensbewegung Entscheidung, Auswahl, Selektion mit sich, worin sich das Marsische, der polare Gegensatz zum Venusischen, darlebt. Mit Zweckmäßigkeit und Ökonomie (Prinzip des Merkurischen) und der Gesamtbewegung all seiner Funktionen auf ein Optimum hin, auf ein Realbestmögliches und Gesamtzuträgliches (Prinzip des Jupiter) rundet sich der Kreis der sieben klassischen Planeten-Kräfte. Damit hat sich die Ordnung elementarer Wesenskräfte im Gestaltbau eines jeden Organismus geschlossen. Die Prinzipien des Neptunischen, Uranischen und Plutonischen liegen, nach der Beschreibung des Mythos, »vor« oder »hinter« dieser Ordnung, sie umfassend, umgreifend und ergänzend. Heute können wir erleben, wie diese noch hintergründigeren Gestaltmächte, die der Mythus seit je beschrieben hatte, mehr und mehr unsere Erfahrung formen, ausweiten, manchmal gefährlich entgrenzen. Das Vordringen der Physik in die Welt der Elementarteilchen und deren gewaltige Energien mag dafür ein Signal sein.

## Die Planeten-Prinzipien als Wesenskräfte in uns

Aus dem bisher Gesagten kann etwas ganz Entscheidendes klarwerden: Um wahrzunehmen, was die Astrologie heute unter einem Planeten-Prinzip versteht, brauchen wir nicht zuerst auf den Mond, den Mars oder den Jupiter als im Außen vorfindliche Gestirnskörper zu blicken, sondern wir müssen in alter, ganzheitlicher Schau den Gestaltbau der Organismen, die universellen Bauformen der Lebensprozesse wieder sehen lernen. Es wäre allerdings falsch, diese Wesenskräfte mit den Gestaltstrukturen des Organischen einfach gleichzusetzen. Denn auch im Anorganischen sind sie aufzuweisen; und noch viel eindrücklicher wird es, wenn wir die Erfahrung unserer Innenräume, die Räume des Seelischen und Geistigen hinzunehmen. Es sind recht eigentlich diese Räume, von denen die urtümlichen Bilder des Mythus erzählen. Wie zeigt sich denn zum Beispiel das Mondhafte in uns? Wie sind wir, wenn wir aus dem Mondhaften wesen? Dann sind wir geöffnet, sei es nach innen oder außen, der jeweiligen Situation hingegeben, augenblickshaft, bildsam, gemüthaft ansprechbar, beeindruckbar, verletzlich, vielleicht staunend, ganz gewiß bewegt. Spürbar wird in diesen Stichworten die Nähe zur Kindheit. Kindsein heißt aus dem Mondhaften leben. Darin eingeschlossen ist ein großer Spannungsbogen: vom Ausgesetztsein den Träumen, gespenstischen Phantasien und Ängsten der Nacht bis zu den seligsten Stunden völliger Hingebung im Spiel. Unsere Kindheit mag einmal vergangen sein, aber die Tiefenpsychologie spricht zu Recht vom Kind in uns, dessen Lebendigkeit und Ansprechbarkeit gewahrt werden muß, ohne welches das Spiel des Lebens seinen Zauber verliert.

Ein völlig anderer Klang ist angeschlagen, wenn wir uns aus dem Saturnischen gestalten. Dann grenzen wir ein, halten zurück, bremsen die Bewegung des Lebens, verdichten sie auf das Wesentliche, gewinnen im guten Falle Sicherheit und Stabilität. Je älter wir werden, um so mehr zwingt uns das Leben in die Nähe des Saturnischen. Vermögen wir es dann zu leisten? Gelingt uns die Eingrenzung auf das uns Wesentliche? Leben wir mehr und mehr aus der

Form unserer Individualität, oder müssen wir das Saturnische erleiden als Erstarren, Engwerden und Austrocknen?

Und wieder eine ganz andere Welt bricht auf, wenn in uns das Sonnenhafte zum Tragen kommt. Fast zu Hohes klingt damit an, um es in ganz alltäglichen Vollzügen auszudrücken. Wo wir aus unserer Mitte heraus, frei und verantwortend zugleich, schöpferisch am Werk sind, aus Gefühlen von Können und aus der Klarheit eines entworfenen Zieles heraus uns auf den Weg wagen, da mag das Sonnenhafte in uns konstelliert sein. In Zeiten der Berufswahl oder in der Lebensmitte kann es zu Situationen kommen, die uns radikal mit dem Sonnenhaften konfrontieren: In welchem Tun, in welchem Beruf finde ich den Ausdruck meiner eigenen schöpferischen Mitte? Vermag ich ein wirklich Schöpferischer zu werden in diesem Felde? Was für alle Wesenskräfte gilt, zeigt sich beim Sonnenhaften nur deutlicher: daß wir ein Leben lang unterwegs dahin sind, sie in immer wahreren, in immer tieferen Entsprechungen auszudrücken.

## Das Geburtsbild als individuelle Gestalt des Zusammenspiels der Wesenskräfte in uns

Vielleicht ist es, trotz der Kürze der Beschreibung, dem Leser schon wahrnehmbar geworden: Nicht jeder von uns hat denselben Bezug zu den verschiedenen Wesenskräften. Vielleicht hat sich einer dem Mondhaften sehr nahe gefühlt, es ist vielleicht in seinem Leben so bestimmend, daß er darin fast ertrinkt. Er wird dadurch dem Saturnischen, dem Abgrenzen, Verdichten und Festwerden ratloser gegenüberstehen. Ein anderer fühlt sich vom Saturnischen in seinem innersten Wesen berührt, weiß, daß damit schon ein Kernpunkt seines Soseins beschrieben ist. Solche gefühlshaften Wahrnehmungen führen uns zum eigentlich zentralen Sachverhalt der Astrologie: In jedem von uns sind die zehn Wesenskräfte am Werk, aber in jedem von uns hat ihr Zusammenspiel, ihre Stellung zueinander und untereinander, ihre Konstellation eine ganz bestimmte, individuelle Gestalt. Das Leben eines jeden von uns stellt ein ganz charakteristisches »Gespräch dieser Götter« dar. Der Vergleich mit dem Gespräch ist erhellend und genau: In einem Gespräch ergibt sich manches Thema gerade aus der Eigenart der Gesprächspartner. Vielleicht paßt einer nicht dazu und steht doch im Kreis von anderen. Wird er zum Störenfried? Gerät man in

Streit? Oder ergibt sich gerade daraus ein besonders großer Spannungsbogen? Möglich ist auch das intime Gespräch von Wahlverwandten. Und daneben, am Rande, ein Ausgeschlossener. Wie wird dieser reagieren? Unzählige Möglichkeiten verschiedener Gesprächsstrukturen könnten wir phantasieren. Aber in aller Vielfalt bleibt die Anordnung, die Zusammenstellung der Partner die bestimmende Logik, auch gegenüber den vielen Varianten der einzelnen Gespräche.

Im Geburtsbild des einzelnen (auch Nativität, Horoskop, Kosmogramm genannt) stellt sich die grundsätzliche Anordnung der Wesenskräfte in uns dar, und zwar so, wie sie sich vom Moment der Zeugung an (der wohl kaum zufällig der Zeugungsmoment dieses bestimmten Menschenwesens ist) über die Zeit der neun Monate zu einer bestimmten Anordnung herausdifferenzierte, um bei der Geburt zum Ende ihrer Ausformung zu kommen. Die Herausdifferenzierung der Anordnung der Wesenskräfte in uns, wie wir sie gemäß der astrologischen Erfahrung im Geburtsbild vorfinden, läuft parallel mit den Bahnbewegungen der Gestirnskörper unseres Sonnensystems, so daß die Anordnung der Wesenskräfte im Geburtsbild jener Stellung der Gestirnskörper entspricht, wie sie zum Zeitpunkt der Geburt und bezogen auf ihren Ort auch tatsächlich bestand. Worauf diese Parallelität beruht und wie der Bezug der Wesenskräfte in uns zu den gleichnamigen Gestirnskörpern unseres Sonnensystems vorgestellt werden muß, das ist immer noch ein Rätsel, aber vermutlich eines, das keine vorschnelle Lösung erträgt.

## Aussagemöglichkeiten und Aussagegrenzen

Das Geburtsbild enthält nicht nur die grundsätzliche Anordnung der Wesenskräfte zueinander, ihre Gesprächsfiguren, sondern im weiteren auch ihre Stellungen in den Tierkreis-Abschnitten, wodurch sich Grundsätzliches aussagen läßt über die Eigenart, die Ausdrucksbewegung, den Stil, in dem eine Wesenskraft angelegt ist. Aus dem Mondhaften leben heißt sich öffnen, empfänglich sein, beeindruckbar, bildbar, bewegt. Aber wie verschieden kann sich das zeigen, je nach Tierkreis-Eigenart. Ein Beispiel: das Mondhafte im Krebs-Prinzip: Hier steigert sich die Empfänglichkeit in besonders zarte Formen. Ein Öffnen ist nur möglich bei Gefühlen der Ermunterung und Geborgenheit. Schwellenängste, Zögern aus

Scheu, Sich-Zurücknehmen können einen Reichtum innerer Bilder und Phantasien stauen. Im Tieferen aber liegt die Sehnsucht verborgen, in Wärme und reicher Hingebung mit anderen verbunden zu sein. Recht anders zeigt sich die Stil-Eigenart des Mondhaften im Jungfrau-Prinzip: Die Öffnung braucht hier ihre abgemessenen Bedingungen, vorsichtig und vorsichtend steht hier die Tendenz zur Selbstbewahrung der verschmelzenden Hingabe entgegen. Verbundensein ist gewiß auch hier ein Bedürfnis, aber es will unter sorgfältig bestimmten Umständen gelebt sein.

Jedes Tierkreis-Prinzip läßt sich, aus innerer Affinität heraus, einer Wesenskraft zuordnen. Vielleicht war trotz der Kürze der Stichworte der Bezug des Krebs-Prinzips zum Mondhaften selbst hörbar oder jener des Jungfrau-Prinzips zum Merkurischen. Diese Zuordnungs-Logik ist besonders wichtig, um sich in die Eigenart von Konstellationen auch wirklich lebendig und präzis einfühlen zu können.

Neben der Anordnung der Wesenskräfte zueinander und ihren Stellungen im Tierkreis gibt es in jedem Geburtsbild noch eine dritte Ebene: die Unterteilung und Deutung des Raumes, bekannt als System der Häuser (Felder). Die Stellung der Wesenskräfte in diesen Erdraumfeldern läßt ersehen, auf welche Räume (Bereiche) des Lebens sie angelegt sind: Ins »Oben-Außen« gestellt, ist eine Wesenskraft auf anderes hin gefordert, auf Leistung, Sachlichkeit und Herausragen hin, als wenn sie »Unten-Innen«, in der Tiefe des »Reichs der Mütter«, dem Werden und Wachsen zugewendet ist. Und aus der Links-Rechts-Teilung des Raumes entsteht die polare Spannung von Eigenperson (der einzelne für sich) und Hineingestelltsein in Mit- und Umwelt.

Aus all diesen Bezügen, der Anordnung der Wesenskräfte untereinander, ihrer Stellungen in Tierkreis und Häusern, lassen sich, Inspiration und Erfahrung vorausgesetzt, Grundzüge der Persönlichkeit eines Menschen, im Grundsätzlichen angelegte Themen, Probleme und Erfahrungen seines Lebens ersehen. Damit ist uns etwas Einzigartiges gegeben: der Blick auf ein Gefüge von Anlagen, die allem Tatsächlichen dieses Lebens voraus- und zugrunde liegen.

Was ist also aus einem Geburtsbild nicht herauszulesen? Alles Tatsächliche, könnte man in einem Wort sagen. Und näher? Über die tatsächliche Umwelt, wie sie im Leben eines Menschen doch eine wichtige Rolle spielt, läßt sich nichts aussagen. Die Betonung liegt hier auf dem Wort »tatsächlich«. Denn über angelegte Bezüge zu möglichen Umwelten läßt sich erstaunlich Vieles und Genaues ersehen. Auch über Begabungen, soweit sie zum Teil mit genetischen Tatsachen zusammenhängen, kann nichts gesagt werden. Beispiel: Auch wenn aus dem Geburtsbild eine Affinität zum Musischen in der Form der Sprache ersichtlich ist, ist daraus die Begabung, wie sie tatsächlich vorliegt, nicht ableitbar. Das heißt weiter: Über das Niveau eines Menschen, sei es als Ausdifferenzierung von Können verstanden oder aber als Reife und Sittlichkeit, ist nichts auszumachen. Das alles verdichtet sich in der Aussagegrenze gegenüber dem innersten, unantastbaren Kern des Menschen, worin auch seine Freiheit wurzelt: Wie ein Mensch sich zu sich selbst (alle seine Anlagen eingerechnet) verhält, muß offenbleiben. Es kann sein, daß er sich über Jahre hinweg in immer gleichen Entsprechungen bestimmter Konstellationen bewegt, und plötzlich, eines Tages, ist es soweit: Er verhält sich nur eine Spur anders und konstelliert damit eine neue, bisher so nicht erfahrene Variation derselben Anlage. Seine Freiheit besteht nicht gegen das Gefüge seiner Wesenskräfte, sondern darin, diese seine Bestimmung in immer tieferen Entsprechungen zu leben.

## Einige konkrete Schlußfolgerungen

Bezüge seines Geburtsbildes verstehen zu lernen braucht Zeit. Wer sich mit zwei Stunden plus Tonband zufriedengibt, betrügt sich selbst. Am Anfang des Gesprächs steht für mich heute immer, daß mir der Klient sein bisheriges Leben schildert. Nur so gewinnt meine Deutung die nötige lebensgeschichtliche Bezogenheit. In einer Serie von acht bis fünfzehn Gesprächen wird dann, Schritt für Schritt, der Gang durch die Bezüge des Geburtsbildes vorangetrieben, immer im Kontakt mit den dabei entstehenden Gefühlen meines Gesprächspartners. Wichtig ist mir, daß mein Gegenüber jeweils versteht, warum ich so und so deute. Das bedingt, daß er selbst sich versuchsweise in die astrologische Wahrnehmung hineinbegibt. Wem solches Wahrnehmen überhaupt nicht liegt, für den hat ein Geburtsbild-Gespräch vermutlich wenig Sinn. Wesentlich für die Offenheit des Gesprächs ist zudem das Bewußtsein auf beiden Seiten, daß keine noch so gute Deutung den Gehalt des Bildes auszuschöpfen vermag. Das ist bei jüngeren Klienten besonders zu betonen. Wo ein Mensch noch kaum über eine gewisse

Selbsterfahrung verfügt, ist der Blick in sein Geburtsbild zu anspruchsvoll. Wo zu notvolle Fragen entschieden werden wollen, bin ich jeweils froh, neben der astrologischen Wahrnehmung den breiteren Raum der therapeutischen Umsicht im Hintergrund zu haben.

*Literaturhinweise:*

RIEMANN, FRITZ, Lebenshilfe Astrologie, München 1976

STRAUSS-KLOEBE, SIGRID, Das kosmische Unbewußte in der Persönlichkeit, Zürich 1984

RING, THOMAS, Astrologische Menschenkunde, Bd. I–IV, Freiburg 1981–1984

# Atemtherapie

Hubert Krizan

*Studium an der Hochschule für Musik, Trossingen; Ausbildung zum Atem-, Sprech- und Stimmlehrer der Schule Schlaffhorst-Andersen; Therapeut an der Klinik für innere Medizin, Nervenkrankheiten und Psychosomatik, Hirsau; Freie Praxis für Atem-, Bewegungs- und Stimmtherapie, Atemschulung, Sprech- und Stimmbildung, Stuttgart. Seit 1980 Lehrtätigkeit an der Hochschule für Musik, Stuttgart. Die therapeutisch-pädagogische Arbeit integriert Lehr- und Arbeitsweisen der Schule Schlaffhorst-Andersen, der Psychotonik und Eutonie nach Glaser und Atemarbeit nach Middendorf. Vorstandsmitglied der AfA (Arbeitsgemeinschaft für Atempflege e.V.)*

*Das Gift ist bäuerlich,*
*das Messer bürgerlich,*
*der Atem königlich!*

*Ägyptische Grabinschrift*
*zur Differenzierung therapeutischer Verfahren*

Atemtherapie gilt als eine der ältesten Heilkünste, wurde lange Zeit als Geheimlehre nur von Eingeweihten praktiziert und nur in bestimmten, der breiten Öffentlichkeit nicht zugänglichen Kreisen gelehrt. Heute erleben wir zunehmend allgemeines Interesse und Bedürfnis, sich auf den Atem und seine Heil- und Regenerationskraft zu besinnen. Die Arbeit am Atem und die Atempflege stehen inzwischen im Mittelpunkt vieler moderner Heilverfahren. Es scheint, als sei die Zeit reif geworden für den bewußten Umgang mit dem Atem.

In vielen alten Sprachen wurde das Wort *»Atem«* gleichbedeutend verwendet für Hauch, Wind, Seele, Geist, Gedanke, Wort, Zwerchfell, Stimme. Das deutet darauf hin, daß schon früher dem Atem über seine reine Stoffwechselfunktion hinaus eine Bedeutung zukam, die sich auf den Menschen als eine Einheit von Leib, Seele und Geist bezog. Die wachsende innere Bereitschaft vieler Menschen heute, sich mit dem Atem zu beschäftigen, liegt sicher zum einen im instinktiven Wissen um die Urkraft und Heilwirkung des Atems begründet, zum andern in der Sehnsucht, die verlorengegangene Einheit von Leib, Seele und Geist wiederzufinden.

Atemtherapie als »Erfahrungsheilkunde« legt großen Wert auf das »Erfahren«, »Durchleben« und »Erkennen« körperlicher, seelischer und geistiger Prozesse und geht nicht primär vom »Wissen«, dem rein verstandesmäßigen Erfassen bestimmter Inhalte, aus. Intellektuelles Verstehenwollen und Erklärungsversuche verhindern häufig geradezu wirkliches »Erfahren« über den Atem. Atemtherapie ist ein Übungsweg, der besonders wirkungsvoll in Verbindung mit Psychotherapie, aber auch anstelle derselben praktiziert werden kann.

Während sich in der Psychotherapie der Klient um die Klärung seiner Beziehungen zu sich und zu seiner Umwelt mittels seiner Ich-Funktionen (Denken, Fühlen, Intuition, Empfindung) sowie über die Beschäftigung mit Träumen, Bildern und Imaginationen bemüht, versucht die Atemtherapie dem Klienten über die Arbeit am Atem, über die Befreiung, Kräftigung und Pflege des individuellen Atemrhythmus, Zugang zu seinen eigenen Tiefen und schöpferischen Impulsen zu ermöglichen. Der Klient soll über »das Leitseil des Atems« (Middendorf) einen neuen Weg zu sich selbst, zu innerer Stabilität und Schwingungsfähigkeit, aber auch zu neuer Auseinandersetzungs- und Begegnungsmöglichkeit finden. Atemarbeit ist ein Weg zur persönlichen Entfaltung und Reife im Sinne der Individuation. Symptomfreiheit ist nicht primäres Anliegen der Arbeit am Atem.

Die verschiedenen *Atemschulen* differieren zum Teil in ihren Lehr- und Vorgehensweisen erheblich, finden sich aber in der Zielsetzung, nämlich im Bemühen um den ganzen Menschen, wieder.

Gemeinsam ist ihnen das Erkennen der Atembewegung als einer Urbewegung des Lebendigen, das Wissen um die Arbeit am Atem als einer Möglichkeit, die ins Stocken geratenen Energien wieder in Fluß zu bringen, sowie das Vertrauen in die heilende, ordnende und regenerierende Kraft des Atems.

Unterschiedliche Auffassungen bestehen darüber, ob der Atem selbst im Mittelpunkt der Übung stehen soll und darf. Bewußte Lenkung des reinen Atemgeschehens wird von einigen Atemschulen als Eingriff in ein sich autonom vollziehendes Geschehen abgelehnt. Indirekte Beeinflussung des Atems erfolgt über Schulung und Differenzierung des Körperbewußtseins, über Wahrnehmung und Empfindung, Dehnlagerungen, Streichungen, Bewegungsübungen, Atem- und Meridianmassage sowie über geräte-, raum- oder partnerbezogene Kontaktarbeit. Die »Tönende Ausatmung« (Summen, Singen, Sprechen) gilt als eine besonders heilende und schöpferische Möglichkeit der Atemführung.

## Was beeinflußt das Atemgeschehen?

Zum einen sind es Dinge in unserer Umwelt, die sich störend auf das Atemverhalten wie auch auf die allgemeine Gesundheit auswirken. Mit fortschreitender Industrialisierung hat die Luftverschmutzung zugenommen. Die Atemwege und Schleimhäute sind durch hohe Schadstoffkonzentration gefährdet. Es entstehen häufig krankhafte Atembehinderungen, die durch atemhygienische Maßnahmen (Inhalation, Luftkuren, Heilkräuteranwendung, Bewegungsangebote) und durch gezielte medikamentöse Behandlung gelindert werden können.

Zum andern verändert jeder Gedanke, jedes Gefühl, jede Empfindung und jede Vorstellung sofort den Atem. Das individuelle Atemverhalten zeigt an, wie der Mensch zu sich und zu seiner Umwelt in Beziehung steht: So wie der Mensch gestimmt ist, in welcher Weise er den Anforderungen seiner Umwelt begegnet, wie er »leibt und lebt«, so atmet er auch.

Das Atemverhalten steht somit in engster Beziehung zur körperlichen, seelischen und geistigen Gesamtsituation des Menschen, die u.a. in seiner Biographie begründet ist. Das Symptom *»Atemfehlverhalten«* zeigt sich als Störung des psycho-somatischen Gleichgewichts, verbunden mit einer entsprechenden geistigen Einstellung und inneren Haltung, die die gesunde Ich-Entwicklung und persönliche Entfaltung behindert.

Das Symptom zeigt auf, daß der Mensch sich von sich selbst entfernt hat, an dieser Selbstentfremdung leidet und aufgerufen ist, wieder Ordnung zu schaffen.

Atemtherapie kann in mehr oder weniger differenzierter Weise jedem Menschen, seinen derzeitigen Möglichkeiten gemäß, angeboten werden. Durch die Arbeit am Atem kann sich die Beachtung der Symptomatik, die den Klienten anfänglich zur Therapie geführt hat, langsam auf die intensive Auseinandersetzung mit den leib-seelischen und geistigen Prozessen seines Lebens verlagern.

Dadurch verliert das Symptom im Laufe der Zeit seinen Sinn und kann sich auflösen.

## Wann ist Atemtherapie indiziert?

1. – Bei Atemfehlfunktionen (Rhythmusstörungen, Hochatem usw.)
– Bei Erkrankungen der Atemwege und Atemorgane (Asthma, Bronchitis, Emphysem)
– Bei Stimmerkrankungen, Stimm- und Sprechstörungen, Heiserkeit usw.
– Bei Haltungsschwächen, muskulären Fehlspannungen
– Bei vegetativen Fehlsteuerungen
– Bei allen psychosomatischen Erkrankungen und Störungen
– Bei stimmlicher Überbelastung in Sprechberufen zur Wiederherstellung ökonomischen Stimm- und Sprechverhaltens
– Als Hilfe zur Entfaltung künstlerischer Ausdrucks- und Gestaltungsfähigkeit
2. – In der Prophylaxe und Rehabilitation:
Resistenzsteigerung, allgemeine Stabilisierung und Flexibilisierung
3. – Zur Stützung bei psychischen Belastungen
– Bei psychischen Störungen
Somatische Krankheitsbilder sollten zusammen mit einem Arzt, psychische Krankheitsbilder (Neurosen oder Psychosen) zusammen mit einem Psychotherapeuten oder Psychiater behandelt werden.
4. – Zur Anregung, Harmonisierung und Stabilisierung leiblicher, seelischer und geistiger Prozesse
– Als Wegbegleitung zur Reife der Person (Individuation)

Atemschulung und Behandlung von Atemfehlverhalten, Sprech- und Stimmstörungen im pädagogischen und künstlerischen Umgang mit Sprache und Gesang (siehe Punkt 1 und 2) sind als Behandlungsweise der Schule Schlaffhorst-Andersen von den Krankenkassen (VdAK) anerkannt.

## Wo wird Atemtherapie praktiziert?

Atemtherapie, Atem-, Bewegungs- und Stimmarbeit werden von Atemtherapeuten (Pneotherapeuten), Stimmtherapeuten (Phonotherapeuten), Atem-, Sprech- und Stimmlehrern (Pneopäden, Phonopäden) in freier Praxis (Einzelbehandlung/Gruppenübung), von Volkshochschulen und anderen Veranstaltern sowie an den jeweiligen Ausbildungsinstituten angeboten. Atemtherapie als Behandlungsangebot der Krankengymnastik wird primär zur Krankenbehandlung oder Rehabilitation eingesetzt.

## Zur Praxis der Atemtherapie

Schulspezifische Schwerpunkte in der Atemtherapie sind:
- Atembehandlung
- Atemmassage
- Atmung und Stimme

*Atembehandlung* ist ein Schwerpunkt der Atemarbeit nach Middendorf. Dabei liegt der zu Behandelnde bekleidet auf einer Liege. Durch Kreisen, Streichen und spürsames Auflegen der Hände macht der Behandelnde in einer Art nonverbalem Gespräch dem Partner ein Begegnungsangebot. Die Hände fragen an, lassen entstehen; es bleibt dem Partner jederzeit freigestellt, in welcher Weise und mit welcher Intensität er begegnen, sich einlassen und auseinandersetzen möchte.

Durch Sammlung und Empfindung an verschiedenen Stellen des Leibes entsteht verstärkt Atembewegung. Das Erleben des Atemrhythmus im Einatmen – Ausatmen und der Atempause bringt Ruhe, Sicherheit, Geborgenheit, Vertrauen und läßt neue Lebensimpulse, neue Lebenskraft entstehen.

Es geht darum, durch Hingabe und Achtsamkeit die Gesetze des unbewußten Atems zu erfahren, ohne dessen Ablauf zu stören. Der Übende lernt dabei, wo er durchlässig und wohlgespannt ist, aber auch, wo sein Spannungszustand disharmonisch und gestört ist.

Über den Atem kann ihm bewußt werden, welche seelischen Grundhaltungen und Verhaltensweisen seiner äußeren Leiberscheinung und Leiberfahrung entsprechen.

»Am Leitseil des Atems wächst das Leibliche ins Gleichgewicht zum Seelischen und Geistigen, so daß eine Mitte entsteht, die Ego und Wesen umschließt zu einer neuen Ich-Kraft, die gleichzeitig Substanz und Verwirklichung ist« (Middendorf).

Weitere Ausbildungs- und Schulungsinhalte nach Middendorf sind: Dehnungen, Arbeit mit Druckpunkten, Übungen zur Bildung von Vokalräumen, schweigendes Tönen und Bewegung aus dem Atem.

*Atemmassage* ist ein Schwerpunkt der Atemarbeit nach Glaser. Dabei wird die Wirkung des Sinnesorgans Haut bewußt mit einbezogen. Die Behandlung auf der Haut wird in der Regel wohltuend und entspannend, aber vor allem stabilisierend und ganzheitlich anregend erlebt. Der Klient kann seine momentanen, aber auch die sich während der Behandlung verändernden Begegnungsmöglichkeiten erfahren: zum Beispiel innere Abwehr und Flucht, unsicheres, fragendes Herantasten, neugieriges Ausprobieren oder auch lustvolle, kraftvoll-elastische oder spielerisch-kämpferische Begegnung.

Durch Ansprache verschiedener atemwirksamer Punkte auf den Meridianlinien kann sich ein Gefühl von Kraftfülle einstellen, verbunden mit dem Wunsch, aktiv-tätig mit der Welt umzugehen und, getragen von der inneren Gefühlssicherheit, dieses auch zu vermögen.

Die Hände setzen wohldosierte Widerstände; sie fordern zu aktiver Begegnung heraus. Wann, wie lange und mit welcher Intensität diese Widerstände gesetzt werden, hängt in jedem Moment von der Begegnungsmöglichkeit des Klienten ab. Positive Begegnung zeichnet sich dadurch aus, daß der Klient innerlich wie auch äußerlich der Hand entgegenwächst; es bilden sich im gleichen Moment Atemfülle und Atemkraft. Der Mensch stellt sich im ganzen der Herausforderung und wächst daran.

Anliegen der »Atemmassage und Psychotonik« nach Glaser ist es, die psycho-somatische Beziehung zwischen Atem und umweltorientiertem Verhalten durch die Arbeit am Leibe bewußt zu machen.

Weitere Ausbildungs- und Schulungsinhalte nach Glaser sind: Eutonieaufbau, Rückendiagnostik, Atemführung und Bewegung, Kai ru ku-Seminare (Grundformen der Evolution in Verbindung mit dem chinesischen Meridiansystem).

### Atmung und Stimme

Im Zentrum der Arbeit nach Schlaffhorst-Andersen steht das Bemühen um den dreiteiligen Atemrhythmus, der sich aus dem stets wiederkehrenden Wechsel von Anspannungs-, Abspannungs- und Lockerheitsphasen ergibt. Ziel der Atemarbeit ist es, diesen Rhythmus im Leben – in einer der jeweiligen Situation angepaßten Weise – verwirklichen und durchhalten zu lernen. Der Schüler wird mit verschiedenen Übungsformen zum eigenverantwortlichen Üben und Arbeiten an sich selbst hingeführt.

Über Laut und Klang, Gedicht und Lied wird an der Entwicklung einer schwingenden, tragfähigen und modulationsreichen Stimme gearbeitet.

Über kreisende, schwingende und rhythmische Bewegungsübungen, über Atmen und Tönen wird der Schüler zum Umgang mit der »Kunst des Sprechens« und der »Kunst des Singens« hingeführt, die eine besonders wirksame und heilende Herausforderung aller physischen, psychischen und geistigen Kräfte im Menschen darstellt.

Dieser Arbeitsweise liegt die Auffassung zugrunde, daß in jedem Menschen die Fähigkeit zur künstlerischen Gestaltung angelegt ist. Über den Umgang mit Atmung, Bewegung und Stimme wird der Mensch wieder an seine schöpferischen Urkräfte angeschlossen und kann damit sich selbst und sein Leben neu ordnen und gestalten.

Tönen, Singen und Sprechen als »künstlerische Therapie« hat ganzheitlich harmonisierende Wirkung und ist eines der stärksten »homöopathischen Mittel« im Bemühen um psychosomatische Gesundheit.

Atemarbeit ist Arbeit an Substanz und Qualität lebendigen Menschseins. Der Atem als »Mittler« vermittelt zwischen Bewußtem und Unbewußtem, zwischen Innen und Außen, zwischen hell und dunkel; er vermittelt zwischen Polen und läßt gesunde Mitte entstehen, aus der heraus sich der Mensch seinem individuellen Wesen gemäß zu gestalten vermag. »Alle Heilung geht durch den Atem«, sagte Paracelsus.

*Literaturhinweise:*

Atemschulung als Element der Psychotherapie, Wissenschaftliche Buchgemeinschaft, Darmstadt 1970

Middendorf, Ilse, Der erfahrbare Atem, Junfermann Verlag, Paderborn 1984

Atem-Sprech- und Stimmtherapie in der Schriftreihe Erfahrungsheilkunde, Band 18, K. F. Haug Verlag, Heidelberg 1978

# Autogenes Training

## Hartmut Kraft

*Geboren 1949, Studium der Medizin in Köln und Göttingen, daneben freie künstlerische Arbeiten, mehrere Einzelausstellungen und Publikationen. Ausbildung zum Nervenarzt an den Universitäten Köln und Bonn sowie am Landeskrankenhaus Bonn; parallel dazu Weiterbildung zum Psychoanalytiker. Jetzt in eigener psychotherapeutischer Praxis in Köln-Lövenich tätig. Publikationen über Autogenes Training, Balintgruppen, Bildnerei psychiatrischer Patienten (u.a. »Die Kopffüßler«, Stuttgart 1982 und »Grenzgänger zwischen Kunst und Psychiatrie«, Köln 1986) sowie zur Psychodynamik kreativer Prozesse (Herausgeber des Buches »Psychoanalyse, Kunst und Kreativität heute – die Entwicklung der analytischen Kunstpsychologie seit Freud«, Köln 1984).*

Aus seinen Erfahrungen mit der Hypnose – als einem der ältesten psychotherapeutischen Verfahren überhaupt – entwickelte Johann Heinrich Schultz (1884–1970) in den zwanziger Jahren das Autogene Training (A. T.); bereits 1932 erschien sein grundlegendes Werk über diese neue psychotherapeutische Methode. Er definierte das A. T. als »ein vom Selbst (autos) sich entwickelndes (gen = werden) und das Selbst gestaltendes systematisches Üben, Training«. Ziel dieses Übens ist eine Selbstentspannung, der Weg dorthin bedarf der Konzentration, des konzentrierten Übens.

Von der Hypnose (vgl. Hypnose) unterscheidet sich das A. T. ganz wesentlich dadurch, daß jeder Lernende allein für sich übt, über Ort, Zeit und Dauer entscheidet und von niemandem abhängig ist. Die Kurse im A. T. dienen lediglich dazu, die Methode anschaulich zu vermitteln und auftretende Mißverständnisse und Schwierigkeiten besprechen zu können; darüber hinaus stärkt eine

Gruppe die Motivation jedes einzelnen, sich auf das notwendige regelmäßige Üben zu Hause (zwei- bis dreimal täglich!) als Grundvoraussetzung für den Erfolg einzulassen. Während die Grundlagen des A. T. in sechs bis zehn Kursabenden im Wochenabstand vermittelt werden können, bedarf es doch eines regelmäßigen Übens von etwa vier bis sechs Monaten, bis das A. T. sicher beherrscht wird. Es kann dann bei Bedarf angewandt werden, viele behalten es aber als tägliche Übung gern bei.

Die allgemeinen Wirkungen des A. T. bestehen in einer Erholung, Entspannung (bis hin zur Einschlafhilfe), einer Erhöhung der Konzentration sowie einer »Resonanzdämpfung überschießender Affekte«. Das A. T. macht gelassen – aber nicht etwa gleichgültig, wie Schultz immer betonte. Das A. T. gibt die Möglichkeit, in der Hektik des Alltags ganz gezielt einmal für einige Minuten abzuschalten, um sich dann mit mehr Ruhe, Gelassenheit und Ausgeglichenheit der Arbeit und den Belastungen erneut zuzuwenden. Jeder weiß aus eigener Erfahrung, wie einfach sich auch komplizierte Probleme oft darstellen und lösen lassen, wenn wir entspannt, unverkrampft an sie herangehen. Es ist zunächst also von einer Psychoprophylaxe und Psychohygiene, von gesundheitlich vorbeugenden Maßnahmen zu sprechen – nicht zu Unrecht vergleichbar dem Händewaschen oder Zähneputzen.

Wer geistig in der Lage ist, den relativ einfachen Anweisungen im A. T. zu folgen, sie eigenverantwortlich durchzuführen, der wird das A. T. erlernen können. Bei körperlichen, seelischen und psychosomatischen Erkrankungen müssen bei einzelnen Übungen jedoch Besonderheiten beachtet werden, die Einweisung in das A. T. sollte hier unbedingt durch einen Arzt erfolgen.

### Wie und warum wirkt das Autogene Training?

Körperliches und Seelisches sind nicht getrennt und unabhängig voneinander, sondern agieren und reagieren stets gemeinsam. Jeder kennt zum Beispiel das Herzklopfen bei Angst oder großer Freude, das Stocken des Atems bei einem Erschrecken, die Verspannung der Muskulatur bei seelischer Anspannung. Aber nicht nur seelische Geschehnisse, sondern bereits einfache Gedanken haben die Tendenz, im Körperlichen wirksam zu werden. Wer sich intensiv vorstellt, er beiße in eine Zitrone, dem läuft bald das Wasser im Munde zusammen; und wer sich vorstellt, einen gähnenden Menschen anzusehen, der spürt bald selbst das Verlangen zu gähnen. Damit sind bereits die einfachen Grundvoraussetzungen des A. T. genannt. Indem wir uns rein gedanklich – jeder für sich – vorstellen, daß zum Beispiel unser Arm schwer sei, warm sei und so weiter, werden diese Vorstellungen nach einer mehr oder weniger langen Zeit von unserem Körper realisiert. Entsprechend der Grundtatsache, daß Körperliches und Seelisches nie getrennt voneinander sind, wirkt diese herbeigeführte körperliche Entspannung nun zurück auf unsere seelische Befindlichkeit – wir sind nun auch psychisch entspannt.

Im Unterschied zu einem kurzen Schlaf, der zweifellos auch entspannend wirkt, hat das A. T. entsprechend seinem autohypnoiden Charakter die innewohnende Tendenz, auch im Wachzustand fortzuwirken. Gut trainierte Personen im A. T. entspannen nicht nur während der Übungen, sondern es kommt zu einer allgemeinen »Resonanzdämpfung überschießender Affekte«.

## Die Grundstufe des Autogenen Trainings

Das A. T. wird im wesentlichen mit seiner sogenannten Grundstufe gleichgesetzt, die in sich abgeschlossen ist. Die Grundstufe gliedert sich in sechs Übungsschritte, die nacheinander im Abstand von einer bis zwei Wochen eingeübt werden. Sie alle zusammen ermöglichen schließlich die sogenannte »organismische Umschaltung«, das heißt die schnelle körperlich-seelische Entspannung entsprechend den eigenen Bedürfnissen als eine »Einwilligung in naturhafte Abläufe gewünschter Richtung«.

*Die Schwereübung* dient der Entspannung der Willkürmuskulatur der Arme, Beine, des Körpers, des Gesichts. Die entspannte Muskulatur nehmen wir als angenehm schwer wahr. Dieses Empfinden wird als Vorstellung vergegenwärtigt, wobei Formeln der Unterstützung der Konzentration dienen. Aus lerntheoretischen Gründen beginnen wir mit dem sogenannten Arbeitsarm (zum Beispiel »mein rechter Arm ist angenehm schwer«), Ziel ist schließlich die Entspannung der gesamten Willkürmuskulatur. Nach einiger Übungszeit genügt es, an das Wort »Schwere« zu denken, um sich zu entspannen. Gezielte Indikationen für diese Übung sind die vielfältigen Verspannungen der Muskulatur, insbesondere der Rükkenmuskulatur (bis hin zum sogenannten »Ischias«), aber gerade auch Verspannungen der Schulter-Nacken-Muskulatur, die sehr häufig in einem direkten Zusammenhang mit starken Kopfschmerzen auftreten.

*Die Wärmeübung* dient der Entspannung der Gefäßmuskulatur; es kommt zu einer Weitstellung unserer Gefäße, damit zu einer besseren Durchblutung der Arme und Beine. Der Kopf bleibt hierbei nun ausgespart, was der Vorbereitung der sechsten Übung, der Stirnkühleübung, dient. Gezielte Indikationen sind die häufig beklagten »kalten Hände und Füße«, die oft als sehr unangenehm erlebt werden und in einigen Fällen Krankheitswert haben (Morbus Raynaud).

*Die Atemübung* und *die Herzübung* können ähnlich zusammenhängend gesehen werden wie die zuvor besprochenen Schwere- und Wärmeübungen. Im Unterschied zu diesen wird hier nun nichts herbeigeführt, sondern es wird beobachtet (»Atmung ruhig und regelmäßig« und »Herz [Puls] ruhig und regelmäßig«). Zutreffend wird dementsprechend auch von einem »passiven Atemerlebnis« oder einem »passiven Herzerlebnis« gesprochen. Die Hinwendung der Aufmerksamkeit auf diese biologisch gesteuerten, gleichmäßigen Rhythmen bewirkt eine zusätzliche Entspannung – und umgekehrt ergibt sich hieraus eine Indikation für funktionelle Atembeschwerden und Herzrhythmusstörungen. Bei organischen und psychosomatischen Erkrankungen (zum Beispiel Asthma bronchiale, Angina pectoris) sind deutliche Besserungen des Krankheitsbildes zu verzeichnen, die Anleitung zum Üben sollte hier unbedingt durch einen Arzt erfolgen.

*Die Sonnengeflechtsübung* ist die »Bauchübung« und dient der Entspannung der willkürlich sonst nicht zu steuernden Bauchorgane, besonders des Magens und des Darms. Entsprechend der wohltuenden Wirkung von Wärme bei Magen-Darm-Erkrankungen lautet die Standardformel hier: »Sonnengeflecht (Bauch) strömend warm.« Der aus der Anatomie stammende Begriff »Sonnengeflecht« – ein Geflecht von Nervenfasern und Nervenknoten an der Rückwand des Bauchraumes – wurde wegen seiner Anschaulichkeit beibehalten. Die Indikationen sind die häufigen funktionellen und psychosomatischen Magen-Darm-Erkrankungen (»Colica mucosa«, »irretables Colon«, Magenschleimhautentzündungen, Zwölffingerdarm- und Magengeschwür).

*Die Stirnkühleübung* dient der Eingrenzung der durch das Training hervorgerufenen Entspannung auf den Körper, »der Kopf bleibt frei« entsprechend der Volksweisheit, daß man einen kühlen

Kopf bewahren soll. Diese Übung bewährt sich, zusammen mit der Schwere- und Wärmeübung, besonders bei Kopfschmerzpatienten und dient generell einer besseren Konzentration. Dementsprechend darf diese Übung als ein »Wachmacher« nicht vor dem Einschlafen geübt werden, Schlafstörungen könnten sonst die Folge sein.

Jede Übungszeit wird durch das »Zurücknehmen« beendet, das am ehesten dem morgendlichen Räkeln zu vergleichen ist und von der Formel begleitet wird: »Arme fest, Atmung tief, Augen auf.« Jeder autohypnoide Zustand bedarf einer solchen klaren Beendigung; im Unterschied zur Hypnose hat es hier jeder Übende nun aber selbst in der Hand, wie lange er in seinem selbst gewählten Versenkungszustand verbleiben möchte.

Die Grundstufe ist in sich abgeschlossen und entspricht dem A. T. schlechthin. Die Einführung in das A. T. gehört heute zu den Leistungen der gesetzlichen und privaten Krankenkassen.

### Autogenes Training für Fortgeschrittene

Da die Kurszeit für Grundstufenkurse erheblich kürzer ist (sechs bis zehn Wochen) als die Zeit für das sichere Erlernen des A. T. durch regelmäßiges häusliches Üben (vier bis sechs Monate), entsteht für manchen Übenden das Problem, zwischenzeitlich aufgetretene Schwierigkeiten nicht besprechen zu können. Sofern nicht die Möglichkeit besteht, mit dem Kursleiter direkt zu sprechen, empfiehlt sich dann die Teilnahme an einem Kurs für Fortgeschrittene. Hier werden die bei den sechs Übungen der Grundstufe aufgetretenen Schwierigkeiten noch einmal ausführlich besprochen und gegebenenfalls weitere Übungen erarbeitet. Diese zusätzlichen, individuell ausgerichteten Übungen werden als *»formelhafte Vorsatzbildungen«* bezeichnet. Sie sind dann sinnvoll, wenn bei einer gut geübten Grundstufe des A. T. spezielle Schwierigkeiten verblieben sind, zum Beispiel Einschlafstörungen oder Unruhegefühle in ganz bestimmten Situationen.

Formelhafte Vorsatzbildungen können nicht »per Rezept« verordnet, sondern müssen von Übungsleiter und Übendem gemeinsam erarbeitet werden. Der Kursleiter hat dabei eine mehr beratende Funktion; insbesondere sollte dabei beiden Beteiligten deutlich werden, ob der Wunsch nach einer formelhaften Vorsatzbildung einer echten Motivation entspringt und damit letztlich zur Unterstützung einer zugrundeliegenden Motivation dienen kann oder nicht. Vorsatzbildungen können lediglich Vorhandenes verstärken, eine Formel besagt und bewirkt nichts, wenn der sie Verwendende nicht wirklich ihren Inhalt vertreten kann.

Oft muß ein Problem oder ein innerer Konflikt nicht im Wortlaut erwähnt werden, gar nicht selten führen sehr allgemein gehaltene Formeln zu guten Erfolgen. Die Formeln können so weit verkürzt sein, daß die Bedeutung nur für den Übenden erkennbar ist, entscheidend ist ja nicht die Formel, sondern die damit verbundene Vorstellung (zum Beispiel »ich schaffe es«, »ich lasse es«, »ich brauche nicht«, »ich gewinne Abstand«, »ich lasse zu«).

## Die Oberstufe des Autogenen Trainings: Autogene Imagination

Hierbei handelt es sich um eine Wachtraumtechnik. Im Versenkungszustand des A.T. lassen die Übenden Bilder vor ihr inneres Auge treten, was spontan auch bereits während der Grundstufe geschehen kann. Diese Bilder entwickeln sich wie Träume eigengesetzlich. In kleinen Gruppen von sechs bis acht Teilnehmern werden mit Hilfe der Einfälle der Gruppenmitglieder die manifesten Wachtrauminhalte angereichert und so einer verstehenden Bearbeitung zugänglich. Das Ziel dieses Verfahrens ist eine vertiefte Selbsterfahrung, wobei die verbale Assoziationsmethode der Psychoanalyse hier durch eine bildhaft-imaginative ergänzt wird. Es erscheint dabei nicht notwendig, mit gezielten Vorstellungen (zum Beispiel Farbvorstellungen, »Schau konkreter Gegenstände« oder einem »Gang auf dem Meeresgrund«) zu arbeiten, wie J.H. Schultz es noch vorschlug. Wenn jeder Übende vor seinem inneren Auge ohne spezielle Erwartungen Bilder aufsteigen läßt, so ergeben sich am ehesten ganz persönliche, aufschlußreiche Wachträume. Es geht eben nicht um das Lösen gestellter Aufgaben, sondern darum, daß jeder seinen eigenen – autogenen – Weg in die und in der Imagination findet.

Es bestehen enge Verbindungen zu anderen Wachtraumtechniken wie zum Beispiel dem katatymen Bilderleben nach H. Leuner (vgl. S. 189) und der Aktiven Imagination nach C.G. Jung (vgl. S. 9).

Im nicht-therapeutischen Bereich besteht großes Interesse an einer Selbsterfahrung zur Vertiefung des Wissens um die eigene Persönlichkeit, um Stärken und Schwächen; jeder Mensch weist

»blinde Flecke« in seiner psychischen Selbst-Wahrnehmung auf. Von alters her sind Meditationstechniken, Techniken der Selbstversenkung, der Innenschau bekannt, die eine Weiterentwicklung der Persönlichkeit anstreben. Hier reiht sich die Autogene Imagination zwanglos ein. Die Übergänge zum therapeutischen Bereich sind fließend. Die Aufarbeitung innerer Konflikte wird natürlich dann vordringlich, wenn daraus psychosomatische Beschwerden, Hemmungen, Kommunikationsstörungen und Ängste entstehen bis hin zu komplexen neurotischen Störungen. In diesen Fällen kann die Autogene Imagination – in der Hand des Psychotherapeuten oder Psychoanalytikers – als eine ganz spezielle psychotherapeutische Technik aufgefaßt werden.

*Literaturhinweise:*

KRAFT, H., Autogenes Training – Methodik und Didaktik (Autogenes Training – Grundstufe, für Fortgeschrittene und Oberstufe / Autogene Imagination), Stuttgart 1982

ROSA, K.R., Das ist die Oberstufe des autogenen Trainings, München 1975

SCHULTZ, J.H., Das autogene Training. Konzentrative Selbstentspannung, Stuttgart 1982[17]

# Bach-Blüten-Therapie

Mechthild Scheffer

*Heilpraktikerin, Repräsentantin und Lehrbeauftragte des Dr.-Edward-Bach-Centres England für Deutschland, Österreich und die Schweiz. Veranstaltet regelmäßig »Dr.-Bach-Blüten-Seminare«. In ihrer Praxis arbeitet sie seit vierzehn Jahren fast ausschließlich mit den »Bach-Blüten« und vertritt Dr. Bachs Leitgedanken vom »Heilen durch die Seele« international durch Vorträge und Seminare. Veröffentlichungen: »Bach-Blütentherapie« und »Erfahrungen mit Bach-Blütentherapie«.*

## Seelen-Therapie mit Blüten-Energie: Die Bach-Blüten-Therapie

Geist und Seele regieren den Körper, sagen die großen Heilkundigen und Menschheitslehrer aller Jahrhunderte.

Psycho-Neuro-Immunologie lautet nun in den USA die Bezeichnung für dieses sich rasant entwickelnde Forschungsgebiet, das sich mit dem Zusammenhang von Gefühlsimpulsen im Gehirn und Nervenfunktionen, Hormonspiegelveränderungen sowie Immunreaktionen beschäftigt. Kaum ein Arzt oder Wissenschaftler würde heute noch ernsthaft bestreiten, daß in erster Linie Gedanken und Gefühle unser seelisches, aber auch körperliches Wohlbefinden steuern und daß seelische und körperliche Reaktionen in einer beständigen Wechselwirkung stehen.

Das wohl schlagendste Alltagsbeispiel dafür, wie stark sich negative Gedanken und Gefühle auf den ganzen Menschen auswirken können, kennen viele aus eigener Erfahrung: die Angst beim Zahnarzt. Wie gelähmt, unfähig, einen klaren Gedanken zu fassen, sitzt man im Stuhl. Die Handflächen sind feucht, der Magen schmerzt, das Herz flattert. Aber wenige Minuten nach der Behandlung ist alles wie weggeblasen: Die Angst ist vorbei, und auch Gehirn, Hände, Herz und Magen reagieren wieder ganz normal.

Ist dieses auch ein vergleichsweise extremes Beispiel für einen vorübergehenden Angst- und Streßzustand, so kann man sich doch leicht vorstellen, welche Auswirkungen eine jahrelang andauernde Angst – etwa die Sorge einer Mutter um ihr Kind – auf das seelische und körperliche Wohlbefinden haben muß. Dabei ist Angst nur einer von vielen negativen Gefühlszuständen, mit denen der einzelne und die ganze Gesellschaft heute zunehmend lebt; Resignation, Mißtrauen, Ungeduld und Mutlosigkeit sind andere.

Was kann man aus naturheilkundlicher Sicht tun, um sein seelisches Gleichgewicht möglichst stabil zu halten und negative Gefühle möglichst gar nicht erst aufkommen zu lassen? Eine Antwort auf diese Frage fand 1934 der bekannte englische Arzt und Homöopath Dr. Edward Bach und legte damit den Grundstein zu der nach ihm benannten Bach-Blüten-Therapie, die in den angelsächsischen Ländern seit etwa fünfzig Jahren von einschlägigen Institutionen der Gesundheitsfürsorge empfohlen wird und von Ärzten, aber auch von Laien in Selbstbehandlung mit großem Erfolg angewendet wird.

## Edward Bach – ein Pionier der Präventiv-Medizin

Edward Bach war zunächst als Krankenhausarzt und Bakteriologe tätig. Während dieser Zeit entdeckte er einen Zusammenhang zwischen dem Auftreten bestimmter Bakterien im Darm und bestimmten Gefühlszuständen eines Patienten – und zwar unabhängig davon, an welcher körperlichen Krankheitserscheinung der Patient litt. So fanden sich zum Beispiel im Darm eines sehr ungeduldigen Grippepatienten die gleichen spezifischen Darmbakterien wie im Darm eines ungeduldigen Herzpatienten oder einer ungeduldigen Patientin mit einer Oberschenkelhalsfraktur. Er kam zu dem Schluß, daß negative Gefühlszustände wie zum Beispiel Ungeduld, ständiges sorgenvolles Grübeln oder mangelndes Selbstvertrauen die seelische und damit auch körperliche Widerstandsfähigkeit des

Patienten herabsetzen, worauf dann jeder Patient mit einer individuellen körperlichen Krankheitserscheinung reagierte.

Schließlich definierte Bach den Krankheitsbegriff neu, und zwar als »Verfestigung bestimmter negativer Denkstrukturen und Gefühlshaltungen«. »Behandle nicht die Krankheit, sondern den kranken Menschen«, sagte er und wertete bei seiner Diagnose nicht mehr die körperlichen Symptome, sondern beachtete ausschließlich die disharmonischen seelischen Haltungen, die vor und während der körperlichen Krankheitserscheinung erkennbar waren.

Es gilt also, destruktive Gedanken und negative Gefühle wieder in Harmonie zu bringen, wenn man gesund werden und bleiben möchte. Diese Reharmonisierung des menschlichen Energiesystems machte Edward Bach zum Ziel seiner Therapie. Das »In-Harmonie-mit-sich-selbst-Sein« ist eng mit der Frage der Sinnfindung im menschlichen Leben verknüpft. Und auch hier zeigt sich die Fortschrittlichkeit des Bachschen Denkansatzes, der nach jahrhundertelanger materieller Ausrichtung des westlichen medizinischen Denkens erstmalig den Krankheitsbegriff wieder an einem übergeordneten Bezugssystem festmacht:

Der Einzelmensch als ein Mitglied der gesamten Menschheit oder als ein gedachtes Partikel in einem größeren kosmischen Energiefeld kann seine Energie nur sinnvoll und für sich selbst befriedigend einsetzen, wenn er seine individuelle kosmische Aufgabe findet und lebt. Negative Gefühle und destruktive Gedanken sind Indikatoren dafür, daß ein Mensch seine Lebensaufgabe ganz oder teilweise verkennt oder mißverstanden hat und nun bewußt oder unbewußt gegen sich selbst anlebt. Da ein solcher Negativzustand aus kosmischer Sicht ein Gegen-den-Strom-Schwimmen ist, verbraucht ein Mensch, der gegen sich anlebt, viel mehr psychische Energie als ein Mensch, der seine Individualität entfaltet. Die scheinbar grundlose Müdigkeit, Erschöpfung oder Unkonzentriertheit mancher Menschen hat hier ihre Ursache.

Länger andauernde Negativgefühle sind ein Signal dafür, daß etwas an der Lebensführung (sei es seelisch-geistig oder körperlich) falsch ist und geändert werden müßte. Werden diese Signale des sogenannten inneren Arztes überhört und wird keine bewußte Änderung herbeigeführt, kann es als nächste Stufe zu körperlicher Krankheit kommen, wiederum in der Absicht, den Menschen wachzurütteln und zu einer Änderung beziehungsweise zur Rückkehr ins Positive, ihm Wesensgemäße, zu bewegen.

## Pflanzen als Träger psychischer Energie

Warum bringt man Kranken Blumen? Der tiefere Sinn dieser Sitte ist heute vielen Menschen verlorengegangen. Eine Blume erfreut nicht nur unser Auge, sondern ist auch eine Art von Persönlichkeit mit charakteristischen Eigenschaften. Allerdings besteht ein wesentlicher Unterschied zwischen ihr und einer menschlichen Persönlichkeit. Die Pflanze ist in sich harmonisch und in ihrer geistig-seelischen Entwicklungsmöglichkeit begrenzt. Der Mensch dagegen ist nicht von sich aus harmonisch, sondern muß sich aufgrund der ihm eigenen Entscheidungsfähigkeit zwischen Gut und Böse immer wieder um seine Harmonie bemühen. Dadurch hat er allerdings verstärkt die Möglichkeit der geistig-seelischen Entwicklung; er kann Schöpfer seines eigenen Schicksals werden.

Ähnlich wie es verschiedene Menschentypen gibt, finden sich psychologische Charakterzüge auch bei bestimmten Pflanzen wieder.

Aufgrund seiner spezifischen Intuition und unermüdlicher Beobachtung auf der Basis von Selbsterfahrung fand Bach 38 verschiedene wildwachsende Pflanzen, Bäume und Sträucher, die er als »Pflanzen höherer Ordnung« bezeichnete und auch »the happy fellows of the plantworld« nannte. Diese Pflanzen haben die gemeinsamen Merkmale, nicht giftig zu sein, nicht dem Menschen zur Nahrung zu dienen und meistens auch keine altbekannten Arzneipflanzen zu sein. Sie wachsen an speziellen Orten in unberührter Natur, werden in einem bestimmten Stadium der Reife gepflückt und nach einer von ihm gefundenen spezifischen Methode aufbereitet. Das System der 38 Bach-Blüten dient dazu, der Persönlichkeit die Chance zu geben, vorübergehende, allgemein menschliche negative Gemütsstimmungen, wie zum Beispiel Unsicherheit, Eifersucht oder Kleinmütigkeit, deren Ursache Charakterschwäche ist, selbst in den Griff zu bekommen. Zielsetzung ist die größtmögliche harmonische Entfaltung und damit eine größere Stabilität der Persönlichkeit. Daraus folgt dann indirekt auch eine höhere Resistenz gegenüber seelischen und gegebenenfalls psychosomatischen Störungen. Es wäre jedoch falsch, die Wirkung der 38 Bach-Blütenessenzen in direkten Zusammenhang mit körperlichen Krankheitssymptomen zu bringen.

## Selbstbehandlung oder Konsultation

Es war die Absicht von Edward Bach, mit seiner Blütentherapie einen Beitrag zu einer neuen menschenwürdigeren Form der Medizin zu leisten. Dabei hatte er die Zielvorstellung, daß seine Blütenessenzen von medizinischen Fachleuten zur Mitbehandlung von Krankheiten eingesetzt würden. Aufgrund ihrer problemlosen Dosierbarkeit (Überdosierung ausgeschlossen), dem Fehlen jeglicher Nebenwirkungen und ihrer Verträglichkeit mit allen anderen Therapieformen erhoffte er sich aber gleichzeitig, daß seine Essenzen auch zur Selbstbehandlung und Krankheitsvorbeugung in der Hausapotheke jeder Familie ihren festen Platz fänden.

Ein knappes halbes Jahrhundert später beginnt diese Vorstellung auch in den deutschsprachigen Ländern Wirklichkeit zu werden. Denn ihre einfache Handhabung und die im besten Sinne »harmlose« Wirkungsweise macht den Umgang mit den Bach-Blütenessenzen viel mehr Menschen möglich, als es bei anderen subtilen Methoden der Fall war.

Um negative Gefühlszustände in sich und seinem Nächsten zu erkennen, braucht man nicht unbedingt eine medizinische oder psychologische Ausbildung, sondern in erster Linie eine gute Beobachtungsgabe, menschliche Reife sowie vor allem ein natürliches Einfühlungsvermögen und gesundes Empfinden für die Stärken und Schwächen des menschlichen Charakters.

Das Studium der drei in deutscher Sprache vorliegenden Bücher und der darin abgedruckte Fragebogen ermöglichen es jedem ernsthaft Interessierten zu erkennen, an welchen seelischen Disharmonien und negativen Charakterhaltungen er mit Hilfe der Bach-Blütenessenzen an sich selbst arbeiten kann. Zum persönlichen Einstieg in die Methode veranstaltet das Bach-Centre, German Office, für Ärzte, Heilpraktiker und interessierte Laien die »Dr. Bach-Blüten-Seminare« in Deutschland, Österreich und der Schweiz.

## Vielseitige Einsatz-Möglichkeiten

Sie reichen von der psychologischen Unterstützung des eigenen seelischen Entfaltungsprozesses über die gezielte Vorbeugung gegen latente Krankheitsdispositionen bis zur Mitbehandlung konkreter körperlicher Krankheitserscheinungen durch den Arzt oder Heilpraktiker.

Bei allen sogenannten psychosomatischen Störungen, die beispielsweise mit Ängstlichkeit, Schlaflosigkeit, Antriebsschwäche oder depressiven Verstimmungen einhergehen, finden die Bach-Blüten naturgemäß einen segensreichen Einsatz. Besonders geeignet sind sie auch zur Behandlung von Kindern und Entwicklungsschwierigkeiten junger Menschen, die aufgrund ihrer noch weicheren Charakterstrukturen oft schon in wenigen Tagen auf die Essenzen reagieren. Auch bei Partner- und Berufsproblemen haben die Bach-Blütenessenzen häufig Klärung und neue konstruktive Impulse gebracht. Ihre Wirkungsgrenze haben die Essenzen naturgemäß dort, wo eine totale Verhärtung der negativen Persönlichkeitsstrukturen vorliegt und der Mensch bewußt oder unbewußt nicht mehr frei ist, an sich und seinem Charakter zu arbeiten.

Eine Besonderheit ist die Essenz »Rescue«, die Notfall- oder »Erste-Hilfe-Tropfen«. Mit dieser Kombination aus fünf Blütenessenzen rettete Edward Bach einem Fischer nach einem Unfall das Leben. Er erkannte später, daß bei jedem größeren oder kleineren »Notfall«, beispielsweise nach einer plötzlichen schlechten Nachricht, nach einem Unfall, vor einem unangenehmen Zahnarztbesuch, vor einer privaten Auseinandersetzung oder einem Auftritt in der Öffentlichkeit, jeder Mensch Gefühlszustände durchlebt, die diese fünf Blütenessenzen abdecken: eine gefühlsmäßige Blockade, Schreck, Angst, Panikgefühle, starke geistige Anspannung und die Neigung, bewußtseinsmäßig abzutreten. Disharmonische Verzerrungen, die durch solche Zustände im Energiefeld des Menschen entstehen, werden durch die Erste-Hilfe-Tropfen schnell wieder harmonisiert, so daß der Selbstheilungsprozeß sofort – schon vor Eintreffen des Notarztes – einsetzen kann. Es gibt unzählige erstaunliche Fallschilderungen über den Einsatz der Erste-Hilfe-Tropfen, auch bei Tieren und Pflanzen; letzteres ist übrigens ein Beweis dafür, daß es sich hier keinesfalls nur um einen Placebo-Effekt handeln kann. (Unter dem Begriff Placebo-Effekt versteht man jene Wirkung eines Präparats, die dadurch entsteht, daß der Behandelte an die Heilkraft des Präparats »glaubt«).

Wenn man bedenkt, daß in unseren westlichen Industrienationen kollektive Zustände wie Angst, Resignation, Ungeduld, Apathie und Hoffnungslosigkeit deutlich registrierbar zunehmen und die Bach-Blüten-Therapie ein natürliches System ist, das auf einer subtil-materiellen Ebene zur Reharmonisierung solcher Zustände eingesetzt werden kann, so kann man die Bedeutung der Entdeckung von Edward Bach gar nicht hoch genug einschätzen.

# Kurz-Charakteristik der Blüten-Essenzen von Dr. Bach

**1. Agrimony**
*(Odermennig)*
Man versucht, quälende Gedanken und innere Unruhe hinter einer Fassade von Fröhlichkeit und Sorglosigkeit zu verbergen.

**2. Aspen**
*(Zitterpappel)*
Unerklärliche, vage Ängstlichkeiten, Vorahnungen, geheime Furcht vor irgendeinem drohenden Unheil.

**3. Beech**
*(Rotbuche)*
Kritiksucht, Arroganz, Intoleranz. Man verurteilt andere ohne jedes Einfühlungsvermögen.

**4. Centaury**
*(Tausendgüldenkraut)*
Schwäche des eigenen Willens, Überreaktion auf die Wünsche anderer, seine Gutmütigkeit wird ausgenutzt, kann nicht nein sagen.

**5. Cerato**
*(Bleiwurz)*
Mangelndes Vertrauen in die eigene Meinung.

**6. Cherry Plum**
*(Kirschpflaume)*
Angst davor, innerlich loszulassen; Angst, den Verstand zu verlieren; Angst vor seelischen Kurzschlußhandlungen; wilde Temperamentausbrüche.

**7. Chestnut Bud**
*(Knospe der Roßkastanie)*
Man macht immer wieder die gleichen Fehler, weil man Erfahrungen nicht wirklich verarbeitet, nicht daraus lernt.

**8. Chicory**
*(Wegwarte)*
Besitzergreifende Persönlichkeitshaltung, die sich übermäßig einmischt und kritisiert. Man erwartet von seiner Umgebung volle Zuwendung.

**9. Clematis**
*(Weiße Waldrebe)*
Tagträumer; mit den Gedanken immer ganz woanders; zeigt wenig Aufmerksamkeit für das, was um ihn herum vorgeht.

**10. Crab Apple**
*(Holzapfel)*
Man fühlt sich innerlich oder äußerlich beschmutzt, unrein oder infiziert. Detailkrämer. Die Reinigungsblüte.

**11. Elm** *(Ulme)*
Das vorübergehende Gefühl, seiner Aufgabe oder Verantwortung nicht gewachsen zu sein.

**12. Gentian**
*(Herbstenzian)*
Skeptisch, zweifelnd, pessimistisch, leicht entmutigt.

**13. Gorse**
*(Stechginster)*
Ohne Hoffnung, völlig verzweifelt.

**14. Heather**
*(Schottisches Heidekraut)*
Selbstbezogen, völlig mit sich beschäftigt, braucht ständig Publikum, »das bedürftige Kleinkind«.

**15. Holly**
*(Stechpalme)*
Eifersucht, Mißtrauen, Haß und Neidgefühle auf allen Ebenen.

**16. Honeysuckle**
*(Jelängerjelieber)*
Sehnsucht nach Vergangenem; Bedauern über Vergangenes; lebt nicht in der Gegenwart.

**17. Hornbeam**
*(Weißbuche)*
Man glaubt, man wäre zu schwach, um die täglichen Pflichten zu bewältigen, schafft es dann aber doch.

**18. Impatiens**
*(Drüsentragendes Springkraut)*
Ungeduldig, leicht gereizt, überschießende Reaktionen.

**19. Larch** *(Lärche)*
Erwartung von Fehlschlägen durch Mangel an Selbstvertrauen, Minderwertigkeitskomplexe.

**20. Mimulus**
*(Gefleckte Gauklerblume)*
Spezifische Ängste, die man benennen kann; Furchtsamkeit, »Angst vor der Welt«.

**21. Mustard**
*(Wilder Senf)*
Perioden tiefer Traurigkeit kommen und gehen plötzlich ohne erkennbare Ursache.

**22. Oak** *(Eiche)*
Der niedergeschlagene und erschöpfte Kämpfer, der trotzdem tapfer weitermacht und nie aufgibt.

**23. Olive** *(Olive)*
Man fühlt sich ausgelaugt, extreme Ermüdung von Körper und Geist.

**24. Pine** *(Schottische Kiefer)*
Selbstvorwürfe, Schuldgefühle, Mutlosigkeit.

**25. Red Chestnut**
*(Rote Kastanie)*
Übertriebene Sorge und Angst um andere.

**26. Rock Rose**
*(Gelbes Sonnenröschen)*
Äußerst akute Angstzustände; Terror- und Panikgefühle.

**27. Rock Water**
*(Wasser aus heilkräftigen Quellen)*
In der zähen Verfolgung bestimmter Ideale und Prinzipien werden andere persönliche Bedürfnisse unterdrückt.

**28. Scleranthus**
*(Einjähriger Knäuel)*
Unschlüssig, sprunghaft; innerlich unausgeglichen. Meinung und Stimmung wechseln von einem Moment zum anderen.

**29. Star of Bethlehem**
*(Doldiger Milchstern)*
Nachwirkungen von körperlichen oder seelischen Erschütterungen, egal ob weit zurückliegend oder erst kürzlich geschehen. »Der Seelentröster.«

**30. Sweet Chestnut**
*(Edelkastanie)*
Tiefste Verzweiflung. Man glaubt, die Grenze dessen, was ein Mensch ertragen kann, sei nun erreicht.

**31. Vervain**
*(Eisenkraut)*
Im Übereifer, sich für eine gute Sache einzusetzen, treibt man Raubbau mit seinen Kräften; reizbar bis fanatisch.

**32. Vine** *(Weinrebe)*
Dominierend, rücksichtslos, machthungrig, »der kleine Tyrann«.

**33. Walnut** *(Walnuß)*
Vorübergehendes Verunsicherungsgefühl, Beeinflußbarkeit und Wankelmut während entscheidender Neubeginn-Phasen im Leben. »Die Blüte, die den Durchbruch schafft.«

**34. Water Violet**
*(Sumpfwasserfeder)*
Zeitweise: innere Reserviertheit, stolze Zurückhaltung, isoliertes Überlegenheitsgefühl.

**35. White Chestnut**
*(Weiße Kastanie)*
Bestimmte Gedanken kreisen unaufhörlich im Kopf, man wird sie nicht wieder los, innere Selbstgespräche und Dialoge.

**36. Wild Oat**
*(Waldtrespe)*
Unbestimmtheit der Ambitionen, Unzufriedenheit, weil man seine Lebensaufgabe nicht findet.

**37. Wild Rose**
*(Heckenrose)*
Teilnahmslosigkeit, Apathie, Resignation, innere Kapitulation.

**38. Willow**
*(Gelbe Weide)*
Innerer Groll, Verbitterung, »Das Opfer des Schicksals«.

**39. Rescue**
*(Erste-Hilfe-Tropfen)*
Eine Mischung aus Nr. 6, 9, 18, 26 u. 29. Nach Schreck und schockierenden Erlebnissen. Vor Aufregungen und spannungsreichen Situationen.

*Literaturhinweise:*

SCHEFFER, MECHTHILD, Bach-Blütentherapie in Theorie und Praxis, München 1981

BACH, EDWARD, Blumen, die durch die Seele heilen, München 1984[6]

SCHEFFER, MECHTHILD, Erfahrungen mit der Bach-Blütentherapie, München 1984

# Bibliodrama

## Wolfgang Teichert

Im Gespräch mit Hildegunde Wöller

*Wolfgang Teichert, geboren 1944, ist Pastor und seit 1984 Studienleiter an der Evangelischen Akademie in Hamburg. Theologiestudium in Kiel, Tübingen und Hamburg. 1970–1972 Vikariat in Hamburg. 1972/73 Rundfunk- und Fernseh-Referat der Norddeutschen Landeskirchen. 1973–1983 Theologischer Redakteur beim Deutschen Allgemeinen Sonntagsblatt in Hamburg. Bibliodrama seit 1976.*

*Hildegunde Wöller:* Sie leiten Gruppen, in denen Bibliodrama gemacht wird. Was hat man sich unter Bibliodrama vorzustellen? Was bedeutet dieser Name?

*Wolfgang Teichert:* Zunächst einmal ist es ein schrecklicher Name, weil er sehr dramatisch klingt und weil die Vorsilbe »Biblio« sich anhört wie eine religiös-biblische Deutung eines psychischen Vorganges. Dabei ist die Sache des Bibliodramas aus den mittelalterlichen Mysterienspielen übernommen, wo die Spieler ja auch versucht haben, in eine biblische Geschichte szenisch einzudringen, sie zu erfahren, sie sogar darzustellen und sie nicht nur denkend im Kopf zu verstehen. In der Bundesrepublik taucht der Name vor gut zehn Jahren auf, als Hilarion Petzold und Gerhard Marcel Martin ihn hier einführten. Sie hatten ihn aus den Vereinigten Staaten mitgebracht. Es gibt ja innerhalb der Psychologie schon seit Moreno (vgl. Psychodrama) den Versuch, ein bestimmtes lebensgeschichtliches Ereignis eines Menschen nicht nur mit Worten in einer Gruppe darzustellen, sondern auch spielerisch so vor sich und den anderen hinzustellen, daß man es noch einmal durchleben und eventuell auch bearbeiten kann. Vereinfacht gesagt, setzt das Bibliodrama anstelle des lebensgeschichtlichen Ereignisses einen biblischen Text, der dann dargestellt wird.

*H. W.:* Was für Leute nehmen an den Gruppen teil? Brauchen sie eine bestimmte Vorbildung?

*W. T.:* Man braucht keine Vorbildung, so daß wir es mit Teilnehmern aus allen Bereichen der Gesellschaft zu tun haben. Sie eint zumeist ein Interesse, sie haben alle das Gefühl: »Ich bin noch nicht ganz fertig mit dem Thema Religion.« Entweder haben sie wenig von Religion gehört, oder aber sie haben schlechte Erfahrungen mit der Kirche gemacht, so daß sie alles Interesse an religiösen Bildern verloren haben. Vom Bibliodrama erhoffen sie sich die Chance, für sich selber zu klären, was es mit der Religion und diesen merkwürdigen biblischen Geschichten auf sich hat.

*H. W.:* Wie geht es in den Gruppen zu?

*W. T.:* Zunächst geht es wie in der herkömmlichen Bibelstunde zu. Zwölf bis fünfzehn Teilnehmer setzen sich im Kreis zusammen, damit sie einander sehen können. Wir lesen einen vorbereiteten, vorher angekündigten Text. Zum Beispiel den, wie Jesus sich von Johannes taufen läßt (Markus 1,9-11 und Parallelgeschichten), also wie er an den Jordan kommt, um sich untertauchen zu lassen, und wie, in der Version des Matthäus, der Johannes zögert. Dann öffnet sich bei der Taufe der Himmel, und ein Geist schwebt wie eine Taube herab, und eine Stimme vom Himmel erkennt den Jesus als Sohn; eine recht merkwürdige Geschichte.

Nach der Lesung der Geschichte geht der Leiter mit einigen, ständig wiederholten Fragen in die Geschichte hinein. Er fragt zum Beispiel: »Was fällt euch zur Taube ein?« Oder: »Was vermutet ihr, was sich da geöffnet hat, als es hieß: Er sah den Himmel sich öffnen?« Das sind ganz assoziative Fragen. Und es stehen danach bereits eigene Assoziationen und Amplifikationen der Teilnehmer im Raum. Dann kommt ein zweiter Teil, in dem wir sagen: Gut, wir haben jetzt viel assoziiert. Wir wollen – vor allem, wenn zwei aus der Gruppe scheinbar sich ausschließende Vorstellungen über Johannes haben und sich zu streiten beginnen – den Johannes einmal in unsere Runde holen. Dann stelle ich einen Stuhl in die Mitte und frage die Teilnehmer, ob einer Johannes sein will. Meiner Erfahrung nach kommt dann der richtige. Ich begrüße ihn freundlich in der Runde und sage, daß es schön ist, wie er so die zweitausend Jahre überbrückt hat und zu uns gekommen ist. An dieser Stelle pflegen die anderen Zuhörer in der Runde zu lachen. Aber die ausführliche Begrüßung hat den Sinn, daß sich »Johannes« an seine Rolle gewöhnen kann. Dann bitte ich die anderen Teilnehmer, ihn zu befragen, etwa so: »Wie kommst du dazu, Johannes, andere Leute zu taufen?«, wobei Johannes natürlich auch von einer Frau dargestellt werden kann. In der Antwort des »Johannes« vermischen sich dann schnell subjektiv-biographisch gefärbte Antwort und biblische Geschichte. So antwortete zum Beispiel eine der Friedensbewegung sehr zugeneigte Frau in der Johannesrolle: »Ich möchte verhindern, daß die Menschen alle in ihr Verderben rennen, und darum setze ich mit der Taufe ein Zeichen der Verwandlung.« Wenn dies erste Interview zu Ende ist, dann fragen sich die Teilnehmer untereinander, wie sie das Gespräch (und vor allem ihre eigenen Fragen) erlebt haben. Es ist ein erster Versuch, in die alte Taufgeschichte einzudringen. Man kann dann noch Jesus ins Gespräch ziehen oder »die Stimme« dazuholen, so daß sich ein Gesprächsdreieck zwischen Johannes, Jesus und der Stimme bildet, wie überhaupt biblische Geschichten einen Hang zur geometrischen Konzentration haben. So ein Dreieck erweist sich meist als sehr dynamisch und darin erleuchtend und dicht.

*H.W.:* Nun klingt es verwunderlich, daß etwa Jesus oder gar Gott von einem aus der Gruppe dargestellt wird. Geht das in den Gruppen ganz mühelos? Gibt es keine Scheu, sich mit Jesus oder Gott zu identifizieren?

*W.T.:* Natürlich gibt es Hemmungen, besonders übrigens bei Psychologen. Die fürchten sich vor der Größe, vor der Inflation, die solch ein Spiel mit sich bringt. Die Theologen haben weniger Schwierigkeiten, weil sie diese Identifikation unbewußt ständig vornehmen. Eine Frau zum Beispiel wollte gern Jesus spielen, aber sie fügte sofort hinzu: »Darf ich das denn überhaupt?« Es ist denn auch unter den Bibliodramatikern umstritten, ob man solche Rollen spielen soll. Aber es ist eigentlich ganz egal, ob man sie real vorkommen läßt oder nicht. Wenn man sie nicht spielt – ich habe das ein Jahr lang sehr strikt durchgehalten –, dann konstelliert sich diese »Jesusenergie« doch irgendwie im Raum, so merkwürdig es klingt. Johannes hat also, ob real oder nicht, immer ein Gegenüber, weil er ja auch jemanden anspricht.

Ich bin inzwischen unbedenklicher geworden, was solch ein Gottes- oder Jesusspiel angeht, weil ja dieser Jesus auch wirklich ein realer Mensch geworden ist. Das bedeutet, daß man ihm menschlich begegnen kann. Wir stellen also eine Situation her – nachahmend, mimetisch –, die auch damals geherrscht haben könnte, als Leute wie Johannes auf Jesus getroffen sind. Ich habe übrigens beobachtet, daß großes kirchlich-theologisches Wissen häufig diesen »Anfängergeist« beim Spiel verstellt. Man weiß eben immer schon, was aus der Geschichte herauszukommen hat. Der »Anfängergeist« ist die Bedingung dafür, daß man so eine Geschichte dann auch erlebnisträchtig nachspielen kann.

*H.W.:* Man hat sich daran gewöhnt, daß man an biblische Texte mit großem theologischen Wissen herangehen muß. Sie sind auch Theologe. Und Sie öffnen diese Texte und lassen sogar subjektive Färbungen und Projektionen zu. Was tut man, wenn etwas theologisch Verkehrtes dabei herauskommt?

*W.T.:* Es passiert ja beim Bibliodrama so etwas wie eine Verkörperlichung (Somatisierung) der Theologie. Zu allen Zeiten haben die Theologen Angst davor gehabt, daß am Ende etwas herauskommt, was man vorher noch nicht weiß – die Gefahr der Relativität. Ich habe – im Gegensatz zu anderen Geschichten etwa der griechischen Mythologie – bei bibilischen Geschichten das Vertrauen, daß sie uns zwar häufig dahin führen, wohin wir nicht wollen, aber niemals ins Verderben. Mit diesem Vertrauen gehe ich in die Arbeit und an die Geschichte heran.

*H.W.:* Sie erwähnten die Taufgeschichte mit Johannes. Haben Sie die nun richtig nachgespielt als Drama?

*W.T.:* Ja, es blieb nicht nur bei dem Dreiecksgespräch. Wir haben diesen Text in zwei Untergruppen gespielt. Es wurde zum Beispiel die Szene dargestellt, wie Johannes am Jordan steht und die vielen Leute tauft. Das war für ihn gar kein Problem. Er sagte sogar eine Tauformel. Es klang sehr ergreifend. Und dann kam derjenige, der den Jesus spielen sollte. Und dieser »Jesus« zögerte im Spiel. Bei Matthäus übrigens gibt es auch ein leichtes Zögern. Dort aber geht es von Johannes aus und nicht von Jesus. Es steht in keiner Geschichte, daß Jesus gezögert haben soll, obwohl die Exegeten fast alle betonen, Jesus habe sich der Taufe »unterworfen«; vielleicht war da doch ein Zögern, das freilich in der schriftlich fixierten und zeitlich zusammengerafften Geschichte nicht mehr zu spüren ist.

Im Spiel also verhandelten die beiden lange miteinander. Johannes hat geworben: »Komm, ich taufe dich. Das ist gut für dich.« Jesus: »Warum soll das für mich gut sein?« Dieses Verhandeln wirkte sehr schockierend auf die anderen, weil man erkennt, Jesus könnte gezögert haben, sich untertauchen zu lassen. Denn »Untertauchen« bedeutet ja nicht nur ein Eintauchen ins Wasser, sondern eine Verwandlung der eigenen Persönlichkeit und damit auch einen Auftrag, der das Leben schwieriger macht.

Dem hinter unserem »Jesus« stehenden zweiten Spieler jedoch wurde das Zögern zu lang. Er drängte sich nach vorn, ließ sich taufen, und im selben Moment kam ein anderer, der die Taube spielte, und ließ seine Stimme erschallen: »Du bist mein lieber Sohn.« Da war plötzlich jemand anders als vorgesehen zum Gottessohn adoptiert. Nicht umsonst nennen ja die Wissenschaftler den Satz, den die Stimme sagt, eine »Adoptionsformel«. Vielleicht bekommt man seinen Lebensauftrag auf diese Weise: per Adoption?

Nach dem Spiel waren alle sehr nachdenklich, vor allem jener, der übergangen war. Er meinte, er fühle sich fast so wie Johannes, der ja auch nur »Vorläufer« für einen anderen war. Und er fügte hinzu: »Ich kenne das aus meiner Biographie. Immer ist einer besser als ich und schneller. An mir gehen sie alle vorbei.« Das selbst zu erleben, plötzlich davon ergriffen zu werden und in die eigene Problematik hineinzurutschen, aber gleichzeitig zu erkennen: Das ist nicht nur meine eigene Biographie, das konstelliert sich auch in der biblischen Geschichte und hat eine überindividuelle Komponente – dies alles wirkt auch entlastend, um nicht zu sagen heilend auf den Übergangenen. Man spürte in dieser Sitzung das religiöse Drama, das sich hinter biblischer Geschichte ebenso verbirgt wie hinter der biographischen Situation.

*H.W.:* Das heißt, Sie nehmen die biblische Geschichte wie ein Drehbuch, nach dem Sie spielen?

*W.T.:* Ja, darauf kommt alles an. Wir lenken immer wieder auf dieses Drehbuch zurück. Wir zwingen damit sozusagen auch zur Rücknahme von Projektionen. Das wird besonders dort deutlich, wo die Spieler vom Drehbuch abgewichen sind. An dieser Stelle liegt meistens ein Problem, das umgangen werden soll.

Man kann sich zum Beispiel in unserer Geschichte fragen: »Was ist los mit dem zögernden Mann? Kann er seine eigene Bestimmung und Berufung nicht übernehmen? Würde er lieber sagen: Laß den Kelch an mir vorübergehen?« Man bekommt damit eine menschlich-verständnisvollere Beziehung zu der Jesusgestalt und damit auch zu seiner eigenen Lebensbestimmung.

*H.W.:* Wie umschreiben Sie Bibliodrama? Ist das Theater, Seelsorge oder Therapie?

*W.T.:* Unter dem Namen »Bibliodrama« wird zur Zeit in der Bundesrepublik sehr Verschiedenes angeboten. Es gibt viele Leute, die versprechen sich durch das Bibliodrama intensivere und durchdringendere Bibelarbeit. Da muß ich aber sogleich jeden Pfarrer oder jede Gemeindehelferin warnen, diese Form der Arbeit sofort zu übernehmen. Es ist wie beim Zauberlehrling: Wenn der an die Bücher des Meisters kommt und anfängt zu zaubern, dann holt er unter Umständen etwas herbei, was er nicht wieder los wird. Es bedarf großer Erfahrung, Ausbildung und Übung, wenn man sich auf diese Weise biblischen Geschichten nähert. Man setzt sich zum Beispiel der unheimlichen Energie mythischer Inhalte aus.

*H.W.:* Es können auch sehr große Probleme beim einzelnen aufbrechen? Damit hat der Gruppenleiter dann umzugehen.

*W.T.:* Die Probleme beim einzelnen können aufbrechen, denn die biblischen Geschichten haben selber eine solche Macht und Ausstrahlung, daß sie Menschen aufwühlen, ein unvorsichtiger Gebrauch wäre schädlich. Es wird ja deswegen im Alten Testament immer davor gewarnt, Gott wirklich direkt begegnen zu wollen. Das gilt für diese Arbeit besonders.

Einige Bibliodramatiker haben auch therapeutische Ansprüche. Sie wollen die heilende Kraft der Religion erfahrbar machen. Ich selber bin da nicht so absichtsvoll. Mir geht es auch um die theologische Wirkungsgeschichte. Innerhalb einer halben Stunde nämlich haben die Teilnehmer meistens die gesamte Summe der theologischen Lösungsmöglichkeiten erspielt. Es kommt dann darauf an, zu entscheiden, was man selber für sich übernehmen will.

Dann gibt es noch die Theaterspieler im Bibliodrama. Sie gehen einen Schritt weiter. Sie führen anderen vor, was sie selber einmal im Spiel erlebt haben. Das ist sehr schwierig, weil man sich vor naivem Krippenspiel oder schlechtem Theater hüten muß. Beide haben eben oft der Verharmlosung der biblischen Geschichte gedient, statt der Wucht ihrer Darstellung.

*H.W.:* Was für eine Ausbildung sollte ein Gruppenleiter haben?

*W.T.:* Es gibt noch keine festgelegten Ausbildungswege, die institutionell vorgeschrieben sind. Förderlich wäre zweierlei: eine solide theologische Ausbildung, aber ebenso wichtig eine Ausbildung, in der sich der Leiter selbst und seine eigenen Reaktionen kennengelernt hat, also eine Psychoanalyse oder eine Psychodramaausbildung. Deswegen habe ich es mir angewöhnt, die Gruppen mit einer Psychodramaleiterin, Antje Kiehn, gemeinsam zu leiten. Die beiden Fragen: Kenne ich mich selbst in schwierigen Situationen und kenne ich die Tradition als überpersönliche Hilfe und Korrektur? – diese Fragen müssen von den Leitern annähernd positiv beantwortet werden können.

*H.W.:* Wie lange dauert das Bibliodrama?

*W.T.:* Auch das ist verschieden. Man kann bereits in zwei Stunden recht tief in eine biblische Geschichte und in die eigene Biographie eintauchen. In der Regel aber werden Wochenenden angeboten. Wir halten Kurse über ein Jahr mit jeweils drei Wochenstunden.

*H.W.:* Hat sich Ihr eigenes Gottesbild im Lauf der Arbeit verändert?

*W.T.:* Ich habe bisher gern die helle, bergende, vertrauenswürdige Seite in Gott wahrgenommen. Seine andere Seite ist mir erst im Spiel aufdringlich begegnet als Rätsel, Geheimnis, sogar als Abgrund. Diese Seite läßt sich nicht in flüssige Formeln bringen. Aber sie ist plötzlich da, ungefragt. Ich weiß inzwischen, daß dies nicht nur im »Spiel« des Bibliodramas wirklich werden kann. Bibliodrama kann eine Einübung sein ins Wahrnehmen des religiösen Dramas unseres Lebensspiels.

*Literaturhinweise:*

Wink, Walter, Bibelarbeit. Ein Praxisbuch für Theologen und Laien, Stuttgart 1982

Scharfenberg, Joachim u. Kämpfer, Horst, Mit Symbolen leben, Olten 1980

# Bioenergetik


## Wolf Eberhard Büntig

*Dr. med., Arzt mit Zusatzbezeichnung Psychotherapie, geboren 1937. Medizinstudium in Frankfurt und München, nach den klinischen Jahren zunächst fünf Jahre Grundlagenforschung in der Nierenphysiologie. Fortbildung in Psychoanalyse, Gruppendynamik, Encounter (nach Rogers), Gestalttherapie und Bioenergetik. Nach dreijährigem Amerikaaufenthalt Praxisgründung und Aufbau des Zentrums für Individual- und Sozial-Therapie (ZIST) nach den Prinzipien der Humanistischen Psychologie mit den Schwerpunkten Selbsterfahrungsgruppen, Fortbildungen, Beratungsstelle für Natürliche Geburt und Psycho-Somatische Initiative.*


In der Bioenergetik geht es um den Umgang mit der Lebenskraft (Bio-Energie). Diese Kraft ist allen Lebewesen zu eigen. Sie läßt den Keim Wurzeln in die Erde treiben und die Knospe zur Rose erblühen, das Küken die Schale sprengen und den Menschen sich seinem Wesen gemäß entfalten. Das Wesen ist das eingeborene Wissen um das, was zu entfalten uns möglich ist. Aus dem Keim der Rose wird immer eine Rose und aus dem Keim des Menschen immer ein Mensch; doch wieviel er von seiner Eigenart als Mensch entfalten kann, hängt wie bei der Rose von der Umwelt ab, in die er vom Schicksal gestellt ist.

In dieser Umwelt entwickeln wir uns von Anfang an durch Bewegung. Schon als Keim im Mutterleib, und erst recht nach der Geburt, sind wir am ganzen Leib bewegt. Der erste Atemzug bringt den ersten Schrei mit sich und damit die erste Emotion – die erste Bewegung aus unserem Inneren nach außen. Mit der Zeit lernen wir unsere Bewegungen auszurichten auf Ziele, die unsere Bedürfnisse uns vorgeben. Wir wollen (bei der Geburt) ankommen und suchen mit unseren Augen die der Mutter; wir brauchen Grenzen und Schutz und schreien nach der Geborgenheit in ihrem Arm; wir brauchen Zuwendung und Achtung vor unserem sich entwikkelnden Eigenwillen; wir suchen die Nähe zu Mutter und Vater, die wir allmählich als von uns getrennte andere erkennen; dann brauchen wir Freiheit im persönlichen Ausdruck, Anerkennung für unsere zunehmenden Leistungen und unsere Eigenart einschließlich unserer geschlechtlichen Identität, schließlich eine Aufgabe, der wir uns widmen können, und vor allem Menschen um uns herum, die unsere Lebenslust und unsere Liebe annehmen können.

**Was ist dann bioenergetische Therapie?**

Die Bioenergetische Analyse als Therapieform geht über Alexander Lowen auf Sigmund Freuds Schüler Wilhelm Reich zurück. Freud hatte entdeckt, daß zahlreiche Krankheitserscheinungen seiner Patienten auf innere Konflikte zwischen zwei Bedürfnissen zurückzuführen waren, von denen zumindest eines unbewußt war. Es war verdrängt. Reich beschrieb Verdrängung als ein körperliches Geschehen; denn er beobachtete, daß die inneren Widersprüche und die damit verbundenen Gefühle und Phantasien seiner Patienten mit eigenartigen Körperhaltungen verbunden waren, die durch Muskelverspannungen bewirkt wurden. Die Einheit der bewußten und unbewußten Gewohnheiten in Haltung, Verhalten, Fühlen und Denken nannte Reich den Charakter.

**Was ist der Charakter, und wie kommen wir dazu?**

Charakter bedeutet »das Geprägte«. Wie wir an der Gestalt und den Jahresringen des Baumes erkennen, welche Zeiten der Dürre oder Fülle er durchgemacht und in welcher Umgebung er zu seiner Form gefunden hat, so können wir in der inneren und äußeren Haltung eines Menschen Spuren des Lebens finden, das ihn geprägt hat. Wenn in der frühen Kindheit die Emotionen, mit denen wir unsere Bedürfnisse kundtun und auf Befriedigung oder Frustration reagieren, überhört oder gar geächtet werden, lernen wir sie zu unterdrücken, indem wir die Luft anhalten, die Zähne zusammenbeißen, den Bauch hart machen, die Knie durchdrücken und so weiter. Dieser Panzer aus körperlichen Verspannungen, mit dem wir uns in unserer Kindheit vor Ablehnung, Verlassenheit, Demütigung, Zwang, Gewalt, Mißachtung schützen gelernt haben und den wir – zunächst vorsichtshalber, bald jedoch unbewußt und reflexartig – täglich neu anlegen, bestimmt unseren Charakter. Die Starre des Charakters läßt uns immer auf gleiche Weise reagieren, als hätte sich seit der Kindheit nichts geändert. So kommt es, daß viele von uns wie tüchtige Erwachsene handeln und sich doch hilflos fühlen wie kleine Kinder. Der Volksmund kennt natürlich diese Zusammenhänge zwischen Körperhaltung und seelischer Eigenart. Er charakterisiert Menschen als verbissen, hochnäsig, halsstarrig, hartnäckig, engherzig, locker, aufgeblasen, verklemmt, bedrückt, verdreht, lahmarschig und so weiter.

Bedauerlicherweise führen wir durch unsere Abwehrhaltung das Leid, gegen das wir uns wappnen, selbst herbei, da wir nicht wahrnehmen, was wir brauchen, selbst wenn es vor unserer Nase liegt. Probieren Sie selbst: Mit zusammengebissenen Zähnen macht der Satz »Du hast mich lieb!« keinen Sinn, denn so können Sie die Liebe gar nicht fühlen. Zudem liegt sie außerhalb unserer Reichweite, wenn unsere Aggression – das ist die Fähigkeit, darauf zuzugehen oder die Arme danach auszustrecken – gebunden ist im Halten. Die Sprache, das Weinen wie das Lachen und der aufrechte Gang gehören zu den Würden des Menschen, die uns vom Tier unterscheiden. »Halt den Mund! Hör auf zu heulen! Sei nicht so albern! Laß dich nicht so gehen!« – diese Kommandos haben viele von uns wieder und wieder gehört. Da wir von denen, die diese Kommandos gaben, abhängig waren, haben wir sie befolgt, so gut wir konnten. Statt zur Aggression, statt zur Begegnung mit der Welt benutzen wir in der Folge unsere Muskeln zur Isolation, zum Rückzug von der Welt. Wir halten uns zusammen (aus Angst, auseinanderzufallen), halten uns fest an uns selber und halten uns oben (aus Angst, fallengelassen zu werden), halten alles drin (damit nichts rauskommt), halten uns zurück (damit nichts vorfällt) und halten uns raus (um nicht noch einmal reinzufallen).

Diese Fixierungen in der Körperhaltung sind immer mit fixen Ideen verbunden. Die Aufgeblasenen mit dem großen Brustkorb und dem eng gehaltenen Becken zum Beispiel, die immer oben bleiben müssen, weil sie Abhängigkeit vom anderen mit Demütigung verwechseln gelernt haben, leben nach dem Grundsatz: »Ich brauch dich nicht, doch ich bin immer für dich da.« Sie glauben selbst an ihre Täuschung, weshalb man sie häufig im öffentlichen Leben oder in Sozialberufen findet, wo sie ihre Beziehungen einseitig kontrollieren können. Ihr auf Umwegen gestilltes Bedürfnis nach Nähe bleibt unbewußt, doch wenn sie selbst nicht mehr gebraucht werden, fallen sie in eine Depression, weil sie nicht sagen können: »Ich brauch dich.«

## Was ist Depression?

Das sagt schon das Wort: Depression heißt »Niederdrückung«. Somit ist Depression nicht eine mysteriöse Krankheit, die uns von außen schicksalhaft überfällt, sondern unser eigenes Tun. Depression ist die Arbeit der Selbstunterdrückung, eine Tätigkeit im Dienst der Verdrängung, die Muskelkraft erfordert und die Lebenskraft mindert. Die erste und beste Methode, Gefühle zu unterdrükken und Emotionen für sich zu behalten, ist das Luftanhalten; doch ohne Luft kein Feuer, keine Wärme, keine Kraft und keine Lust. Das sind typische Klagen von Depressiven – neben Gefühllosigkeit, Ängsten, Schuld- und Minderwertigkeitsgedanken. Die Ängste sind Ausdruck der körperlichen Enge und kommen wie die anderen Symptome vom An-sich-Halten. Heißt das, daß wir selbst schuld sind an unserer Depression? Nein! Unser Halten ist unbewußt. Wir halten uns so, wie wir es gelernt haben, als wir uns nicht anders zu helfen wußten. Doch vor lauter Verhaltenheit bewegen wir uns zu wenig, und dann bewegt sich wenig in uns. Dadurch fühlen wir uns leer oder gar nicht und wissen daher nicht recht, wer wir sind. Zum Ausgleich für unser mangelndes Selbstgefühl machen wir uns ein Idealbild von uns selbst und damit abhängig von anderen für die Selbstbestätigung. Dieses sogenannte Image ist jedoch eine Illusion. So wie die Depression immer mit einer Störung des Atems verbunden ist, sehen wir bei der Illusion stets eine Unsicherheit im Stand. Am Stand unserer Patienten können wir sehen, ob sie mit beiden Beinen im Leben stehen, oder ob sie leicht abheben, ob sie etwas vertreten können, oder ob sie sich gerne auf einen Standpunkt versteifen, weil sie sich bodenlos fühlen. Das eingebildete Stehvermögen mit steifen Beinen ist jedoch eine Täuschung, die früher oder später zur Enttäuschung führt, zu Mißverständnissen im Kontakt mit anderen oder gar zu Krankheiten, die uns zwingen, unsere Isolation aufzugeben und um Hilfe zu bitten.

## Wie arbeitet der Therapeut in der Bioenergetik?

Die Bioenergetik verbindet die Arbeit am Bewußtsein mit der Arbeit am Körper. Diese beginnt bereits beim ersten Telefonanruf. So wie der Musiker nach dem Klang eines Instruments beurteilt, wo es frei schwingt und wo es gedämpft ist, so hört ein Bioenergetiker an der Stimme, wo Sie offen sind und wo gehalten. Im Moment, in dem Sie zur Tür hereinkommen, wird er Ihnen in die Augen schauen, um Ihrem Blick zu begegnen, wenn Sie ihn überhaupt anschauen, und sehen, ob Ihre Augen leuchten, wie anwesend Ihr Blick ist und so weiter. Ebenso wird er mit einem kurzen Blick den Zustand Ihrer Haut und Ihres Gewebes wahrnehmen, auf Ihre Haltung und auf Ihre Ausstrahlung achten, und auch Ihr Händedruck wird ihm eine Menge über Sie sagen.

Im Behandlungsraum schließlich hört der Therapeut die neuen Patienten zunächst einmal in aller Ruhe an, wie sie ihr Anliegen vorbringen, achtet dabei darauf, wie sie in der Streßsituation mit ihrer Lebenskraft umgehen, und darauf, wie er selbst sich in ihrer Gegenwart fühlt. Er beobachtet auch, wie weit das, was die Patienten sagen, mit dem übereinstimmt, was sie mit dem Körper ausdrücken – ob die Gefühle und Gedanken auch in ihren Gesten sichtbar werden. Schließlich setzt er ihre Probleme in Beziehung zu dem, was sie tun – wie sie atmen, den Kopf halten, sich zusammenreißen, die Knie durchdrücken, das Lachen oder Weinen verbeißen –, und ermuntert sie, in Worten zu sagen, was ihre Haltung unbewußt ausdrückt. Dann mag er sie auf die Spannungen aufmerksam machen, mit denen sie sich gegen die in der Behandlung aufkommenden Gefühle wehren, und fragen, wozu sie dienen. Er kann sie dann einladen loszulassen oder nachzuspüren, warum sie nicht loslassen wollen. Gelegentlich wird er sie auch berühren – einmal sanft, um ihre Aufmerksamkeit auf ein Halten zu lenken, das Gefühl von Geborgenheit zu vermitteln oder zum Loslassen zu ermuntern, ein andermal kräftiger, um durch Druck auf verspannte Muskeln eine emotionale Entladung – zum Beispiel am Kiefer das dort gehaltene Weinen – zu provozieren. Er weiß, daß dadurch alte Ängste und die Erwartung ausgelöst werden können, er werde mit ihnen ebenso umgehen wie einst die Menschen, vor denen sie sich zu hüten lernten, und nutzt diese »Übertragungssituation«, um ihnen zu helfen, im Kontakt mit ihm die annehmbare Gegenwart unterscheiden zu lernen von ihrer schmerzlichen Vergangenheit.

Ferner kann er den Patienten eine Vielzahl von Übungen vorschlagen, die ihren Atem vertiefen, sie in Bewegung und mit verdrängten Gefühlen in Kontakt bringen und alte Emotionen auslösen. Manchmal verstehen Patienten nicht gleich, warum sie anfangen zu weinen, zu schreien, die Fäuste zu ballen oder gar zu treten; dann ermuntern wir sie, Worte zu finden für ihre Emotion und sich vorzustellen, an wen sie diese richten wollen. Irgendwann werden sich die Emotionen mit Erinnerungen verbinden, die die Patienten leibhaftig nacherleben und dann auch als der Kindheitssituation angemessen verstehen können.

Schließlich können sie in der Therapie wie zu Hause üben, sich als ganze Person emotional auszudrücken – mit Nachdruck »Nein!« oder »Ja!« zu sagen, dabei aufzustampfen, um Hilfe zu rufen, und so weiter. (Probieren Sie einmal selbst: Was erleben Sie, die Sie das gerade lesen, wenn Sie Ihre Augen leuchten lassen und die Arme ausstrecken nach einer geliebten Person, die Sie sich vorstellen?)

Im Kontakt mit dem Therapeuten können die Patienten lernen wahrzunehmen, daß sie die Gegenwart mit ihrer Kindheit verwechseln, wenn sie der heutigen Umwelt in der alten Haltung begegnen, und daß sie einen Unterschied machen können. Sie können umlernen, indem sie sich darauf einlassen, sich auf neue Weise zu bewegen, ihren Körper mehr zu nutzen und tiefer zu atmen und zu fühlen, mehr Leben in ihrem Inneren wie in ihrem Ausdruck zulassen und beginnen, sich neuen Erfahrungen auszusetzen, sich anderen Menschen zuzuwenden und ihre Umwelt aktiv zu gestalten.

## Was für Menschen können am meisten von der Bioenergetik profitieren?

Dabei kommt es weniger auf die Probleme an als auf die Bereitschaft der Patienten, in der Therapie mitzuarbeiten. Die Möglichkeit, zu Hause zu üben, macht sie unabhängiger vom Therapeuten. Ich glaube, jeder kann von der Bioenergetik profitieren, vor allem aber jene, bei denen die Wurzeln der inneren Widersprüche bis in die sehr frühe Kindheit zurückgehen, als sie viel verlassen, vernachlässigt, überfordert oder bedroht waren – also Menschen mit Kontaktproblemen, Ängsten, Minderwertigkeits- und Schuldgefühlen, Wahnideen und Depressionen und solche, die sich ganz allgemein über einen Mangel an Energie und ein Gefühl der Sinnlosigkeit beklagen. Bei ihnen steht die Förderung der Vitalität und der Kontaktfähigkeit im Vordergrund der Arbeit. Ebenso geeignet ist die Bioenergetik für frustrierte Menschen, die nicht wissen wohin mit ihrer Vitalität, ihre Kraft vor allem zum Bremsen einsetzen, sich in der Liebe und in der Arbeit nicht voll einlassen können und deren Schwierigkeiten auf die Unterdrückung der Lebenslust aus Angst vor Strafe zurückzuführen ist – Menschen also mit sexuellen Schwierigkeiten oder Arbeitsstörungen. Die besten Entwicklungen sehen wir jedoch bei Menschen mit psychosomatischen Krankheiten, die ihre inneren Konflikte nicht in Worte fassen können und deshalb über den Körper ausdrücken müssen. Klassische Beispiele sind hierfür alle möglichen Arten des Kopfzerbrechens wie der Migränekopfschmerz, das Magengeschwür und das Asthma, der Bluthochdruck, einige Hautkrankheiten, Allergien und andere Leiden. Neuerdings wird sogar versucht, bei hoch motivierten Patienten den Verlauf ihrer Krebserkrankung durch Anregung der körpereigenen Abwehrkraft zu beeinflussen.

### Kann man als ganz normaler Mensch von der Bioenergetik profitieren?

Freilich ja. Gesundheit ist etwas ganz anderes als Normalsein. Die meisten sogenannten Normalen sind ein bißchen depressiv – depressiv genug, um ohne Widerspruch oder gar fraglos all die verrückten Normen zu erfüllen und das geistige und körperliche Gift zu schlucken, das wir in der fortgeschrittenen Gesellschaft produzieren. Während nun die wirklich Kranken in der Praxis eines Psychotherapeuten Einzel- oder Gruppenbehandlung finden, gehen andere, die nicht nur bei Verstand, sondern auch bei Sinnen sein (lernen) wollen, in bioenergetische Selbsterfahrungsgruppen.

### Was ist das Ziel der Bioenergetik?

Das Ziel der bioenergetischen Behandlung ist
– die Belebung der ganzen Person durch Steigerung der Vitalität mit Hilfe von Übungen, in denen Lebenskraft aus der Abwehr gelöst wird und der Auseinandersetzung mit der Gegenwart zufließt;
– die Lösung von menschlichen Bedürfnissen – den Grundbedürfnissen nach Kontakt und Geltung ebenso wie den höheren nach sinnvollem Tun und religiöser Verbundenheit mit der Welt – aus

der Unbewußtheit, in der sie durch die Charakterpanzerung gehalten werden;
– Förderung der Kontaktfähigkeit durch Befreiung der Aggression – durch Lösung von der aufgestauten Feindseligkeit ebenso wie durch Einübung der Fähigkeit, auf die Welt zuzugehen;
– das Erden; das ist die Verwurzelung der Person im eigenen Stand durch den gefühlten Kontakt zum Boden, im Selbstgefühl durch die empfundene Teilnahme am bio-logischen Leben im eigenen Leib, und schließlich im sinnlichen Bezug zur Umwelt – vom geliebten Partner über Familie und Gesellschaft bis hin zur ganzen Schöpfung;
– die Entfaltung der Fähigkeit, sich dem Fluß des Lebens hinzugeben, dem Leben zu dienen und ihm einen Sinn zu geben.

*Literaturhinweise:*

Lowen, Alexander, Der Verrat am Körper, Rowohlt-TB, 1982
Lowen, Alexander, Angst vor dem Leben, München 1981
Lowen, Alexander, Bioenergetik für Jeden – das vollständige Übungshandbuch, Mainz 1984[7]

# Eutonie

## Ruth Urner

*Geboren 1934 in der Schweiz. Ausbildung in Haushaltführung, Erziehung und Sozialarbeit. Arbeit mit Kindern und verhaltensgestörten Jugendlichen in Heimen und in öffentlichen Fürsorgestellen. 1976 Ausbildung zur Eutonie-Pädagogin in Genf. Arbeit in eigener Praxis mit Erwachsenen in Einzelstunden und in Wochenstunden und Intensivkursen für Kleingruppen. Teilzeitarbeit im Bereich der Krisenintervention und Rehabilitation in der örtlichen Psychiatrischen Universitätsklinik.*

Die Begründerin *Gerda Alexander* wurde 1908 in Deutschland geboren. Sie studierte Rhythmikerziehung nach Jaques Dalcroze. Bei ihrer Arbeit in Dänemark und Schweden wandte sie sich auch der Theater- und Bewegungserziehung zu. Es war ihr ein Anliegen, vor allem die spontane persönliche Bewegung des einzelnen Schülers zu fördern.

Ihre angegriffene Gesundheit zwang sie dann, sich mit ihrem Körper auseinanderzusetzen. Aus ihren beruflichen und persönlichen Erfahrungen entwickelte sie ihre Schulung der Eutonie, die sie »einen Weg der körperlichen Selbsterfahrung« nennt. Seit 1940 unterrichtet sie Eutonie in ihrer Schule in Kopenhagen.

## Was ist Eutonie?

Das Wort ist vom Griechischen abgeleitet und bedeutet gute, richtige Spannung, Wohlspannung. Die Eutonie sucht durch gezielte Arbeit zu der Wohlspannung zu führen, die dem einzelnen Schüler entspricht.

Wohlspannung ist kein fixierter Zustand, sondern eine lebendige, elastische Spannung, die in der Eutonie *Tonus* genannt wird. Sie ermöglicht es dem Menschen, seine Kräfte den Anforderungen des gegebenen Momentes anzupassen. Wohlspannung ist nötig zum Schlafen, aber auch um ein großes Arbeitspensum zu erledigen. So kann also ein hoher oder tiefer Tonus richtig sein. Wesentlich ist, daß er im ganzen Körper ausgeglichen ist und den momentanen Anforderungen an ihn entspricht.

Die Eutonie entstammt dem westlichen Kulturkreis und der westlichen Lebenshaltung. Der Körper wird wohl mit den Sinnen wahrgenommen, wir setzen aber auch das Bewußtsein ein. Es soll den Prozeß des Spannungsausgleiches nicht beeinflussen, ihn nur begünstigen und, was im Bereich der Körperwahrnehmung geschieht, ordnen und formulieren helfen. Das bewußte Wahrnehmen der Reaktionen des Körpers und der Sinne kann uns persönliche Mechanismen und Fehlhaltungen erkennen lassen und uns helfen, richtiger damit umzugehen.

Der Körper wird so zu einem ernstzunehmenden Partner, mit dem sich eine Auseinandersetzung lohnt. Unsere kulturelle Entwicklung hat die spontane »Partnerschaft« zwischen Körper und Intellekt empfindlich gestört durch die einseitige Überbewertung des Intellektes. Sie hat uns aber auch die Chance gegeben, einen bewußteren Zugang zu unserem Körper zu finden, und damit die Möglichkeit eines bewußteren Umgangs mit uns selber gebracht.

Bewußter Umgang mit dem Körper kann verhindern, daß wir in die Gefahr kommen, im Gegensatz zu unserer bisherigen Entwicklung nun plötzlich die Körperlichkeit zu überwerten. Wir würden so aufs neue eine Seite in uns abspalten und das, was uns die kulturelle Entwicklung gebracht hat, verlieren.

## Anwendungsbereich und Grenzen

Eutonie arbeitet immer mit dem Gesunden und Funktionierenden im Menschen im gegenwärtigen Zustand. Von dieser Basis aus wird versucht, in dem Maße, wie es der Schüler ertragen kann, an die persönlichen Verspannungen heranzukommen. Entsprechend gibt es für die Eutonie an sich keine Kontraindikationen. Die Begrenzungen liegen in der Persönlichkeit des Pädagogen und des Schülers sowie im Arbeitsbereich des einzelnen Eutonisten. Um selbständig über den Körper an sich arbeiten zu können, muß eine psychische und physische Belastbarkeit vorhanden sein. Wo das eine oder andere mangelt, ist es dem Eutonisten überlassen, Möglichkeiten und Wege zu finden, die den Schüler sicherer und damit belastbarer werden lassen. Dazu ein Beispiel:

Eine schwachbegabte Schülerin ließ mich bei allem, was sie machte, nicht aus den Augen, um möglichst schon an meiner Mimik sehen zu können, ob sie richtig arbeite. Es war für uns beide ein Erlebnis, als sie erstmals spontan für die Arbeit am Boden die Augen schloß und sich auf ihr eigenes Körpergefühl verließ. Wir arbeiteten ein Jahr lang zusammen, bis es soweit war.

Aber es gibt Grenzen, wo Eutonie allein nicht mehr genügt:

– Durch die Körperarbeit kann eine persönliche Problematik aufbrechen, die nicht allein über den Körper verarbeitet werden kann und Psychotherapie gleichzeitig benötigt.
– Körperliche Krankheiten im akuten Zustand gehören zusätzlich in die Behandlung eines Arztes.

### Das Körperbild

In der Regel haben wir von unserem Körper eine Vorstellung. Diese stimmt nicht immer mit der Realität des Körpers überein. Wir vermeiden deshalb möglichst Vorstellung und Suggestion während der Arbeit. Die bewußte Konzentration auf ein offenes Aufnehmen und Verfolgen der eigenen Körperreaktionen ermöglicht ein Eintreffen des sicheren Spürens, das heißt eines Zusammentreffens von Körperbild und Körperrealität. Es handelt sich hier um ein physisches »Aha-Erlebnis«, das für den Schüler richtungweisend ist auf dem Weg der Selbsterfahrung, auch wenn dieser Moment nicht dauert und nicht gehalten werden kann. Mit der Übung stellen sich diese Erlebnisse häufiger ein, und der Schüler kann sie auch im gewöhnlichen Alltagsleben wahrnehmen. Zum Beispiel:

Eine Schülerin spürt plötzlich beim Handarbeiten, wie sehr sie ihre Schultern verspannt, und kann sie bewußt loslassen.

Schwieriger ist die Arbeit für Menschen mit Behinderungen. Eine Behinderung gehört zum realen Körperbild und muß angenommen werden. Dann aber können Kräfte im Körper frei werden, die einen Krankheitsprozeß aufhalten. Ein Erfolg ist abhängig vom Durchhaltevermögen und dem aktiven Engagement des behinderten Menschen. Ein Beispiel:

Eine Frau mit schwerem Rückenleiden konsultierte zur Kontrolle ihren Arzt. Dieser besah das Röntgenbild und bat die Frau, sie möchte stehend den Rumpf nach vorne beugen. Sie führte die Bewegung aus. Erstaunt fragte der Arzt, ob das wirklich ihr Röntgenbild sei, mit ihrem Rücken sei eine solche Bewegung, wie sie sie ausgeführt habe, kaum möglich. Es *war* das Röntgenbild der Frau, aber sie befaßte sich seit einiger Zeit recht intensiv mit Eutonie und hatte gelernt, mit ihrer Behinderung zu leben.

Beim psychisch kranken Menschen ist das reale Körpergefühl immer gestört. Hand in Hand mit psychotherapeutischer Arbeit kann Eutonie wirksam eingesetzt werden. Allerdings spielt hier die Vertrauensbasis zwischen dem Schüler und dem Pädagogen eine große Rolle.

## Vertrauensbasis

Wenn wir uns mit unserem Körper befassen, gelangen wir unweigerlich auch an unsere Emotionen. Ein Schüler mit wenig Selbstvertrauen braucht in der Regel größere Distanz und kann erst nach langem Üben zu seinem Körpergefühl stehen und seine Emotionen annehmen. So braucht der psychisch kranke Mensch eine lange Anlaufszeit, ehe er Eutonie im üblichen Sinne machen kann.

Innerhalb des Rahmens einer vertrauensvollen Beziehung können Emotionen gelebt werden. Aber es ist nötig, die persönlichen Widerstände des Schülers zu respektieren. Mit wachsendem Vertrauen zu sich selbst kann er auch seine Widerstände abbauen und besser mit seinen Emotionen umgehen.

Was der Schüler aus eigenen Kräften erarbeiten kann, ermöglicht ihm, vom Therapeuten unabhängig zu bleiben. Es kann aber sein, daß eine gewisse Abhängigkeit für die Behandlung zeitweise nötig ist. Die Beziehung zwischen dem Pädagogen und dem Schüler kann sich aber mit der Zeit zu einer partnerschaftlichen Beziehung entwickeln, die es dem Schüler erlaubt, selbständiger zu werden.

## Heilung in der Eutonie

Eutonie an sich heilt nicht, sie entfernt nicht einfach eine Krankheit oder eine körperliche Verspannung. Sie sucht die Heilungskräfte im Menschen selbst zu aktivieren. Ein Selbstheilungsprozeß dauert lange, führt aber zu dauerndem Erfolg, vorausgesetzt, daß der Schüler durchhalten kann. Seine Heilung ergibt sich aus seinen eigenen Lebensbedingungen.

Das Lösen von körperlichen Verspannungen kann Müdigkeit oder sogar depressive Verstimmungen verursachen. Wenn sich aber eine Verspannung ohne Kraftanwendung löst, geschieht das in der Regel in dem Moment, in dem die körperlichen und psychischen Kräfte des Schülers dies auch aushalten und die Begleiterscheinungen verarbeiten können. Für jeden Schüler ist das normal, was er im Moment spürt. Durch seine Erfahrungen in der Eutonie soll er soweit kommen, daß er mit seinem eigenen Fühlen besser vertraut wird und mit ihm arbeiten kann.

## Formen des Unterrichtes

*Gruppenunterricht:* Jeder Teilnehmer arbeitet für sich nach den Anweisungen des Pädagogen. Diese sind auf die Gruppe an sich ausgerichtet, erlauben aber doch in gewissem Rahmen auch Stützung und Berücksichtigung des einzelnen.

*Intensivkurse* finden in der Regel an Wochenenden statt oder in einer Folge von drei bis fünf Tagen. Sie dienen vor allem der Selbsterfahrung und erlauben eine vertiefte Auseinandersetzung mit dem Körper. Weil die intensive Arbeit physische und psychische Prozesse auslösen kann, sind sie eher für Menschen mit relativ stabiler Persönlichkeitsstruktur gedacht, die es erlaubt, auftauchende Schwierigkeiten auch durchzutragen.

*Einzelstunden* ermöglichen das Eingehen auf die persönliche Problematik eines Schülers und gezieltere Förderung. Die Arbeit in der Einzelstunde ist ein »Dialog« über den Körper, der unter Umständen sehr nah ans »Lebendige« geht und für gewisse Schüler beängstigend sein kann. Zur Bewältigung von gewissen Behinderungen oder Problemen spielen sie aber eine wichtige Rolle.

## Elemente des Unterrichtes

*Aktive Arbeit* geschieht meist auf dem Boden liegend, später sitzend oder stehend. Objekte (Bambus, Bälle) können einbezogen werden als Widerstand, um eine bestimmte Körperstelle besser zu spüren. Sie erleichtern eine gezielte Konzentration und tragen durch Art und Form zur Entspannung bei.

Ein Schmerz, durch die Auflage auf einem Objekt bedingt, kann sich durch sachliche Konzentration auf die bestimmte Stelle verändern und eine verstärkte Durchblutung des Gewebes bedingen. Die Arbeitshaltung muß für den Schüler bequem sein, so daß er die kritischen Stellen gut aushalten kann. Zu starke Schmerzen bewirken zusätzliche Verspannungen im Körper, während ein vorsichtiges Heranarbeiten gegen die Schmerzen sicherere Heilung bringt. Jeder Schüler arbeitet für sich.

*Passive Arbeit:* Der Eutonie-Pädagoge versucht durch Berührung oder kleine Bewegungen, die er mit dem Schüler ausführt, am Spannungsausgleich zu arbeiten. Der Patient kann sich so besser auf Reaktionen in seinem Körper und entsprechende Zusammenhänge konzentrieren. Der Kontakt mit dem Pädagogen ist gleichzeitig für den Schüler ein Widerstand, gegen den er leichter sein reales Körperbild finden kann.

*Bewegungen* sollen in der Eutonie möglichst spontan und natürlich sein und dem persönlichen Rhythmus und den Bedürfnissen des Schülers entsprechen. Sie werden immer im Zusammenhang mit den Bedingungen des Schülers gesehen. Es werden keine Bewegungsmuster angeboten, weil der Schüler, je mehr er in seinem Körper lebt, die ihm entsprechenden Bewegungen in sich selber findet.

*Aussprache:* Nach einer Stunde oder nach bestimmten Übungen werden Erfahrungen und Beobachtungen ausgetauscht. In der Formulierung des Gespürten zeigt sich, wo der Schüler steht, wie weit Gespürtes von ihm wahrgenommen und formuliert werden kann. In der Regel gerät der Austausch besser, je mehr das Körperbild der körperlichen Realität des Schülers entspricht.

*Literaturhinweise:*

Alexander, Gerda, Eutonie. Ein Weg der körperlichen Selbsterfahrung, München 1984[5]

Windels, Jenny, Eutonie mit Kindern, München 1984

# Familientherapie

Margret Kohaus-Jellouschek

*Diplom-Pädagogin, geboren 1944. Studium der Sozialarbeit in Heidelberg, Pädagogik-Studium in Frankfurt/M., Weiterbildung in Familientherapie am Institut für Familientherapie, Weinheim. Seit 1976 Familientherapeutin an der Familienberatungsstelle im Psychotherapeutischen Zentrum Stuttgart-Sonnenberg und in freier Praxis. Seit 1977 tätig in der Aus- und Fortbildung von Familientherapeuten. Von 1980 bis 1984 Mitarbeit an einem Forschungsprojekt über Stieffamilien. Mitautorin des Buches »Stieffamilien. Struktur, Entwicklung, Therapie«, Freiburg 1986.*

Unter Familientherapie verstehen wir jenes therapeutische Verfahren, bei dem vorwiegend mit der ganzen dabei anwesenden Familie gearbeitet wird. Dies schließt nicht aus, daß auch andere für die Familie wichtige Personen wie Verwandte, Lehrer oder Sozialarbeiter einbezogen werden oder auch zeitweise nur mit Teilen der Familie und mit einzelnen Familienmitgliedern gearbeitet wird. Bezugspunkt der Arbeit bleibt aber die Familie als ganze.

## Die Entstehung der Familientherapie

Die familientherapeutische Vorgehensweise ist in den fünfziger Jahren unseres Jahrhunderts in den USA entwickelt worden, und zwar im Zusammenhang mit den Forschungsarbeiten von G. Bateson. Dieser stellte fest, daß auch extrem abnormales, »verrücktes« Verhalten von Familienmitgliedern keineswegs nur als Ausdruck innerseelischer Konflikte oder als Folge geschädigter Erbanlagen verstehbar war, sondern als eine passende, vielleicht die einzig mögliche Reaktion auf den Umgangsstil der Familienmitglieder untereinander erklärt werden konnte. Diese Entdeckung hatte zur Folge, daß man im kranken oder problematischen Familienmitglied den »Symptom-Träger« der Familie zu sehen begann und konsequenterweise die ganze Familie in die Behandlung einbezog, das Zusammenspiel der Familie zu deren Gegenstand machte.

Pioniere der Familientherapie in den USA und – später dann – in Europa waren V. Satir, N. Ackermann, J. Haley, S. Minuchin, P. Watzlawick und M. Selvini. Seit Mitte der siebziger Jahre breitet sich auch in der Bundesrepublik die Familientherapie rasch aus, es gibt inzwischen bereits verschiedene Schulen und mehrere Ausbildungsinstitute.

### Eine neue Sichtweise

Die Familientherapie ist ein neuer therapeutischer Ansatz. Ihre Sicht- und Vorgehensweise soll an einem Beispiel erläutert werden.

Familie A. sucht nach mehreren vergeblichen Einzeltherapieversuchen der älteren Tochter Edith eine Familienberatungsstelle auf. Die Familie besteht aus dem Vater, 58 Jahre alt, Beamter in gehobener Stellung, der Mutter, 49 Jahre, ebenfalls als Beamtin berufstätig, und den zwei Töchtern Edith (22 J.) und Clara (18 J.). Edith ist das »Sorgenkind«, sie arbeitet als Angestellte im Heimatort und lebt noch im elterlichen Haushalt, während Clara in einer nahegelegenen Stadt eine Ausbildung als Krankenschwester macht und in einer Wohngemeinschaft lebt. Der Vater meldet die Therapie an: Edith sei häufig krank, habe keine Außenkontakte, gehe nur unregelmäßig arbeiten, denn sie werde immer wieder einmal von Angstzuständen und Kreislaufstörungen geplagt. Außerdem nehme sie häufig Beruhigungsmittel, was ihm große Sorgen bereite. Der Vater bekommt einen Termin und wird gebeten, zu diesem Gespräch die ganze Familie mitzubringen.

Ein weitverbreitetes lineares (einliniges) Denken führt das symptomatische Verhalten einzelner Familienmitglieder auf einzelne Ursachen in Gegenwart oder Vergangenheit zurück. Das Denken der Familientherapie ist demgegenüber zirkulär (»kreisförmig«). Symptomverhalten wird gleichzeitig als Ursache und Folge sich wiederholender Interaktionen der Familienmitglieder untereinander verstanden. Der Symptomträger (auch »Indexpatient« genannt) wird als Teil eines größeren Ganzen, des Familiensystems, gesehen.

Im Gespräch mit Familie A. wird deutlich, daß die Familienmitglieder das symptomatische Verhalten von Edith einlinig auf bestimmte Ursachen zurückführen. Der Vater macht die Sensibilität der Tochter und die mangelnde Liebe und Fürsorge seiner Frau dafür verantwortlich, die Mutter eine schwierige Geburt mit einer möglichen Gehirnschädigung (die neurologischen Untersuchungen waren allerdings immer ohne Befund!). Ähnliche Erklärungen haben auch die Töchter. Jedes Familienmitglied ist auf seine Weise in einem (beschuldigenden) Ursache-Wirkung-Denken verhaftet. Die zirkuläre Sichtweise des Familientherapeuten ist demgegenüber eine andere: Zwischen Vater und Edith sieht er ein geheimes Bündnis. Dieses bedingt den Konflikt zwischen ihr und der Mutter und verdeckt zugleich einen schweren Konflikt zwischen den Ehepartnern. Die Symptomatik von Edith verstärkt diesen Zusammenhang. Mit ihrer Hilflosigkeit fordert sie die Mutter auf, verstärkt Anforderungen zu stellen, wogegen sie sich wehrt und wodurch sie den Vater dazu verleitet, sich besonders um sie zu kümmern, was wiederum die Mutter auf die Tochter ärgerlich macht und den Paarkonflikt noch mehr in den Hintergrund drängt. Niemand ist also in dieser Sichtweise nur Opfer, das bedauert, oder nur Täter, der zurechtgewiesen werden müßte. Verändert werden muß das Zusammenspiel der ganzen Familie, damit jedem wieder die Entwicklungschancen eingeräumt werden, die für alle, nicht nur für Edith, beeinträchtigt sind.

## Die Familie – ein System

Die Familientherapie sieht also die Familie als ein Ganzes, als ein System, in dem sich die Familienmitglieder in ihrem Verhalten wechselseitig beeinflussen und gegenseitig bedingen. Als soziales, also lebendiges System ist sie ein offenes, sich entwickelndes und sich selbst organisierendes System (vgl. Systemische Therapie).

Die Familie ist ein *offenes System*. Gesunde Familien oder, wie wir in der Familientherapie sagen, funktionale Familiensysteme grenzen sich zwar nach außen klar ab, halten aber die Grenzen nach außen durchlässig, so daß ein ständiger Austausch mit anderen Systemen möglich ist. Bei Familien, in denen Mitglieder Probleme entwickeln, also bei dysfunktionalen Familiensystemen, ist die Balance zwischen Abgrenzung und Offenheit gestört.

So unterdrücken bei Familie A. die Mitglieder, um ihren Zusammenhalt zu sichern, ihre aggressiven, nach außen drängenden Impulse, Edith mit körperlichen Symptomen, Tabletten und Hilflosigkeit, der Vater mit Überfürsorglichkeit, die Mutter durch Überengagement im Haushalt. Außer Clara verfügen die Familienmitglieder kaum über Außenkontakte, sondern verbringen den Großteil ihrer Freizeit zu Hause. Damit kommen wenig Anregungen und neue Informationen in die Familie. Das erzeugt unzutreffende Phantasievorstellungen über die Außenwelt und führt zu einer lähmenden Starre.

Die Familie ist ein *System in Entwicklung.* Wie alle lebenden Systeme sind Familien in einem fortdauernden Entwicklungsprozeß. Sie durchlaufen einen Lebenszyklus, der sie durch verschiedene Phasen führt: die Phase der Paarbildung, die der jungen Familie mit kleinen Kindern, die Phase der Familie mit Heranwachsenden und so weiter. In diesem sich ständig vorwärtsbewegenden Prozeß muß immer wieder eine dynamische Balance gefunden werden zwischen der Erhaltung des Familiensystems einerseits und der Transformation seiner jeweiligen Gestalt andererseits. Ohne Selbsterhaltung würde das System sich auflösen, ohne Transformation würde es erstarren. Es wäre keine Entwicklung des Ganzen und der Individuen mehr möglich. Zu solcher Erstarrung kommt es, wenn die Familie es nicht schafft, auf Veränderungen mit neuen Verhaltensweisen zu reagieren, sondern die alten lediglich wiederholt und verstärkt.

Bei Familie A. überwiegen die Kräfte der Selbsterhaltung bei weitem die der Transformation. Die Familie vermag es nicht, die Gestalt einer Familie mit kleinen Kindern in die Gestalt einer Familie mit jungen Erwachsenen und einem Elternpaar in der zweiten Lebenshälfte zu transformieren. Edith verhält sich in vielen Bereichen wie eine Fünf- bis Zwölfjährige, und die Eltern behandeln sie wie ein Vorschulkind. Die Familie ist gleichsam in einer früheren Phase erstarrt, sie hat keine neuen Bewältigungsstrategien entwickelt, um mit Ablösung, Autonomie und erneuter Zweisamkeit der Eltern in der zweiten Lebenshälfte umzugehen.

Die Familie ist ein *sich selbst organisierendes System.* Familien sind als lebende Systeme mit der Fähigkeit ausgestattet, sich selbst zu organisieren. Zur Selbstorganisation gehört, die Familiensituation adäquat einzuschätzen, sich Ziele zu setzen, geeignete Mittel zu wählen und zu realisieren sowie die Erreichung oder Nicht-Erreichung der Ziele zu überprüfen. Das wiederum setzt voraus, daß die Familienmitglieder ein gewisses Maß an Autonomie besitzen, daß sie fähig sind zur Kooperation und zu Entscheidungsprozessen und daß es eine Hierarchie gibt, durch die Kompetenzen, Rechte und Pflichten festgestellt werden.

Bei Familie A. ist die Selbstorganisation beeinträchtigt. Die Eltern kooperieren in bezug auf Edith nicht, sondern werfen sich gegenseitig vor, sie falsch zu behandeln. Am Ende setzt sich meist die Tochter mit ihrer Hilflosigkeit durch. Damit ist auch die Hierarchie verkehrt: Die wichtigen Entscheidungsprozesse werden von der Tochter kontrolliert. Weiter gibt es in den Beziehungen der Familie wenig Autonomie und ein Übermaß an Gebundenheit zwischen den Generationen: Die Mutter bespricht ihre ehelichen Probleme mit Clara, der Vater beklagt sich über die »Härte« seiner Frau bei Edith. Das führt zu übermäßiger Gebundenheit der Jüngeren an die Mutter und der Älteren an den Vater. Die Grenze zwischen den Generationen wird verwischt. Die Symptomatik der Tochter ist also nicht nur ihr individuelles Problem, sondern auch Ausdruck einer nicht gelungenen Selbstorganisation der ganzen Familie.

## Zweck und Ziel der Familientherapie

Ziel der Familientherapie ist es, das Zusammenspiel der ganzen Familie, ihre Selbstorganisation und ihre Beziehungsformen so zu verändern, daß die Familie ihre Aufgaben wieder erfüllen und allen Familienmitgliedern ihre Entwicklung ermöglichen kann. Das Potential für einen solchen Entwicklungsprozeß ist in jeder Familie vorhanden, aber es ist manchmal blockiert. Der Therapeut hat dementsprechend die Aufgabe, blockierendes Verhalten im Zusammenspiel der Familienmitglieder zu erkennen, zu unterbinden, durcheinanderzubringen und neues, funktionaleres zu initiieren, damit die Familie aus ihrem »Teufelskreis« herauskommt. Um ein Bild von Mara Selvini, einer der bekanntesten Familientherapeutinnen, zu verwenden: Da, wo sich der Fluß durch Sand, Steine und Gehölz gestaut hat, gilt es, den einen oder anderen Ast herauszuziehen, damit der Strom wieder in Gang kommt. Hingegen geht es nicht darum, den Fluß bis zu seiner Mündung zu begleiten, also mit jedem Familienmitglied alle seine Probleme durchzuarbeiten. Vielmehr sollen durch den therapeutischen Eingriff die Selbsthilfe- und Selbstheilungskräfte für die Familie wieder zugänglich gemacht werden, damit sie in Zukunft ihre Probleme selber lösen kann.

## Das familientherapeutische Vorgehen

Die wichtigste Voraussetzung für ein wirksames Vorgehen in der Familientherapie ist, daß der Therapeut Zugang zur Familie findet, daß sie ihn aufgrund seiner Persönlichkeit und seines Verhaltens gleichsam aufnimmt und als Autorität in Sachen Veränderung akzeptiert. Nur dann ist es ihm möglich, den Spielraum der Familie zu erweitern, indem er zunächst neue, für die Familie oft überraschende Sichtweisen des Problems und des Zieles der Therapie einführt.

So ging es darum, der Familie A. nahezubringen, daß Edith nicht »krank« war, sondern daß die ganze Familie in ihrer Entwicklung stagnierte und Edith dies lediglich am stärksten zum Ausdruck brachte. In ähnlicher Weise geht es im gesamten Verlauf der Therapie darum, daß der Therapeut immer wieder überraschende und neue Zusammenhänge deutlich macht, bei Familie A., indem er darauf hinwies, wie es Edith gelang, durch ihr Verhalten die Eltern immer wieder von ihren Problemen als Paar abzulenken, weil sie ihnen immer wieder einen Gegenstand gemeinsamer Sorge lieferte.

Die Familie wird sich allerdings solch neuen Sichtweisen nur dann öffnen und die Dinge in anderem Licht zu sehen beginnen, wenn sie auch entsprechende neue Erfahrungen macht. Deshalb veranlaßt der Therapeut die Familie zu neuen Verhaltensweisen, er gibt Verhaltensaufträge und »verschreibt« Verhaltensexperimente bis zur nächsten Sitzung.

So wurde Familie A. der Auftrag gegeben, damit neue Erfahrungen zu machen, daß der Vater, sozusagen probeweise, bis zum nächsten Mal mehr grenzsetzende Funktion in bezug auf Edith übernahm, während die Mutter mehr Verbindung zu ihr suchen sollte, indem sie ihr aus ihrer Jugend erzählte.

Mit den Erfahrungen, den »negativen« so gut wie den »positiven«, die die Familienmitglieder aus diesen Verhaltensexperimenten gewinnen, schreitet die Familientherapie voran. Der Therapeut konzentriert seine Aktivität je nach dem Prozeß bald mehr auf die Familie als ganze, bald wendet er sich mehr an einzelne »Untergruppen«. Bei Familie A. arbeitete er unter anderem mit den beiden Schwestern zur Herstellung einer tragfähigen Geschwister-Achse oder mit den Eltern zur klareren Abgrenzung der Generationen. Es kann aber auch sein, daß er über einen Zeitraum mit einem Familienmitglied allein Gespräche führt oder aber den Kreis der Anwesenden um andere Personen erweitert.

So war es im Fall von Familie A. sehr wichtig, immer wieder mit dem Hausarzt Kontakt aufzunehmen, um die Medikamentierung und die Krankschreibe-Praxis zu besprechen, und den Vorgesetzten von Edith mit einzuladen, um mit ihm das Problem zu erörtern, ob sie denn am richtigen Platz war. Andererseits brauchte Edith aber auch eine Reihe von Einzelgesprächen, in denen die Fragen ihrer Identitätsfindung als Frau der Gegenstand waren.

Da es Zeit braucht, bis neues Verhalten sich in einem System als ganzem eingespielt hat, werden die Abstände zwischen den Familiensitzungen in der Regel größer gewählt als bei der Einzeltherapie. Je nach unterschiedlichem Stil des Therapeuten und dem Entwicklungsstand der Familie reichen sie von vierzehn Tagen bis sechs Wochen. Die durchschnittliche Anzahl der Sitzungen wird oft mit zehn bis zwanzig angegeben, was bei den erwähnten Zeitabständen eine Gesamtdauer von ein bis zwei Jahren bedeuten kann. Im Einzelfall sind aber auch kürzere Verläufe möglich oder längere nötig.

Die Familientherapie ist beendet, wenn die Neu-Organisation so weit gelungen ist, daß die Familienmitglieder ihre Entwicklungsaufgaben wieder erfüllen können. Dies zeigt sich unter anderem an in einem nachhaltigen Verschwinden des symptomatischen Verhaltens, das sozusagen überflüssig geworden ist.

So war die Familientherapie mit Familie A. beendet, als Edith eine eigene Wohnung genommen hatte, mehr Kontakte nach außen zu pflegen begann und den Arbeitsanforderungen durch einen Stellenwechsel besser entsprach, als Clara ihre »Hilfsaktionen« für die Mutter eingeschränkt und das Paar begonnen hatte, sich mit seiner eigenen Problematik auseinanderzusetzen. Im Lauf dieser Prozesse verschwanden auch die Ängste und Körperbeschwerden von Edith mehr und mehr.

### Wann ist Familientherapie angezeigt?

Aus dem Gesagten ergibt sich, daß Familientherapie immer dann angezeigt ist, wenn eine Familie die Aufgaben, die sich aufgrund ihres natürlichen Lebenszyklus und/oder aufgrund besonderer Ereignisse (Unfall, Umzug, plötzlicher Tod) stellen, nicht mehr aus eigener Kraft lösen kann und aufgrund ungeeigneter Bewältigungsstrategien in einen »Teufelskreis« oder eine Blockade gerät. Häufig ist dafür ein Anzeichen, daß ein Familienmitglied (oft, aber nicht immer, ein Kind) Symptome zeigt, wie zum Beispiel Schulprobleme, Schlaf- und Eß-Störungen oder auch depressive Zustände, psychosomatische Störungen bis hin zu psychotischem Verhalten. Gerade bei schwerwiegenden Störungen hat sich das familientherapeutische Vorgehen als besonders wirkungsvoll erwiesen.

Natürlich gibt es Probleme wie etwa körperliche Erkrankungen oder die Sinnfrage in der zweiten Lebenshälfte, die nicht oder jedenfalls nicht nur familientherapeutisch angehbar sind. Dennoch dürfte es sich bei sehr vielen menschlichen Problemen neben anderen – medizinischen, individualtherapeutischen – Maßnahmen lohnen, auch einen »familientherapeutischen Blick« darauf zu werfen, denn sehr oft ergeben sich daraus überraschende und weiterführende Perspektiven.

Die Familientherapie ist trotz ihrer oft erwiesenen Wirksamkeit heute noch keine Kassenleistung. Dennoch dürfte in der Regel das Budget einer Familie dadurch nicht überfordert werden, denn am häufigsten wird Familientherapie in Institutionen wie Kliniken, Beratungsstellen, sozialen Diensten durchgeführt, wo sie entweder in die ärztliche Versorgung eingebunden ist oder durch öffentliche Zuschüsse (mit)finanziert wird.

*Literaturhinweise:*

ANDOLFI, M., Familientherapie. Das systemische Modell und seine Anwendung, Freiburg 1982

MINUCHIN, S., Familien und Familientherapie. Theorie und Praxis struktureller Familientherapie, Freiburg 1978

# Feldenkrais-Methode

Sylvia Keller-Kropp

*Geboren 1953; 1973 bis 1978 Studium der Sozialpädagogik in München; 1979 bis 1981 Sozialberaterin am Beratungszentrum in Leonberg bei Stuttgart; 1981 bis 1982 Stipendium für Studienaufenthalt in den USA. 1982 bis 1984 Musik- und Bewegungstherapie am Psychiatrischen Landeskrankenhaus Ravensburg-Weissenau. Seit 1985 freiberuflich tätig als Bewegungstherapeutin. Ausbildung in der Feldenkrais-Methode und in Konzentrativer Bewegungstherapie. Veröffentlichungen: Klaus Antons/Sylvia Keller-Kropp, Gruppendynamik im Sozialwesen, in: Die Psychologie des 20. Jahrhunderts, Zürich 1983.*

## Zur Person Moshé Feldenkrais

Die Feldenkrais-Methode ist nach ihrem Begründer Moshé Feldenkrais benannt. M. Feldenkrais wurde 1904 in Rußland geboren und wanderte mit fünfzehn Jahren nach dem damaligen Palästina aus. In Paris studierte er Physik, erwarb sich darin einen Doktorgrad und führte mit Joliot Curie die erste Kernspaltung in Frankreich durch. Nebenbei lernte er Judo, brachte es bis zum schwarzen Gurt und gründete den ersten Judo-Club in Frankreich. Beim Fußballspielen zog er sich eine schwere Knieverletzung zu, die ihn veranlaßte, nach neuen Wegen der Bewegung und Heilung zu suchen, denn die Ärzte sahen wenig Chancen, die Funktion seines Knies wiederherzustellen. Feldenkrais begann, sich intensiv mit sich und seinem Körper zu beschäftigen; er wollte herausfinden, wie er seinen Körper anders oder besser benutzen könne, damit das kranke Knie wieder funktionsfähig würde, und er machte sich mit Anatomie, Verhaltens- und Neurophysiologie vertraut. Durch eigenes Lernen entwickelte er seine Methode.

Feldenkrais unterrichtete in Israel, Frankreich, den USA und England. Bei seiner Arbeit hatte er mehrere ständige Begleiter, seine Schüler, die nach seinem Tod 1984 seine Methode in vielen Ländern weiter unterrichten.

### Bewußtheit durch Bewegung

Es gibt zwei Möglichkeiten, die Feldenkreis-Methode kennenzulernen: durch die Gruppenmethode *»Bewußtheit durch Bewegung«* oder in der Einzelarbeit, der *»Funktionalen Integration«*. Wenn Sie an einer Gruppe in »Bewußtheit durch Bewegung« teilnehmen, werden Sie etwa folgende Situation vorfinden: Sie liegen mit mehreren anderen Menschen zunächst einmal auf dem Boden und nehmen wahr, wie Ihr Körper mit dem Boden in Kontakt ist: Wie und wo berührt Ihre Wirbelsäule den Boden? Wie liegen die Schultern auf? Wie die linke und die rechte Ferse und so weiter? Dann wird Ihnen der Feldenkraispractitioner eine Bewegung oder einen Bewegungsablauf vorschlagen. Er wird Ihnen ein Thema geben, zum Beispiel sich von der Rücken- in die Seitenlage zu bewegen. Er wird Sie auffordern, diese Bewegung oft zu machen, bis Sie wahrnehmen und spüren, wie Sie die Bewegung machen, wie Sie sie auf Ihre spezielle, gewohnte Art ausführen, welchen Teil Ihres Körpers Sie benützen, wie Sie atmen und so weiter. Sie werden also Ihr eingeschliffenes, bekanntes Bewegungsmuster kennenlernen und bewußt wahrnehmen. Dann wird Ihnen der Feldenkraispractitioner Variationen zu diesem Thema anbieten, das heißt, Sie werden andere Möglichkeiten ausprobieren, sich vom Rücken auf die Seite zu bewegen. Manche dieser Variationen werden Ihnen fremd und ungewohnt vorkommen. Doch mit der Zeit finden Sie heraus, wie Sie die Bewegung am besten und angenehmsten ausführen. Sie können dies daran erkennen, daß Sie Ihre Bewegung als harmonisch und leicht empfinden und ohne jede Anstrengung ausführen können. Sie wiederholen diese neue Bewegung so lange, bis sie Ihnen in Fleisch und Blut übergegangen ist. Danach merken Sie im Stehen und Gehen eine Veränderung: Vielleicht sind Sie aufrechter, oder Sie stehen mit mehr Leichtigkeit, Ihr Kopf läßt sich leichter tragen, alles spielt besser zusammen als vorher.

Wenn Sie eine Behandlung in *Funktionaler Integration* bekommen, dann liegen Sie auf einem Tisch, und der Feldenkraispractitioner wird Sie durch Behandeln unterrichten, während Sie passiv sind und bewegt werden. Es geschieht ohne viele Worte. Nach einer Stunde in Funktionaler Integration fühlen Sie sich vitaler, leichter und insgesamt wohler.

### Warum ist in der Feldenkrais-Methode Bewegung so wichtig?

Feldenkrais zitiert in seinem Buch »Die Entdeckung des Selbstverständlichen« das chinesische Sprichwort: »Ich höre und vergesse, ich sehe und behalte, ich tue und verstehe.« Und er schreibt dazu: »Nicht alles, was wir hören, vergessen wir, und wir behalten auch nicht alles, was wir sehen. Ich glaube jedoch, daß wir am besten das verstehen, was wir tun können.« Also bewegen wir uns.

Jedes Gefühl ist mit einem körperlichen Ausdruck, einem motorischen Verhalten verbunden. Man kann es jemandem ansehen, ob er ärgerlich, ängstlich, erfreut oder traurig ist. Wenn sich die Gefühle ändern, ändert sich auch der körperliche Ausdruck. Es ist einfacher, mit dem muskulären Ausdruck des Körpers umzugehen, denn er ist konkret und gut zu lokalisieren. Und es gelingt eher, jemanden auf das aufmerksam zu machen, was in seinem Körper geschieht.

Es besteht eine enge Verknüpfung zwischen Ihrem Denken, Ihrem Gehirn, und Ihren Bewegungen. Um die Zahlen von 20 bis 30 zu zählen, beziehungsweise zu denken, brauchen Sie länger als für die Zahlen von 1 bis 10. Warum? Weil Sie die Zahlen im Geiste laut mitsprechen. Gelingt es Ihnen aber, die Zahlen mit den Augen zu überfliegen, ohne dabei gedanklich die Worte mitzusprechen, können Sie Ihre Lesegeschwindigkeit beträchtlich steigern. Sie erzielen also durch eine Verringerung motorischer Aktivität und durch einen reibungslosen Ablauf der Muskelfunktionen eine Verbesserung in der Geschwindigkeit und Klarheit des Denkens. Lernen Sie, mit größerer Bewußtheit Ihre Bewegungsabläufe zu verfeinern, so trainieren Sie gleichzeitig Ihr Gehirn. Und darum ging es Feldenkrais vor allem: das Denken, das Gehirn zu üben, damit der Mensch sich seiner selbst mehr bewußt wird, weiterlernt, schöpferisch wird und Neues schafft.

## Bewußtheit oder: Erst wenn ich weiß, was ich tue, kann ich tun, was ich will

Feldenkrais unterscheidet zwischen Bewußtsein und Bewußtheit. In einer Feldenkraisgruppe lernen Sie, sich über sich selbst bewußt zu werden, wie Sie handeln, denn jede Handlung ist Bewegung. Zum Beispiel: Wie stehen Sie morgens auf? Wie lesen Sie ein Buch? Wie spielen Sie ein Instrument? Wie tanzen Sie Walzer? Natürlich sind Sie wach, bewußt, wenn Sie diese Tätigkeiten ausführen, aber das heißt noch nicht, daß Sie sie mit Bewußtheit ausführen, denn Bewußtheit ist Sich-bewußt-Sein plus Erkennen und Wissen. Wer sich nicht mehr bewußt ist, wie er etwas tut, beginnt automatisch zu handeln und entwickelt sich nicht mehr weiter. Solange Sie morgens leicht aus dem Bett kommen, ist es auch sinnvoll, diese Handlung automatisch oder halbautomatisch zu tun; aber wenn Sie sich quälen, schon beim Aufstehen die ersten Schmerzen auftreten, dann ist es sinnvoll, daß Sie sich darüber bewußt werden, was Sie täglich mit sich machen, um Alternativen zu finden und neue Möglichkeiten.

## Veränderung des Selbstbildes

Jeder Mensch hat ein Bild von sich, von seinen Fähigkeiten und Möglichkeiten, von seinen Grenzen und Hemmungen. Und jeder Mensch hat Normen, mit denen er bestimmt, was für ihn und für andere normal sein soll. Wovon denken Sie: »Das kann ich nicht, da kann man nichts machen, so bin ich eben, das ist schon immer so gewesen«? Solch ein Bild ist aber nicht statisch, sondern kann jederzeit verändert werden, denn die verborgenen Fähigkeiten jedes Menschen sind beträchtlich größer als die, mit denen er lebt und die er nutzt. In der Feldenkrais-Methode lernen Sie Ihr Selbstbild und Ihre verborgenen Fähigkeiten besser kennen, um sie dann zu erweitern. Sie werden neugierig auf sich selbst und Ihre Entwicklung.

## Über das Lernen

*Organisches Lernen* ist lebendig und lebhaft und geht mit Wachstum und Entwicklung einher. Es beginnt im Mutterleib und hört erst mit dem Tod auf. Sie müssen zum Beispiel erst stehen können, bevor Sie sprechen lernen. Im Nervensystem tritt ein Teil nach dem andern in einer bestimmten Reihenfolge in Funktion. Dieses Lernen kann von Menschen beeinflußt werden. Wenn ein Kind im Rollstuhl sitzt, welchen entwicklungsgeschichtlich nächsten Schritt wird es lernen?

*Differenzieren lernen:* Wer über nur eine Verfahrensweise verfügt, hat nur die Wahl zwischen Tun und Nicht-Tun. Wenn Sie aber lernen, Ihre Bewegungen zu differenzieren – und damit Ihr Denken –, finden Sie heraus, daß Sie nach und nach Handlungen ausführen können, von denen Sie vorher nie geahnt hatten, daß Sie Ihnen je möglich sein würden.

*»Richtig« und »falsch«:* Es gibt keine richtigen oder falschen Bewegungen in der Feldenkrais-Methode. Eine richtige Bewegung hat keine Zukunft; sie läßt sich nicht entwickeln. Aber etwas, das besser ist, kann noch weiter verbessert werden. »Wenn Sie von Anfang an ausschalten, was Ihnen falsch erscheint, könnten Sie jedes Interesse am Lernen verlieren. Fehler können wir ausschalten, wenn wir wissen, was richtig ist. Aber wenn wir wissen, was richtig ist, können wir aufs Lernen überhaupt verzichten: Wiederholen und Üben wird zu einem gewissen Können führen. Bewußtheit durch Bewegung führt zu Selbsterkenntnis und zu Entdeckungen bislang ungeahnter Möglichkeiten in uns selbst.«

*Selbstverantwortung:* Die Feldenkrais-Methode ist eine Einladung zur Selbstheilung. Es geht um Selbstlenkung oder Selbstleitung, und Bewegung ist nur insofern von Belang, als sie diesen Prozeß erhellt. Der Feldenkraispracticioner zeigt dem Schüler verschiedene Möglichkeiten, wie er sich bewegen kann; und der Schüler wählt selbst. Er hat die Verantwortung für seinen Weg, wie er mit sich besser zurechtkommen möchte und kann.

*Lernen im eigenen Tempo:* Wenn Sie Bewußtheit durch Bewegung lernen, gehen Sie sehr langsam vor, damit Sie dabei überflüssige Anstrengungen und unnötigen Kraftaufwand entdecken, die Sie nur ermüden und das Bewegen unangenehm machen. Deshalb wiederholen Sie die Bewegungen so lange in Ihrem eigenen Tempo, bis sie Ihnen leicht und selbstverständlich gelingen.

*Lernen ist angenehm und leicht:* In der Feldenkrais-Methode ist Lernen angenehm und leicht, spielerisch und ohne Leistungsdruck. Wenn Lernen Spaß macht und sich die Bewegungen gut anfühlen, ist die Chance groß, daß Sie die neugelernten Bewegungen auch in Ihren Alltag integrieren. Dann ist es nicht mehr nötig, täglich zu üben und immer wieder von vorne anzufangen, sondern Ihr Nervensystem hat begriffen, daß die neuentdeckte Bewegung und Handlung besser ist als die vorherige, und wird sie der alten vorziehen.

*Lernen ist mühelos und ohne Kraftaufwand,* denn nur so kann man die geringste Änderung des Muskeltonus spüren. Wenn Sie ganz verspannt sind und die Bewegung anstrengend ist, dann fühlen Sie wenig und spüren nur grobe Veränderungen in Ihrer Haltung. Das ist kein Erfolg. Wenn Sie aber den Muskeltonus und die Spannung vermindern, dann können Sie die geringste Änderung in Ihrem Körper wahrnehmen. Sie fühlen sich besser und leichter. Wer lernt, immer nur soviel Energie für eine Handlung einzusetzen, wie für diese Handlung nötig ist, der wird dabei auch nicht müde. Das Leben strengt dann weniger an.

*Ungewohnte Bewegungen:* In einer Feldenkraisgruppe werden Sie viele Bewegungen machen, die Ihnen unbekannt, ungewohnt sind. Eingefahrene Bewegungsmuster sind leichter durch ungewöhnliche Bewegungen zu durchbrechen. Wer etwas Ungewöhnliches macht, ist mit seiner Aufmerksamkeit mehr dabei. Das Gewöhnliche, Eingefahrene ist eher uninteressant. So wird auch das Gehirn gereizt, und Umlernen ist möglich. Wenn eingefahrene, nicht funktionale Bewegungsmuster durchbrochen werden, kommt es dabei oft zu einer großen Erleichterung.

## Funktionale Integration

Meistens sind es Menschen mit körperlichen Schmerzen und Behinderungen, die einen Feldenkraispractitioner aufsuchen, um sich durch Funktionale Integration unterrichten zu lassen. Sie kommen, weil sie sich Linderung von ihren Schmerzen versprechen und hoffen, sich nach der Stunde besser beziehungsweise mehr bewegen zu können.

Ein Kind entwickelt sich, indem es in jedem Stadium seines Wachstums andere Bewegungen macht. Am Ende führen diese Bewegungen zum Stehen, Gehen, Springen und so weiter. Diesem Lernen des Organismus liegt eine Ordnung zugrunde. Wenn ein Mensch behindert, zum Beispiel cerebral gelähmt ist, ist diese Ordnung gestört. Der Feldenkraispractitioner versucht daher, langsam und sanft wieder eine Ordnung in das System zu bringen, indem er den Schüler berührt, betastet, bewegt. Er wiederholt gleiche Reize, um nachzuspüren, ob das Nervensystem, das er behandelt, auf eine andere, bessere Weise reagieren kann als zuvor. Der Schüler liegt dabei, weil sich im Liegen die Muskeln am besten entspannen können und das Nervensystem bei minimaler Reizung freies Spiel hat, optimal zu funktionieren. In der Funktionalen Integration ist die Arbeit mit dem Skelett sehr wichtig. Wenn der Schüler eine sehr versteifte Brustwirbelsäule hat, wird sich das auch auf seine Hals- und Lendenwirbelsäule auswirken sowie auf die Hüften, die Gangart und so weiter. Der Feldenkraispractitioner zeigt seinem Schüler deshalb zuerst, wie er seine Brustwirbelsäule wieder bewegen kann. Der Kontakt zum Schüler ist dabei wohltuend und freundlich. Und der Schüler – sein Nervensystem – ist offen und bereit, Neues aufzunehmen und zu lernen. Der Muskeltonus wird gleichmäßiger und niedriger sein. Am Ende wird sich der Schüler fühlen wie nach einem erholsamen Schlaf.

## Zum Schluß

Sie werden sich vielleicht fragen, warum ich immer von Feldenkraispractitioner und -schüler spreche und nie von Therapeut und Patient. Die Idee ist, daß jeder lernen kann, sich besser zu bewegen, besser zu fühlen und besser zu denken. Der Feldenkraispractitioner zeigt nur Wege und Möglichkeiten, das Lernen zu verbessern. Und da jeder Mensch weiterlernen kann, wenn er nur mag, gibt es auch keine Kontraindikationen für diese Methode. Das ist das Schöne: Sie ist für jedermann – vorausgesetzt, er ist ein bißchen neugierig.

*Literaturhinweise:*

FELDENKRAIS, M., Die Entdeckung des Selbstverständlichen, Frankfurt 1985

FELDENKRAIS, M., Bewußtheit durch Bewegung. Der aufrechte Gang, Frankfurt 1978

FELDENKRAIS, M., Abenteuer im Dschungel des Gehirns. Der Fall Doris, Frankfurt 1977

# Feministische Therapie

Renate Höfer

*Geboren 1941, Studium der Pädagogik und Psychologie an der Universität in Frankfurt, Schwerpunkt: Theorie und Praxis der Balintgruppenarbeit. 1974 Umzug nach Bremen. Lehraufträge an der Fachhochschule für Sozialpädagogik/Sozialarbeit und an der Universität Bremen, vorwiegend Frauenprojekte (TZI als didaktische Konzeption). Seit 1982 Lehrbeauftragte für feministische Theorie und Praxis im Bereich klinischer Psychologie an der Universität Oldenburg. Therapeutische Praxis in Bremen.*

Feministische Therapie ist keine Therapiemethode im üblichen Sinne (wie Psychoanalyse, Gestalt-, Verhaltenstherapie usw.), sondern die Kombination einer Therapieform mit feministischen Zielsetzungen. Diesen feministischen Ansprüchen müssen die Strukturen der gewählten Therapieform entgegenkommen, um optimales Zusammenwirken von Therapiearbeit und feministischer Orientierung zu ermöglichen.

Feminismus ist eine historische Bewegung, in der Frauen versucht haben, ihre Interessen und Rechte durchzusetzen und die Gleichberechtigung in der Gesellschaft zu erreichen. Dabei haben sich Auffassungen und Ziele verändert. Auch heute entwickelt sich die Frauenbewegung weiter, sie wächst und wandelt sich. Seit Ende der sechziger Jahre sind besonders intensive Prozesse zur Klärung der Frauensituation und ihrer Problematik in Gang gekommen. Sie haben dazu geführt, daß Frauenzentren, Frauenhäuser, Frauenkulturstätten, Frauentherapiezentren, Frauenbuchhandlungen, Frauenverlage, feministische Zeitschriften und so weiter entstanden und weiterhin arbeiten. Die Etablierung dieser Institutionen und die Arbeit in ihnen sind Ausdruck einer vehementen gesellschaftlichen Veränderung. Feministische Therapie ist Teil dieser Bewegung. Sie geht, wie feministische Arbeit, davon aus, daß das Ziel Befreiung aller Menschen von kulturspezifischen Festlegungen der Geschlechtsrollen ist. Das ist zugleich die Absage an den Irrglauben, die Natur eines Menschen sei festgelegt.

Feministische Therapie berücksichtigt in der Therapiearbeit vor allem folgende Gesichtspunkte:

## Die personelle Identität

Das bedeutet, daß feministische Therapie von feministisch orientierten Therapeutinnen durchgeführt wird, sowohl als Therapiearbeit als auch als Forschungsarbeit.

Von der Therapeutin, die für sich feministisches Bewußtsein entwickelt haben muß, sich selbst mit feministischen Ansätzen in ihren Handlungen auseinandersetzt und deren Konsequenzen für Therapiearbeit mit Frauen praktiziert, hängt es ab, ob feministische Therapie stattfindet und erfolgreich sein kann. Dieser Erfolg bestimmt sich

– aus der Veränderung der persönlichen Befindlichkeit (psychische Schwierigkeiten) der Klientinnen bezüglich seelischer Stabilität und persönlicher Identität,
– aus dem Angebot und der möglichen Annahme frauenspezifischer Selbsterkenntnis und frauenspezifischer Selbstbestimmung im Fühlen, Denken und Handeln.

Typisch weibliches Fühlen, Denken und Handeln kann auf diesem Wege im persönlichen und gesellschaftlichen Kontext neu definiert und neu bewertet werden. An die Stelle des Bewußtseins von Schwächen und Defiziten sollen Ich-Stärke und gesellschaftliches Frauenbewußtsein treten, die sich im Denken und Handeln privat und gesellschaftlich auswirken.

Bei der Therapeutin setzt dies die Bearbeitung der eigenen Frauenerfahrung, insbesondere der unbewußten Anteile, in einer Analyse/Therapie voraus, damit solche und entsprechende Erfahrungen von Klientinnen umfassend wahrgenommen, aufgenommen und bearbeitet werden können.

## Die Sprache

Da Verständigung und Selbstbehauptung in privaten und öffentlichen Situationen wesentlich durch Sprache bedingt sind, muß feministische Therapie auch am Sprach- und Sprechvermögen von Frauen ansetzen. Die herrschende Sprache ist Männersprache, das dominante Sprachverhalten ist das der Männer. Wenn Frauen nicht ihr eigenes Sprachverständnis und Sprechvermögen entwickeln, werden sie psychisch nicht so stabil sein können, daß sie sich privat und öffentlich selbst bestimmen. Zwei Aspekte von Sprache und Sprechen sind besonders wichtig:

– Die Behauptung der geschlechtsspezifischen Formen und Benennungen: Eine Frau ist nicht Student, Arbeiter, Arzt, sondern Studentin, Arbeiterin, Ärztin. Und ein weiblicher Minister ist eine Absurdität; denn die Entsprechung wären männliche Ministerinnen. Erst die Durchsetzung der weiblichen Bezeichnungen in allen Fällen, wo Frauen gemeint sind, trägt dazu bei, die ihnen zustehenden Bestätigungen (Lohn, Stellung, Macht, Selbstwertgefühl) zu erlangen. Sprache und ihre Formen sind nicht äußerlich, sie geben den jeweiligen gesellschaftlichen Tatsachen, Werten und Verhältnissen Ausdruck. Deshalb müssen Frauen ihre Anteile in der Sprache entdecken, entwickeln und behaupten. In den Therapieprozessen ist dies ein Angebot, ein Weg und Kennzeichen gelingender feministischer Orientierung.

– Die Überwindung der Sprachlosigkeit: Frauen haben in vielen privaten und öffentlichen Situationen keine Stimme und keine Sprache. Die Stimme versagt ihnen, oder sie ist zu leise; und die Sprache versagt sich ihnen, weil sie sich nicht zutrauen, das Wort zu nehmen, weil ihnen die Worte fehlen oder entzogen werden. Wenige Ausnahmen oder Ausnahmesituationen verändern das Bild im ganzen nicht. Auch hieran muß feministische Therapie arbeiten, zumal in vielen Therapien die Sprache Medium des therapeutischen Prozesses ist oder als Medium der sich entwickelnden Veränderung fungiert. Die Verfügbarkeit der Sprache bestimmt und verändert Situationen und Handlungen der Klientinnen.

Dazu ein Beispiel aus meiner eigenen Alltags- und Therapieerfahrung: Ich stand am Bankschalter, zwei Männer hinter mir, dahinter weitere Kunden. Als vor mir der Schalter freigegeben wurde, bat der Kassierer den ersten hinter mir stehenden Mann zu sich und wickelte den Vorgang ab. Ich wunderte mich, sagte aber nichts. Der Kassierer bediente nun den zweiten Mann, der hinter mir gestanden hatte. Meine Unterlagen, die bereitlagen, schob er zum zweiten Mal beiseite. Jetzt protestierte ich und verlangte vom Kassierer eine Erklärung. Er schrie, ich sei nicht an der Reihe. Ich verlor die Geduld und wendete mich an den Abteilungsleiter, der aus der Entfernung die Szene beobachtete. Ihm gelang es, die Situation zu entschärfen.

Ich hatte mich sehr aufgeregt wegen der offensichtlichen Diskriminierung. Einerseits war ich froh, mich gewehrt zu haben, andererseits löste sich mein Gefühl, diffamiert worden zu sein und bei den anwesenden Kunden und Kundinnen keine Unterstützung gefunden zu haben, nicht auf. Noch nach Stunden, als ich mich auf den Weg in meine Therapie begab (ich war zu dieser Zeit selbst in psychoanalytischer Therapie), war ich beunruhigt. Ich berichtete in der Therapie den Vorfall. Meine Analytikerin zeigte Verständnis; sie gab aber zu bedenken, daß ein strenger – auf den Kassierer gerichteter – Blick genügt hätte, meinen Unmut kundzutun. Ich fühlte mich hinsichtlich des Vorfalls verstanden, hinsichtlich meiner Verhaltensweise aber reglementiert und abgelehnt – und zurückverwiesen auf Ermahnungen und Vorwürfe meiner Mutter.

Bezogen auf das Problem Sprache von Frauen und den Zusammenhang von Sprache und Handeln möchte ich drei Positionen verdeutlichen:

*Die Haltung der Selbstverleugnung:* Das ist das, was viele Mütter, Väter und andere Menschen ihre Töchter lehren (durch Beispiel und Anweisung): Halt dich zurück, sei nicht so vorlaut, verhalte dich nicht so auffällig, sei bescheiden, warte ab (Jungen werden eher zum Gegenteil ermuntert).

*Die Haltung der Beschwichtigung und Anpassung:* Übertreibe nicht, es ist nicht so schlimm, laß Blicke sprechen, halte den Mund. In diese Richtung gingen der Rat und die Ermahnung der Therapeutin.

*Die Haltung der Selbstbehauptung:* Nimm die Situation in ihrer Realität wahr, wehre dich gegen deine Nachgiebigkeits- und Unterwerfungsbedürfnisse, sprich deutlich, möglichst laut, setze alles dran, als gleichberechtigter Mensch ernst genommen zu werden und eine entsprechende Haltung zu entwickeln.

Das wäre das, was Frauen in feministischer Therapie für solche Situationen lehren und lernen sollten: sowohl hinsichtlich der Funktion der Sprache und des Sprechens als auch für die Einstellungen und Haltungen, die mit Hilfe der Sprache geklärt und entwickelt werden.

## Sexualität

In der Sexualforschung, der Frauenforschung und insbesondere in feministischer Forschung sind wesentliche Bedingungen weiblicher Sexualität und der Wirkungen des Wechselspiels von weiblicher und männlicher Sexualität in neuer und vertiefter Weise entdeckt und dem Verstehen neu erschlossen worden. Besonders das Verdienst der neuen Frauenbewegung ist es, daß weibliche Sexualität als etwas Eigenständiges sowohl thematisiert als auch problematisiert wurde. Nach wie vor sind seitdem einige Annahmen und Aussagen strittig. Unbestritten ist, daß Sexualität immer zugleich Natur ist und gesellschaftlichen Einflüssen unterliegt. Das gilt für jedes Alter und natürlich für beide Geschlechter. In den historischen Abfolgen des Verständnisses von Sexualität bildete in neuerer Zeit die Sexualtheorie S. Freuds einen bedeutenden Einschnitt. Wir können davon ausgehen, daß Freud der erste war, der Frauensexualität als eigenständige ernst nahm und definierte. In der kritischen Auseinandersetzung mit den Freudschen Thesen ist die Frauenbewegung zu wesentlichen Erkenntnissen über weibliche Sexualität gekommen. Freuds Vorurteile gegenüber weiblicher Sexualität wurden als zeitbedingt erkannt, konnten aber bis heute in der Psychoanalyse und im realen Sexualleben von Frauen und Männern nicht aufgehoben werden. Auch in anderen Therapierichtungen ist die Theorie der weiblichen Sexualität als eine eigenständige nicht entwickelt, sie sollte daher in wesentlichen Punkten als eine der Grundlagen feministischer Therapie zur Geltung gebracht werden. Im folgenden lege ich die mir am wichtigsten erscheinenden Einsichten dar und kennzeichne ihre Konsequenzen für feministische Therapie.

*Penisneid, vaginaler Orgasmus:* Alle Kulturen, in denen Männer herrschen und in den wesentlichen Fragen des gesellschaftlichen Lebens ausschlaggebend sind, entwickeln einen Phalluskult. Der Penis wird verherrlicht. Das trifft weitgehend noch für unsere heutige Zeit zu; die männliche Sexualität ist die bestimmende, aus ihr leiten sich geschlechtliche Werte und Vorzüge ab.

Freud ging davon aus, daß das kleine Mädchen sich in den ersten Lebensjahren als Junge erlebt. Die Wahrnehmung des anatomischen Geschlechtsunterschiedes, wenn das Mädchen entdeckt, daß es keinen Penis hat, führe dazu, daß es sich als minderwertig erfahre. Freud nahm absurderweise an, daß diese »Einsicht« Voraussetzung für »gelingende Weiblichkeit« sei. Mit der Entdeckung der Verschiedenheit der Geschlechtsorgane und unter dem Einfluß der gesellschaftlichen Moral erfahren Mädchen ihre »Minderwertigkeit«, daß nämlich die Klitoris ein verstümmelter Penis, die weibliche Sexualität auf den Penis angewiesen ist. Daraus ergab sich für Freud, daß sich weibliche Reife sowohl durch vaginalen Orgasmus ausdrückt als auch durch Kinderwunsch. Damit war die Klitoris als eigenständiges weibliches Sexualorgan und weibliche Sexualität als eigenständige im ganzen verleugnet. An dieser Auffassung hat sich bis in die Gegenwart kaum etwas geändert.

Beispiel: Eine Frau mit Frauenbeziehungen, die eine Therapie beginnen wollte, wurde vom Therapeuten gefragt, welche Hilfsmittel sie zum Onanieren benutze. Nachdem sie erklärt hatte, daß sie keine brauche, fragte er nach, ob sie keine Gegenstände in die Scheide einführe, um zum Orgasmus zu gelangen. Als sie auch das verneinte, wurde er ungehalten und bezichtigte sie einer unreifen Weiblichkeit. Er lehnte eine therapeutische Behandlung ab.

Offensichtlich kann nach herrschenden Vorstellungen nur durch den Penis in der Vagina, also durch die »Behauptung« des Phallus, weibliche Sexualität gelingen. Aufgabe der feministischen Therapie ist, diesbezügliche Minderwertigkeitsgefühle, erfahrene und erlittene Demütigungen ins Bewußtsein zu bringen, sie soweit als möglich aufzulösen, das Problem neu zu definieren und positiv zu wenden.

*Die Verführungstheorie:* Am Beginn seiner Forschungen zur Sexualität nahm S. Freud die Aussagen seiner Patientinnen, sie seien in ihrer Kindheit von Männern (Vätern, Onkeln usw.) sexuell belästigt, mißbraucht worden, ernst als Aussage über Tatsachen. Im Sinne erweiterter klinischer Erfahrungen und unter dem Druck seiner Kollegen und der Öffentlichkeit revidierte er seine Auffassung und behauptete nun, die Aussagen der Frauen seien Phantasien. Durch die so definierten »Wunschvorstellungen« konnte er eine Verbindung herstellen zu der Annahme, die Frau sei auf der Suche nach einer reifen weiblichen Sexualität und benötige dazu das männliche Geschlechtsteil. Also galten – und gelten – die Mädchen als die Verführerinnen. Es ist wichtig, zu erkennen, daß die Annahme, die kleinen Mädchen würden die Männer verführen oder verführen wollen (zugunsten der Möglichkeit ihrer eigenen Reife als Frau), ein Begründungssystem für die Unzulänglichkeit der Frau und die Herrschaftsrechte – auch qua Sexualität – der Männer ist. Dieser Konstruktion entspricht ihre Wirksamkeit bis heute, bis in Vergewaltigungsurteile gegen Frauen, bis in Werbestrategien und viele alltägliche Situationen hinein, in denen Männer sich durchsetzen und Frauen unterliegen.

Feministische Therapie muß versuchen, die Vielschichtigkeit dieser Probleme aufzudecken, die fast immer mit Scham und Ängsten verknüpft und verdrängt sind oder geleugnet werden. Dabei ist wichtig, daß sowohl die Tatsachen, daß Männer Mädchen verführen und sexuell mißbrauchen und daß Mädchen Männer sexuell reizen können, als auch, daß Mädchen und Frauen Phantasien zu diesen Situationen haben, berücksichtigt werden. Eins jedoch muß richtiggestellt werden: daß die Ausschließlichkeit der Verführungsideologie zugunsten der Männer nicht Therapieansatz sein kann. Erst die Frauenbewegung hat durch konkrete Nachforschungen in den Lebensgeschichten betroffener Frauen aufdecken können, in wie großer Anzahl Frauen in ihrer Kindheit und auch später sexuell belästigt und mißbraucht wurden. Erst unter dem rechtlichen Schutz und mit psychischer Hilfe konnten Frauen ihre Ängste überwinden, die tatsächlichen Vorfälle benennen und beweisen. Feministische Therapie muß diesen Sachverhalt berücksichtigen und für therapeutische Zwecke wirksam machen.

Feministische Therapie hat nicht zur Aufgabe, eine durch Frauen beherrschte Welt herzustellen. Ihr Ziel ist nicht die Gleichheit der Geschlechter; sondern ihr Ziel ist es, auf die Gleichberechtigung der Geschlechter hinzuwirken und sie nach und nach zu realisieren. Das heißt, die gesellschaftlich verordneten Funktionsverteilungen für Frauen und Männer: Frauen sind zuständig für zwischenmenschliche Anpassungs- und Gefühlsbereiche – Männer sind zuständig für Sach-, Vernunft- und Machtbereiche – zu verändern. Das bedeutet Aufklärung und Aufhebung von psychischen und realen Abhängigkeiten. Dazu gehört die Aufklärung der generellen Zusammenhänge von Ökonomie und Macht (Frauenberufstätigkeit, Frauenarbeitslosigkeit) und die Berücksichtigung biologischer Vorgänge in ihrer individuellen und gesellschaftlichen Bedeutung wie Menstruation, Schwangerschaft, Geburt, Wechseljahre. Außerdem Bereiche wie Homosexualität, Verhütung, Onanie, Prostitution, Vergewaltigung und so weiter. Dies kann hier nur benannt werden, nachdem ich einige grundlegende Orientierungen entwikkelt habe.

Feministische Therapie ist allerdings nicht nur die Berücksichtigung der vorgenannten Gesichtspunkte im Sinne emanzipatorischer Arbeit, sie ist natürlich zugleich auch immer ein bestimmtes System von Therapiearbeit, das je nach Voraussetzung und Fähigkeiten eine bestimmte Therapierichtung mit all ihren Erkenntnissen und methodisch-praktischen Möglichkeiten nutzt oder – was ich als Weiterführung bezeichnen würde – mehrere Therapieansätze in Abstimmung auf die Notwendigkeiten in konkreten Fällen kombiniert. Das bedeutet, daß feministische Therapie selbstverständlich zugleich die jeweiligen frühkindlich bedingten oder später entstandenen Störungen des familiären und sozialen Umfeldes berücksichtigt und bearbeitet. Ohne daß die Therapeutin fundamentale theoretische Kenntnisse über Therapiekonzeptionen hat, ohne eine eigene Therapie/Analyse, ohne Wissen über bestehende Annahmen und sich verändernde Zielsetzungen des Feminismus und ohne eigene Auseinandersetzung damit kann feministische Therapie nicht gelingen.

*Literaturhinweise:*

TRÖMEL-PLÖTZ, SENTA, Frauensprache: Sprache der Veränderung, Konstanz 1979

MITSCHERLICH, MARGARETE, Die friedfertige Frau, Frankfurt 1985

# Funktionelle Entspannung

## Lilly Schweizer

*Psychotherapeutische Studien mit mehrjähriger Lehranalyse, Kurse in verschiedenen tiefenpsychologischen und körperbezogenen Selbsterfahrungsmethoden. Ausbildung zur Therapeutin für Funktionelle Entspannung bei der Begründerin der Methode Marianne Fuchs. Vorbereitung und Durchführung von tiefenpsychologisch orientierten Fachkongressen und Zusammenstellung von Kongreßberichten als langjährige Mitarbeiterin von Wilhelm Bitter. Zehn Jahre Geschäftsführerin und acht Jahre Mitglied im Vorstand der Internationalen Gesellschaft für Tiefenpsychologie e.V., Stuttgart.*

Mit dieser Methode ist der Mensch in seiner Ganzheit angesprochen. Sie aktiviert Selbstheilungskräfte durch Befreiung von Fehlverhalten. Fehlgesteuerte Funktionen wie beim Asthma bronchiale, bei Kopfschmerzen, Herzbeschwerden, Verdauungs- und Kreislaufstörungen, Regel- und Potenzschwierigkeiten, Sprech- und Schlafstörungen, depressiver Verstimmung und anderem sagen etwas über unsere Lebensgeschichte aus. Oft liegt der Grund schon in der frühkindlichen Erfahrung von Ängsten, Nöten und schweren Erkrankungen. Später sind es Schicksalsschläge, die nicht bewältigt wurden und sich krankmachend auswirken. Fixierungen, Verspannung, Verkrampfung und Fehlfunktionen sind Gleichgewichtsstörungen, einmal mehr körperlicher, einmal mehr seelischer Natur. Mit der Funktionellen Entspannung wird ein psycho-somatischer Heilungsprozeß eingeleitet, begleitet von Gesprächen und sogenannten aufdeckenden Verfahren wie beispielsweise Trauminterpretation. Die Funktionelle Entspannung wurde von Marianne Fuchs vor etwa vierzig Jahren entwickelt.

Wie entspannen wir? Achten wir auf unsere Atmung? Wissen wir vom Atemstrom, der Atemdynamik und dem Atemrhythmus? Was bringt dies im Körper in Bewegung? Körpergefühl und Atembewußtsein gehören zusammen. Mit dem Atemgeschehen nehmen wir die Zusammenhänge unserer Leiblichkeit wahr. Verfestigtes Fehlverhalten behindert den Atemfluß, es blockiert die Durchlässigkeit. Das entstehende Defizit der Sauerstoffversorgung stört den Körperhaushalt.

Jeder unter Leidensdruck Stehende sucht schnelle Hilfe: Wie komme ich zu mir, wenn ich »außer mir« bin? Warum bin ich »außer mir«?

Um mit mehr Gelassenheit den Alltag zu meistern, bedarf es des Kraftschöpfens in der Entspannung. Wir haben uns immer wieder neu zu »stimmen«, um in Harmonie mit uns den Anforderungen des Lebens gewachsen zu sein. Loslassen von Festgehaltenem ist Einstimmen auf Entspannung. Das Gleichgewicht ist das Zünglein an der Waage; denn fallen wir zu tief in die Entspannung, so erschlaffen wir, wir kommen über das Störfeld der Verspannung in das des Abschlaffens. Grenzen nach beiden Seiten geben uns Halt. Wir können sie in der Funktionellen Entspannung erspüren und dadurch zu unserer Mitte finden. So wie wir es lernen, Schwimmen oder Autofahren zu beherrschen, so mobilisieren wir durch das Funktionelle Entspannen einen autonomen Prozeß »neuronaler Rückschaltung« bei Fehlfunktionen. (An unzähligen Stellen im Organismus sind auf breiter Basis Verbundschaltungen mit dem vegetativen Nervensystem, die Impulse weiterleiten und bei gelungener Entspannung ordnend und heilend wirken.) Der Spürsinn muß vorhanden sein und geschult werden, wenn Körpergefühl und Atemrhythmus zum Wohlbefinden beitragen sollen. Der Selbstwahrnehmungsprozeß führt zur psychosomatischen Selbstregulation. Das Wichtigste ist die eigene Erfahrung, daß schon bei kleinsten Bewegungsintentionen die Umstimmung in einer Art Kettenreaktion erfolgen kann, wenn nach einer gewissen Übungszeit, die bei jedem verschieden lang ist, die Funktionsabläufe neu angebahnt sind.

## Wie atmet es in mir?

Vielen Menschen ist die natürliche Atemweise durch körperlich-seelische Einwirkungen nicht mehr zu eigen. Es hat ihnen »den Atem verschlagen«. Seelische Spannungszustände, emotionaler Überdruck wirken sich als Rhythmusunterbrechung des Atmens aus. Bei einem störungsfreien Atemgeschehen ist der Unterkiefer locker, die Voraussetzung für entspannte Verhältnisse im Mund-Rachen-Bereich. Zusammenbeißen der Zähne oder Drücken der Zunge gegen den Mundraum gibt Spannung in den Unterkiefer und Einengung des Mund-Rachen-Raums. Enge schnürt Luft ab. Es stockt der Atem, er kann sich nicht entfalten. Im natürlichen Schlaf atmet »es« richtig. Schlaf stellt sich ein, wenn der Körper nachgegeben hat. Eine meist schnell einsetzende Entspannung können wir zum Beispiel erzielen, wenn wir zu Hecheln beginnen, ein Hecheln, bei dem der Brustkorb mitschwingt, was wir mit unseren Händen an den Flanken nachprüfen können: Beim Einatmen dehnt sich der Brustkorb, er füllt sich; beim Ausatmen sinkt er einwärts abwärts, während er sich leert. Wenn wir das Hecheln in langgezogene Atmung übergehen lassen und den Mund locker schließen, können wir einprägsam erspüren, wie der Atem frei fließt. Die volle Zwerchfellatmung ist hauptsächlich im Rückenbereich spür- und sichtbar. Ihre Ausdehnung kann sich bis ins Becken und von dort weiterführend über die Muskeln in die Beine auswirken. Das Zwerchfell legt kleine »Verschnaufpausen« zwischen einzelnen Atemphasen ein; es will die Spannung loswerden, die durch die Atemdynamik aufkommt. Der Atem will ausklingen. Atmung kann an den Flanken, an benachbarten Muskeln oder am Zwerchfell »einsetzen«. Mittels des entspannten Zwerchfells erreicht sie jedoch ihre volle Tiefe, Spannweite und optimale Funktionalität. Außerdem: Fast kein Atemzug gleicht dem andern. Die Varianten sind unendlich verschieden. Beim Verfolgen der Druckveränderungen durch das Füllen (einatmen) und Leeren (ausatmen) erleben wir Atemdynamik und Atemrhythmus. Mit der rhythmisierten Atemdynamik entfalten sich energetische Kräfte aus unserer Mitte.

## Wie entspanne ich mich?

Die Natur hat den Menschen mit Selbstheilungsmechanismen ausgestattet, zu denen er in Beziehung treten kann über den Kontakt mit seinem Körper mittels unserer Vorstellung. Wenn wir nurmehr »im Kopf sind«, ist der Körper vernachlässigt und verspannt sich. Schlaflosigkeit kommt in der Regel daher, daß wir uns »im Kopf« aufhalten. Wir können die Gedankenmaschinerie zur Ruhe bringen, wenn wir uns unserem Körper zuwenden und wahrnehmen: Wie spüre ich meine einzelnen Körperteile auf der Unterlage aufliegen? Wie schwingt in mir der Atemrhythmus? Die automatische Selbstregulation antwortet uns spontan. Das Schweregefühl des Körpers »sammeln wir ein« und geben es mit dem befreienden Ausatmer ab. Wir lernen damit das Loslassen. Diese Fähigkeit hilft uns bei der Arbeit, am Steuer des Wagens, in der Haltung zur Außenwelt, der Einstellung zum Du. Sie wird zur vertrauten Reflexion und gibt bis zu unserer letzten Stunde Hilfe und Kraft.

Bei der Funktionellen Entspannung geht es also um das Loslassen, um das Nach-innen-Spüren und das Abgeben von Gewicht auf den tragenden Grund. Beim Gehen, Stehen und Liegen ist die Gewichtabgabe durch die veränderte Statik verschieden gelagert. Wir schaffen uns mittels der Wirbelsäule als Längsachse, dem Schultergürtel und dem Becken als Querverbindungen die gelenkige Balance und den elastischen Halt. Durch spielerische Lockerungsbewegungen an den Gelenken während der Ausatemphase wird Festgehaltenes und Verkrampftes entbunden. Beim darauffolgenden unwillkürlichen Einatmen überlassen wir uns dem Nichtstun. Damit kein Leistungsdruck und keine Hyperventilation entstehen, ist nach zwei bis drei Bewegungsphasen eine Pause angezeigt, die wichtig ist für das Nachspüren leiblicher Empfindungen: Was hat sich getan? Wenn wir innere Räume aufsuchen im Körpererleben, so sind diese (Kopf-, Brust-, Becken-Raum) als durchlässige Strukturen zu verstehen. Das Aufsuchen von Räumen dient der Erschließung von Körperbewußtsein. Darauf basieren weitere differenzierte Bewußtseinsentfaltungen. Die Organe gehören dabei auch zum durchlässigen Funktionsbereich, ebenso die Muskeln. Durch das »Einprägen« der veränderten, entspannten Tonuslage wachen wir auf zu einer besseren Beziehung zu uns und schulen Körper- und Atembewußtsein.

Zum Beispiel: Wann haben Sie je bemerkt, daß die Gesäßmuskeln in Krampfbereitschaft sind – oder der Darmschließmuskel? Auch im genitalen oder urethralen Bereich kann unbewußt Verkrampftes sitzen. Die Effizienz des Gelöstseins dort ist dieselbe wie im Mund-Rachen-Bereich. Alles bekommt mehr Raum, kann sich ausbreiten, wird vitalisiert. Dadurch wird Schwaches gestärkt und Gestörtes gelöst. So die von Verkrampfung herrührenden Mängel bei Frigidität, Regel- und Potenzschwierigkeiten und Verdauungsstörungen. Die Peristaltik des Darms kommt in Gang, die Drüsentätigkeit gleicht sich aus. Wenn Beckenmuskulatur und Bauchdecke gelockert sind, gibt im Gefolge auch der Brustkorb nach, was für »obere Bereiche« wichtig ist.

Dazu ein Übungsbeispiel: Spannen Sie beim Ausatmen die Gesäßmuskeln an, während Sie gleichzeitig die Fäuste ballen. Die Wirkung ist Atemstau, Affektstau, Streßsituation. »Es hebt uns förmlich vom Sitz!« Mit Beginn der Einatmung lassen Sie alles gemächlich los. Spüren Sie, wie sich das Körpergefühl ausbreitet, wie Sie durchatmen können. Wie befreiend das Gewichtabgeben auf den »tragenden Grund« ist, läßt sich beim ausgiebigen Nachspüren mehr und mehr feststellen. Gedankliches Mitgehen deckt Schwachstellen auf. Instinktiv wächst inneres Nachgeben. Das Fließen eines »Energiestromes« macht sich in den frei gewordenen Zonen durch Kribbeln und Pulsieren bemerkbar, Wärmegefühl breitet sich aus. Einige Beispiele sollen anschaulich machen, welche Wahrnehmungen wir im eigenen Körper machen können.

Die Haut wird im heilen Sinn erlebt als weiches, warmes, elastisches Gewebe, schützende Hülle und Kontaktorgan.

Die Wirbelsäule, unsere Längsachse, weist aufwärts über die Halswirbelsäule hinaus zum Scheitelpunkt und abwärts über die Lenden-Wirbelsäule und das Becken zum Boden unter den Füßen. Den elastischen Halt findet die Wirbelsäule im aufgerichteten Becken und Schultergürtel. Ist sie in ihrer natürlichen Haltung chronisch eingeschränkt, kommt es zu Störungen: Das Abknicken des Beckens nach vorn führt zum Hohlkreuz und das nach hinten zum Rundbuckel, das Verschieben des Beckens nach einer Seite verursacht Haltungsschäden und Fehlsteuerungen. Auch bei chronischen Fehlhaltungen im Schultergürtel kommt es zu »Blockaden und Verpanzerungen« durch die Fixierung von Gelenken. Krampfhaftes Aufgerichtetsein ist eine der Schutz- und Abwehrhaltungen, der Rundbuckel die andere. Die Schulterblätter sollen nicht gehalten oder getragen, sondern »hängend« erlebt werden. Wird der Brustkorb nicht in die Atemdynamik freigegeben, sondern aus innerer, seelischer Fehlsteuerung in eine feste Haltung gezwungen, entstehen Atem- und Organbeschwerden. Der Brustkorb hängt am engsten mit der Beweglichkeit des oberen und mittleren Kreuzes zusammen; das Zwerchfell kann sich nur dann voll entfalten, wenn es die Körperhaltung erlaubt.

Die gesamte Wirbelsäule ist in unserem Körpererleben mit allen Körperbereichen und Organen verbunden. Die Ursache von Organstörungen kann eine defekte Wirbelsäule sein. Das fängt am Kopf an und hört an den Füßen auf.

Die Halswirbelsäule als Brücke zwischen Körper und Kopf nimmt einen besonderen Rang ein, da sie und mit ihr der Kopf auf Fehlverhalten höchst sensibel reagieren. Die an der aufgerichteten Wirbelsäule orientierte Halswirbelsäule gibt dem Kopf Bewegungsfreiheit und Raumgefühl. Minimale Bewegungsreize, von den obersten Halswirbelgelenken angeregt, machen sie flexibel und bringen sie ins Lot. Über den locker offenen Rachenkanal ist der Kopfraum in das Atemgeschehen einbezogen.

Wenn wir im Kopfbereich verspannt sind, gibt es Kopfschmerzen. Weitere Ursachen von Kopfschmerzen kommen aus dem Bauch-Becken-Raum (Unterleibs- und Verdauungsorgane) und aus dem Brustraum (Organerkrankungen von Leber, Galle, Magen usw.). Fast immer sind verspannte, eingeengte Räume und eine schlechte Körperhaltung im Spiel. Enge im Halsraum zum Beispiel ruft Beklemmung hervor, kann Angst auslösen und Angina pectoris mitverursachen: Das Vegetativum kommt aus dem Gleichgewicht mit Schweißausbrüchen, Herz- und Kreislaufstörungen. Durch übendes Öffnen und Schließen dieses fluktuierenden Atemraumes wird das Offensein erfahren und ein wesentlicher therapeutischer Anstoß gegeben.

Das intuitive Eingehen des Therapeuten verlangt in manchen Fällen während der Körperarbeit das mittragende einfühlsame Handauflegen, begleitet vom Dialog zur Aufgabenstellung einerseits und zur erfahrenen Wahrnehmung andererseits. Spontan auftretende Gedanken, Gefühle und Erinnerungen werden im Gespräch bearbeitet.

Bewußtmachen führt zur Entspannung und Umstimmung. Es bleibt ein Akt der Aufmerksamkeit, immer wieder nach innen zu spüren, die schwachen Stellen im Körpererleben durchlässig zu erhalten, und zwar nicht nur zu festgesetzten Übungszeiten, sondern auch während der Arbeit und Freizeit.

Mit fortschreitender Behandlung kann die Funktionelle Entspannung den Stellenwert eines »Rituals« bekommen, aus dem eine zunehmende Entspannungshaltung erwächst, die nicht nur krankhafte Störungen überwindet, sondern ihnen auch vorbeugt.

In das begleitende Gespräch eingebunden, können unbewußte krankmachende Momente, die über das Körpererleben fühlbar werden, psychotherapeutisch aufgearbeitet werden, so daß die Funktionelle Entspannung als tiefenpsychologisch fundierte Therapiemethode anzuwenden ist.

Funktionell entspannen heißt, über den rhythmisierten Atem und das Körperbewußtsein mit sich in Einklang kommen.

»Alle Kraft, alle Heilung jeglicher Art ist eine Veränderung der Schwingungen von innen, die Einstimmung des Göttlichen im Innern des lebenden Gewebes eines Körpers mit den schöpferischen Energien. Wie immer das geschieht, es ist die Harmonie der atomaren Struktur der lebendigen Zellkräfte mit ihrem geistigen Ursprung. Denn alle Heilung kommt aus der einen Quelle« *(Edgar Cayce)*.

*Literaturhinweise:*

Fuchs, Marianne, Funktionelle Entspannung, Theorie und Praxis einer organismischen Entspannung über den rhythmisierten Atem, Stuttgart 1984[3]

Fuchs, Marianne (Hrsg.), Funktionelle Entspannung in der Kindertherapie, München-Basel 1985

# Gesprächs-psychotherapie

Helmuth Beutel

*Geboren 1940. Lern- und Arbeitsfelder: Sozialarbeit, Kriminologie, Supervision, Psychotherapie. Seit 1972 Privatpraxis für psychosoziale Beratung und Psychotherapie in Pleidelsheim. Seit 1981 bei der Evangelischen Gesellschaft Stuttgart Leiter der Dienste für Seelische Gesundheit: Sozialpsychiatrie, Notfalldienst, Psychoonkologie, Telefonseelsorge, AIDS-Beratung, Ehe- Familien- und Lebensberatung, Fort- und Weiterbildung für psychosoziale Berufe.*

»Schlicht« nannten Kritiker und Skeptiker in der zurückliegenden Zeit gern die von Carl Rogers (USA) entwickelte Gesprächspsychotherapie (GT) und wollten damit sagen, daß er es sich mit dieser Form doch recht einfach mache. Carl Rogers selbst wertete das Urteil »schlicht« als positiv. Denn genauso solle die Gesprächspsychotherapie beim hilfesuchenden Klienten ankommen. Was jedoch den Therapeuten betreffe, so verlange diese Therapie besondere menschliche und persönliche Fähigkeiten und Anstrengungen.

Vor nunmehr fast fünfzig Jahren begann Carl Rogers – er arbeitete damals als Professor an der Ohio State University – seine Untersuchungs- und Forschungsarbeiten, deren erfahrungswissenschaftliche Ergebnisse zur Begründung der Gesprächspsychotherapie führten. Diese Form der Psychotherapie ist auch unter den Bezeichnungen »Klientenzentrierte Psychotherapie«, »Nichtdirektive Psychotherapie« oder – und diese Bezeichnung ist sicher am treffendsten – »Personenzentrierte Psychotherapie« bekannt.

Rogers und seine Mitarbeiter analysierten damals tiefenpsychologisch fundierte psychotherapeutische Gespräche, wie sie nach dem damaligen Stand der Wissenschaft üblich waren. Die Forscher wollten herausfinden, was dazu beiträgt, daß die psychotherapeutische Behandlung bei einem Menschen Fortschritte macht, und was bei einem anderen möglicherweise eine Behandlung beeinträchtigt oder gar hemmt. Sie entdeckten dabei drei Grundelemente, die zu konstruktiven Veränderungen des Menschen führen. Das sind

- Einfühlungsvermögen (Empathie) des Therapeuten
- Annahme und Wertschätzung (Akzeptanz) des Klienten durch den Therapeuten
- Echtheit und Wahrhaftigkeit (Kongruenz) des Therapeuten

Rogers' Schlußfolgerung: Diese Elemente schaffen für den hilfesuchenden Menschen eine förderliche psychologische Atmosphäre und werden in der Gesprächspsychotherapie wirkungsvoll eingesetzt. Bei allen Psychotherapieformen ist die Person des Helfers ausschlaggebend; die unterschiedlichen methodischen Hintergründe sind zweitrangig. Auf dieser Erkenntnis hat Carl Rogers seine Arbeit aufgebaut.

## Der Klient erkennt die Normalität

Mit diesem neuen Therapie-Angebot hat Carl Rogers sicher dazu beigetragen, vielen Menschen die Scheu vor der Psychotherapie zu nehmen und ihnen zu ermöglichen, daß sie Hilfe nicht nur bei physischen, sondern auch bei psychischen Schmerzen wie selbstverständlich in Anspruch nehmen. Dazu die Erfahrung von zwei Klientinnen:

»Ich ging zum Gesprächstherapeuten wie zum Zahnarzt. Ich hatte konkrete Schmerzen und wollte diese loswerden. Er sollte mir sozusagen den Zahn ziehen, der in diesem Fall ein Stein auf meiner Seele war. Der Therapeut sollte aber auf keinen Fall in meinen seelischen Tiefen schürfen und vielleicht Dinge zutage fördern, die mich nicht belasteten, die mich dann aber erst krank gemacht hätten.«

So die eine Erfahrung. Die andere Klientin formuliert das ganz schlicht:

»Es wirkt befreiend, sich mitzuteilen, seine Gefühle mit einem anderen Menschen zu teilen, zum Beispiel das Bild des dunklen Kellers in mir, in den durch die Gespräche ein klein wenig Licht gebracht wurde. Nicht bestimmte Techniken oder Methoden waren wichtig für mich, sondern der menschliche Kontakt zwischen dem Therapeuten und mir. Das persönliche Interesse an mir war es, das mir half, das mich ermutigte und mir mehr Selbstbewußtsein gab.«

Die Gesprächspsychotherapie ist mittlerweile zu einer wissenschaftlich anerkannten Form der psychotherapeutischen Hilfe geworden. Im deutschsprachigen Raum hat vor allem das Ehepaar Anne-Marie und Reinhard Tausch in zahlreichen wissenschaftlichen Untersuchungen und in der eigenen praktischen Erfahrung ihre Wirksamkeit nachweisen können.

Basis dieser Arbeit sind die drei genannten Grundelemente geblieben:

*Einfühlungsvermögen des Therapeuten:* Es ist in unserem Leben sehr selten, daß uns jemand aktiv zuhört und sich wirklich um ein Verstehen der inneren Welt des anderen müht, ohne gleich zu urteilen. Wenn ein Berater sich erkennbar anstrengt, um sich in das Innere eines anderen einzufühlen, wenn er einfühlsam und engagiert zuhört, ist das eine sehr eindringliche Erfahrung. Teilnehmendes Zuhören kann ein höchst wirksames Werkzeug sein, weil der Therapeut ein spürbarer Gefährte für den Klienten wird. Dieses Element erleichtert die Therapie sehr wesentlich.

*Annahme und Wertschätzung:* Ohne diese Elemente wird die Beziehung zwischen Therapeut und Klient nicht nutzbringend sein. Es handelt sich dabei um eine nicht besitzergreifende Haltung, mit der der Helfer dem Klienten seine bedingungslose Wertschätzung und seinen Respekt vor der Einmaligkeit seines So-Seins spürbar vermittelt.

*Echtheit und Wahrhaftigkeit:* Hier geht es um die Frage, ob der Therapeut und Helfer ehrlich und aufrichtig ist, ob die innersten Gefühle des Therapeuten dem entsprechen, was er bewußt über sich selbst weiß, und ob sie mit dem übereinstimmen, was er fühlt und was er sagt. Wenn dies zutrifft, kommt es zu einer wirklichen Echtheit und Kongruenz. Der Berater leistet optimale Arbeit, weil eine Form von Übereinstimmung erzielt wird in bezug auf Erfahrung, Bewußtsein, Haltung und Sprache. Die Menschen sprechen alle gleichermaßen auf Offenheit oder Echtheit an. Sie fühlen es, wenn man ihnen ehrlich begegnet, wenn man wirklich echt für sie da ist und sich nicht hinter einem beruflichen Gehabe oder einem weißen Arbeitskittel versteckt.

## Die Wahl des Therapeuten

Eine Klientin hat das aus ihrer Sicht so formuliert:

»Wichtig ist, daß die Person des Therapeuten mir liegt, daß eine ähnliche Wellenlänge zwischen mir und dem Therapeuten existiert. Jedem, der eine Gesprächstherapie anfangen möchte, würde ich dringend raten, so lange Vorgespräche zu führen, bis er den findet, dem er vertrauen kann.«

Daß die drei Elemente auch wirken können, wenn die persönliche Wellenlänge zwischen Berater und Klient scheinbar fehlt – diese Erfahrung hat eine zweite Klientin gemacht:

»Mein Gesprächstherapeut hat mir auf Anhieb nicht gefallen, das hat sich auch während der neun Sitzungen nicht geändert. Aber auf ein Vertrauensverhältnis war ich nicht angewiesen, weil ich gewillt war zu sprechen, weil ich mein Problem schön sortiert in einem Paket vor ihn legen konnte. Mir ging es ausschließlich um sein professionelles Wissen; vor dem allerdings hatte ich Respekt. Funktioniert hat die Therapie auf jeden Fall, denn jedesmal, wenn ich das Haus des Therapeuten verließ, fing ich zu trällern an. Jedesmal löste sich wieder einer der Eisenringe um mein Herz. Ich spürte das körperlich und mußte lachen, weil mir das Märchen vom Froschkönig einfiel:

›Heinrich, der Wagen bricht!‹
Nein, Herr, der Wagen nicht,
Es ist ein Band von meinem Herzen,
Das da lag in großen Schmerzen,
Als Ihr in dem Brunnen gelegen,
Und noch ein Frosch gewesen.‹«

## Der autonome Klient

Aufgabe des Therapeuten ist es, den Hilfesuchenden zu befähigen, sich selbst zu erforschen. Dafür muß er Bedingungen schaffen, die es dem Klienten erlauben, seine eigenen Empfindungen und Gefühle zuzulassen und vertieft zu erfahren. Dabei übernimmt der Therapeut nicht die Führung. Der Klient lernt, Verantwortung für sein Problem zu übernehmen, indem er erkennt, daß dieses Problem Teil seines Lebens und Leidens ist. Das führt ihn zu der weiterführenden Frage: Wozu kann ich das benutzen? Es bringt ihn von der wahrscheinlich unbeantwortbaren Frage nach dem Warum ab. Der Klient bleibt autonom. Der Therapeut wiederum ist nicht der Experte, der weiß, was für den anderen gut und richtig ist, und er stellt keine Diagnose, die eine krankhafte Störung festschreiben könnte. Vielmehr kann er darauf vertrauen und hoffen, daß die seelischen Kräfte des Menschen, seine ihm angeborene Fähigkeit, sich zu entwickeln, zu reifen (Aktualisierungstendenz), ausreichen, um Veränderungen in seinem Leben zu schaffen, die eine befriedigendere Lebensgestaltung ermöglichen.

### Die eigene Kraft wird erkannt

Der Mensch hat die Fähigkeit, Erfahrungen bewußt wahrzunehmen, zu fühlen, was in ihm und was in seiner Umgebung vor sich geht. Das sogenannte Selbst (die Selbststruktur) kann als eine organisierte Einheit bezeichnet werden, das sich aus Erfahrungen weiterentwickelt, die der Mensch mit sich in seiner Umwelt macht.

Dieses Selbst ist auf eine fortschreitende Entwicklung angelegt und braucht entsprechend wachstumsfördernde Bedingungen. »Der Mensch besitzt ein ihm innewohnendes Streben, alle seine Fähigkeiten so zu entwickeln, daß sie seinen Organismus – die ganze Person, Leib und Geist – erhalten und bereichern. Dies ist das einzige Grundpostulat der klientenzentrierten Therapie« (Rogers und Wood 1974).

Einengende, wenig personenzentrierte Lebenseinflüsse können zu Spannungen, zu seelischen Leiden und zur Fehlanpassung führen. Wenn das Selbst, das Selbstkonzept mit den täglichen Erfahrungen nicht übereinstimmt, kommt es zu Konflikten in der Eigenbefindlichkeit und in der Lebensgestaltung. Es sind also nicht kranke Anteile in uns, die seelisches Leiden oder Hoffnungslosigkeit entstehen lassen, sondern die Wachstumskräfte, die vorwärtsdrängen, aber durch bestimmte Lebenserfahrungen eingeengt oder behindert werden. Dann kann nicht verwirklicht werden, was das Selbst an Entwicklungsmöglichkeiten in sich trägt.

### Der in seinem psychosozialen und spirituellen Sein »geöffnete Mensch«

»Erfahrung ist für mich die höchste Autorität. Der Prüfstein für Gültigkeit ist meine eigene Erfahrung. Keine Idee eines anderen und keine meiner eigenen Ideen ist so maßgeblich wie meine Erfahrung. Ich muß immer wieder zur Erfahrung zurückkehren, um der Wahrheit, wie sie sich in mir als Prozeß des Werdens darstellt, ein Stück näherzukommen« *(Carl R. Rogers)*.

Das Selbst ist eine organisierte Einheit, es gestaltet sich aus den Erfahrungen und Bewertungen, die der Mensch mit sich in seiner Umwelt sammelt oder gesammelt hat. Das Selbst hat das Bestreben, sich konstruktiv ständig weiterzuentwickeln, zu wachsen.
Erfahrungen werden zugelassen, bewertet, symbolisiert, verarbeitet, umgesetzt und dienen der Weiterentwicklung, der Gesundung des Selbst.

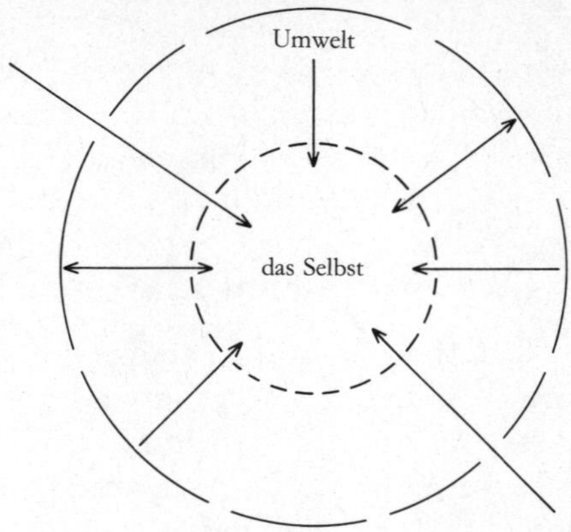


Leiden, Kranksein wird dann empfunden, wenn Erfahrungen ignoriert, geleugnet oder verzerrt werden müssen, weil sie mit der Selbststruktur nicht in Beziehung gebracht werden können oder nicht mit dieser übereinstimmen.

## Der in seinem psychosozialen und spirituellen Sein »verschlossene Mensch«

Erfahrungen können vom Selbst nicht zugelassen, nicht symbolisiert, nicht verarbeitet, nicht umgesetzt werden. Ohne für das Selbst förderliche Erfahrungen keine Weiterentwicklung, kein Wachsen. Das führt zu Störungen, seelischen Leiden, Erkrankung.

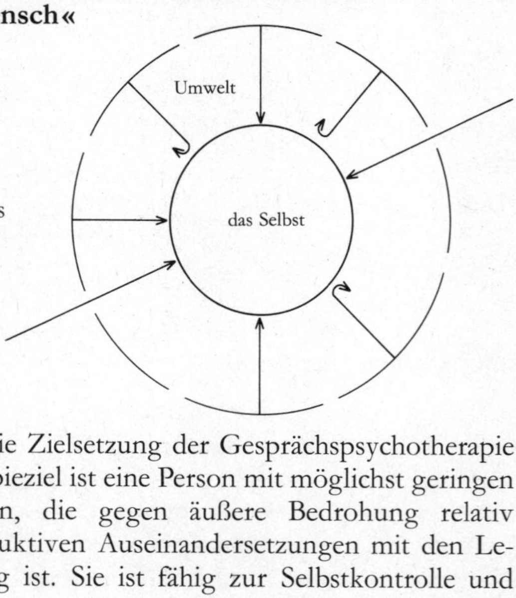


Verkürzt läßt sich die Zielsetzung der Gesprächspsychotherapie so beschreiben: Therapieziel ist eine Person mit möglichst geringen seelischen Spannungen, die gegen äußere Bedrohung relativ immun und zu konstruktiven Auseinandersetzungen mit den Lebensbedingungen fähig ist. Sie ist fähig zur Selbstkontrolle und kann ein hohes Maß an Verständnis für sich und andere Menschen aufbringen. Dieser Mensch kann neue Erfahrungen mit seiner ihm eigenen Selbststruktur zulassen, bewerten und umsetzen.

## Gruppentherapie/Encounter

Die Ausrichtung und Sichtweise des selbstbestimmten Menschen wurde zu einer Gruppentherapie erweitert, die die Bezeichnung »Encounter« trägt. Äußerer Anlaß zu dieser Weiterführung der personenzentrierten Hilfen war ein Regierungsauftrag der Vereinigten Staaten von Amerika nach dem Zweiten Weltkrieg, als eine große Anzahl von seelisch geschädigten Kriegsteilnehmern zu behandeln war.

In einer Encountergruppe treffen sich normalerweise zehn bis vierzehn Personen. Anfangs scheint das Ganze ein ungeordnetes, zielloses Durcheinander von Einzelpersonen zu sein. Zunächst besteht die Tendenz, daß jeder sich durchsetzen – sei es mit Schweigen oder Reden – und abgrenzen möchte. Aber allmählich, zum Teil deshalb, weil der Gruppenhelfer und Therapeut entsprechend einwirkt, beginnen die Teilnehmer einander zuzuhören, die Gefühle und die innere Welt des andern zu verstehen, die durch seine Äußerungen zum Vorschein kommen.

Mit der Zeit entsteht eine Gruppe mit einem Gemeinschaftsgefühl, und es entstehen Beziehungen. Ein Gefühl des Verstehens und der Anteilnahme führt zu einer immer weitergehenden Offenheit der Teilnehmer. Viele teilen die Ansicht anderer, wobei natürlich nicht jeder reden kann; aber jeder, der es tut, redet zunehmend offen über seine Gefühle und Probleme. Ohne daß er es weiß, spricht er oft für viele andere in der Gruppe und wird so für diese zu einem hilfreichen Partner. Dabei spielt sich im Prinzip ein ähnlicher Vorgang ab wie in der Einzeltherapie.

## Der Mensch als konstruktives Wesen

Therapie in Einzelgesprächen und Gruppen ist ein Weg, die schöpferischen und reichen Anlagen, das Bedürfnis nach Verwirklichung des Selbst in uns, zu fördern. Der Mensch ist im Grunde seines Wesens sozial und konstruktiv, sofern man Offenheit, Unabhängigkeit und Wahlfreiheit zuläßt. Dann wird die Befürchtung vieler Institutionsvertreter von Regierungen, Erziehungseinrichtungen und Kirchen überflüssig, daß der Mensch kontrolliert und gelenkt werden müsse, weil es gefährlich sei, ihm wirklich Eigenverantwortung und Freiheit zu belassen.

Es geht also in der Gesprächspsychotherapie nicht darum, die »Krankheit« des Menschen scheinbar gezielt und mit direkten Einwirkungen anzugehen oder zu beseitigen; Ziel ist vielmehr, die gesunden, zur Verwirklichung des Selbst drängenden seelischen Kräfte freizulegen, zu mobilisieren und auf diese Weise die gekränkten und kranken Anteile im Menschen zu verändern.

Dazu wieder die Erfahrungen der zwei Klientinnen:

»Ich lernte, mit meinem Problem souveräner umzugehen, mich nicht aufzugeben. Ich lernte, mich nicht mehr dem Schicksal ausgeliefert zu fühlen, sondern selbst aktiv zu werden.«

Pragmatisch die andere Stimme:

»Eines Tages war der seelische Druck, der mich belastet hatte, weg. Ich beendete nach neun Sitzungen die Behandlung. Mein Therapeut machte keinerlei Versuch, mich aufzuhalten und nach weiteren Problemen zu fahnden, die er möglicherweise auch zutage gefördert hätte. Dafür war ich ihm dankbar. Er huldigte dem Motto: ›Der Zahnschmerz ist beseitigt, wenn die Plattfüße nicht wehtun, braucht man danach nicht zu gucken.‹«

*Literaturhinweise:*

Rogers, Carl. R., Der neue Mensch, Stuttgart 1981
Tausch, Reinhard und Tausch, Anne-Marie, Wege zu uns, Reinbek 1983

# Gestalttherapie


## Lotte Hartmann-Kottek-Schroeder

*Dr. med. Dipl.-Psych., Ärztin für Innere Medizin, Neurologie und Psychiatrie/Psychotherapie. Wählte 1972 die Gestalttherapie zur Hauptform ihrer psychotherapeutischen Weiterbildung. Leitet an der Hardtwaldklinik I in Zwesten eine psychiatrisch-psychotherapeutische Abteilung. Ermächtigt zur Weiterbildung für Psychiatrie und Psychotherapie, Lehrtherapeutin des gestalttherapeutischen Weiterbildungsinstituts und Vorsitzende des gestalttherapeutischen Dachverbandes in Deutschland. 1986 Gastprofessur für Psychoanalyse/Gestalttherapie an der Gesamthochschule Kassel.*

### Kontaktaufnahme mit blockierten inneren Kräften im Spiegel der Körpersprache

Ich nehme einmal an, Sie möchten gerne etwas über Ihre schwierige Situation erzählen, zum Beispiel, daß Ihre heranwachsende Tochter ausgezogen sei. »Eigentlich ist es recht harmonisch bei uns zugegangen«, versichern Sie – und stocken. Ihr Körper erzählt mit: Vornübergebeugt hält er den Atem an, die Augen tanzen etwas unsicher über den Boden und weichen meinem Blick aus; in den Händen, die sich als Fäuste unwillkürlich gegeneinander pressen, sind Kräfte konzentriert. *»Eigentlich recht harmonisch...?«* wiederhole ich Ihre eigenen Worte mit einem Fragezeichen in der Stimme und versuche, Ihre Körpersprache zu spiegeln, um Ihre verborgene Aussage offensichtlicher zu machen.

*»Mögen Sie einmal in Ihre Hände hineinspüren und den Impuls, den Sie*

*dort vorfinden, verstärken und kommen lassen, was da kommen will?«* In meiner Vorstellung greifen Sie diese Anregung auch tatsächlich auf und staunen, welche Kräfte Sie zu mobilisieren imstande sind, wenn Sie mit Ihrem ungelösten Konflikt in Kontakt kommen. Ich sehe Sie dann in meiner Vorstellung nach einer relativ langen Zeit erschöpft zurücksinken.

*»Wollen Sie aussprechen, was Ihnen in den Sinn gekommen ist?«*

»Es ist ein bitterer Kampf zwischen uns, zäh und unnachgiebig, eigentlich bis aufs Messer, aber wir wahren dabei eiskalt die Formen.«

*»In diesem Stellungskrieg scheint wohl jeder seine guten Gründe zu haben, sowohl dafür, für sich zu kämpfen, wie auch dafür, sich zu schützen?«*

»Hm« (nachdenkliches Schweigen).

*»Könnten Sie mir helfen zu begreifen, was in der einen ›Faust‹ beziehungsweise Person und was in der anderen vor sich geht? Wählen Sie sich zuerst diejenige Seite für Ihre Argumente aus, die Ihnen zur Zeit erlebnismäßig erreichbarer scheint.«*

»Ja, also die rechte Faust steht für mich selber, die linke ist Agnes, meine Tochter.«

*»Können Sie sich vorstellen, Sie beide stünden sich wirklich gegenüber, hier in diesem Raum, angedeutet durch diese zwei Stühle, die ich Sie bitten möchte in den richtigen Abstand voneinander zu bringen? Wie würden Sie zu Ihrer Tochter sprechen, wenn Sie es wagten, all das bisher Unausgesprochene zu ihr zu sagen?«*

»Ich werfe dir vor, daß du mich verläßt, nachdem ich 22 Jahre für dich da war, wegen dir auf so vieles im Leben verzichtet habe, denn du solltest es besser haben, als ich es einmal hatte. Ich werfe dir weiter auch vor, daß du dich an einen Mann wegwirfst, der deiner nicht würdig ist und der dir auch nicht überlegen ist, was ich mir für dich gewünscht und vorgestellt hatte.«

*»Wie mag das auf Agnes wirken? Was würde sie wohl darauf antworten, wenn sie den Mut dazu aufbrächte? – Vielleicht sollten Sie sich dazu besser auf den Stuhl gegenüber setzen, um Ihre persönlichen und die inneren Reaktionen von Agnes besser auseinanderhalten zu können. – Also: Agnes hat eben gehört, was ihr die Mutter vorwirft. Wie reagiert sie darauf?«*

»Du hängst dich an mich und klammerst dich an mich wie eine Klette! Ich möchte schon um mich schlagen, wenn ich dich von weitem sehe, und möchte davonlaufen, wenn ich deine klagende Stimme höre! Ich verabscheue dich! Ich habe es satt, mir von dir Schuldgefühle machen zu lassen!«

*»Sie haben sich verwandelt: Sie wirkten temperamentvoll und gelöst, schließlich ist zuletzt ein versonnener, fast wehmütiger Zug auf Ihrem Gesicht aufgetaucht. Mögen Sie aussprechen, was Ihnen in den Sinn gekommen ist?«*

»Ich denke an meine eigene Mutter, die mich auch nicht loslassen wollte und die ich deswegen lange und heftig bekämpfte. Erst sehr spät, als ich wußte, daß es bald mit ihr zu Ende gehen würde, haben wir einmal von Frau zu Frau, fast wie Freundinnen, miteinander gesprochen. Wir haben viel verpaßt mit unserem lebenslangen Dauerkampf. Innerlich sagte ich eben: ›Tut mir leid, Mutter, ich habe es nicht besser gekonnt mit dir. Ich wollte meine Rache nicht hergeben, um dir nicht zeigen zu müssen, wie sehr ich dich im Grunde doch mochte.‹« (weint) – »Meine Gedanken kommen wieder auf Agnes zurück, die mir ja anfangs dort gegenübersaß: Agnes, es wäre schlimm, wenn wir uns für den Rest des Lebens ähnlich verfehlten, wie ich es mit meiner Mutter tat. Ich will es lieber aushalten, daß du jetzt Schritte machst, die ich nicht unbedingt für gut und glücklich halte, die aber dir als die richtigen erscheinen. Ich will dich in deinen Entscheidungen auch mehr respektieren, damit du vielleicht einmal freiwillig auf mich zukommen kannst, wenn es dir einmal danach sein sollte.«

*»Sie sind ganz ruhig geworden und schauen mich an, als könnten Sie von innen heraus zu dem stehen, was Sie eben zur phantasierten Agnes hier sagten.«*

»Ich werde heute abend der wirklichen Agnes von meiner Erfahrung erzählen und wie ich mich selbst in ihrer Rolle wiedergefunden habe. Auch wenn es vielleicht bei der Aussprache nicht ganz so harmonisch zugehen mag, wie ich mir es ursprünglich gewünscht hatte, so bin ich mir doch sicher, daß ich ihr klarer ins Gesicht schauen kann, als das sonst bei uns möglich war.«

*»Mögen Sie zum Schluß noch sagen, was für Sie in unserem Gespräch wichtig war?«*

»Ich fühlte mich in der Rolle der Agnes lebendiger als in meiner eigenen. Ich wende eine ganze Menge Kraft auf, mich selbst – und stellvertretend für mich auch Agnes – zu unterdrücken. Ich meinte, ich hätte die Versöhnung mit meiner Mutter noch nicht ausreichend geschafft und müßte ihr nachträglich recht geben für ihre Haltung, indem ich sie bestätige. Doch bin ich bei dieser Haltung mit mir selbst im Kampf. In unserem Gespräch eben habe ich die innere Brücke zu meiner Mutter wiedergefunden, die es zuletzt auch tatsächlich gab. Ich habe den Wunsch, eine ähnliche Brücke zu meiner Tochter wachsen zu lassen, und zwar jetzt und nicht erst am Sterbebett. Dann kann ich sie ehrlichen Herzens auch gehen lassen.«

## Kontaktaufnahme mit inneren Botschaften, Bildern und Szenen

Überprüfen Sie bitte, ob Sie jetzt zunächst eine Phase von innerem Abstand brauchen, oder ob Sie sich gleich in einen nächsten Kontakt hineinbegeben mögen und können. In der Gestalttherapie wird das Recht auf Rückzug sehr respektiert, es gehört in die Verantwortung jedes einzelnen Individuums, das für sein persönliches Gleichgewicht Sorge zu tragen hat.

Wenn Sie jetzt fortfahren wollen, spüren Sie am besten einfach in sich hinein und versuchen zu erfahren, welche Atmosphäre oder welche Stimmung sich in Ihnen innerlich ausbreitet und wonach es Ihnen dabei ist. Dieses Nach-innen-Spüren, Sich-Gewahrwerden spielt eine zentrale Rolle in der Gestalttherapie.

Ich stelle Sie mir wieder als mein Gegenüber vor. »Wonach es mir ist? Und wie es mir geht?« sagen Sie vielleicht mit etwas abwertend-ärgerlichem Unterton, »ehrlich gesagt: eher mies als durchwachsen. Das geht schon den ganzen Tag so, obwohl eigentlich nichts auffallend schiefgelaufen ist. Mit mir ist dann eben nichts anzufangen.« Dabei schauen Sie strafend schräg nach unten auf den Boden.

*»Wer könnte da unten sitzen«*, frage ich, *»auf den Sie so schauen, wie Sie es jetzt tun?«*

»Das bin ich selbst, etwa sechs- oder siebenjährig«, entdecken Sie vielleicht mit Betroffenheit.

*»Und zu wem paßt es, so auf das kleine Kerlchen zu schauen?«*

»In erster Linie zu Großvater, aber auch zu Mutter und Tante, die haben alle kräftig an mir herumerzogen. Großvater war am schlimmsten, ein pensionierter Lehrer, der seine Aufgabe zuletzt darin sah, mich zu einem tüchtigen, vorbildlichen Menschen ›nach seinem Bilde‹ formen zu wollen.«

*»Ist es Ihnen möglich, mir zu vermitteln, wie der Großvater zu dem kleinen Kerlchen sprach und sich verhielt? Könnten Sie sich vorstellen, Sie wären für ein paar Minuten er selbst und wir befänden uns in einer für damals typischen Situation und ließen diese wieder lebendig werden?«*

»Also hör mal gut zu«, beginnen Sie mit überwältigend drohendem Brustton, hoch aufgerichtet und die Arme in die Hüften gestützt, »mach hier bloß keine Mucken, denn bevor du die Aufgaben nicht fehlerfrei erledigt hast, absolut fehlerfrei, hörst du, brauchst du bei mir überhaupt nicht anzukommen. Du hast ja immer nur kindisches Zeug im Sinn, das werde ich dir noch austreiben. Was Ordentliches hast du bisher ja sowieso nicht zuwege gebracht, es wird wohl auch nichts mehr mit dir. Ich sehe schon die ganze Zeit: mit dir ist eben nichts anzufangen! Es ist eine Schande! Und dabei geben wir uns alle mit dir die allergrößte Mühe.«

*»Mit dir ist eben nichts anzufangen«,* wiederhole ich, nachdenklich und betroffen.

Sie stutzen und merken, wie Sie den Großvater von damals in Ihr gegenwärtiges inneres Reisegepäck mit eingepackt haben, wie er Sie von morgens bis abends unter allen möglichen und unmöglichen Situationen begleitet.

Ich provoziere Sie: *»Als Großvater wirkten Sie eben sehr glaubhaft auf mich. So lebendig habe ich Sie vorher nicht erlebt. Da kommt sogar ein Schuß Genuß und Freude bei dem Machtrausch auf, wenn der Großvater den Kleinen ›zur Schnecke macht‹ und ihm keine Chance gibt, Land zu gewinnen. Schließlich ist das auch die günstigere Rolle in dieser Situation. Ich kann schon verstehen, daß Sie das kleine Kerlchen emotional im Stich lassen, denn es bräuchte wohl viel Mut, ihm gegenüber dem Großvater und den restlichen Erziehern beizustehen, und dieser Mut ist mit sechs bis sieben Jahren kaum aufzubringen, wenn die Übermacht so klar ausgespielt wird, wie Sie es eben deutlich gemacht haben. – Die Frage ist allerdings, wie alt Sie sich jetzt insgesamt fühlen in Ihrem jetzigen Alltag und ob der Kleine von damals, den es wohl innerlich heute immer noch gibt, aus den Möglichkeiten des Heutigen Beistand bekommen könnte?«*

Sie haben mich verstanden, noch bevor ich ausgeredet habe, und sitzen bereits am Boden neben dem Fleck, auf den Sie anfangs strafend und verachtend hingesehen hatten, haben für den kleinen Jungen symbolisch ein Kissen hingesetzt und wie ein großer Bruder den Arm darum gelegt: »Wir schaffen das zusammen, du schaffst es«, höre ich Sie zu Ihrem »Kind-Ich« sagen, »ich kenne dich ja einigermaßen, weiß, wieviel Brauchbares in dir steckt. Wir beide könnten vielleicht sogar miteinander Pferde stehlen. Der Großvater hat an dieser Ecke einen blinden Fleck oder ›Knick in der Optik‹, weißt du, er benutzt andere, um sich zu bestätigen. Das ist mir später schon klargeworden, aber du in deinem Alter wagst das noch nicht zu denken und zu begreifen. Wir beiden können ihm das jetzt aber sagen« (dabei sehe ich Sie aufstehen, das Kissen fest im Arm): »Großvater, sieh zu, daß du mit dir selbst etwas anfangen kannst, guck mal hinter deine eigenen Kulissen und sieh zu, daß du dich selber besser annehmen kannst. Aber deine Übergriffe akzeptiere ich nicht mehr, deine ewige Unzufriedenheit bin ich leid. Die wenigen Male, in denen ich Verständnis von dir erfahren habe oder in denen deine Kritik ausnahmsweise angemessen war, will ich gerne gelten lassen. Aber den Rest gebe ich dir hiermit zurück. Ausdrücklich! Nachträglich kann ich sehr wohl sehen, daß du selbst nicht zurecht kamst mit deinem Leben, daß du dir selbst etwas vorgespielt und mich als Blitzableiter benutzt hast. Damit ist Schluß. Der Kleine in mir darf in meinem Schutze nachwachsen und sicher werden, dafür sorge ich jetzt, hörst du, Großvater?«

Bei diesen Worten sehe ich Sie mit einem entschlossenen Blick das Kissen nochmals an sich drücken.

Nach einer Pause frage ich Sie: *»Was war eben das Wichtigste, das Sie für sich herausgefunden haben?«*

Sie könnten antworten: »Daß ich da wieder anfange, zu mir zu stehen, wo ich mich in meiner Not früher verraten habe.« Oder: »Daß ich das seelische Quälspiel zwischen Großvater und Enkel nicht lebenslang weitermache.«

*»Was hieße das eventuell für den Alltag, für heute, morgen und übermorgen?«*

»Unterscheiden: Was ist meine persönliche Reaktion auf die Welt und was ist die Sicht aus der geborgten Brille meines Großvaters, der mit sich selbst nicht zurechtgekommen war. Zu meinem Kinder-Ich könnte ich häufiger sagen: Du schaffst es, ich kenne deine Qualitäten, ich werde dir helfen wahrzunehmen, wo dir Schritte gelungen sind. Ich werde dir ähnlich Mut machen, wie ich es früher einmal für mich selbst gebraucht hätte, bis du in deine positiven Fähigkeiten Vertrauen gefaßt hast.«

## Einige Merkmale gestalttherapeutischer Behandlungstechnik

Einige typische Besonderheiten der Gestalttherapie haben Sie sicherlich beim Lesen der Beispiele selbst schon entdeckt: Als Einstieg in eine therapeutische Arbeit kann jedes seelische Erleben und jede Äußerung geeignet sein, sofern sie in ein Konfliktgeschehen mit einbezogen ist. Besonders hilfreich sind nonverbale Ausdrucksformen von Dissonanzen, aber ebenso auch Widersprüche zwischen verbalem und nonverbalem Ausdruck. Typisch für die Gestalttherapie ist das Aufgreifen des Offensichtlichen, also des momentan Beobachtbaren im Hier und Jetzt, da es immer auch Anteile des verborgenen, tiefenpsychologischen Kräftespiels spiegelt. Das Hier und Jetzt als Brennpunkt des Erlebens ist der Ort möglicher korrigierender Erfahrung und ist sogleich Kreuzungspunkt der geronnenen Vergangenheit und des unbewußten Vorentwurfs in die Zukunft. Beim Wiederholen und Durcharbeiten schwieriger Problemsituationen werden frühere Szenen vergegenwärtigt und durch Rollen- und Perspektivenwechsel angereichert, ausgelotet und unter Umständen mit Hilfe eines neuen emotionalen Bezugsrahmens relativiert. Widerstandsphänomene werden mehr von ihrer ursprünglich sinnvollen Schutzfunktion her interpretiert, für den heutigen Entwicklungsstand jedoch immer auch relativiert. Statt Deutungen liebt die Gestalttherapie mehr die Konfrontation mit dem eigenen Material des Patienten, obwohl man auch dieses Vorgehen als eine Deutung im Vorfeld ansehen kann. Der Therapeut soll einfühlend begleiten, aber mit seinen persönlichen Einfällen eher zurückhaltend sein. Die therapeutische Beziehung in der Gestalttherapie zielt darauf ab, zunächst einmal Basisvertrauen aufzubauen, später dosierte Frustrationen mit einzubeziehen und relativ frühzeitig die projektiven Anteile abzulösen, sei es vom Therapeuten, sei es von Mitpatienten in einer Gruppe. Die projektiven Anteile sollen stets auf die phantasierte, ursprünglich krankmachende Person umgeleitet und über eine Beziehungsklärung bearbeitet werden. Insofern ist in der Gestalttherapie die therapeutische Beziehung von der Übertragungsneurose, wie sie in der Psychoanalyse intendiert wird, entlastet.

Obwohl die angeführten Beispiele aus Einzelgesprächen stammen, wird der größte Teil der Gestalttherapie in Gruppen vermittelt. In der modernen Gestalttherapie wird auf eine Ausgewogenheit zwischen Gruppendynamik und Einzelarbeiten in der Gruppe geachtet.

Der Vorteil der Gestalttherapie ist ein unmittelbarer, erlebnisorientierter Einstieg in das konflikthafte Kräftespiel, das dabei gezielt verändert werden kann. Meist muß das ich-fernere, abgewehrte psychische Material erst behutsam aufgespürt und intensiviert werden, damit es ausreichend wahrnehmbar wird. Über Identitätswechsel im Rollenspiel wird versucht, die scheinbare Ausgrenzung wieder zu beheben und die dadurch verlorengegangenen Kräfte und Potentiale der Persönlichkeit wieder zugänglich zu machen. Das Schöne an dieser Therapieform ist, daß es bei der Arbeit immer wieder auch eine Menge zu lachen und zu freuen gibt.

*Literaturhinweise:*

Perls, Fritz, S.: Grundlagen der Gestalt-Therapie. Einführung und Sitzungsprotokolle, »Leben lernen Nr. 20«, München 1976

Perls, Frederick, S.: Gestalt-Therapie in Aktion, Konzepte der Humanwissenschaften, Stuttgart 1976

Petzold, Hilarion, G.: Die Gestalttherapie von Fritz Perls, Lore Perls und Paul Goodman. Integrative Therapie, Zeitschrift für Verfahren Humanistischer Psychologie und Pädagogik, 1/2/1984, 10. Jahrg., Paderborn

# Gestaltungstherapie

## Helena Schrode

*Geboren 1927, Kunst- und Musikpädagogin, seit 1970 Gestaltungstherapeutin an der Psychotherapeutischen Klinik Stuttgart-Sonnenberg, Lehrtherapeutin und Weiterbildungsleiterin des Deutschen Arbeitskreises Gestaltungstherapie e. V., Veröffentlichungen über Gestaltungstherapie.*

## Heinz Kurz

*Geboren 1952, Ergotherapeut, Gestaltungstherapeut, seit 1982 Gestaltungstherapeut an der Klinik der offenen Tür, Stuttgart. Vorsitzender und Lehrtherapeut des Deutschen Arbeitskreises Gestaltungstherapie e. V. Veröffentlichung über Gestaltungstherapeutische Gruppenarbeit.*

## Nichtsprachliche Ausdrucksmittel in Therapie und Prophylaxe

In unserem Kulturkreis ist der unmittelbare Ausdruck von Empfindungen, Gefühlen, Stimmungen in Gesten, Bewegungen, im improvisierten Singen und Instrumentalspiel sowie im bildhaften und plastischen Gestalten nur noch bei kleinen Kindern selbstverständlich. Die meisten Menschen verlieren im Laufe ihrer Entwicklung die Möglichkeit, im gestaltenden Tun sich immer wieder neu zu erfahren und sich andern mitzuteilen. In Zeiten starker innerer Spannung, in Konfliktsituationen und in Lebenskrisen stehen ihnen deshalb nicht genügend Ausdrucksmöglichkeiten zur Verfügung; an Stelle der natürlichen Gefühlsäußerungen mit ihrer kathartischen und regulierenden Wirkung treten körperliche und seelische Krankheitssymptome. So betrachtet, sind Bildungsangebote, die das spontane Ausdrucksvermögen von Kindern, Jugendlichen und Erwachsenen erhalten, wieder erwecken und fördern, wirkungsvolle Vorbeugungsmaßnahmen gegen seelische Entwicklungsstörungen und Erkrankungen, da sie die Selbstheilungskräfte unterstützen. Das bildhafte und plastische Gestalten erhält in der Therapie psychischer Leiden besondere Bedeutung, da sich in Bildern und plastischen Gestaltungen, ähnlich wie in Träumen, vieles anzeigt, was der Patient aus unterschiedlichen Gründen im Gespräch nicht oder noch nicht mitteilen kann.

### Was ist Gestaltungstherapie?

Von den verschiedenen Möglichkeiten, dieses Medium zur Persönlichkeitsbildung, zur Prophylaxe und zur Therapie zu nützen, stellen wir hier die *tiefenpsychologisch fundierte Gestaltungstherapie* vor, die seit etwa 15 Jahren von einem ständig wachsenden Kreis von Therapeuten bei der Behandlung von psychischen Erkrankungen (Neurosen, psychosomatische Erkrankungen, Psychosen) angewandt wird. Tiefenpsychologisch fundierte Gestaltungstherapie oder Kunsttherapie wird in psychotherapeutischen, psychosomatischen und psychiatrischen Kliniken, in Ambulanzen von Kliniken, in Tageskliniken, im Verbund mit psychosozialen Diensten und, soweit die Therapeuten dazu berechtigt sind, in ambulanter freier Praxis angeboten.

In der Gestaltungstherapie wird das *regelmäßige* bildhafte Gestalten – die Tätigkeit, nicht das Produkt! – zum Ausgangspunkt eines therapeutischen Geschehens. Nach dem Gestalten versucht der Patient mit Hilfe des Therapeuten und der Patientengruppe seine latenten, das heißt nicht bewußten Regungen zu erfassen, die im gestaltenden Tun spürbar geworden sind und in der Gestaltung (Bild oder plastische Form) einen sichtbaren Ausdruck gefunden haben. Beim Gestalten verbindet sich Instinktives, Dranghaftes mit bewußter Gestalt-Gebung, und das Gestaltete stellt eine Synthese zwischen Unbewußtem und Bewußtem dar. Das intensive Betrachten und Erfassen der eigenen Gestaltung fördert die Einsicht in die Ursachen der Krankheit und die Integration abgespalteter, verdrängter oder vorbewußt gebliebener psychischer Inhalte. Die zuvor in der Abwehr von unerwünschten Gedanken und Emotionen gebundenen psychischen Kräfte stehen nun für progressive Entwicklungen und aktive Lebensgestaltung zur Verfügung.

### Die Bedeutung des spontanen Gestaltens

Kinder greifen bei traumatischen Ereignissen, zum Beispiel beim Verlust einer Bezugsperson, *intuitiv* zu bestimmten Mitteln, um mit den Erlebnissen fertig zu werden. Beim Zeichnen, Malen und im Spiel mit einfachen, selbstgefertigten Figuren wiederholen sie das Erlebte, tauschen die Rollen und drücken ihre Wünsche aus. Die befreiende, heilende Wirkung dieser spontanen Aktivitäten wird in der psychotherapeutischen Behandlung von Kindern genutzt.

In der Gestaltungstherapie wird Erwachsenen das freie, spontane Gestalten als entsprechende Möglichkeit angeboten. In der Regel genügt es nicht, ihnen Mut zu machen, ihre Einfälle und Ängste zu malen. Viele reagieren auf ihre ersten therapeutischen Gestaltungsversuche mit Enttäuschung und Mutlosigkeit. Es fällt ihnen schwer, auf ein Ausdrucksmittel zurückzugreifen, das sie nicht ihren Ansprüchen gemäß entwickelt haben. Der Gestaltungstherapeut bietet ihnen deshalb einfache »Spiel«-Materialien an (Tonerde, Fingerfarben, Kreiden), die besonders die sinnliche Wahrnehmung und das Körpergefühl anregen. Auf diese Weise können die Erwartungen, es müsse etwas Sinnvolles, ästhetisch Wertvolles entstehen, zurückgestellt werden, und die ursprüngliche Lust am eigenen manuellen Tun erwacht wieder. Mit diesem absichtslosen, impulsiven Tun zu Beginn eines längeren Gestaltungsprozesses können ursprüngliche, triebhafte Bedürfnisse, die in einer kritischen Lebensphase unterdrückt wurden, wieder erlebt und direkt oder sublimiert befriedigt werden. Es sind dies Bedürfnisse, die in der Kindheit und Jugendzeit für die körperliche, geistige und psychische Entwicklung unentbehrlich sind und deren zu frühe Aufgabe oder Unterdrückung psychische Erkrankungen hervorruft oder begünstigt.

*Beispiele:* Neben einem Drang nach motorischer Aktivität kann beim Formen mit Tonerde erlebt werden: »Ich nehme mir etwas« – »ich ergreife etwas« – »ich halte etwas fest« – »ich behalte etwas« – »ich streiche die Oberfläche glatt« – »ich berge, verberge etwas in meinen Händen«. Beim Malen mit Fingerfarben wird Farbe als Substanz angefaßt und erfaßt; es kann geschmiert und mehrmals übermalt werden. Von Bedeutung ist auch die Erfahrung, daß die verwendeten Materialien sich immer wieder verändern lassen, daß sie sich eine gewisse Zeit lang nach Belieben gebrauchen lassen, dann aber einen in ihrer Natur liegenden Widerstand bieten.

Der Übergang vom spielerischen Gestalten zum gestaltgebenden Tun vollzieht sich durch den sinnlichen (visuellen und haptischen) Reiz der absichtslos entstandenen Linien, Formen und Farbwirkungen. Durch bewußtere Weiterformung entsteht eine Gestalt, eine Gestaltung, als Manifestation von Verdrängtem und Unbewußtem und zugleich als bewußt erlebte Leistung. Der Gestaltungsprozeß unterscheidet sich von einer nur in der Phantasie erlebten Befriedigung elementarer Bedürfnisse dadurch, daß im Bild, in der Form ein vorher nicht zugängliches Stück Wirklichkeit entstanden ist, das angesehen und betastet werden kann. Für die Therapie ist besonders wichtig, daß der Gestaltende für Unerwünschtes oder Unangenehmes eine erträgliche Form wählen kann.

## Die Beziehung zwischen Patient, Gestaltung und Therapeut

Während des Gestaltens beschäftigt sich der Patient intensiv mit dem Material und der sich ständig verändernden Gestaltung. Zwischen Gestalter und Gestaltung findet ein intensiver Austausch, ein »innerer Dialog« statt, in den der Therapeut nicht eingreift. Die Beziehung zwischen Patient und Therapeut bildet jedoch den gefühlsmäßigen Hintergrund, auf dem sich das Geschehen abspielt. In einer vertrauensvollen Beziehung können anfängliche Hemmungen und Ängste und im weiteren Verlauf auftretende innere Widerstände überwunden werden. Einem Teil unserer Patienten fällt es sehr schwer, eine positive Beziehung aufrechtzuerhalten. Für sie kann das gemeinsame Betrachten der Bilder und Gebilde immer wieder eine Brücke bilden von Mensch zu Mensch. Der Gestaltungstherapeut bezieht sich bei der Mitteilung seiner Beobachtungen und bei allen Interventionen auf die Gestaltung. Für den Patienten erhält dadurch das Gestalten und das folgende Gespräch die Bedeutung einer Probehandlung, mit der er die Beziehungsaufnahme üben und die Qualität der Beziehung ausprobieren kann.

Ähnlich wie ein Kind beim Spiel mit dem Teddybär oder der Puppe drückt der Patient seine Bedürfnisse, Erwartungen und Befürchtungen nicht unmittelbar, sondern in der Gestaltung aus. Er entnimmt die Antworten des Therapeuten aus dessen Reaktionen auf das Gestaltete. Seine Angst vor Konflikten und Kränkungen und vor dem Verlust der Selbstbestimmung läßt ihn auf diese Form der Beziehungsaufnahme zurückgreifen, die jederzeit Möglichkeiten zum raschen Rückzug und zu einem neuen Versuch bietet. Sobald der Kranke fühlen kann, daß der Therapeut die Gestaltungen mit allem, was sie enthalten, akzeptiert, beginnt er seine Einfälle und Ein-Sichten auch spontan zu äußern. Aus dem tastenden Gespräch wird ein Dialog, und es entwickelt sich eine stabilere Beziehung, die Belastungen aushält.

## Die verschiedenen Bearbeitungsebenen

Ein Bild oder eine plastische Form kann unter verschiedenen Blickwinkeln und auf verschiedenen Ebenen betrachtet werden, je nach Situation und Befindlichkeit des Patienten. Das folgende Beispiel zeigt einige Möglichkeiten.

Eine Frau gestaltet in der ersten Therapiestunde aus Ton ein abstraktes Gebilde mit weichen, ineinander übergehenden Formen. Während der Gestaltung war für die Therapeutin nur eine runde, geschlossene Rückseite sichtbar. Die Patientin arbeitete konzentriert und wirkte dabei entspannt. Dann drehte sie das Gestaltete mit der Vorderseite zur Therapeutin: »Ich gab mich ganz dem Formen hin. Nun sehe ich in dieser Gestalt eine Mutter mit Kind. – Ich werde bald die Bewegungen des Kindes in meinem Leib spüren. – Ich freue mich jetzt darauf.« Gemeinsam wurde das abstrakte, plastische Gebilde betrachtet: zwei verschieden große Formen bildeten eine Einheit ohne deutliche Abgrenzung.

Den aktuellen Bezug stellte die Patientin spontan her: die innige Beziehung zu ihrem ungeborenen Kind. Mit der Benennung »Mutter und Kind« gab sie der Gestaltung auch eine symbolische Bedeutung. Wir können diese Plastik deshalb als Abbild eines in der Psyche der Patientin vorhandenen und unbewußt wirkenden symbiotischen Mutterbildes betrachten. In der ersten Therapiestunde begnügten wir uns mit der aktuellen, positiven Bedeutung. Ihre eigenen symbiotischen Wünsche nach Nähe und Verschmelzung mit dem Ehemann und der Therapeutin erlebte und erkannte diese Frau in den nachfolgenden Gestaltungen. Etwas später erst wurde ihr bewußt, daß ihre Erwartungen an die Gruppe sehr stark vom Wunsch nach Harmonie und nach unbegrenzter Dauer geprägt waren. Die beschriebene Gestaltung zeigt auch schon einen Weg aus der Symbiose heraus: Diese Frau könnte für sich selbst eine gute Mutter sein und in sich die ersehnte Geborgenheit finden.

## Die gestaltungstherapeutische Gruppenarbeit

Eine Gestaltungstherapie-Gruppe wird aus sechs bis acht Teilnehmern gebildet. Die Gruppensitzung dauert 90 bis 120 Minuten und umfaßt eine *Aktionsphase* und eine *Reflexionsphase*.

In der Regel findet das Gestalten in der Gruppen-Runde statt; die Gruppenteilnehmer sitzen dabei rings um einen großen Tisch. Dies bewirkt schon zu Beginn eine familienähnliche Atmosphäre, die das Interesse am Gegenüber und an den Nachbarn rechts und links und an deren Gestaltungen weckt.

An freien oder themenorientierten Gruppengestaltungen wirken alle gleichzeitig mit. Beim gemeinsamen Malen auf einer großen Papierfläche fordert jede Linie oder Farbfläche eine Reaktion der Gruppe heraus, die der Betroffene entweder als Bestätigung, als Weiterführung seiner Idee oder als Entgegnung empfindet. In der Konzentration auf das entstehende Bild geschehen viele Reaktionen unreflektiert. Da sie sichtbar bleiben, können sie später aufgegriffen und entsprechend beachtet werden.

Auch bei Einzelgestaltungen entstehen nicht nur individuelle, in sich bedeutsame Bilder. Wie bei einem Puzzle erscheinen in der Tischrunde nach und nach Strukturen, Farb- und Formzusammenhänge, die insgesamt einen Sinn ergeben und für die Gruppe als Niederschlag gemeinsamer, gefühlsbetonter Phantasien und Wünsche Bedeutung erhalten.

Bei der Betrachtung und Reflexion der Gruppen- und Einzelgestaltungen werden die individuellen Inhalte und Bedeutungen ebenso beachtet wie die sichtbar gewordenen Gruppenprozesse.

Die Einfälle der Gruppenmitglieder unterstützen den einzelnen in seiner Auseinandersetzung mit der eigenen Gestaltung. Er wird in seinen Erfahrungen bestätigt, darüber hinaus vermittelt ihm die Gruppe neue Gesichtspunkte, mit denen er seine eigene eingeschränkte Sicht- und Erlebnisweise erweitern kann. Jedes Gruppenmitglied wird für die andern durch seine Gestaltungen und seine Beteiligung am Gespräch zum wichtigen therapeutischen Faktor. Der hilfsbedürftige Kranke verwandelt sich in ein aktives, verantwortliches Gruppenmitglied. Daraus entsteht eine Gruppenatmosphäre, in der auch sehr ängstliche und schnell kränkbare Menschen ihre inneren Konflikte bildlich und in Interaktionen darstellen können. Die entscheidende Veränderung geschieht im Innern des einzelnen Patienten, die Gruppe unterstützt und beschleunigt diesen Prozeß.

Die *Besonderheit der Gestaltungstherapie* ist, daß permanent bewußte und unbewußte seelische Vorgänge bildhaft wahrnehmbar werden und in dieser Form auch erhalten bleiben. Es ist dann ohne komplizierte Hilfsmittel möglich, sich am Gestaltungsmaterial aus früheren Gruppenstunden den zurückgelegten Weg mit Erfolgen und Rückschlägen vor Augen zu führen. Im Rückblick können wesentliche neue Einsichten gewonnen werden.

Für viele Patienten ist die Gestaltungstherapie-Gruppe auch ein Modell für die Bewältigung anderer Lebenssituationen. Sie erleben hier sehr konkret, daß es möglich ist, gemeinsam auf engem Raum und in gegenseitiger Abhängigkeit zu arbeiten und trotzdem ein hohes Maß an Selbstbestimmung und Selbstverwirklichung zu erreichen.

### Indikation

Neben der allgemeinen Indikation für tiefenpsychologisch orientierte Psychotherapie gibt es spezielle Indikationen für Gestaltungstherapie. Die Indikationsstellung geschieht in einem ausführlichen Gespräch, wenn möglich im Anschluß an einen ersten Gestaltungsversuch. Gestaltungstherapie ist in der Anwendung flexibel und kann auf individuelle Erfordernisse abgestimmt werden. Eine Gegenindikation ist dann gegeben, wenn ein anhaltender Widerstand (Ängste, Symptomverschlechterung) beim spontanen Gestalten anzeigt, daß der Patient vor der Überforderung durch destruktive Impulse geschützt werden muß.

Die Bereitschaft zu spielerischem Gestalten erleichtert den Beginn der Behandlung. Künstlerische Begabung ist nicht erforderlich; künstlerische Ansprüche erschweren oder verhindern sogar die Therapie. Bei der Behandlung von neurotisch erkrankten Menschen mit Sprachschwierigkeiten oder Sprechstörungen wird oft auf Gestaltungstherapie verwiesen, ebenso bei bestimmten Störungen im Kindesalter.

Psychotisch Erkrankte oder Borderline-Patienten ziehen oft die Therapie mit bildnerischen Mitteln anderen Behandlungsformen vor. Bedingung ist jedoch, neben der eigenen Motivation des Patienten, seine Fähigkeit zur Kontaktaufnahme mit dem Therapeuten. Gestaltungstherapie kann stationär und ambulant eine Analyse vorbereiten oder begleitend ergänzen. Nach ärztlicher diagnostischer Abklärung eignet sie sich sowohl als zeitlich beschränkte oder über einen längeren Zeitraum geplante eigenständige Therapie.

*Literaturhinweise:*

Schrode, H., Gestaltungstherapeutische Einzelbehandlung – Bericht über eine stationär durchgeführte Therapie, Stuttgart 1984

Teichmann, T. und Kurz, H., Gestaltungstherapeutische Gruppenarbeit, Stuttgart 1985

# Heilfasten

Vesna
Katančić-Miljak

*Geboren 1944 in Jugoslawien. Zahnärztin und Therapeutin in eigener Praxis in Kirchheim/Teck. Langjährige Tätigkeit an der Volkshochschule Kirchheim/Teck (Autogenes Training, Funktionelle Entspannung und Heilfasten-Kurse). Zeitweilig freie Mitarbeiterin an der Forschungsstelle für Psychotherapie in Stuttgart. Längere Tätigkeit an der psychosomatischen Klinik in Esslingen als Therapeutin.*

## Geschichte des Heilfastens

Das Fasten ist so alt wie die Völker unserer Erde. Geschichtlich gesehen, findet man ständig zwei Formen des Fastens: das Heilfasten und das religiöse Fasten. Bei alten Kulturmenschen gingen das religiöse wie das gesundheitliche Fasten ineinander über, weil sie die Erfahrung machten, daß das Heilen des Körpers und das »Heil der Seele« ganz deutlich voneinander abhängig sind und daß das eine das andere bedingt. Einer der berühmtesten Kirchenväter, der heilige Johannes Chrysostomus, schrieb: »Das Fasten ist die Nahrung der Seele, es zügelt die Unmäßigkeit, es zähmt und besänftigt das cholerische Temperament, es macht den Körper geschmeidig, heilt Kopfschmerzen und stärkt die Augen.« Viele Ärzte der Vergangenheit verordneten schon Fastenkuren; einige der bekanntesten unter ihnen sind Hippokrates, Heraklit von Tarent, Avicenna und schließlich der deutsche Arzt Wunderlich, der schrieb: »Mit Diät (Fasten) und Ruhe lassen sich die meisten Krankheiten kurieren.«

## Was ist Fasten?

Fasten ist ein natürliches Phänomen, das jeder von uns kennt, ohne sich darüber Gedanken zu machen. Essen am Tag und Nicht-Essen oder Fasten in der Nacht gehören ganz selbstverständlich zum menschlichen Lebensrhythmus, genauso wie Wachen und Schlafen. Bekannt ist auch, daß das kranke, fiebernde Kind die Nahrung ablehnt und nur nach Flüssigkeit verlangt, daß sich das kranke Tier ähnlich verhält, sich gerne verkriecht und längere Zeit nichts frißt. Der kranke Organismus fastet instinktiv, weil er zur Genesung Zeit und Kraft für sich selbst braucht. Indem er fastet, spart er sich die Verdauungsarbeit, die ungefähr 30 Prozent der gesamten Energie beansprucht, und nutzt die freiwerdende Energie für die Heilarbeit. Das ist eine großartige Hilfe der Natur, die jedem Kranken angeboten wird.

## Was ist Fasten – nicht?

Fasten ist *nicht* Hungern.
Wer fastet, hungert *nicht*.
Wer fastet, bekommt so viel, wie er braucht.
Wer fastet, ist nicht ohne Kraft und Lebensenergie, sondern kann ganz normal arbeiten und leisten.

Dazu ein Paar Beispiele aus der Tierwelt. Hochgebirgstiere wie Gemse, Hirsch und Steinbock finden in der Winterzeit wochen- und monatelang keine Nahrung – sie fasten –, müssen aber trotzdem den harten Kampf gegen Schnee und Kälte durchstehen. Dazu fällt noch gerade in diese Fastenzeit ihre Brunftzeit, die mit großem Aufwand an Energie verbunden ist. Bei den Vögeln und Fischen ist ein ähnliches Phänomen zu beobachten. Die Wölfe können tage- und wochenlang ganz weite Strecken zurücklegen, ohne dabei Nahrung zu finden. Zusammenfassend kann man sagen, daß das längere Fasten zum *normalen* Jahresrhythmus vieler in freier Wildbahn lebender Tiere gehört.

### Wie funktioniert das Fasten?

Sowohl der menschliche als auch der tierische Körper verfügt über zwei Energieprogramme:

*Energieprogramm I* oder Ernährung von außen – Ernährung aus Nahrung,

*Energieprogramm II* oder Ernährung von innen – Ernährung aus der eigenen »Speisekammer« (Depots von Fett und Eiweiß).

Wenn man auf Essen von außen über eine bestimmte Zeit verzichtet, erfahrungsgemäß zwei bis drei Tage, geschieht das Umschalten von Essen auf Fasten von selbst. Die Programme laufen automatisch ab, alles funktioniert normal weiter nach der Regel:
*Ernährung* – statt von außen – von innen,
*Verdauung* – »Innere Verdauung« (Depots von Eiweiß und Fett),
*Stoffwechsel* – Fastenstoffwechsel,
*Ausscheidung* mit dem gleichen Endprodukt *Kraft* und *Wärme*.

Eingeleitet wird diese Umschaltung durch die gründliche Darmentleerung (30 bis 40 g Glaubersalz in ¼ l warmem Wasser gelöst und innerhalb von 15 Minuten getrunken oder bei Magenempfindlichen Einlauf).

Während des Fastens passiert noch etwas sehr Wichtiges: Die Schlacken und »Gifte«, die jeder noch so »gesunde« Organismus in den Eigendepots trägt, werden ausgeschieden, und wir sprechen vom Entschlacken und Entgiften, was *nur* während des Fastens geschieht. Das ist der gesundheitliche Gewinn – der Körper reinigt sich.

Der seelische Gewinn bleibt aber nicht aus, weil die Seele sich in der Fastenzeit auch »reinigt«. Verkrampfungen lockern sich, der Mensch wird sensibler. Zu Anfang des Fastens macht sich eine melancholisch gefärbte Gemütslage bemerkbar, danach sehr bald das Gegenteil: Die Gedankenabläufe werden erleichtert, die Intuition wird vertieft, die seelische Produktivität erhöht. Der Fastende fühlt sich »ganz«, entdeckt den inneren Ruhepunkt, die innere »Heimat«. Dieser zweite Aspekt des Fastens war wohl der Hauptanlaß für das lange Fasten der großen Propheten, Könige und Priester früherer Zeiten sowie auch der bekanntesten Menschenführer – Buddha, Elia, Gandhi.

**Das Fasten ist für alle da**

Nicht nur die »Auserwählten« haben das Privileg zu fasten, um die erwähnten Ziele oder Gewinne zu erreichen, sondern jeder von uns kann das. Es gibt drei Möglichkeiten des Fastens:
- Fasten in der Klinik oder im Sanatorium unter ärztlicher Aufsicht
- Fasten im Alltag in der fachlich geleiteten Gruppe,
- selbständiges Fasten mit der Voraussetzung, daß der Fastende schon über Erfahrungen mit dem Fasten unter Anleitung verfügt.

**Das Fasten im Alltag**

Hier gibt es auch zwei Möglichkeiten:
- Das einwöchige Fasten mit fünf Fastentagen und zwei Aufbautagen,
- das zweiwöchige »Fasten«, wobei die zweite Woche eine ausgedehnte Aufbauzeit beinhaltet und eine Kombination zwischen der Entspannungs- und Selbsterfahrungsarbeit darstellt.

*Zum einwöchigen Fasten:* Für den noch etwas mißtrauischen Anfänger empfiehlt sich zunächst das einwöchige Fasten in einer Gruppe (10 bis 12) von Gleichgesinnten. Das kann bedeuten, daß alle nur ihr lästiges Übergewicht reduzieren wollen (man nimmt in einer Woche zwischen 2,5 und 5 Kilo ab) und die anderen »Begleiterscheinungen« als etwas Nebensächliches betrachtet werden. Die Gruppe trifft sich regelmäßig, die Erfahrungen werden ausgetauscht, der Gruppenleiter begleitet die sich entwickelnde Gruppendynamik und vermittelt den Fastenden Sicherheit durch die Erklärung der natürlichen Vorgänge.

Am Ende des einwöchigen Fastens nimmt der Fastende die erfreuliche Erfahrung mit, daß er in dieser Woche keinen Hunger hatte, sich wohl fühlte und voll leistungsfähig war. Daraus ergibt sich wachsendes Vertrauen auf die automatische Selbstregulierung des Körpers. Für den Übergewichtigen, der sich schon mit etlichen gescheiterten »Abmagerungskuren« gequält hat, springt die neue Erfahrung heraus: »Es ist leichter und besser, nichts zu essen, als weniger zu essen.« Durch das »weniger Essen« wird die Umschaltung auf die Ernährung aus der eigenen »Speisekammer« gehindert.

*Zum zweiwöchigen Fasten:* Zu dieser Art des Fastens im Alltag entscheiden sich meistens die Menschen, die Interesse an einer körperlich-seelischen Erfahrung haben und die Gewichtsabnahme als unumgängliche »Nebensache« betrachten. Der erste Teil (die erste Woche) dieser Arbeit läuft ab wie schon unter »einwöchiges Fasten« beschrieben. Der Unterschied macht sich erst im zweiten Teil bemerkbar. Der Gruppenleiter fordert die Teilnehmer auf, über ihr neues Körpergefühl nach dem einwöchigen Fasten zu berichten. Aussagen wie: »Ich fühle mich wie neu geboren« oder »ich gefalle mir jetzt besser, ich habe mehr Selbstvertrauen« oder »ich habe eine bessere Beziehung zu meinem Körper« sind die häufigsten.

Danach folgt die Entspannungsarbeit. Der Gruppe werden die Grundbegriffe des Autogenen Trainings (»Schwere« und »Wärme«) beigebracht durch das praktische Üben und das anschließende Besprechen der einzelnen Übungen. Nach dem Motto »Schwierigkeiten haben Vorrang« versucht man verbal, die Ursachen des »Nicht-loslassen-oder-entspannen-Könnens« zu finden. Meistens berichtet jeder über seine Verspannungen in einem bestimmten Körperteil, die »nicht zu lösen« sind. Der Kursleiter geht gezielt darauf ein und fordert auf, die Situationen zu erinnern, in denen die gleichen oder ähnliche Verspannungen auftreten. Dadurch wird dem einzelnen immer klarer, daß die Verkrampfung des Körpers eine unmittelbare Verbindung mit der Verkrampfung der Seele hat. Mit dieser Erkenntnis gibt man sich zunächst zufrieden, ohne analytisch weiter zu suchen.

Weitere Entspannungsarbeit kann zum Beispiel durch das Erlernen der Grundbegriffe der Funktionellen Entspannung (vgl. dort) geschehen. Damit gelingt es bald, die spezifischen Körperverspannungen zu lösen und an das Gefühl des »Loslassen-Könnens« zu gelangen. In diesem »losgelösten« Körperzustand vergegenwärtigen sich die Kursteilnehmer die eigenen positiven Aussagen über das neue Körpergefühl nach dem Fasten und prägen sich dieses Gefühl noch besser ein.

Anzumerken ist, daß das zweiwöchige Fasten eine themenzentrierte Arbeit darstellt. Das weitere Gespräch kreist um das Übergewicht und falsche Eßgewohnheiten. Es werden zwei Aspekte erörtert: der gesundheitliche und der psychologische. Beim Besprechen des gesundheitlichen Aspektes erinnert man sich an die Erfahrungen und Körperreaktionen der ersten Woche, wobei man an dem psychologischen Aspekt wieder verbal und körperlich arbeitet.

## Über den psychologischen Aspekt des Übergewichts

*Hunger als natürliches Körpergefühl:* Hunger heißt als Signal des Körpers: »Ich warte auf Nahrung, ich will gesättigt werden.« Satt sein bedeutet, den körperlichen Hunger gestillt zu haben. Der natürlich funktionierende Körper verlangt so lange nach der Nahrung, bis er zu dem Gefühl des »Satt-und-zufrieden-Seins« gelangt.

*Seelischer Hunger:* Verlangen nach Liebe, Geborgenheit, Anerkennung und Selbstbestätigung verbirgt sich oft hinter dem übermäßigen Appetit oder Hunger. Viele Menschen werden übergewichtig, weil sie unbewußt versuchen, diese seelischen Bedürfnisse durch das übermäßige Essen zu stillen.

*Das hastige Essen:* Wer den körperlichen Hunger mit dem seelischen Hunger verwechselt, neigt dazu, zu schnell zu essen, richtig herunterzuschlingen, er wird »unersättlich«. Weil er aber den seelischen Hunger durch die Nahrung unmöglich stillen kann, wird er zunehmend mit sich selber unzufriedener, unruhiger, der Körper verkrampft sich immer mehr, und der Betreffende fühlt sich der auftretenden »Freß-Sucht« völlig ausgeliefert.

*Die falschen Eßgewohnheiten:* »Um 12 Uhr wird zu Mittag gegessen« – egal ob man Hunger hat oder nicht –, so gehört es sich. – »Der Teller muß leer gegessen werden.« – »Speisereste darf man nicht wegwerfen« – und so weiter. Das brave Einhalten dieser »Gebote« führt auch oft zum unerwünschten Übergewicht.

Nachdem die Kursteilnehmer die erwähnten Zusammenhänge begriffen haben und die Grundbegriffe der Körperentspannung beherrschen, bekommen sie die Anweisung zu üben, jedes sich noch so »echt« anfühlende Hungergefühl zuerst körperlich zu prüfen, mit anderen Worten, vor jedem Essen den eventuell verspannten Körper zu entspannen. Die weitere Anweisung ist, langsam zu essen, das Essen zu genießen, sich über das Essen zu freuen und letztlich nur so viel zu essen, wie sie brauchen, um den körperlichen Hunger zu stillen.

## Fazit

– Der körperliche Hunger wird vom seelischen Hunger unterschieden.
– Durch die Körperentspannung wird der seelische Hunger gemildert oder sogar gelöst.

– Das Eßverhalten wird bewußt geändert durch Konzentration auf das langsame und genüßliche Essen.
– Mit dem Essen wird beim Entstehen des ersten Sättigungsgefühls aufgehört – lieber etwas zu früh als zu spät.

## Schlußfolgerung

Jeder Mensch kann fasten, weil er die Fähigkeit zum Umschalten auf Fasten von Natur aus in sich trägt. Diese Fähigkeit muß lediglich neu erfahren und geübt werden. Der fastengeübte Körper schaltet schneller um, sobald die Nahrung fehlt, als der fastenungeübte.

Das Fasten bietet sowohl körperlich-gesundheitlichen als auch psychologisch-seelischen Gewinn.

Fasten ist ungefährlich!

*Literaturhinweise:*

Buchinger, Otto, Das Heilfasten, Stuttgart 1982[20]
Orbach, Susie, Anti Diät Buch, Krautheim/Jagst 1979

# Hypnose

Reinhard Lohmann

*Prof. Dr. med., geboren 1918. Nervenärztliche und psychotherapeutische Ausbildung an der Universitäts-Nervenklinik Marburg von 1945 bis 1949. Von 1950 bis 1958 Wissenschaftlicher Mitarbeiter am Max-Planck-Institut für Hirnforschung, Physiologische Abteilung Göttingen. 1958/59 Stipendiat in Oxford. Anschließend Oberassistent am Max-Planck-Institut für Hirnforschung, Abteilung Allgemeine Neurologie, Köln-Merheim. Persönlicher Schüler von J.H. Schultz und B. Stokvis, Leiden. Seit 1962 Leiter der Psychosomatischen Sprechstunde der Medizinischen Universitäts-Poliklinik Köln. 1969 bis zur Emeritierung 1984 Leiter der Abteilung für Psychosomatische Medizin und Psychotherapie der Universitätskliniken Köln. Seither in freier Praxis sowie in psychosomatisch-psychotherapeutischer Fort- und Weiterbildung tätig.*

## Ursprung und Entwicklung

Die *Hypnose* ist wohl das älteste psychotherapeutische Verfahren zur Linderung oder Heilung menschlicher Not und menschlichen Leidens mit deren vielfältigen Auswirkungen auf Geist, Körper und Seele. Der Mensch ist ein Gemeinschaftswesen, das von allem Anfang an in Gruppen und Gesellschaften lebte. Ehe er lernte, sich in Krankheits- und Leidenszuständen psychisch auch selbst beeinflussen zu können, geschah dies vornehmlich durch andere Menschen seines Vertrauens oder Glaubens; ebenso konnte er sich im Existenzkampf jener Vorzeit auch nicht allein behaupten, sondern vermochte dies nur in der Gemeinschaft mit anderen.

Wir finden in der ältesten Urkunde der Ägypter, dem Papyros Ebers (ca. 1552 v.Chr.), die unter den Trümmern von Theben gefunden wurde, den folgenden Satz: »Lege die Hände auf ihn, um den Schmerz der Arme zu beruhigen, und sage, daß der Schmerz verschwinden wird!« Auch die Bibel und insbesondere das Neue Testament sind voll von psychischen (Wunder-)Heilungen. Vielleicht die bekannteste Stelle findet sich im Evangelium des Markus (2,11 f.): »Nimm dein Bett und wandle!« So ist es nicht verwunderlich, daß das frühe Christentum das Neue Testament auch »die Bücher des weisen Arztes« nannte. Erinnert sei weiter an das Institut des Tempelschlafes, das noch bis ins 6. Jahrhundert n.Chr. bestand. Die Mönche traten danach das Erbe der Tempelpriester an und vollzogen Wunderheilungen mittels Gebet, Reliquien von Märtyrern und geweihtem Wasser. Aus späterer Zeit ist in der Folge vor allem *F.A. Mesmer* (1733–1815) mit seiner Lehre vom »animalischen Magnetismus« zu nennen, der als erster geschulter Arzt der Neuzeit jene Heilwirkungen erlebte und immer wieder selbst hervorrief, die von einer eindrucksvollen Persönlichkeit, von ihrem Nahesein, Anblick, ihrem Einreden und ihrer Überzeugungskraft ausgehen. Er vermochte nur nicht, diese Wirkungen richtig zu erklären, sondern suchte für sie als Kind seiner Zeit naturwissenschaftliche Erklärungen, vermischt mit solchen mittelalterlicher Magie. Ihm fehlte wie all seinen Zeitgenossen der entscheidende Begriff der *Suggestion*, den wir dem englischen Augenarzt *J. Braid* verdanken, ebenso wie den damit eng verbundenen Begriff der Hypnose und erste technische Anleitungen dazu. Mit dieser Methode arbeitete anfangs auch *S. Freud* in Gemeinschaft mit *J. Breuer* vor allem zur Behandlung der hysterischen Krankheitsbilder, indem er mit einer Variante, die Hypnokatharsis genannt wurde, versuchte, die für das betreffende Krankheitsbild wesentlichen Erlebniszusammenhänge und Konflikte aufzudecken und hinsichtlich ihrer »eingeklemmten Affekte« entlastend und reinigend abzureagieren. Daraus ist dann die Psychoanalyse *Freuds* hervorgegangen mit ihrer anstoßenden und richtungweisenden Wirkung auf die moderne Tiefenpsychologie und Psychotherapie.

## Begriffsbestimmung

Unter *Suggestion* (lateinisch subgerere = ein-geben, ein-fühlen, ein-bilden, unterschieben) verstehen wir die Beeinflussung des Denkens, Fühlens, Wollens und Handelns eines Menschen durch einen anderen (Fremd- bzw. Heterosuggestion) oder durch sich selbst (Selbst- bzw. Autosuggestion) unter Umgehung der Verstandesfunktionen und auf der Grundlage eines zwischenmenschlichen Geschehens, bei dem ein gefühlsmäßiges Mitschwingen (»affektive Resonanz«) wesentlich ist. Wir unterscheiden dabei eine »negative Suggestion« (beunruhigend, ängstigend) von einer »positiven Suggestion« (beruhigend, ermutigend). Für die Psychotherapie ist die »positive Suggestion« von Belang, die die affektive Beziehung zwischen dem Arzt und seinem Patienten, dem Therapeuten und seinem Klienten herstellt, unter anderem in Form von Beruhigung, Ermutigung, Hoffnung, Tröstung, Vertrauen und Glauben. Weiter wird unterschieden zwischen *Wachsuggestion* und *Hypnosuggestion* mit Herstellung eines veränderten Bewußtseinszustandes (Hypnoid) oder stärkerer Empfänglichkeit für passende Suggestionen (Suggestibilität). Wie in fast allen Bereichen des Lebens (zum Beispiel Eltern-Kind-Beziehung, Pädagogik, Politik, Publizistik, Religion, Reklame, Mode), ganz besonders im Zeitalter der modernen Massenmedien, so ist auch in der Medizin die Suggestion allgegenwärtig und wirksam. Dies gilt ebenso auch für die Psychotherapie und ihre einzelnen Verfahren in unterschiedlicher Weise.

Die *Hypnose* ist eine fremd-(hetero-)suggestive Behandlungsmethode, bei der mittels bestimmter Einleitungstechniken ein Zustand veränderten Bewußtseins (Trance) mit Senkung und Einengung unterschiedlichen Ausmaßes hervorgerufen wird, in dem für gewöhnlich ein Rückschritt der Persönlichkeit (Regression) in ihrem Denken, Fühlen und Wollen auf frühere infantile Entwicklungsstufen stattfindet, verbunden mit einer »neuroorganismischen Umschaltung« zur Entspannung und Erholung (trophotrope Reaktionsweise nach *W. R. Hess*).

## Wirkungsweise

Die Hypnose wird als eine *»aktiv-klinische«*, *»organismische«* psychotherapeutische Methode bezeichnet. Dies soll bedeuten, daß sie als eine Form von Kurztherapie rasch und zielgerichtet arbeitet, wobei der Therapeut aber doch, entsprechend den psychischen Gegebenheiten seines Patienten, auch behutsam und geduldig vorgehen muß und diesen dazu anregt, aktiv an seiner Gesundung mitzuarbeiten. *Organismisch* besagt, daß diese Form der Psychotherapie auf den »beseelten Organismus Mensch« als leib-seelische Einheit wirkt, indem sie eine »organismische Umschaltung« herbeiführt. Wir unterscheiden hier

– *Allgemeinwirkungen* wie Ruhe, Entspannung der willkürlichen Körpermuskulatur (Schwereempfindung) und der oberflächlichen Hautgefäße mit Mehrdurchblutung (Wärmeerlebnis), affektive Resonanzdämpfung (Herabsetzung schädlicher Gemütserregungen in ihrer Übersteigerung und in ihrem Fortdauern), Erholung, Schmerzlinderung oder -abstellung, Schlafförderung, Sammlung in der Versenkung mit vertiefter Innenschau und Neu- oder Wiedergewinn von Möglichkeiten zur seelischen Selbsthilfe von
– *Organ-* und *Spezialwirkungen* auf die in ihrer Funktion gestörten oder erkrankten inneren Organe durch dem jeweiligen Krankheits- und Beschwerdebild angepaßte Suggestionen sowie spezielle persönlichkeitsgerechte Lebenshilfen zur Einstellungs- und Verhaltensänderung und damit zum Abbau fixierter Fehlhaltungen und Korrektur von Fehlentwicklungen psychoneurotischer beziehungsweise psychosomatischer Art von Krankheitswert.

Entsprechend der organismischen Ganzheitswirkung haben dabei die psychosomatischen Störungen und Erkrankungen eine Präferenz. Die betreffenden Suggestionsformeln werden gemeinsam mit dem Patienten erarbeitet, sollten individualisierend vermittelt werden und wie ein »Schlüssel zum Schloß« passen. Die Hypnose ist kein »Heilschlaf«, wie oft irrtümlich angenommen wird, sondern ein behaglicher Ruhe- und Erholungszustand, der mit einem tiefreichenden Wohlgefühl einhergehen kann und in dem therapeutisch sinnvolle, persönlichkeitsgerecht formulierte Suggestionen aufgrund der gesteigerten Suggestibilität bereitwilliger angenommen werden und zu wesentlichen Teilen auch unbewußt heilsam weiterwirken (Realisierung).

Aus psychoanalytischer Sicht wird dabei von einer »infantil-erotischen Bindung« gesprochen, die aufgrund einer zumindest zeitweisen Identifikation des Patienten mit dem Therapeuten die Annahme und Realisierung der gegebenen Suggestionen erleichtert. Diese Bindung ist bei gut kontrolliertem und auch reflektiertem Vorgehen aber nie so stark, daß sie zur Abhängigkeit (Hörigkeit) führt, wie oft warnend gesagt wird.

## Indikation und Gegenindikation

Jeder Gesunde ist leicht hypnotisierbar, wenn er die erforderliche Bereitschaft, momentane Hingabefähigkeit und Einsicht dazu aufbringt. Nervöse sind schwerer zu hypnotisieren aufgrund ihrer inneren Unruhe und Konzentrationsschwäche, ebenso schwerer psychoneurotisch und psychosomatisch Kranke oder auch körperlich Kranke. Geisteskranke und Geistesschwache stärkeren Grades lassen sich aus den geschilderten Gründen nicht hypnotisieren beziehungsweise sie sollten mit dieser Methode im allgemeinen nicht behandelt werden.

Die *Indikation* zur Hypnose sollte in der Regel aber allen schwerer psychoneurotischen und psychosomatischen Kranken und chronisch körperlich Kranken mit reaktiven seelischen Veränderungen vorbehalten bleiben, die zum Zeitpunkt des Behandlungsbeginnes nicht eine ausreichende freie Selbstverfügung und ausdauernde Mitarbeit aufweisen. Sind diese vorhanden, so sind andere psychotherapeutische Methoden vorzuziehen wie zum Beispiel die Selbsthypnose des Autogenen Trainings, in das die Hypnose zweckmäßigerweise nach Möglichkeit überführt werden sollte, wenn es der Gesundungszustand des Patienten erlaubt, eventuell mit gelegentlichen »Verstärkungshypnosen«, wenn die Fähigkeiten des Kranken dazu noch nicht stark und ausdauernd genug sind. Immer sollten auch die Suggestivverfahren in ein vertrauensvolles, Einsicht förderndes psychotherapeutisches Gespräch eingebettet sein, das auch wertvolle Hinweise für die »Redaktion« der folgenden Hypnosen gibt. Dabei muß der Therapeut darauf achten, daß er die Übertragungs-Gegenübertragungs-Beziehung sorgsam handhabt, um sie für den weiteren Behandlungsverlauf optimal zu gestalten.

Zu den *Kontraindikationen* gehören in erster Linie alle Formen von Psychosen – vielleicht ausgenommen larvierte und involutive Depressionen geringeren Tiefganges, bei denen die Hypnose für sich allein beziehungsweise in Kombination mit Antidepressiva mitunter überraschende Erfolge bringen kann – sowie die paranoiden Reaktionen und Entwicklungen. Auch sollten Patienten mit einer ablehnenden Haltung zur Hypnose nicht dazu überredet werden, ebenso wie enge persönliche Beziehungen zwischen dem Hypnotiseur und dem Hypnotisanden für gewöhnlich einen Hinderungsgrund darstellen. »Ein Prophet gilt nirgend weniger denn in seinem Vaterlande und in seinem Hause« (Matthäus 13,57).

## Anwendungsbereiche

Der *Anwendungsbereich* der Hypnose ist durch die Allgemein- und Spezialwirkungen gekennzeichnet, wie sie zuvor beschrieben wurden. Dabei ist auf die Symptome der Angst und der Spannung hinzuweisen, die bei allen psychoneurotischen und insbesondere psychosomatischen Krankheitsbildern eine zentrale Rolle spielen und die besonders gut durch die Hypnose zu beeinflussen sind, wie ich an vielen Beispielen erfahren konnte, angefangen von den Examensängsten unserer Medizinstudenten mit ihrem psychovegetativen Syndrom über die vielfältigen Angst- und Spannungszustände meiner psychosomatischen Patienten (essentielle Hypertonie, Herzinfarkt, Asthma bronchiale, Morbus Crohn, Colitis ulcerosa) bis hin zu den somatopsychisch Kranken, für die das Erleben und Erleiden ihrer körperlichen Grundkrankheit eine dauernde Beunruhigung und Ängstigung darstellen kann (Krebs, Rheumatismus, Diabetes mellitus, chronische Niereninsuffizienz in Dialyse und nach Transplantation, koronare Herzkrankheit mit und ohne herzchirurgische Intervention). Man muß deshalb *J.H. Schultz* zustimmen, wenn er der Hypnose eine ausgedehnte Wirkungs- und Verwendungsmöglichkeit zuschreibt, gleichgültig, ob es sich um organisch gesunde oder kranke Menschen handelt, wobei ihre Heilwirkungen so weit reichen wie funktionelles Geschehen ganz allgemein.

Damit soll andererseits einer unkritischen Ausweitung des Anwendungsbereiches der Hypnose nicht das Wort geredet werden, sondern es sollen nur die Grenzen aufgezeigt werden, innerhalb derer Hypnose wirksam werden kann. Dabei sollte auch darauf geachtet werden, daß die Hypnose nicht zu einer »zudeckenden Technik« verkümmert, sondern wie von ihrem Anbeginn an als eine lebendige psychotherapeutische Methode individuellen Gepräges wirksam und verfügbar bleibt.

## Methodik

Voraussetzung der Hypnotherapie ist wie bei jeder anderen Psychotherapieform eine gründliche *körperliche und psychische Untersuchung* zur Stellung der Diagnose und der Indikation. Hierzu gehört selbstverständlich eine ausführliche biographische Anamnese mit genauer Erhebung des Beschwerdebildes, nach dem sich die Suggestionen zweckmäßigerweise später ausrichten. Dabei ist in der weiteren Vorbereitungsphase ein eingehendes *informatives Gespräch* über die Hypnose unbedingt erforderlich, das der Vertrauensbildung und besseren Motivation dient. Hierbei ist großer Wert darauf zu legen, daß es sich bei der Hypnose nicht um einen Zustand der Bewußtlosigkeit und Willenlosigkeit handelt, an den der Patient hinterher keine Erinnerung mehr hat, wie zum Beispiel eine Vollnarkose, ja daß vielfach Anfangshypnosen aufgrund zu großer Erwartung enttäuschend verlaufen, bis der »erworbene Vollzugszwang« wiederholter Hypnosen (»Prinzip der Übung«) zu ihrer Vertiefung führt. Für therapeutische Suggestionen ist es dabei unwichtig, ob diese nur in einer oberflächlichen oder in einer tiefen Hypnose gegeben und wirksam werden.

Hinsichtlich der Herstellung eines Hypnoids (Trance) haben sich verschiedene *Techniken* ergeben. Wie wir schon eingangs aufgezeigt haben, sind dabei die Blickfixation und die Verbalsuggestion in ihren verschiedenen Ausformungen entweder für sich allein oder in Kombination miteinander zentrale Bestandteile aller Einleitungen. Diese geschehen im Sitzen oder im Liegen in bequemer Ruhehaltung, wobei wir zu therapeutischen Zwecken das Liegen bevorzugen, weil es mehr dem natürlichen Ruhe- und Schlafbedürfnis entspricht und dadurch den Müdigkeitssuggestionen im Hinblick auf den angestrebten partiellen Wach- oder Schlafzustand besser Vorschub leistet. Mit dem »reflektorischen Lidschluß« kommt es zu der therapeutisch notwendigen »optischen Subtraktion« (Wegfall der optischen Reize) und »Introversion« als weiteren Voraussetzungen zu der beschriebenen »neuro-organismischen Umschaltung«. Dann folgen die dem betreffenden Krankheits- und Beschwerdebild entsprechenden Suggestionen, wobei kürzere oder längere Pausen für den scheinbar schlafenden Patienten eingelegt werden, damit die Suggestionen besser realisiert werden. Nicht vergessen werden darf am Ende einer für gewöhnlich 30minütigen Behandlung die genaue Zurücknahme der gegebenen Suggestionen, insbesondere jener der Müdigkeit, Schläfrigkeit und Schwere (Muskelentspannung), weil sonst unerwünschte Nachwirkungen einige Zeit verbleiben können. Die Hypnose ist für uns eine besonders intensive Form einer Einzelbehandlung. Gruppenhypnosen gegenüber haben wir die größte Skepsis und Zurückhaltung. Gerade in der intensiven Zuwendung und Zusammenarbeit zwischen Hypnotiseur und Hypnotisand liegt eine wertvolle und mitunter anderweitig nicht zu ersetzende therapeutische Hilfe. Im Gegensatz dazu entfaltet das Autogene Training gerade als Gruppenmethode seine besondere Wirksamkeit.

*Literaturhinweise:*

ERICKSON, M., Meine Stimme begleitet Sie überall hin, hrsg. und kommentiert von J.K. Zeig, Stuttgart 1985

SCHULTZ, J.H., Hypnose-Technik, hrsg. von R. Lohmann, Stuttgart 1983[8]

STOCKSMEIER, U., Lehrbuch der Hypnose. 4. Aufl. der von B. Stokvis begründeten »Hypnose in der ärztlichen Praxis« (1955) und des von D. Langen fortgeführten »Kompendium der medizinischen Hypnose« (1972), Basel-München 1984

# Hypnotherapie

Jürgen Wippich

*Geboren 1946, ist Dozent an der Weiterbildungsstätte für psychiatrische Fachkrankenpflege am Psychiatrischen Landeskrankenhaus Weißen-Ravensburg. Als klinischer Psychologe und Ausbilder in klientenzentrierter Psychotherapie arbeitet er neben seiner Lehrtätigkeit mit zum Teil psychisch schwer beeinträchtigten Patienten hypnotherapeutisch nach M.H. Erickson, nach den Grundgedanken neurolinguistischer Selbstorganisation, der personenbezogen-provokativen Therapie Frank Farrellys und nach der systemischen Familientherapie.*

Der amerikanische Psychiater und Hypnotherapeut M.H. Erickson (1901–1980) war wohl einer der genialsten psychotherapeutischen Praktiker unseres Jahrhunderts. So steht in einem Vorwort zu einem Buch über Erickson: »Wenn wir S. Freud als den Einstein bezüglich psychologischer Theorie ansehen, so müssen wir M.H. Erickson als den Einstein bezüglich psychotherapeutischer Praxis betrachten.« Seine Konzepte waren bahnbrechend auf dem Gebiet der strategischen Kurztherapie, der erfolgreichen Behandlung von schwerstgestörten Patienten, der Therapie von Paaren und Familien und anderen Beziehungsformen, vor allem der systemischen Orientierung. Sie haben auch eine große Anzahl moderner Therapeuten maßgeblich beeinflußt wie zum Beispiel P. Watzlawik, J. Haley oder indirekt die Gruppe um M. Selvini Palazzoli.

Erickson gewann seine praxisbezogenen, manchmal an Wunder grenzenden Interventionen einerseits wohl auf Grund seiner eigenen körperlichen Behinderungen wie andererseits auch aus seiner Arbeit mit psychiatrischen oder auf andere Weise schwer beeinträchtigten Patienten.

Sein direkter Zugang zum Unbewußten erfordert die Vermeidung des gewohnten, rationalen Denkens, ein »Sich-einlassen-Können« auf das andere, das Unlogische. So kann seine Therapie kaum mit schwarzen Symbolen auf weißem Hintergrund vermittelt werden. Viele seiner therapeutischen Maßnahmen waren genial einfach, sahen für den »normal« denkenden Therapeuten widersprüchlich aus. Anders als manche psychotherapeutischen Theoretiker, die auf dem Boden der akademischen Psychologie und Philosophie standen, gewann Erickson seine Erfahrungen auf dem Land, zum Teil durch eine Reihe körperlicher Beeinträchtigungen. Von Kindesbeinen an litt er an verschiedenen Störungen wie zum Beispiel einer ungewöhnlichen Form von Farbenblindheit, einer Taubheit in bezug auf verschiedene Töne, *Dyslexie* (Unfähigkeit, richtig zu lesen) und so weiter. Er hatte mehrmals im Leben Polio und war lange Zeit an den Rollstuhl gebunden. In seiner Jugend hatte er viel Sport betrieben und war harte Farmarbeit gewohnt.

**Persönliche Erfahrungen als Grundlage**

Einige bedeutsame Ereignisse seines Lebens mögen Einblick in seine therapeutische Arbeit geben:

»Als sechs Jahre altes Kind war Erickson augenscheinlich durch Dyslexie gehandicapt. So gut es die Lehrerin auch immer wieder versuchte, sie konnte ihn nicht überzeugen, daß eine ›3‹ und ein ›M‹ nicht dasselbe waren. Eines Tages schrieb die Lehrerin eine ›3‹ und dann ein ›M‹, indem sie seine Hand mit ihrer eigenen führte. Erickson konnte den Unterschied immer noch nicht erkennen. Plötzlich erfuhr er eine ganz spontane visuelle Halluzination, in der er den Unterschied in einem blendenden Blitzlicht deutlich sah.«

Erst in seiner späteren Arbeit wußte er das Erlebnis als einen tiefgreifenden, selbsthypnotischen Vorgang zu deuten.

Seine Arbeit war sehr komplex, oft unlogisch. Als erfahrener Hypnotherapeut erkannte er die Bedeutung frühkindlicher Lernmuster, den Wert eigenständiger, körperlicher Bewegungsabläufe wie das automatische Heben einer Hand in einem hypnotischen Zustand (Armlevitation), das Mitgehen und Lenken von unbewußten Vorgängen (pacing/leading), die erkenntnisweiternde Funktion von »Aha-Erlebnissen« in Trance, die Autonomie nicht-sprachlicher Prozesse und so weiter.

Ein weiteres wichtiges Ereignis bestimmte sein Leben. Mit 17 Jahren lag er zum ersten Mal mit Polio krank und hatte folgendes Erlebnis:

»Als ich in jener Nacht im Bett lag, hörte ich, wie die drei Ärzte in einem benachbarten Zimmer meinen Eltern erzählten, daß ihr Junge am nächsten Morgen tot sein werde. Ich spürte einen intensiven Ärger darüber, daß irgend jemand in der Lage ist, einer Mutter zu sagen, daß ihr Sohn am nächsten Morgen tot sein wird. Meine Mutter kam dann in mein Zimmer und machte ein Gesicht, so heiter es nur möglich war. Ich bat sie, den Kleiderständer anders hinzustellen, ihn in einem bestimmten Winkel an die Seite des Bettes zu stellen. Sie verstand nicht warum, sie glaubte, ich läge im Delirium. Für mich war es schwer zu reden. Aber kraft des Spiegels im Winkel auf dem Kleiderschrank konnte ich durch die Tür und den Flur in das westliche Zimmer des anderen Raumes schauen. Ich sollte verdammt sein, wenn ich sterben würde, ohne einen weiteren Sonnenuntergang sehen zu können. Wenn ich irgendwelche zeichnerischen Fähigkeiten hätte, könnte ich diesen Sonnenuntergang immer noch zeichnen.«

Als er im hohen Alter über dieses Erlebnis spricht, bemerkt er, daß er sich in tiefer Trance befunden hatte, da er verschiedene Objekte wie Bäume, Zäune halluzinatorisch ausgeblendet hatte, nur um jenen Sonnenuntergang betrachten zu können. Er hatte überlebt. Nach drei Tagen Tiefschlaf war er aufgewacht und hatte entdeckt, daß er lebte – ihm aber viele Fähigkeiten wie die Sprache, körperliche Bewegungen und so weiter völlig fehlten. Die autonome Fähigkeit seines Unbewußten hatte ihn zwar gerettet, doch nun mußte er beginnen, mit Hilfe seines Bewußten das Beste aus der Situation zu machen. Ihm wurde gewahr, daß er auf Grund seiner Krankheit in keiner Weise seinen Lebensunterhalt als Farmer verdienen konnte. Vielleicht konnte er es als Arzt versuchen. Er lernte, in ganz kleinen Schritten seinen Körper neu zu entdecken, seine Sinne neu zu gebrauchen. Da er zwar sehen und hören, aber nicht sprechen und sich bewegen konnte, bemerkte er den Widerspruch (Inkongruenz) zwischen Sprache und Verhalten bei den Personen, die ihn pflegten. Er nutzte seine Krankheit (Utilisation).

Das positive Umdeuten oder Nutzen von Symptomen einer Krankheit für das Ziel einer Therapie, der Umgang mit sprachlich/nichtsprachlichen Widersprüchen, das Anfreunden mit unbewußten Vorgängen, das Wiederentdecken der fünf Sinne, die Bevorzugung innerer zugunsten äußerer Kontrollvorgänge sind nur einige von vielen Merkmalen, die später seine zum Teil an Wunder grenzenden Erfolge ausmachen sollten.

### Personenbezogenheit und Nichtdirektivität

Seine Therapie wurde in hohem Ausmaß subjektiv und patientenzentriert. »Ich denke, daß jede theoretisch gegründete Psychotherapie falsch ist, weil jede Person anders ist.« Erickson war bestrebt, für jeden Klienten eine eigene Theorie zu entdecken. Von daher könnte man ihn als flexiblen Theoretiker bezeichnen, der zudem mit vielen Denkern unserer Zeit wie Bateson, M. Mead und P. Watzlawik gut bekannt war.

Sein Humanismus äußert sich in folgendem Zitat: »Jede Person ist ein einzigartiges Individuum. Eine Psychotherapie sollte so beschaffen sein, daß sie der Einzigartigkeit der Bedürfnisse des Individuums begegnet – sie aber nicht dem Folterbett einer hypothetischen Theorie über menschliches Verhalten zuschneidert« (Leitsatz des Erickson-Kongresses in Phoenix/Arizona, 1980).

### Indirektes Lenken und Nutzen der Alltagstrance

Ericksons hypnotische Induktionen waren meist indirektive Vorschläge (suggestions). Er nutzte die »Alltagstrance«, das heißt die automatisierten Vorgänge, die ohnehin im Moment ablaufen. Mittlerweile weiß man, daß der Mensch seine Wahrnehmungs-, Bewußtheits- und Denkvorgänge ohnehin ständig verändert, daß man sich sogar alle 90 Minuten in tiefer Trance befindet. Unser Gehirn muß sich erholen, Wahrnehmungen von außen innerlich einordnen. So werden Sie bei den soeben gelesenen Gedanken bemerkt haben, daß Sie in einen inneren Suchzustand gegangen sind. Erickson würde Sie vielleicht darauf hinweisen, daß Hypnose ein besonderer innerer oder äußerer Zustand der Orientierung ist. Bei diesen Orientierungen können Sie Gedanken oder Wahrnehmungen annehmen oder ablehnen. Auch jetzt, in diesem Moment, können Sie das tun. Vielleicht können Sie den Gedanken zulassen, daß Sie sich in diesem Augenblick auf die Buchstaben auf weißem Papier orientieren, mit deren Hilfe sich in Ihrem Gehirn Worte oder andere Gedanken gebildet haben. Dabei werden Sie wahrscheinlich körperliche Wahrnehmungen wie die Temperatur des Raumes auf Ihrer Haut, das Gewicht Ihres Körpers, bestimmte

Muskelanspannungen und so weiter ebenso vergessen haben wie verschiedene Außengeräusche. Oder aber Sie haben all das nur unterschwellig wahrgenommen und bemerken es erst jetzt, indem Sie mit diesen Worten darauf hingewiesen werden. Die vorherigen inneren Gedanken werden Sie dabei möglicherweise schon vergessen haben. Wenn Sie den Vorgang fortführen, gehen Sie möglicherweise in einen alltäglichen hypnotischen Trancezustand wie beim Kochen, Autofahren, Jogging oder anderen *angenehmen* automatisierten Handlungen.

### Nutzen des Symptoms

Anstatt sich als Psychiater über das »Warum« eines Symptoms Gedanken zu machen, lernte Erickson von seinen Patienten. Das Beispiel eines Patienten, der jahrelang die Besucher des Krankenhauses mit »Kunstsprache« begrüßt hatte, ist in der Literatur bekannt. Erickson erlernte die Kunstsprache und hielt es durch, sich zwei Tage lang mit dem Patienten in dessen Sprache zu unterhalten. Am zweiten Tag sagte der Patient plötzlich: »Herr Doktor, reden wir doch vernünftig.« Eine ungewöhnliche Maßnahme in damaliger Zeit. Psychotische und hypnotische Zustände weisen Gemeinsamkeiten auf. Die Wahrnehmung wird ähnlich verzerrt. Die Orientierung verändert sich. Warum nicht aus psychotischen Zuständen vom Patienten lernen? Warum nicht das Symptom in dem Sinne nutzen, in dem ein indischer Weiser sagte, daß in jedem Bösen ein Funken Gutes sei und in jedem Guten ein Funken Böses?

### Analogien und Metapher

So beobachtete Erickson in einer Anstalt einen Kranken, der sich für Jesus hielt und in seinem Wahn zu keiner Arbeit zu motivieren war. Nach einigen Tagen sprach er ihn an, indem er sagte: »Ich habe gehört, daß Sie der Mann sind, der mit Zimmermannsarbeiten so gut vertraut ist.« Als Jesus konnte der Kranke die Feststellung nicht ablehnen. Nach einigen weiteren Tagen sprach ihn Erickson wieder an – als Zimmermann – und bat ihn um die Erledigung einiger einfacher Aufträge. Der Mann, bei dem alle direkten Bemühungen versagt hatten, konnte nach und nach zu einer sinnvollen Tätigkeit motiviert werden und gesundete bald.

Erickson gebrauchte sehr oft Analogien oder erzählte Gleichnisse (Metaphern). Mit seiner strategischen Therapie umging er indirekt das Bewußte, vermied Widerstand und nutzte die Kraft des Unbewußten. Alles, was er tat und plante, hat er von der jeweiligen Situation und vom Klienten abhängig gemacht. Obwohl er in seiner hypnotherapeutischen Praxis Tausende von automatischen Handbewegungen als hypnotische Induktion erlebt hatte, betonte er, daß jede anders gewesen sei. Niemals hat er eine therapeutische Maßnahme auf die gleiche Art und Weise wiederholt.

## Vergleich mit den bekannten Therapieschulen

Die bekannten psychotherapeutischen Schulen orientieren sich wohl weitgehend an einem äußeren, objektiven Konzept, oder aber sie denken über Zusammenhänge nach. Erickson ging hier völlig andere Wege. Sein Vorgehen war extrem subjektiv. Da er annahm, daß der menschliche Organismus ohnehin zu 95 Prozent aus der internalen Kontrolle des Unbewußten besteht, konnte es für ihn keine Objektivität im Sinne einer externalen Kontrolle geben. Er glaubte, daß jede theoriegeleitete Therapie falsch ist, weil jeder Mensch anders ist. Er vertraute den eigenständigen Gesetzen des Unbewußten. Deshalb fand er es müßig, darüber nachzudenken – ohnehin legte er größten Wert auf praxisbezogene, eher pädagogische Therapiemaßnahmen. Man berichtet von ihm, daß er als erfahrener Therapeut einen ungeheuren Respekt vor dem Unbewußten hatte.

## Ganzheitlichkeit

Unser abendländisches Denken ist dualistisch. Körper und Geist sind getrennt. Bewußtes und Unbewußtes sind dissoziiert. Ericksons Therapie strebt sprachlose Einheit und Ganzheit an. Er erwähnt einmal, daß eine nichtsprachliche Therapie dem Individuum wesentlich mehr Freiheit gibt, als eine sprachgebundene jemals geben könnte. Mit Symbolen werden »Wahrheiten« konserviert und weitergegeben. Neue Erkenntnis entsteht dabei jedoch nicht. Dieser Gedanke alter Philosophie und neuer Informationsverarbeitungswissenschaften begegnet uns in der Ericksonschen Therapie immer wieder. Wir sollten uns darauf einlassen können, wenn wir seine Arbeit erfassen wollen.

## Positive Bewertung des Symptoms

Wer sich ernsthaft mit Erickson befaßt, spürt seine große Achtung vor der Kraft des Unbewußten. Zwischen den Zeilen lesend, bemerkt man, wie vorsichtig er mit Sprache und Interpretation war. So vermied er es, Vorgänge konfrontierend zu »öffnen«. Wenn eine Frau über ihre Beziehung zu ihrem Mann spricht und dabei ihre Hand vor den Mund hält, würde er tunlichst vermeiden, sie zu konfrontieren, indem er sagt: »Sie halten ihre Hand vor Ihren Mund, Sie verbergen etwas.« Seiner Auffassung nach kann man das ganze Leiden hinter dieser Geste ebensowenig in eine therapeutische Äußerung hineinzwingen wie ein Shakespeare-Drama in einen Satz.

Sein Umgang mit Hypnose als Selbsthypnose zeigt, daß er den Selbstheilungskräften des Individuums hohe Achtung entgegenbrachte. Jeder Organismus trifft zu einem gegebenen Zeitpunkt die für ihn bestmögliche Entscheidung – so lautet einer seiner Behandlungsgrundsätze. So hat dann auch jedes Symptom einer Krankheit seinen positiven Wert – zum Beispiel Grippe ohne Fieber kann tödlich sein.

Von vielen psychiatrischen Patienten kenne ich mittlerweile die positive Funktion ihres jeweiligen Symptoms. Ein schizophrener Patient sagte mir einmal, daß, wenn er seinen sexuellen Wahn in seiner psychotischen Phase nicht gehabt hätte, er möglicherweise etwas ganz Furchtbares getan, vielleicht eine Vergewaltigung oder einen Mord begangen hätte. Auch der katatone Zustand eines depressiven Patienten zeigt lediglich, daß ihm im Moment keine alternativen Wahlmöglichkeiten zur Verfügung stehen. So wurde in einer Supervisionssitzung sehr deutlich, daß auf einer Station ein älterer Mann auf die verhaltenstherapeutischen konzeptgemäßen Interventionen des Personals nur noch stärker mit Widerstand reagierte, sich schließlich seiner Umgebung gegenüber vollständig verweigerte, so daß auch sein Zustand organisch immer bedenklicher wurde. Indem er zunehmend weniger sprach, sagte er »immer deutlicher, daß dieses Mittel der Kommunikation für ihn keine Wahlmöglichkeit mehr biete«. Erst im Verlauf der Supervision wurde deutlich, wie gut dieser Patient mit »Druck« umgehen konnte, indem er sich immer stärker verweigerte. Es wurde klar, daß seine Frau wohl diejenige sei, mit der man therapeutisch arbeiten müsse. Eine derartige Denkweise setzt ein Fingerspitzengefühl im »systemischen Denken« voraus, das Erickson im Laufe seiner Praxis auf ganz natürliche Art entwickelt hatte.

Ericksons Arbeit ist für den Laien nicht immer leicht zu durchschauen. Ein Versuch, sie auch dem gradlinig oder analytisch denkenden abendländischen Kulturmenschen zugänglich zu machen, findet sich in dem Buch »Therapie in Trance« von Grinder und Bandler.

*Literaturhinweise:*

Grinder und Bandler, Therapie in Trance, Stuttgart 1984
Wippich, J., Begegnung, Konstanz 1985
Zeig, J., Meine Stimme begleitet Sie überall hin, Stuttgart 1985
Rossi, L., The Collected Papers of M.H. Erickson, Irvington 1980

# Indiens Einfluß auf die Psychotherapie

Rudolf Bog

*Geboren 1928. Studium der Psychologie in München, Analyse nach Freud bei Fritz Riemann. Sieben Jahre Betriebspsychologe. Mitarbeiter an drei Fachzeitschriften. Anschließend Erziehungs-, Ehe- und Lebensberatung in Stuttgart, Mentor bei der Eheberater-Ausbildung; Supervision einer Stuttgarter Beratungsstelle. Mitarbeiter der Katholischen Akademie Hohenheim. Studium an der Stuttgarter Akademie für Tiefenpsychologie und am C.G. Jung-Institut Stuttgart, Lehranalyse nach Jung bei Helmut Eschenbach. Seit 1970 psychotherapeutische Praxis in Sindelfingen. Seit 1978 Studium der indischen Quellen.*

Die abgründige Tiefe der indischen Kultur übt auf viele westliche Menschen eine ungeheure Faszination aus, gerade auch auf uns Deutsche, da man ja sagt, das Tiefgründige sei eine Seite des deutschen Wesens. Besonders seit ein immer stärker werdendes Interesse an Selbsterfahrung und Selbstfindung mit großer Dringlichkeit aufbricht, entdecken viele, welche unermeßlichen Reichtümer dafür in der seit dreieinhalb Jahrtausenden ungebrochenen spirituellen indischen Tradition bereitliegen.

Das Wirken der zwielichtigen und umstrittenen Gestalt des Bhagwan Shree Rajneesh hat im Westen ein gewaltiges Echo in den Medien gefunden und auf diese Weise einen großen Personenkreis mit modernen spirituellen Lehren des Ostens bekannt gemacht. Gerade eine Elite der Jugend geriet in den Bann des indischen Guru, und wer sich davon wieder befreien konnte und nicht daran hängenblieb wie die Fliege im Honigglas, brachte eine völlige Veränderung seines Lebensgefühls und eine von anerzogenen Fesseln befreite Wirklichkeitserfahrung mit nach Hause. Bhagwan kann einen vertrockneten und zubetonierten Menschen zur Gärung bringen, und das ist sehr viel; zur Klärung bringen kann er nicht, denn es ist bei ihm selbst vieles ungeklärt geblieben (er hatte selbst nie bei einem Meister gelernt), und manches trägt eindeutig pathologische Züge, wie zum Beispiel seine maßlose Selbstüberschätzung.

Wer sich mit der indischen Kultur nur als Denker beschäftigt wie Albert Schweitzer, dem erscheint sie leicht als eine Mystik der »Welt- und Lebensverneinung«. Wer sich aber Indien nähert mit der Bereitschaft, jene Erfahrungen mit sich selbst nachzuvollziehen, aus denen die indische Kultur entstanden ist, für den kann die Berührung mit der indischen Kultur zur großen Entdeckung der Innenwelt werden. Damit gewinnen die vielfältigen Einflüsse, die heute von den indischen Lehren ausgehen, Anschluß an die im Westen entstandenen Schulen der Tiefenpsychologie, die mit der Pioniertat Sigmund Freuds ihren Anfang nahm. Eine Kontaktstelle für die Integration der spirituellen Invasion Indiens, wie man den Vorgang schon bezeichnet hat, ist die Tiefenpsychologie C.G. Jungs, die über Freud weit hinausgeht und uns die Möglichkeit bietet, indische Lehren aufzunehmen, ohne unsere abendländische Identität zu verlieren.

Der mystische Abgrund Indiens kann auf einen unvorbereiteten westlichen Menschen wirken wie ein »schwarzes Loch«, in dem sich seine bisherige, von der Kultur seiner Heimat geprägte Persönlichkeit auflöst. Er wird dann vielleicht in einer tropischen Palmblatthütte meditieren und sich dem göttlichen Urquell nahe fühlen, aber für die westliche Welt, für seine Familie, für seine berufliche Aufgabe ist er möglicherweise für immer verloren.

Die Wohltat der Auflösung muß aber keineswegs den Verlust der so schwer errungenen abendländischen Identität bedeuten mit ihrem Verständnis der Welt als Aufgabe, sondern kann eine erquikkende Phase auf dem Weg der Selbstfindung werden. Shiva, einer der indischen Hochgötter, ist zwar in seiner Erscheinungsform als Hara der »Wegraffer«, aber eben auch der Wegraffer aller Kümmernisse, alles dessen, was in einer Biographie verkorkst worden ist. Damit gewinnen wir Anschluß an die Aufgaben der westlichen Psychotherapie.

Die Psychotherapie setzt sich zum Ziel, psychische und psychogene, das heißt seelisch bedingte Leiden zu heilen oder zumindest zu lindern. Die Zielsetzung der Lehren Indiens geht weit darüber hinaus; sie strebt durch meditative Versenkung (samadhi) die Erfahrung der Einheit des individuellen Selbst mit dem Urgrund des Seins an. Aus der Begegnung zwischen diesen beiden kulturellen Strömungen ergeben sich eine Fülle fruchtbarer Neuschöpfungen, wie zum Beispiel die »initiatische Therapie« von Graf Dürckheim, die eine überzeugende Integration des Zen-Buddhismus enthält, einer japanischen Lehre, die ihren Ursprung ebenfalls der Tiefe des indischen Geistes verdankt.

Die Berührung mit indischen Lehren bringt auch eine Reihe von verwirrenden Problemen und Möglichkeiten des Mißverstehens. Einige der wichtigsten davon sollen kurz besprochen werden.

## Der Verlust der Weltwirklichkeit

Für den normalen westlichen Menschen ist die volle Realität der wahrgenommenen Außenwelt überhaupt keine Frage; die Beule nach dem Zusammenstoß mit einem Balken beweist ihm das zur Genüge. Die Anwendung der von der Naturwissenschaft erforschten Gesetzmäßigkeiten führt uns zum Erlebnis, »es funktioniert«. Für C. F. von Weizsäcker liegt der Grund des Erfolgs der Naturwissenschaft in ihrer Wahrheit. Einen krassen Gegensatz dazu formuliert die indische Mayalehre: Die Außenwelt ist nichts als Sinnentrug. Extreme Vedanta-Philosophen lehren sogar, die Außenwelt sei nicht existent. Der Hauptstrom der indischen Tradition folgte aber eher dem großen Shankara: Sie hat weder Sein noch Nichtsein, sie ist »anirvacaniya«, undefinierbar. Welche Konsequenzen die Mayalehre auch für einen hochgebildeten, im Christentum verankerten Europäer haben kann, sieht man an dem englischen Benediktiner Bede Griffith, der in Kerala in einem Ashram lebt. Er hat die ganze Tiefe der indischen Tradition in sich aufgenommen und schreibt: »Das Universum, das sich außerhalb von uns befindet und mechanischen Gesetzen gehorcht, gibt es nicht.« Er hält die industrielle Revolution für einen Irrweg, erwartet den Zusammenbruch der gegenwärtigen Zivilisation und nennt es eine Illusion, den Frieden und dauerhaftes Glück auf dieser Erde zu erwarten. Vielleicht wird er recht behalten, sicher aber dann, wenn sich gerade die spirituellen Menschen unter indischem Einfluß von den Aufgaben an der Welt zurückziehen.

Eine andere Auswirkung hat die Mayalehre auf die Bhagwan-

Jünger. Sie behalten ein operationales Verhältnis zur Wirklichkeit der Außenwelt, sie verstehen sachgerecht damit umzugehen, ja oft sind sie sogar exzellente Könner ihres Fachs. Aber es vollzieht sich eine Veränderung in der Werthaftigkeit der Welt. Sie wird zu einer Art Spielwiese und Genußmittel, das der Selbstbereicherung dient ohne Bewußtsein einer Verantwortung für das Ganze, ohne Solidarität mit den Leidenden.

Wenn wir aber dem Sog der indischen Mayalehre nicht erliegen, sondern sie in eine umfassendere Ganzheit im Sinne C.G. Jungs zu integrieren suchen, dann zeigt sich, daß sie von den Vorstellungen unserer modernen Physik gar nicht weit entfernt ist. In den Experimenten der Mikrophysiker zeigt sich unsere Welt der Dinge letztlich als unablässiger Wirbel von Energien, die immerzu Gebilde hervorbringen und wieder auflösen, als »kosmischer Reigen« (Fritjof Capra). Die indischen Einflüsse in den westlichen Psychotherapieformen übersetzen diese kosmologische Einsicht ins Psychologische: als Aufforderung, sich nicht an Bestehendes zu klammern (was in unserer Zeit des rapiden Übergangs besonders wichtig ist), sondern loszulassen, auch die Dinge in ihrem Sein beruhen zu lassen (Heidegger) und sie nicht nur immer für unsere Zwecke des Machens zu gebrauchen, oft zu mißbrauchen, und statt dessen mit in den Tanz des Shiva Nataraja, des Königs des Tanzes, einzutreten, der den ganzen Kosmos hervorbringt und wieder auflöst, und so – wie die abendländische Tradition gesagt hat – den »Willen Gottes« zu erfüllen.

## Die Zerstörung des Ego

Mit zu den häufigsten Mißverständnissen, die indische Einflüsse in westlichen Therapieformen ausgelöst haben, auch bei manchem Therapeuten, gehört die Forderung nach »ego-destruction« (Bhagwan). Da es auf diesem Gebiet viele halbseriöse Angebote gibt, ist eine der wichtigsten Regeln, sich den Therapeuten, dem man sich anvertrauen will, vorher genau anzusehen und Erkundigungen über ihn einzuziehen. Die Rede von der Zerstörung des Ego löst bei einem westlichen Menschen zunächst einmal Angst aus, nicht ganz zu Unrecht, denn sie kann dazu mißbraucht werden, um Menschen von sich abhängig zu machen. Die Auflösung des Ich entspricht durchaus dem Hauptstrom der indischen Tradition, in unserer Zeit vertreten zum Beispiel durch Maharishi Ramana, den

Weisen von Tiruvannamalai, an dessen Grabmal C.F. von Weizsäkker ein Erleuchtungserlebnis hatte.

Im Westen ist diese Grunderfahrung nicht ganz unbekannt; bei unseren großen Mystikern wie etwa Meister Eckehart ist es ein Grunderlebnis, aber auch manche Romantiker haben uns davon berichtet, zum Beispiel Friedrich Rückert (»Wenn die Liebe erwacht, stirbt das Ich, der dunkle Dämon«), Novalis (»Hymnen an die Nacht«) oder Richard Wagners Isolde (»In des Wonnemeers wogendem Schwall... ertrinken – versinken«). Der indische Weise, der sein Ich überwunden hat, geht nicht mehr zurück in die Mayawelt, um dort zu wirken wie wir, sondern verweilt im nirvikalpasamadhi, einem Versenkungszustand, in dem Ich und Welt sich auflösen im Einen, im »Nektarsee« (Ramakrishna), und überhaupt keine Wahrnehmung mehr erfolgt. Diesen Zustand möchte er wie Ramakrishna am liebsten gar nicht mehr verlassen, und nur um seiner Jünger willen taucht er von Zeit zu Zeit wieder auf in das Tagesbewußtsein, um sie auf ihren Weg zu führen. Auch Novalis sagt: »Wer hinübersah in das neue Land... wahrlich, der kehrt nicht in das Treiben der Welt zurück.«

Dies ist aber kein gangbarer Weg für den, der sich schon am Morgen in den Verkehr der Rush-hour stürzen muß, wo er ein präzise funktionierendes Ich braucht, um nicht mit einer gewaltigen Delle nach Hause zu kommen. Daher begann die westliche Psychotherapie bei Freud gerade mit gegensätzlicher Zielsetzung, einer Ichstärkung, um mit den andrängenden Gewalten der Innenwelt und den Forderungen der Außenwelt zurechtzukommen. Aber dies ist nicht das letzte Ziel einer Therapie, die indische Einflüsse aufgenommen hat. Bhagwan vermittelte uns das schöne Bild der indischen Tradition: Das Ich ist wie eine Frucht am Baum; wenn sie reif ist, fällt sie von selbst ab. Auch in der Schule C.G. Jungs spricht man von einer »Nach-Ich-Phase« (Erich Neumann). Nach Phasen, in denen sich unter Ängsten das verfestigte, betonierte Ich aufgelöst hat, taucht ein neues, elastisches Ich auf, das voll funktionsfähig ist, aber sich nur als Teil eines viel größeren Ganzen versteht, quasi als Manager des Selbst.

## Die Gefahr der Inflation

Eine sehr wichtige Warnung für den Umgang mit indischen Lehren kommt von der Psychologie C.G. Jungs, die uns auf die

Gefahr der Inflation, der Aufblähung der Persönlichkeit, aufmerksam macht. Wenn es mit tiefenpsychologischen oder meditativen Techniken gelungen ist, die Abwehr des Ich auszuschalten, und die Kräfte der unbewußten Tiefe einströmen, können sie ein Allmachtsgefühl erzeugen, bei dem der Mensch seine eigenen Möglichkeiten maßlos überschätzt. Nicht nur Bhagwan scheint in dieser Falle hängengeblieben zu sein, sondern auch manche andere wie zum Beispiel Joseph Murphy, ein Vertreter des »positiven Denkens«. Murphy hat in Indien viel gelernt, und es ist ihm offenbar gelungen, die große Energiequelle in den Tiefen seiner Psyche anzuzapfen. Aber irgendwie scheint seine Entwicklung aus dem Ruder gelaufen zu sein, denn er hielt sich schließlich für fähig, absolut alle Leiden dieser Welt heilen zu können. So rühmt er sich, einen chronischen Trinker durch ein einziges Gespräch geheilt zu haben. Er hatte allerdings wenig Gelegenheit, die Dauerhaftigkeit seiner Erfolge durch eine Langzeitkontrolle zu überprüfen, denn er ist nicht besonders alt geworden. (Nach alter vedischer Auffassung wäre dies ein Warnsignal, denn in den Veden, den heiligen Schriften der Inder, betrachten die alten Rishis ein volles Menschenalter von 100 Jahren als Ausdruck des Wohlwollens der Götter.)

Eine Inflation erkennt man am leichtesten an der Unfähigkeit, andere als gleichwertig gelten zu lassen. Bhagwan hält sich für den einzigen Stifter einer Religion; Buddha, Jesus und Mohammed waren Menschenverführer und Psychopathen. Ein Psychotherapeut, der selbst einer Inflation verfallen ist, wird andere von sich abhängig machen, kann zwar vieles in Bewegung bringen, aber auch manches Unheil anrichten. Bei der Auswahl eines mit indischen Methoden arbeitenden Therapeuten ist es daher ratsam, zu prüfen, ob er selbst eine Lehranalyse gemacht beziehungsweise bei welchem Guru er wie lange gelernt hat. Die alten indischen Gesetze des Manu verlangen für den Brahmanen eine Lehrzeit beim Guru von 36, 18 oder 9 Jahren oder zumindest »bis zur Meisterschaft«. Daß in den heute oft üblichen Schnellkoch-Verfahren zur Therapeutenausbildung keine Meisterschaft zu erwarten ist, kann nicht überraschen. Zur Orientierung kann man sich heute an die Faustregel einer Ausbildungszeit von mindestens drei bis fünf Jahren halten, um einigermaßen sicher zu gehen, daß man es mit einem fachkundigen Therapeuten zu tun hat.

## Die bedingungslose Hingabe an den Guru

In der indischen Tradition ist die Einstellung des Schülers zum Guru eindeutig festgelegt: »gewillt ihm zu dienen und zu unbedingtem Gehorsam bereit« (Heinrich Zimmer). Aber der westliche Mensch muß dabei beachten, daß diese Hingabe nicht in erster Linie dem Guru persönlich gilt, sondern der uralten Tradition, die er in sich aufgenommen haben soll. Wenn also im Westen Therapeuten auftreten, die mehr experimentieren als Traditionen vertreten, können sie sich bei einem Anspruch auf absolute Hingabe nicht auf die indische Tradition berufen. Auch Sigmund Freud verlangte von seinen Patienten einen Verzicht auf jede kritische Überprüfung und eine Auslieferung aller Einfälle. Ein solches Verfahren hat auch seine Nachteile, weil Therapeut und Klient damit in ein System eintreten, wo Irrtümer des Therapeuten nicht korrigiert werden können. Darum sagte sein berühmtester Patient, der »Wolfsmann«, später mit einem gewissen Recht: »Eigentlich müßte ein Psychoanalytiker nach Freud so eine Art Gott sein« (Karin Obholzer).

In der heiligen Schrift der Sikhs, dem Adi Granth, gibt es die Begriffe »gurmukhi«, dem Guru zugewandt, und »manmukhi«, sich selbst zugewandt; letzterer geht der Gnade Vishnus, eines indischen Hochgottes, verloren. Hier ist für unsere westliche Therapiepraxis folgende Unterscheidung nötig: Wenn manmukhi bedeutet, seinem eigenen kleinen Ego verhaftet zu sein, das im Kopf sitzt und alles für machbar hält, dann ist es schädlich und gerade das, was in einer Therapie zu überwinden ist. Wenn es aber bedeutet, hinzuhören auf die Impulse aus der Tiefe des eigenen Selbst, auf den »antaryamin«, den heimlichen inneren Lenker, dann ist es gerade die Instanz, die den Weg zur Heilung weisen kann und auf die der Klient wie auch der Therapeut angewiesen sind.

Zu warnen ist vor einem Therapieverfahren, das einen Menschen entmündigt, mag es nun aus Indien stammen oder sonstwoher. Entmündigung ist auf dem Weg zur Selbstfindung nicht erforderlich, kann im Gegenteil dazu führen, daß man auf halbem Wege steckenbleibt. Zu wünschen ist eher eine Einstellung des Therapeuten dem Klienten gegenüber, die man in der christlichen Tradition »cum magna reverentia« genannt hat, mit großer Ehrerbietung. Auch dies kann ein nützlicher Maßstab sein für die Auswahl des jeweils richtigen Therapeuten in dem unübersehbaren Angebot.

## Die Selbstfindung als Individuation

Alte indische Schriften warnen vor der Gefahr »vacarambhana«, vor dem Sich-an-Worte-Klammern. Für uns westliche Menschen heute sind nicht die Worte und Begriffe wichtig, sondern die Erfahrungen. Die Erfahrungen Indiens sind so tiefgehend und alles verändernd, daß sie dort, wo sie in Worten mitgeteilt werden, leicht mißverstanden oder einseitig aufgefaßt werden. So sprechen auch moderne, psychologisch »durchgeknetete« Buddhisten vom Ich als einer »Illusion«, einer »Scheinexistenz« (Franz Ritter) oder davon, daß Befreiung »nur die Befreiung von der Vorstellung seiner selbst als eines autonomen Individuums« sei. Dies darf nicht so verstanden werden, als führe das Eintauchen des Ich in den Urgrund zu einer Auslöschung der Einmaligkeit des Individuellen. Alle großen indischen Meister, die der Westen persönlich näher kennengelernt hat, wie Vivekananda, Aurobindo, Ramana, unterscheiden sich auf eine unverwechselbare Weise voneinander, aber sie legen keinen Wert darauf; es handelt sich quasi um ein unwichtiges Nebenergebnis. Wer die acht Versenkungsstufen des klassischen Buddhismus erreicht, von der »ruhegeborenen seligen Heiterkeit« über die »Meeresstille« des Gemüts bis zur »Auflösung der Wahrnehmbarkeit«, dessen Interesse an der Welt verändert sich ebenso wie das an seiner eigenen Einmaligkeit. Wir im Westen dagegen verstehen gerade die höchstpersönliche Farbigkeit des Individuums als Aufgabe der Selbstverwirklichung, als Auftrag in der Welt, die ohne uns ärmer wäre; daher nennt Jung den Weg der Selbstwerdung »Individuation«. In seiner Psychologie begegnet uns die Paradoxie des Selbst: Je tiefer ein Mensch in sein eigenes Selbst eindringt, um so mehr findet er seine unverwechselbare Einmaligkeit, um so mehr findet er aber auch das ihn mit allen Menschen, ja mit allen Wesen Verbindende, die gemeinsame Urquelle. An diesem Punkt können sich indische Weisheit und westliche Psychologie in besonders fruchtbarer Weise begegnen, wenn nicht ein halbgebildeter Therapeut durch schlecht verdaute indische Lehren sich und seine Klienten in den unverstandenen Abgrund stürzt. Auch Indien kennt den Unterschied zwischen jivatman, dem persönlichen Selbst, und paramatman, dem höchsten Selbst als Urgrund der Welt, nur liegt das indische Interesse eindeutig beim Weltgrund in mir. Unsere westlichen Therapieformen legen dagegen mehr den Akzent auf die Einmaligkeit des Individuums (»Ich bin ich und du bist du«, Perls). Es handelt sich hier aber keineswegs um eine prinzipielle Unvereinbarkeit der Gesichtspunkte, sondern um eine im jeweiligen Kulturzusammenhang notwendige verschiedene Akzentuierung der gleichen Erfahrung (»peak-experience« bei Abraham Maslow, Gipfelerfahrung). Indien kann uns von einem Individualismus erlösen, der uns zum Gefängnis geworden ist, das uns von der Natur um uns und der Lebensquelle in uns trennt. Wer aber nicht die Möglichkeit oder die Berufung hat, unter einer Ficus religiosa, dem heiligen Feigenbaum, im tropischen Halbschatten in den nirvikalpa-samadhi einzugehen, sondern tagsüber einen Computer bedienen muß, der tut besser daran, unseren abendländischen Akzent auf die Individualität des Selbst zu legen, anstatt im göttlichen Abgrund des Urquells zu versinken und mit Novalis die Welt um sich herum allzu lange zu vergessen.

Abschließend läßt sich sagen, daß wir uns erst am Beginn einer Entwicklung befinden, am »Anfang eines Anfangs« (Karl Rahner). Es ist, als ob wir in eine Stromschnelle geraten wären, und keiner kann genau sagen, ob wir auf einen Katarakt zutreiben oder aufs offene Meer. Sicher ist nur, falls wir noch einmal die Kurve kriegen, daß die unermeßlichen Reichtümer Indiens uns eine große Hilfe sein können, vielleicht doch noch bis ins ersehnte new age zu gelangen.

*Literaturhinweise:*

Graf Dürckheim, Karlfried, Erlebnis und Wandlung. Grundfragen der Selbstfindung, München, Wien 1982[2]

Jung, C. G., Zur Psychologie westlicher und östlicher Religion, Gesammelte Werke, Band 11, Olten 1983[4]

Mildenberger, Michael, Die religiöse Revolte, Fischer-TB 4208, Frankfurt 1979

# Initiatische Therapie

Paula Ursula Weber

*Geboren 1951. Studium der Sozialpädagogik in München. Langjährige Tätigkeit in einer psychosozialen Beratungsstelle und einer Fachklinik für Drogenabhängige. Ausbildung in Gestalttherapie am Fritz Perls-Institut; Ausbildung in initiatischer Therapie bei Karlfried Graf Dürckheim und Maria Hippius; Heilpraktikerausbildung. Seit 1982 in eigener Praxis auf dem Gebiet der Einzel-, Paar- und Gruppentherapie tätig.*

*Erst wo das Viele verschwindet,*
*das wir als Welt-Ich haben,*
*kann die Fülle aufgehen,*
*die wir im Wesen sind.*

*Karlfried Graf Dürckheim*

## Die Begründer

Die Initiatische Therapie geht auf Karlfried Graf Dürckheim (*1896) und seine langjährige Weggefährtin und heutige Ehefrau Maria Hippius (*1909) zurück. Durch das Studium bei F. Krüger und F. Sander fühlen sich beide der Ganzheits- und Gestaltpsychologie verpflichtet. Die Auseinandersetzung mit dem Zen-Buddhismus und mit östlicher und westlicher Mystik während eines achtjährigen Japanaufenthaltes hat die Arbeit von Karlfried Graf Dürckheim stark geprägt. Maria Hippius wurde in ihrer Entwicklung durch die Auseinandersetzung mit E. Neumann und C.G. Jung beeinflußt. Graf Dürckheim und seine Frau sind auch die Begründer der existential-psychologischen Bildungsstätte in Todtmoos-Rütte im Schwarzwald. Dieses Zentrum ist ein Ort der Begegnung für Menschen auf dem initiatischen Weg.

## Was heißt initiatisch?

Das Wort initiare kommt aus dem Lateinischen und heißt einführen. Die initiatische Therapie versteht darunter »das Tor zum Geheimen öffnen« (Dürckheim). Mit dem Geheimen ist dabei die religiöse Dimension des Menschen gemeint. Diese trägt jeder von uns in sich, auch wenn sie ihm nicht bewußt ist. Sie wird in der initiatischen Therapie auch als Wesen oder Wesenskern, als wahres Selbst oder in Anlehnung an C. G. Jung als »immanente Transzendenz« oder das Numinose bezeichnet.

Die Initiatische Therapie geht davon aus, daß der Mensch neben seiner Bezogenheit auf diese Welt und seiner Aufgabe in dieser Welt auch teil hat an einem überweltlichen Sein, und beruft sich dabei auf das Erspüren und Ernstnehmen dieser Seinserfahrungen. Sie geht weiter davon aus, daß es wirkliche Gesundung und Erneuerung nur durch und über das Ernstnehmen der religiösen Urerfahrung gibt. Das Ernstnehmen dieser Wesens- und Seinserfahrung ist die Basis dieser Therapie und Menschenführung.

## An wen wendet sich die Initiatische Therapie?

Die Initiatische Therapie steht jedem offen, der solche Seinserfahrungen sucht. Im besonderen wendet sie sich an Menschen, die daran leiden, daß sie den Kontakt zu ihrem innersten Wesen verloren haben. Dies kann sich zum Beispiel in dem Gefühl äußern, sich in einer Sackgasse zu befinden; als diffuse, wenig beschreibbare Unzufriedenheit mit der eigenen Lebenssituation. Oder auch als Gefühl, zwar gut zu funktionieren, aber nicht wirklich zu leben. Solches Leiden kann auch mit der Ahnung verknüpft sein, daß es da noch »etwas anderes« geben muß als das, was ich mit meinem Verstand erfassen kann. Ich kann zum Beispiel die Erfahrung gemacht haben, daß mir in meiner größten Auswegslosigkeit plötzlich eine Kraft zuwächst, deren Ursprung ich nicht erklären kann. Ein weiterer Grund, Hilfe durch initiatische Begleitung zu suchen, ist, daß ich irgendwann schon einmal Seinserfahrungen erlebt habe und mir den Weg dafür wieder öffnen möchte.

## Der initiatische Weg

Die Initiatische Therapie ist eine erfahrungs- und übungszentrierte Begleitung auf dem Weg eines Menschen zu seinem innersten Wesen. Dabei geht es um

– *die Wahrnehmung von Seinserfahrungen.* Seinserfahrungen und Erlebnisse mit oft unbeschreibbaren numinosen Qualitäten haben die meisten Menschen schon einmal gemacht. Oftmals werden solche Erlebnisse dann aber abgetan und vergessen. Es sind dies Situationen, in denen wir berührt werden von einer übernatürlichen Kraft, die wir nicht durchschauen und begreifen können. Viele Menschen haben Erinnerungen an heile Naturerlebnisse, an den bestimmten Klang eines Wortes, eines Tones. Viele haben auch schon die Erfahrung gemacht, plötzlich etwas in einer ganz geheimnisvollen Weise zu sehen, etwas, was dadurch einen anderen als den gewohnten Sinn bekommt. Von einem solchen Erlebnis können wir uns leicht wieder distanzieren. Erst wiederholtes Berührtwerden kann uns aufhorchen lassen und in uns die Gewißheit wachsen lassen, daß wir das, was wir spüren und erfahren, »im Grunde« auch sind, daß sich da unsere eigentliche Wirklichkeit ausdrückt.

– *das Erkennen und Bearbeiten der Gründe, die uns den Weg zu uns selbst verstellen.* Dies ist der tiefenpsychologische Aspekt des inneren Weges. Die Aufarbeitung blockierender Kindheitserfahrungen, neurotischer Verhärtungen bis hin zur Auseinandersetzung mit dem eigenen Schatten, der uns unweigerlich auf dem Weg begegnen wird, gehören dazu. Ebenso werden wir uns mit der Formung unseres Ich auseinandersetzen müssen. Die Initiatische Therapie spricht vom Loslassen des Ich und meint damit nicht die Vernichtung, das Formloswerden des Ich. Loslassen des Ichbewußtseins meint vielmehr durchlässig zu werden, sich verwandeln zu lassen aus dem Wesen heraus mit dem Ziel, wirklich Person zu werden. Karlfried Graf Dürckheim bezeichnet das Wesen als »die Weise, in der überweltliches Leben in uns und durch uns manifest werden möchte in der Welt«. Das ist nur möglich, wenn unser Ich eine Gestalt hat.

– *die Entwicklung der Ausgewogenheit der inneren Kräfte.* Im Osten werden die beiden Grundkräfte, die das Bewußtsein und Verhalten prägen, yin und yang genannt. Yang als die verdichtende, formende Kraft, die sonnenhaft und gezielt ist, yin als die verwandelnde, fließende Kraft, die mondhaft und intuitiv ist. Nur im Wechselspiel dieser beiden Kräfte kann der Mensch seine Ganzheit finden. Es ist deshalb notwendig, sein eigenes Kräftespiel zu kennen und gegebenenfalls zu entwickeln.

– *das konkrete Üben oder das Exerzitium.* Üben bedeutet hier, aus dem Wunsch nach Verwandlung heraus sich für diese Verwandlung bereiten, daran arbeiten. Diese Arbeit besteht im alltäglichen Wachsein, und in diesem Sinn kann man immer üben. Üben ist also eine Grundhaltung in allem, was wir tun. Bestimmte Übungen können uns helfen, in diese Grundhaltung zu kommen. Dabei ist wichtig, daß wir es regelmäßig tun, uns dafür eine bestimmte Zeit vornehmen, und vor allem, daß die Übung einfach und dadurch wiederholbar ist. In den initiatischen Übungen geht es nur darum, eins zu werden mit dem, was man in der Übung tut, und loszulassen, was einen am Einswerden hindern möchte.

Zur Wegbegleitung eines suchenden Menschen benutzt die Initiatische Therapie verschiedene meditative Praktiken. Hierzu gehören vor allem das *»geführte Zeichen«*, die *Arbeit am Tonfeld* und die *personale Leibtherapie*. Eine besondere Grundübung des initiatischen Weges ist das Sitzen in der Stille. In die Arbeit einbezogen werden weiter verschiedene Medien wie Musik, Malen und Tanz sowie östliche Disziplinen wie Aikido, Taichi, Bogenschießen und anderes. Alle diese Übungsformen haben das Einüben in die Begegnung mit sich selbst, das Erfahren des Einsseins und damit das Heilwerden aus dem Ursprung zum Ziel.

## Die Bedeutung der Leiblichkeit in der Initiatischen Therapie

In der Initiatischen Therapie wird unterschieden zwischen dem »Körper, den ich habe«, den ich trainiere, gesund und leistungsfähig erhalte, und dem »Leib, der ich bin«. Der Leib ist der Ausdruck dessen, was ich und wie ich in der Welt da bin.

Durch wiederholtes Wahrnehmen dessen, was uns beeindruckt, was wir einverleiben und was wir im Leib ausdrücken, ist Leibbewußtsein zu erlernen. Dazu braucht es Zeit, Konzentration, Ausdauer und die Bereitschaft zu üben. Erfahren wir uns am Anfang meist als Übender und Beobachtender zugleich, so kann durch stetes Üben dieses Zweisein langsam überwunden werden. Dann ist leibseelische Einheit erfahrbar. Unsere Wesenhaftigkeit ist nur im Leib erfahrbar, und es ist unsere Aufgabe, uns zu verleiblichen.

Eine Unterstützung dabei ist die personale Leibtherapie. Hier arbeitet der Therapeut direkt am Leib. Er bedient sich dabei verschiedener Behandlungstechniken (z.B. Shiatsu, Methoden aus den Atemtherapien, Polaritymassage). Das Spezifische ist jedoch das Bewußtsein, mit dem der Therapeut arbeitet. Sein Augenmerk ist darauf gerichtet, zu schauen, wo Leben fließt und wo nicht. Auch wenn er zum Beispiel den Atem beachtet, behandelt er nicht »den Atem« oder »den Muskel«. Er modelliert den Menschen in seiner Ganzheit, als ganze Person.

Dies sei an einem Beispiel verdeutlicht: Eine Frau kommt zu mir in die Praxis, sie ist Mitte Vierzig. Sie klagt darüber, daß sie in ihrem Leben keinen Sinn mehr sieht. Sie fühle sich leer, ausgebrannt, und auch ihre Beziehungen könnten sie nicht mehr erfüllen.

Während die Frau spricht und erzählt, fällt mir als erstes ihre körperliche Haltung auf. Sie sitzt mit eingezogenem Kopf vor mir, ihr Brustkorb wirkt verkümmert, und ihre Beine hält sie fest geschlossen. Sie weiß sehr viel über sich, doch scheint dieses Wissen ihr bisher bei ihrem Problem nicht geholfen zu haben. Ich schlage dieser Frau eine leibtherapeutische Begleitung vor. Ich bitte sie, sich auf den Boden (auf eine Matte) zu legen, und gebe ihr Anweisungen, sich und den Boden zu erspüren. Danach nehme ich sie »in die Hand«, das heißt, durch das Halten der Hand nehme ich Kontakt auf und versuche mit ihr vertraut zu werden. Dabei fordere ich sie auf, sie möge doch versuchen, mir ihre Hand wirklich zu überlassen. Sie äußert, daß sie die Hand am liebsten zurückziehen möchte. Danach nimmt sie langsam die Wärme meiner Hand wahr, spürt ihre Ambivalenz zwischen Loslassen und Zurückziehen in ihrer Hand. Ganz allmählich lösen sich die Muskeln in ihrem Handgelenk, und ihre Hand ruht erst leicht und dann immer schwerer in der meinen. Tränen stehen ihr in den Augen: »Es ist, wie wenn ich auch loslassen darf«, und im weiteren Prozeß: »wie wenn ich heimkommen darf.«

Bei den weiteren Behandlungen gebe ich ihr immer wieder die Anweisung, das Überlassen zu üben: sich dem Atem zu überlassen, meiner Hand und dem, was durch diese Berührungen ausgelöst wird. Ich versuche sie durch meine Berührungen darin zu unterstützen, Widerstände, Blockierungen, Spannungen und Fehlhaltungen zu lösen, damit das Leben in ihr spürbar werden und zum Strömen kommen kann.

In einer der nächsten Stunden beginnen sich plötzlich ihre Schultern unter meiner Hand zu senken, und in der Nachbesprechung äußert sie, daß ihr bewußt wurde, wie sehr sie sich in ihren Schultern verstecken will, keinen freien Hals zeigen will. Ich bitte sie, auf ihre Träume zu achten, und in den nächsten Stunden arbeiten wir vorrangig an ihren Träumen und den Ängsten, die darin deutlich wurden. Nach weiteren Stunden bringt sie zwei Bilder und meint dazu: »Das eine ist vor, das andere nach der Stunde, wo ich zum ersten Mal meinen Rücken ganz spüren und öffnen konnte.« Die beiden Bilder unterscheiden sich hauptsächlich durch die Farben: Das erste ist blaß und mit dünnen Strichen gezeichnet, das andere voll kräftiger, fließender Farben mit einem »Strahlenkranz«, wie sie sagt. Der erste Schritt, sich in ihrem Leib bewußt zu werden und wahrzunehmen, wie sie da ist, ist getan.

Ich lade sie weiter ein, immer mehr aufzugeben, sich zu halten und zu verschließen im Leib; nicht mit dem Ziel, lockerer zu sein, sondern ihrem inneren Lebensstrom mehr Raum zu geben. So führt das äußere Berührt-Werden zum Sich-berühren-Lassen von innen. Es gelingt ihr immer mehr, dieser inneren Erfahrung zu vertrauen und sich auf sie einzulassen. Eine große Befreiung und Ruhe wird spürbar, eine Kraft kommt ins Fließen. Und zugleich wächst auch das Bedürfnis, Verantwortung dafür zu übernehmen. Das heißt hier: Ich habe mit meinem Leben, meinem Bewußtsein und meiner ganzen Haltung darauf zu antworten, denn Seinserfahrungen allein sind noch keine Initiation.

Jetzt wird die Wandlung auch im Alltag deutlich. Ich unterstütze die Arbeit, indem ich ihr Übungen mitgebe, die sie zu Hause täglich machen kann, zum Beispiel das Sich-Einüben in die Verankerung in der Leibesmitte, der eigenen leiblichen Basis, auch Haraübung genannt (hara, aus dem japanischen, bedeutet Bauch), um aus dieser Mitte heraus ihr tägliches Tun zu gestalten.

Mich zu öffnen, wo ich verschlossen bin, mich niederzulassen, wo ich mich heraushalte, mich einzulassen auf die in mir anwesende Kraft, um mich von ihr verwandeln zu lassen, das ist das Ziel der personalen Leib- und Initiatischen Therapie.

Neben der existential-psychologischen Bildungsstätte in Todtmoos-Rütte haben inzwischen viele Schülerinnen und Schüler von Karlfried Graf Dürckheim und Maria Hippius eigene Zentren oder Praxen eingerichtet. Je nach Therapeuten und Begleiter gibt es dort die Möglichkeit initiatischer Wegbegleitung und/oder der Einführung in die verschiedenen Übungswege.

*Literaturhinweise:*

GRAF DÜRCKHEIM, KARLFRIED, Vom doppelten Ursprung, Freiburg 1985[9]
OSTERTAG, SILVIA, Einswerden mit sich selbst, München 1983
SCHOELLER, GISELA, Heilung aus dem Ursprung, München 1983

# Katathymes Bilderleben

Hannelore Eibach

*Dr. med., geboren 1932. Psychotherapeutin in eigener Praxis, lebt in Göttingen und arbeitet mit dem Katathymen Bilderleben in der Einzel-, Gruppen- und Paartherapie. Dozentin am Institut für Katathymes Bilderleben mit Schwerpunkt Psychosomatik. Neuere Arbeiten beschäftigen sich mit dem Tanz und der Imagination in der psychosomatischen Medizin.*

Das Katathyme Bilderleben (K.B.) ist ein Tagtraum-Verfahren, ein imaginatives Verfahren. Sein Name leitet sich aus dem Griechischen ab: kata thymos – Bilderleben aus der Emotionalität. Das Verfahren basiert auf der menschlichen Fähigkeit zu bildern – bildhaft vor dem inneren Auge zu schauen, was an Bedürfnissen, Spannungen und Ängsten im Erleben zur Gestaltung drängt. Leuner hat in dem von ihm entwickelten Verfahren, dem K.B. oder Symboldrama, diese Fähigkeit zur Grundlage genommen, um die durch die Imagination mobilisierten Stimmungen und Affekte und auch den Symbolcharakter der Bilder zur therapeutischen Arbeit, zur Lösung und Bewältigung unbewußter Konflikte und Ängste in der Therapie einzusetzen. Das Verfahren ist tiefenpsychologisch fundiert und in Grund-, Mittel- und Oberstufe gegliedert. Eine Strukturierung erfolgt durch vorgegebene Motive, um eine langsame Freisetzung unbewußten Materials einzuleiten und eine wiederholte

Durcharbeitung zu gewährleisten. Die Wirksamkeit des Verfahrens beruht zusätzlich auf der stützenden und vertrauensbildenden Haltung des Therapeuten. Er schafft die Atmosphäre, die der Patient zur Darstellung, Entwicklung und Bearbeitung seiner Seelenbilder benötigt.

### Bilder sind Tore zum Unbewußten

In der Imagination findet der Patient einen Weg, ihn Erfreuendes oder Belastendes wahrzunehmen, Gefühle und Stimmungen als etwas noch nicht Erfaßbares im Bild prägnant und klar zu erleben und im Dialog an den Therapeuten weiterzugeben. So wird Sprachlosigkeit überwunden und unbewußtes Material, das sprachlos machte oder in Sprache nicht darstellbar ist, gefördert.

*Beispiel:* Eine Patientin, die mich wegen einer depressiven Symptomatik aufgesucht hatte und auch im K.B. sehr depressive Inhalte darstellte, sah ganz plötzlich und unerwartet in einer Sitzung eine helle, frühlingshafte Wiese; mitten darin tauchte ein Backhaus auf, und es duftete herrlich nach frischem Brot. Sie geriet in helle Erregung. Was war geschehen? Was sie noch nicht wissen und daher nicht in Worte fassen konnte, die Empfängnis eines lang ersehnten Kindes, hatte sich ihr im Bild deutlich dargestellt. Ihre innerseelische Gefühlsregung, die plötzliche Veränderung hatte im K.B. in Bildinhalt, Dynamik und Farbwechsel ihren Ausdruck gefunden.

### Bilder als Tore zum Unbewußten können auch ins Dunkle, Angstbesetzte führen

*Beispiel:* Eine Patientin sieht einen Baum, der am Stamm eine Spaltung aufzeigt und die Blätter abwirft. Wochen später erkrankt sie an einer unheilbaren Leukämie.

### Bilder ermöglichen Begegnung und Auseinandersetzung mit sich selbst

*Beispiel:* Eine Studentin sucht mich wegen ihrer Beziehungsproblematik auf. Wiederholt sieht sie eine Blume, die zu verwelken droht. Sie ist ratlos, denn die Blume steht in guter, feuchter Erde. Aus der rechten Bildseite taucht mehrmals eine Gießkanne auf, wenige Tropfen daraus reichen, um die Blume wieder aufzurichten. Sie gewinnt keinen Zugang zu dem Geschehen und entschließt sich zur Verwandlung in einen Käfer, um sich das Wurzelwerk anschauen zu können. Es wird ein mühsamer Gang ins Dunkle. Sie trifft auf ein weit verzweigtes und verfilztes Wurzelwerk, es reicht bis in eine Tiefe, wo »die Mutter jetzt ruhen könnte«. Beim Bildern selbst ist sie tief bewegt und voller Schmerz und Trauer. Im nachhinein erkennt sie darin eine ungelöste Beziehung zur Mutter. In der Blume findet sie einen Anteil von sich selbst wieder, in der Gießkanne die gestörten Beziehungen zu ihren Freunden, denn sie ist gedanklich mit aller Kraft noch an die Mutter gebunden.

Immer sind es Bilder von tiefer Eindringlichkeit, die der Patient aus sich herausstellen, betrachten und neu in sich aufnehmen kann. Diese Begegnung und Auseinandersetzung mit dem Bild schafft Veränderung.

### Selbstinterpretation der Symbole

*Beispiel:* Ein junger Student sucht mich wegen erheblicher Arbeits- und Kontaktstörungen auf. Er sieht eine Sonnenblume mit einer viel zu großen Blüte auf einem schwachen, kaum sichtbaren Stengel. Nur ein kümmerliches, schlaffes Blatt ist sichtbar, verwurzelt ist der Stengel nicht. Ich lasse ihn die Kerne im Blütenkopf abtasten, er hält entsetzt inne. Viele sind hohl. Im Nachgespräch deutet er selbst dieses Bild als Ausdruck seiner Kopflastigkeit im Zusammenhang mit einem Studienfach, mit dem er sich nicht identifizieren kann. Mit Hilfe von Assoziationen entfaltet er nach und nach den symbolischen Inhalt und bekommt Zugang zu seiner frühen Kindheit, zu seinen Angst- und Verlassenheitsgefühlen, als die Eltern sich trennten und er nirgendwo zu Hause war. Wurzellos, wie er es in der Sonnenblume imaginiert.

### Bilder-Symbole sind Ausdrucksmittel für Verdrängtes und Verborgenes

*Beispiel:* Ein junger Wissenschaftler sucht Hilfe wegen gleichbleibender Schwierigkeiten am Arbeitsplatz. Trotz guter Kenntnisse vermag er sich Vorgesetzten und Mitarbeitern gegenüber nicht mit seinen Vorstellungen verständlich zu machen. In Sitzungen, in denen er sehr bedrückt und angespannt wirkt, taucht häufig eine Wiese auf. Er erlebt sie als warm, bergend, ihm Spiel- und Bewegungsraum gewährend. Unerwartet zieht etwas Dunkles, Bedrohliches, Mächtiges ins Bild. Er schreckt hoch, doch die Wiese hält ihn fest, viel zu fest, um handlungsfähig zu werden. Er sucht Schutz und findet eine Vertiefung in der Wiese, eine Höhle, die ihm mütterlich bergend Schutz gewährt. Während er verharrt, geschieht nichts, und er entschließt sich, das Unwesen, einem Stier ähnlich, zu füttern. Es wächst und wird dadurch noch bedrohlicher und mächtiger, so daß er in die Höhle zurückflieht, sich dieses Mal aber klein und hilflos fühlt. Ich ermutige ihn, herauszukommen und standzuhalten. Er legt sich eine schützende Rüstung wie ein »wilder Schütze« an, das Wilde ist seine Angst, die er körperlich kaum zähmen kann, und fordert das Unwesen zum Zweikampf heraus. Nun stehen sie sich gegenüber. Er nimmt auf meine Aufforderung hin Blickkontakt mit dem Unwesen auf, schaut ihm lange in die Augen, die ihren bedrohlichen Ausdruck verlieren, und plötzlich ertönt ein lauter Knall, das Unwesen schrumpft, verwandelt sich in ein Reitpferd, neigt seinen Kopf interessiert zu ihm hin, und er verspürt Lust aufzusteigen.

Was hat sich ereignet? Im K.B. hat der junge Mann seine Konflikte auf die Symbolebene verlagert, um sie angstfreier anschauen zu können. In der Symbolkonfrontation wagt er mit Hilfe des Therapeuten die Bearbeitung eines frühkindlichen Konfliktes, die Auseinandersetzung mit dem Vater. Konfliktbewältigung bereitet sich vor, kündigt sich an, indem der junge Patient im mehrfach auftauchenden Bild der angenehm warmen Wiese sein Verhaftetsein im mütterlichen Bereich erkennt; die Wiese hält ihn fest, in der Höhle wird er klein und anlehnungsbedürftig. In der Symbolkonfrontation lernt er standhalten, muß nicht mehr beschwichtigen; er erprobt neue Begegnungs- und Verhaltensweisen. In den Nachgesprächen bringt er viele Einfälle, erinnert sich an ähnliche Verhaltensweisen im Alltag, die ihn hinderten, erwachsen zu werden, seinen »Mann« zu stehen. Seine eigenen Möglichkeiten und Kräfte kennt er nicht, das hat ihn in Auseinandersetzungen mit Vorgesetzten so hilflos gemacht.

Das K.B. vermag einen kreativen Prozeß in Gang zu setzen, Entwicklungen und neue Sichtweisen anzudeuten. Wiederholtes Durchleben und Durchleiden, schmerzhafte Erinnerungen bilden die Basis, aus der sich Lösung und Neubeginn entwickeln können, damit aus Erstarrung Lebendigkeit entsteht, die nicht schmerzfrei zu haben ist.

### Im Bild kann das Unsagbare sagbar werden

*Beispiel:* Eine junge, magersüchtige Frau bildert in Wiese, Bach, Haus immer gleichbleibende Inhalte. Es sind Bilder, die durch Leere, Nebel, Unendlichkeit und Menschenlosigkeit bestimmt sind. Es ist eine Beschwörung von Zeit-, Ort- und Beziehungslosigkeit als Ausdruck ihrer Ungeborgenheit und Verlorenheit in dieser Welt. Immer wieder wählt sie im K.B. das Tor als Symbol der Hoffnung, in neue Bereiche und Erfahrungen vorzudringen, die nicht durch Leere und Beziehungslosigkeit bestimmt sind. Im Bild stößt sie nur auf Unbekanntes, Unvertrautes. Mit den Händen versucht sie ihre Orientierungslosigkeit zu überwinden; doch sie sind ihr nicht zugehörig (im Bild tauchen sie losgelöst von ihr in einer unteren Bildecke auf). Langsam verdichtet sich der Ausdruckswert der Hände als Suche nach dem ganzen Menschsein. Erinnerungen aus der vorsprachlichen Zeit, bewahrt in ihrem Körperschema, werden bildhaft: eine Mutter, die ihr aus Berührungsangst als Säugling die Hände fest an den Körper gebunden hat. Berühren und Berührtwerden als notwendige Grunderfahrung übt sie im K.B. im Tasten von Gras, von Bäumen und so weiter ein. Anschließend dient ihr das K.B. als Projektionsfläche, um sich in selbstgeschaffenen Märchen einen neuen Lebensentwurf zu formen; in Erzählungen schafft sie die notwendige Distanz zu sich selbst, um die eigene Betroffenheit durch die Imagination aushalten zu können. Ihre »Menschwerde-Märchen« machen es ihr später möglich, in Sprache zu übersetzen, was sie jenseits von Sprache erfahren hat.

### Bilder-Symbole als Träger von Urerfahrungen ermöglichen eine Selbstdefinition

Neben der Blume ist es der Baum, der im K.B. immer wieder zur Selbstdefinition anregt. Als Sinnbild der sich stets erneuernden Natur, der in dieser Welt wurzelt und gleichzeitig emporstrebend über sie hinauswächst, ist der Baum dem Menschen ähnlich.

*Beispiel:* Ein Mann sieht einen in die Höhe schießenden Stamm und nur in der allerhöchsten Höhe eine kärglich ausgebildete

Krone, er überragt alle und kann mit keinem weiteren Baum Kontakt aufnehmen.

Eine andere Patientin stellt bei der Imagination ihres Baumes bei Berührung fest, daß seine Blätter spitz wie Nadeln sind; man muß Abstand halten, um sich nicht zu verletzen.

Bäume ohne Wurzeln, zu hohe und nicht tragfähige Stämme, beschädigte Rinden, zahlreiche Narben, kranke Blätter oder geringer Blattwuchs, Fruchtlosigkeit – immer sind es Bilder verdichteter Erfahrung, offener als Sprache; sie geben Raum zur Entfaltung und zur Ausformung.

### Bildern im therapeutischen Schutz

Imaginationsprozesse benötigen eine Atmosphäre des Vertrauens und der Geborgenheit, des Angenommenseins, wenn Rückzugsphasen und vorwärtsdrängende Phasen als zwei sich ergänzende Schwingungen im therapeutischen Prozeß das neue Selbstverständnis ermöglichen sollen. Der K.B.-Therapeut ist Partner im Dialog. Er ist engagierter Begleiter, mitschauend, einfühlsam mitschwingend; er schützt, wo Schutz für den Patienten sich als notwendig erweist; er ermutigt, wo die Konfliktbereitschaft heranreifen soll.

Was vermag das K.B. zu leisten? In Situationen emotionaler Belastung, ferner bei Neurosen und bei Psychosomatosen hat das K.B. als tiefenpsychologisch fundiertes therapeutisches Verfahren einen hohen Stellenwert und einen breiten Anwendungsbereich. Es bietet die Möglichkeit, andrängende Inhalte des Unbewußten, die unser Begreifen und damit die Möglichkeit, etwas in Begriffe zu fassen, übersteigen, also Konflikthaftes im Bild, im Symbol darzustellen. Die Imagination und Erinnerungsbilder werden durch leichte Entspannungsübungen geweckt, und einmal angeregt durch Standardmotive, entwickeln sie sich spontan weiter. Mittels einer speziellen und variablen Technik können sie vom Therapeuten gelenkt werden. In der Regel entwickeln sich bedeutungsvolle Bilder von Symbolcharakter, begleitet von intensiven Gefühlen, Stimmungen und Affekten. Die Möglichkeit, ein Bild von tiefer Eindringlichkeit aus sich herauszustellen, zu betrachten, regt den Patienten zu intensiver Schau und weiterführenden Assoziationen an. Darauf beruht die hohe therapeutische Wirksamkeit.

Die *Grenzen des Verfahrens* liegen dort, wo der Therapeut die

Psychodynamik des Patienten nicht voll erfaßt und seine eigenen Grenzen nicht klar genug wahrnimmt. Wahlloses Bildern und mangelhafte Aufarbeitung beeinträchtigen ebenfalls die therapeutische Wirksamkeit. Die heilende Wirkung liegt in gezielter Anwendung; neue Einsichten brauchen Raum und Behutsamkeit im Umgang mit den Bildern. Ein altes Sprichwort nennt das Leid die »Mutter der Bilder«. Linderung erlangt der an sich selbst Leidende in der Rückbesinnung auf seinen bildhaften Urgrund.

*Literaturhinweis:*

Leuner, Hanscarl, Lehrbuch des Katathymen Bilderlebens, Bern 1985

# Kinderpsychotherapie

Gabriele Volk

*Dr. phil., studierte Romanistik und Pädagogik. Anschließend Studium der Kinder- und Jugendlichen-Psychotherapie am C.G. Jung Institut Stuttgart. Dozentin am C.G. Jung-Institut Stuttgart. Als Psychotherapeutin in eigener Praxis tätig.*

## Die Ausgangssituation

Viele Eltern erreichen irgendwann einmal einen Punkt, an dem sie erkennen müssen, daß sie ihrem Kind über bestimmte Schwierigkeiten allein nicht hinweghelfen können. »Wir sind mit unserer Weisheit am Ende«, sagen sie dann, »wir haben es im Guten und Bösen versucht, jetzt brauchen wir die Hilfe eines Außenstehenden.« Diese Hilfe kann durch eine Kinderpsychotherapie angeboten werden. Wir wollen uns diese Situation an einem Beispiel einmal näher anschauen:

Ein neunjähriger Junge wird wegen Leistungsschwäche und aggressiven Verhaltensauffälligkeiten vorgestellt. Unkonzentriertheit in der Schule, Ängste, Unruhe, Aggressivität und überhöhte Leistungsanforderungen an sich selbst hatten dazu geführt, daß es in der Schule und zu Hause zu ständigen Reibereien gekommen war. Der Junge mußte die zweite Grundschulklasse wiederholen, obwohl seine Intelligenz gut war. Bereits im Kindergarten war er wegen seiner Aggressivität aufgefallen. Die Vorgeschichte ergab, daß der Junge vom Beginn seines Lebens an mit einer sehr zwiespältigen Haltung seiner Mutter konfrontiert gewesen war. Die Mutter hatte dieses Kind gewünscht und geliebt. Es war ihr aber schwergefallen, seine aktiven und kämpferischen Wesensseiten anzunehmen, da ihr diese zu bedrohlich erschienen waren. Der Junge entwickelte diese Wesensanteile zwar weiter, konnte sie jedoch nicht in seine Gesamtpersönlichkeit eingliedern, sondern er spaltete sie ab. Diese unterdrückten Regungen entluden sich jedoch immer wieder in sogenannten aggressiven Durchbrüchen. Hierdurch erlebte der Junge in seinem gesamten sozialen Umfeld Mißerfolge, die sein Selbstvertrauen stark beeinträchtigten und die ihn immer wieder zu einer Rücknahme und Unterdrückung von Aggressionen führten. Nun hat jedoch die Aggression nicht nur eine zerstörerische Seite, sondern sie beinhaltet auch eine positive, anpackende Kraft, die auf die Dinge zugeht und sie in Angriff nimmt. Da der Junge auch seinem Vater und dessen Wunsch nach einem aktiven und expansiven Sohn gerecht werden wollte, befand er sich zwischen seinen Eltern in einem unlösbaren Loyalitätskonflikt, der sich auf seine Entwicklung lähmend auswirkte.

## Indikation

Im Anschluß an dieses konkrete Beispiel wollen wir uns fragen, wie es in anderen Familien aussehen kann und bei welchen anderen Schwierigkeiten der Kinderpsychotherapeut angefragt werden soll. Im Rahmen dieses Aufsatzes können nur die hauptsächlichen Auffälligkeiten genannt werden. Dabei können beispielsweise die Eltern die Verhaltensauffälligkeiten feststellen. Dieser Eindruck kann subjektiv sein, wie auch der von Kindergärtnerinnen und Lehrern. Es muß auch in Betracht gezogen werden, daß Kinder oft erst in der ersten außerfamiliären Situation ihre Schwierigkeiten besonders deutlich zeigen, das heißt, daß die Symptome oft erst sichtbar werden, wenn das Kind eingeschult wird oder in den Kindergarten kommt.

Im allgemeinen kann man aber davon ausgehen, daß Konzentrationsstörungen, Schulversagen bei guter Intelligenz, ausgeprägte motorische Unruhe (»Zappeligkeit«), Aggressionsprobleme, die von großer Gehemmtheit bis zu aggressiven Durchbrüchen reichen können, ein Anlaß sind, therapeutische Hilfe in Anspruch zu nehmen. Oft wird es so sein, daß die genannten Störungen verbunden sind mit anderen Auffälligkeiten, wie zum Beispiel häufigem Lügen oder wiederholtem Stehlen. Vielen Eltern werden auch Ängste auffallen, zum Beispiel Dunkelangst oder Trennungsangst. Sie sind ebenso Ausdruck einer seelischen Notsituation wie zum Beispiel Zwangshandlungen, das sind Handlungen, die vom Willen nicht mehr gesteuert werden können. Dazu gehören unter anderem Waschzwänge, Denkzwänge, Zählzwänge. Deutlich bedürfen der Behandlung Symptome wie Stottern, Einnässen, Einkoten sowie das Auftreten von Tics, das sind atypische, unwillkürlich ablaufende Bewegungsformen.

Autismus, das heißt Kontaktverweigerung, und Mutismus, das heißt Sprechverweigerung, sollen als Ausdruck eines schwer gestörten Beziehungsverhaltens nicht unerwähnt bleiben. Eßstörungen müssen im einzelnen abgeklärt werden. Magersucht und Fettsucht stellen auf jeden Fall behandlungsbedürftige Störungen dar. Daneben gibt es eine große Anzahl von sogenannten psychosomatischen Störungen. Das sind körperliche Beschwerden wie zum Beispiel Kopf- oder Magenschmerzen, für die keine organischen Ursachen gefunden werden und die ihren Ursprung in seelischen Konflikten haben. Die Behandlung dieser Symptome kann nur in Zusammenarbeit zwischen Arzt und Kinderpsychotherapeut erfolgen. Eine psychotherapeutische Behandlung empfiehlt sich ebenfalls nach traumatischen, das heißt schockartigen Erlebnissen wie zum Beispiel Unfall, Gewalttaten, sexueller Mißbrauch.

Alle genannten Symptome werden in der Tiefenpsychologie verstanden als Ausdruck einer Störung der Entwicklung des Kindes. Diese vollzieht sich, wie in der Fachliteratur dargestellt wird, in einzelnen Phasen. Werden lebenswichtige Impulse in ihrer Entfaltung gehindert, kann die psychische Entwicklung nicht kontinuierlich weitergehen. Mit einem Teil seiner Seele bleibt der Betroffene sozusagen hängen. Hiermit steht ihm nicht mehr seine gesamte psychische Energie für die Fortentwicklung zur Verfügung. Das Auftreten einer psychischen Störung wird somit als ein Signal verstanden, den psychischen Notstand zu erkennen und aufzuarbeiten.

### Inhalte der Psychotherapie

Man kann Kinderpsychotherapie als einen geschützten Raum bezeichnen, in dem das Kind wichtige Entwicklungsschritte tun kann. Ermöglicht werden diese Schritte durch entscheidende Grunderfahrungen wie die emotionale Zuwendung eines Erwachsenen, der dem Kind aus seiner therapeutischen Erfahrung heraus genügend Raum läßt für eigene Kreativität und Aktivität. Der

Psychotherapeut nimmt im Umgang mit dem Kind eine gewährende, aber auch eine ordnende Haltung ein. Beide Einstellungen, das Zulassen der kindlichen Impulse wie auch das Setzen von Grenzen, bieten Anlaß zu einer gründlichen Bearbeitung aller damit verbundenen Fragen.

Von Anfang an entsteht zwischen dem Kind und dem Psychotherapeuten eine besondere Art der Beziehung, die in der Fachliteratur als Übertragung und Gegenübertragung bezeichnet wird. Damit ist zum einen gemeint, daß das Kind in seiner Beziehung zum Psychotherapeuten Elemente aus früheren Beziehungen wieder aufleben läßt. So wird das Kind eines überbeschäftigten, häufig abwesenden Vaters den Psychotherapeuten zunächst als Menschen erleben, der an ihm eigentlich kein Interesse hat. Hier kann zum Beispiel die Frage auftauchen: »Bist du nur mit mir zusammen, weil du dadurch Geld verdienst?« Zum anderen können auch von seiten des Psychotherapeuten Elemente in die Beziehung einfließen, die aus seiner eigenen Vergangenheit stammen. Diese Tatsache bedarf einer ständigen kritischen Reflexion durch den Psychotherapeuten, denn Übertragung und Gegenübertragung bedeuten letztlich, einen Menschen nicht so wahrzunehmen, wie er wirklich ist, sondern so, wie ihn die Überlagerungen mit persönlichen biographischen Erlebnissen erscheinen lassen.

Was sich hier im Bereich der Psychotherapie abspielt, findet sich selbstverständlich auch in den Familien. So kann sich eine Mutter immer wieder fragen, warum sie eigentlich ihren Sohn häufig ungeduldiger und härter behandelt als ihre Tochter, obwohl ihr das selbst ungerecht erscheint. Eine intensive Beschäftigung mit ihrer eigenen Kindheit kann ihr hier beispielsweise zur Erkenntnis verhelfen, daß sie heute in ihrem Sohn ihren ungeliebten, bevorzugten oder überlegenen Bruder von damals bekämpft, das heißt, daß sie sich immer noch unbewußt an diesem Bruder rächen muß.

In der Psychotherapie gilt es nun, diese gegenseitigen Übertragungselemente zu erkennen und schrittweise zu bearbeiten.

In der Regel ist der kindliche Patient durch seine Schwierigkeiten in die Rolle eines Problemkindes geraten. Hier kommt dem Psychotherapeuten eine entscheidende Bedeutung zu, indem er die positiven Entwicklungsmöglichkeiten des Kindes sieht und dem Kind zu ihrer Entfaltung verhilft (positive Projektion).

Mit der Aufnahme einer Psychotherapie läßt sich das Kind auf eine intensive Beziehung zu einem Erwachsenen ein, der nicht nur mit ihm spielt, sondern der das gesamte Geschehen der Psychotherapie reflektiert und im richtigen Moment anspricht. Es darf nicht verwundern, daß diese Erfahrung im Kind nicht nur Begeisterung, sondern auch Ängste und Widerstände auslöst. Dies kann sich darin zeigen, daß das Kind nicht mehr kommen will oder daß es nicht weiß, was es in der Psychotherapiestunde machen soll. Auch dieses Verhalten stellt wieder einen Ansatz dar, nach seinen Ursprüngen zu fragen und sie gemeinsam mit dem Kind zum Gegenstand des Interesses zu machen.

In der Fachliteratur bezeichnet man den psychotherapeutischen Prozeß auch als einen Vorgang von Regression und Progression. Dabei wird Regression verstanden als ein Zurückkehren zu früheren Verhaltensweisen (das Kind spielt z.B. Baby), im tiefen Sinn aber als Rückkehr zu ursprünglichen und gesunden Erfahrungen des Menschen. Werden diese Grunderfahrungen im geschützten Raum der Psychotherapie nachgeholt, dann können progressive Entwicklungen, das heißt Schritte nach vorn, erfolgen. Letztere erkennt man daran, daß das Kind sicherer und selbständiger wird und den altersentsprechenden Anforderungen mutiger gewachsen ist.

Ganz allgemein kann gesagt werden, daß sich eine Kinderpsychotherapie auf einer dem Kind entsprechenden Ebene abspielt. Das Kind argumentiert in der Regel weniger mit Worten, sondern es bringt die es bewegenden Inhalte bildhaft zum Ausdruck. Dies kann in Phantasien geschehen, oft in gemalten Bildern oder im Spiel. Dabei werden die Produkte des Kindes vom Psychotherapeuten symbolisch verstanden, was bedeutet, daß sie einen tieferen Sinn haben, als man ihnen auf den ersten Blick ansieht. So kann zum Beispiel eine Tankstelle im Spiel zum Ausdruck bringen, daß ein Kind im übertragenen Sinn etwas braucht, daß es auftanken möchte.

Parallel zur Psychotherapie des Kindes finden regelmäßige Gespräche mit den Eltern statt. Ziel dieser »begleitenden Psychotherapie der Beziehungsperson« ist es, den Eltern immer wieder deutlich zu machen, an welchem Punkt ihr Kind innerlich gerade steht. In diesen Gesprächen soll versucht werden, Schuldgefühle zu überwinden, zu neuen Erfahrungen miteinander anzuregen und eine neue Sicht des Kindes zu ermöglichen. Ausgangspunkte für diese Gespräche bilden häufig konkrete Alltagssituationen. Von einer Kinderpsychotherapie wird immer die ganze Familie berührt. Viele

Dinge können in Bewegung kommen. Für den Kinderpsychotherapeuten steht jedoch der therapeutische Prozeß des Kindes im Vordergrund. Er ist sich seiner Schweigepflicht stets bewußt.

## Äußere Abwicklung

Kehren wir noch einmal zur Ausgangssituation zurück: verzweifelte, verunsicherte Eltern auf der einen, ein in einer Rolle festgelegtes Kind auf der anderen Seite. Zur Abklärung der Frage, ob eine Psychotherapie angezeigt ist, sollte ein Kinderpsychotherapeut aufgesucht werden, der in einem ersten Gespräch die aktuelle Situation kennenlernt. Im weiteren wird er sich durch die Erfassung der Vorgeschichte ein Bild von der bisherigen Entwicklung des Kindes machen. Das Kind selbst lernt er durch eine sorgfältige Spielbeobachtung, durch das Gespräch und die Anwendung spezifischer Tests kennen.

Sind Eltern und Kind mit einer Behandlung einverstanden, wird das Kind einem Arzt vorgestellt, der gleichzeitig Psychotherapeut ist. Er ist von den Krankenkassen zur Delegation beauftragt. Er unterzieht das Kind auch einer gründlichen körperlichen Untersuchung, um organische Ursachen auszuschließen. Nach Genehmigung eines umfassenden Gutachtens, das unter Chiffre an die Krankenkasse eingereicht wurde, kann die Behandlung beginnen. In der Regel umfaßt sie zweimal eine Wochenstunde. Ein Elterngespräch findet ungefähr alle vier Wochen statt. Zur Zeit werden für ein Kind etwa 90–120 Behandlungsstunden genehmigt.

## Schlußbemerkung

Insgesamt läßt sich sagen, daß man ein Kind mit einer psychischen Störung nicht sich selbst überlassen darf. Ein Kind steht am Beginn seines Lebens. Seine werdende Persönlichkeit ist störanfälliger als die eines Erwachsenen. Werden die kindlichen Entfaltungsmöglichkeiten gehemmt, kann dies für das ganze Leben schwerwiegende Folgen nach sich ziehen. Bestimmte in der Kindheit erworbene Hemmungen und Ängste können einen Menschen für immer beeinträchtigen, sofern man ihn nicht bei ihrer Überwindung unterstützt.

Für einen Erwachsenen ist es in der Regel leichter, trotz einer psychischen Störung seinen Status aufrechtzuerhalten. Das Kind hingegen ist in der Gefahr, durch auftretende Schwierigkeiten in seiner Weiterentwicklung gebremst und von seinen Lern- und Ausbildungsmöglichkeiten abgeschnitten zu werden.

In diesem Sinne sind Kinder gefährdeter, umgekehrt gilt jedoch, daß die Kindheit für die Behandlung von psychischen Krankheiten fast immer einen günstigeren Lebensabschnitt darstellt als das Erwachsenenalter. Beim Kind sind die Fehlhaltungen noch frisch. Sie sind noch nicht so fest eingeschliffen und nicht so stark überlagert von der Macht der Gewohnheiten, Bequemlichkeiten und Erfahrungen, die sich im Laufe der Jahre angehäuft haben.

Es gelingt beim Kind unmittelbarer, die schädigenden Faktoren zu erkennen, an die gesunden Kräfte zu gelangen und deren Energien in Fluß zu bringen. Wenn dieser Weg in einer Kinderpsychotherapie ernsthaft und kontinuierlich gegangen wird und wenn die mitbetroffenen Eltern ihren Beitrag im Sinne einer aufgeschlossenen und ehrlichen Bereitschaft zur Mitarbeit leisten, dann kann man davon ausgehen, daß der psychotherapeutische Prozeß für das Leben eines Kindes einen entscheidenden Gewinn darstellt.

*Literaturhinweise:*

Wickes, Frances C., Analyse der Kinderseele, Zürich und Stuttgart 1969[2]

Fraiberg, Selma, Die magischen Jahre in der Persönlichkeitsentwicklung des Vorschulkindes, Frankfurt 1972

# Konzentrative Bewegungstherapie

Thea Schönfelder

*Prof. Dr. med., geboren in Hamburg, dort auch Studium der Medizin. Approbation und Promotion 1951. Sechs Jahre Tätigkeit in Neurologie, Kinderheilkunde und Innerer Medizin. Seit 1957 an der Psychiatrischen Universitätsklinik Hamburg-Eppendorf, überwiegend an der Abteilung für Kinder- und Jugendpsychiatrie. 1966 Habilitation. Seit 1970 Lehrstuhlinhaberin und Abteilungsdirektorin an der Abteilung für Kinder- und Jugendpsychiatrie. Arbeitsschwerpunkte: Familientherapie, körperorientierte Psychotherapie, insbesondere Konzentrative Bewegungstherapie, Forensische Kinder- und Jugendpsychiatrie.*

## Konzentrative Bewegungstherapie – Was ist das?

»Beschreiben kann ich das nicht«, antwortete mir vor vielen Jahren eine Therapeutin auf diese Frage. »Kommen Sie mal und machen Sie Ihre Erfahrungen.« Das tat ich. Und lernte damit eine körperbezogene psychotherapeutische Methode kennen, die auf eine zunächst einfach scheinende Weise das Zusammenspiel körperlicher und seelischer Vorgänge deutlich machen konnte.

Wir alle kennen solche Zusammenhänge schon aus Kindheitserfahrungen, wenn die Angst vor einer Klassenarbeit Bauchweh, die freudige Erwartung an Weihnachten Herzklopfen und schweißnasse Hände machte. Körperliche Krankheit nimmt seelisch mit, seelisches Leid kann sich in körperlichen Reaktionen (in Form von Symptomen) oder körperlichen Krankheiten (psychosomatischen Erkrankungen) niederschlagen.

In der Konzentrativen Bewegungstherapie (KBT) geht es darum, leib-seelische Zusammenhänge nicht über »Symptom« oder »Krankheit«, sondern durch aufmerksame Zuwendung zum eigenen Körper erfahrbar zu machen. »Erfahrbereit werden« – dies war die wesentliche Voraussetzung, auf die Elsa Gindler, eine Pädagogin aus der Gymnastikbewegung der zwanziger Jahre, ihre Arbeit gründete. Nicht um »Üben« im herkömmlichen Sinne, um das Trainieren von regelhaften Bewegungsabläufen mit einem bestimmten Ziel, um »Fitness« ging es ihr. Sie regte dazu an, eine eingenommene Haltung, eine Bewegung innerlich gesammelt aufzunehmen, sich selbst dabei auf der Spur zu bleiben, zu »spüren«, verschiedene Möglichkeiten des Ablaufs auszuprobieren. An die Stelle eingefahrener Gewohnheiten trat die bewußt gewordene Erweiterung eigener Möglichkeiten, eine Selbsterfahrung »am eigenen Leibe«. In dieser Arbeit hat die Konzentrative Bewegungstherapie als eine nun in den psychotherapeutischen Bereich hinein entwickelte Methode (Stolze) ihre Wurzeln.

## Ein praktisches Angebot

Vielleicht wird die Beschreibung der Arbeit mit der Konzentrativen Bewegungstherapie anschaulicher und verständlicher, wenn Sie mir in einem kleinen Versuch folgen: Lesen Sie in Ruhe den folgenden Text, lassen Sie ihn auf sich wirken, vertiefen Sie sich in das Angebot und nehmen Sie sich mit dem Weiterlesen ein wenig Zeit:

In der Konzentrativen Bewegungstherapie (KBT) ist das Angebot insofern frei, als es kein »richtig« oder »falsch« gibt. Für Sie gilt das, was Sie selbst wahrnehmen, erfahren, erleben. In der KBT lassen wir uns viel Zeit! Es geht nicht darum, möglichst rasch ein vorgeschriebenes Ziel zu erreichen, sondern dem Weg nachzuspüren. Nehmen Sie sich die Zeit, die Sie brauchen.

Die Selbstwahrnehmung, die »konzentrative« Einengung auf bestimmte Abläufe wird durch Ausschalten eines Sinnesbereiches (z. B. durch Augenschließen) und durch das Einnehmen bestimmter Körperhaltungen erleichtert. Wichtig ist der Vergleich: zwischen rechts und links, vorher und nachher, zwischen dem Ablauf mit offenen und mit geschlossenen Augen, zwischen dem Übungsangebot jetzt, in einer Stunde, in einer Woche, nach Ablauf eines noch viel längeren Zeitraums. So kann ich überprüfen: Hat sich für mich etwas verändert, und wenn ja, was?

Bleiben Sie in der Körperhaltung, in der Sie sich gerade befinden. Richten Sie Ihre Aufmerksamkeit dann auf eine Hand: Sehen Sie sie zunächst an, ihre Lage, ihre Beziehung zur Unterfläche, die Verteilung von Licht und Schatten.

Konzentrieren Sie sich nun einmal ohne Blickkontakt auf die Lage der Hand, auf den Kontakt zur Umgebung, auf die Stellung der Finger zueinander und so weiter. Spüren Sie einzelne Bereiche deutlicher als andere? Ist irgendwo Spannung? Vielleicht machen Sie einmal eine kleine Bewegung, ganz langsam, und fühlen dabei nach: Von wo geht der Bewegungsimpuls aus? Setzt er sich fort, wohin? Führen Sie die Bewegung weiter. Was ist, wenn ich die Finger einzeln, wenn ich sie gemeinsam bewege, wenn ich die Hand zur Faust schließe, die Finger wieder strecke? Vielleicht mögen Sie einmal mit geschlossenen Augen fortfahren. Vergleichen Sie bitte: Was ist anders? Und vergleichen Sie, wenn Sie allmählich zum Schluß kommen und Ihre Aufmerksamkeit wieder von Ihrer Hand abziehen, mit der anderen Hand: Gibt es Unterschiede? Fragen Sie sich einmal nach dem Gefühl, das in Ihnen während des Ablaufs aufgekommen ist, auch danach, ob bestimmte Vorstellungen und/oder Erinnerungen daran geknüpft waren.

## Die unterschiedlichen Erlebnisebenen

Falls Sie sich auf mein Angebot einlassen konnten, haben Sie wahrscheinlich irgendeine Erfahrung gemacht – und wenn es nur die war, die sich in dem Satz ausdrücken läßt: Was soll das Ganze eigentlich? In ein persönliches Gespräch oder ein solches in der Gruppe (wie in der Arbeit sonst) können wir nicht eintreten. So kann ich auf diese Frage lediglich antworten mit Hinweisen auf die unterschiedlichen Erlebnisebenen in der Arbeit mit KBT. Einige Beispiele dazu:

Es gibt Menschen, die mit ihrem Erleben ganz an der Wahrnehmung der jeweiligen körperlichen Vorgänge bleiben: Sie beschreiben zum Beispiel ein Spannungsgefühl in der Hand bei bestimmter Lage, Temperaturveränderungen, das Gefühl von Weite und Enge beim Öffnen und Schließen, das Unvermögen, die Hand still zu halten. Oder es berichtet jemand über die Auswirkung der Handbewegung auch auf andere Körperteile oder den ganzen Körper (zum Beispiel Zähne zusammenbeißen beim Faustschluß).

Bei anderen Menschen geht in die Wahrnehmung ein mehr oder weniger bestimmtes Empfinden, ein Gefühl mit ein, nur lokal auf die Hand bezogen oder insgesamt. Die offene Hand bringt ein freundliches Gefühl mit sich, so als bekäme man etwas Schönes geschenkt. Oder es stellt sich Angst ein: Was wird mir in die Hand hineingelegt? Bleibt sie möglicherweise sogar leer? Einige fühlen sich sicher und stabil beim Faustschluß, andere spüren ein ärgerliches Gefühl. Wieder andere berichten über ein Kribbeln im Bauch oder Herzklopfen, wenn die Hand in einer bestimmten Stellung ist.

Schließlich können sich die körperlichen Vorgänge und die damit verbundenen Empfindungen und Gefühle verbinden mit Inhalten aus der Lebenssituation des Menschen, mit gegenwärtigen Inhalten oder solchen aus längst vergangenen Tagen, ins Unbewußte verlagert, durch den Ablauf wieder »leibhaftig« geworden und in die Erinnerung zurückgekehrt. Dafür einige Beispiele:

Eine Frau fühlt sich total gelähmt, voller Angst, als sie ihre Hände einfach in den Schoß legt. Ihr wird deutlich, daß sie sich bisher nur anerkannt gefühlt hat, wenn sie schafft, wenn sie für andere »handelt«.

Ein Mann erlebt seine Hand mit dem Gefühl großer Hilflosigkeit als ganz kleine Kugel. Er würde sie gern einem anderen Menschen anvertrauen. Als er dann seine kleine Kugelhand in die andere Hand nimmt, läßt seine Spannung und ängstliche Erwartung nach. Ihm wird deutlich, wie sehr er sich als Kind nach einer vertrauenerweckenden Erwachsenenhand gesehnt hat. Nun kann er sich selbst in die Hand nehmen; seine kleine, zur Kugel geformte Kinderhand ist nicht mehr auf fremde Hilfe angewiesen.

Eine ältere Frau befällt Angst und Übelkeit beim Hochrecken des bis in die Fingerspitzen gestreckten rechten Armes. Die Symptome weichen auch nicht, als sie den Arm sinken läßt. Sie versucht es mit dem Ballen der Hand zu einer Faust und heftigen Drohbewegungen; da geht es ihr rasch besser. Erst viel später fällt ihr die längst überwunden geglaubte Angst vor politischer Bedrohung in der Zeit des Nationalsozialismus ein: Die an den damaligen »Deutschen Gruß« geknüpften Gefühle waren »eingefleischt« und kamen in der Arbeit als Körperbotschaft zurück.

## Die Arbeitsangebote

Welche Erlebnisebene jeweils angesprochen, welche biographischen Inhalte unter Umständen wieder aufgehellt werden, welches Lebensthema durch die Arbeit mit KBT angesprochen wird, hängt – wie in anderen Therapieformen – zunächst einmal davon ab, wo der einzelne Mensch gerade steht, von wo ich ihn mit meinem Angebot gewissermaßen abholen kann.

Ich habe aber durch die Wahl des Angebotes die Möglichkeit, bestimmte Erlebnisbereiche bevorzugt anzusprechen: Das betrifft einmal die Arbeit mit einem bestimmten Körperteil, wie wir am Beispiel der Hand erfahren konnten. Wir können uns die Grunderfahrungen des Liegens, Sitzens, Stehens und Gehens zunutze machen. Durch die eigene Körperhaltung werden unter Umständen psychische Prozesse aus den entsprechenden Entwicklungsbereichen wieder erfahrbar und einer therapeutischen Bearbeitung zugänglich. Zusätzlich werden Materialien, Kugeln, Stäbe, Würfel, Seile, Sandsäckchen und so weiter verwendet, mit deren Hilfe sich bestimmte Themenschwerpunkte ergeben können. Gegenstände können in der KBT sowohl durch ihre reale Beschaffenheit (Größe, Gewicht, Form) konkrete Erfahrungen ermöglichen wie durch ihren Symbolgehalt für jeden einzelnen eine besondere Bedeutung erlangen.

Weitere Erfahrungsmöglichkeiten sind in der KBT schließlich durch die Zusammenarbeit mit anderen Menschen, einem oder mehreren, gegeben. Grunderfahrungen mitmenschlichen Umgangs wie zum Beispiel geben – nehmen, führen – geführt werden, Eigenständigkeit – Anlehnung lassen sich in einem geschützten und damit auch ermutigenden Rahmen erproben und verändern.

Schließlich werden Erfahrungen mit Raum und Zeit durch entsprechende Angebote in die KBT einbezogen.

### Das therapeutische Gespräch

Erfahrungen am und mit dem eigenen Körper sind teils ganz offenkundige, teils verschlüsselte Botschaften. Ganz gleich, auf welcher Ebene der einzelne seine Erfahrungen gemacht hat, sie sollten zur Sprache gebracht werden.

Manches unbestimmt Erspürte wird konkret im Sinne einer auch kritischem Überdenken zugänglichen Realerfahrung, wenn im Einzel- oder Gruppengespräch ein Gedankenaustausch, auch ein Nachfragen stattfindet. Im Gespräch mitzuerleben, daß es für ein Problem viele Lösungswege und kein allgemein gültiges Rezept gibt, kann zu eigenen selbst-bewußten Schritten ermutigen. Körperbotschaften als oft vernachlässigte und vielfach unbewußte Anteile sind einer tiefenpsychologischen Bearbeitung zugänglich, ähnlich wie Inhalte von Träumen, von freien Assoziationen, von Elementen der Gestaltungstherapie. Ein leibhaftig gewordener Prozeß kann in Sprache umgesetzt und in den lebensgeschichtlichen Zusammenhang eingeordnet werden: so, wenn zum Beispiel einem Mann beim Stehen die Knie unerklärlich weich werden und er schließlich erlebt, daß seine »Standhaftigkeit« eine ihn seit früher Kindheit überfordernde Fassade ist. Damit ist ein Schritt getan zur Korrektur eines Selbstbildes, an dem er immer wieder strauchelt.

## Therapeutische Möglichkeiten

Die KBT ist eine Entdeckungsreise am und im eigenen Leibe: Der Reisende, der sich körperlichen Prozessen mit intensiver Aufmerksamkeit (»konzentrativ«) zuwendet, erlebt unter Umständen, daß selbstverständlich Scheinendes und Gewohntes, wie die Bewegung einer Hand, eine besondere Bedeutung für ihn gewinnt. Ihm kann sich eine Einsicht erschließen, nach der er ohne die leibhaftig gewordene Erfahrung bisher vergeblich gesucht hat. Und in der Bewegung – der inneren und äußeren – entdeckt er neue Möglichkeiten des Umgangs mit sich selbst und dem, was seinen Lebenszusammenhang ausmacht.

Wahrnehmen – Wahrhaben – Wahrmachen: das läßt sich mit den Mitteln der KBT im geschützten therapeutischen Raum erproben mit dem Ziel, daß daraus auch Konsequenzen erwachsen für das Leben außerhalb des Schonraums.

Konzentrative Bewegungstherapie ist nicht gebunden an bestimmte diagnostische Zuordnungen. Sie bietet Menschen mit sehr verschiedenen somatischen, psychosomatischen und psychischen Beeinträchtigungen und Erkrankungen Wegweisung, mit sich, und das heißt auch mit dem Symptom, anders umzugehen als bisher und Unterstützung aus sich selbst zu holen. Mit ihr lassen sich Menschen ganzheitlich und auf unterschiedlichen Erlebnisebenen erreichen, und zwar auch solche, die sonst ein (verbales) psychotherapeutisches Angebot nicht aufgreifen können oder wollen. Das Behandlungskonzept und das methodische Vorgehen hängt von den Besonderheiten des zu behandelnden Menschen ab. Der Leitfaden für den Behandlungsweg ist nach Form und Inhalt an der jeweiligen Problematik und den unterschiedlichen Bedürfnissen orientiert, die sich aus den klinischen Beschreibungen und den dahinterstehenden theoretischen Erklärungsmodellen ergeben.

*Literaturhinweise:*

Gräff, Ch., Konzentrative Bewegungstherapie, Stuttgart 1983

Stolze, H. (Hrsg.), Die Konzentrative Bewegungstherapie. Grundlagen und Erfahrungen, Berlin 1984

# Meditation

Albrecht Strebel

*Geboren 1932. Studium der Theologie in Tübingen und Göttingen. Nach dem Vikariat acht Jahre Gemeindepfarrer in Aalen/Württemberg. 1969 bis 1978 Studentenpfarrer für Fachhochschulen in Württemberg. Seit 1978 Studienleiter an der Evangelischen Akademie Bad Boll in der Abteilung Kultur. Arbeitsgebiete: religiöse Zeitströmungen, Begegnung der Religionen, Fragen zwischen Psychologie und Theologie. Seit 1969 intensive theoretische und praktische Beschäftigung mit Meditation.*

## Das Wesen der Meditation

Meditieren ist eine ursprünglich religiöse Übung. In der Meditation spürt der Mensch die Sehnsucht nach dem, was über sein begrenztes, individuelles Sein hinausweist, erfährt aber auch die Geborgenheit in einem tragenden Grund des Seins, mag er ihn Gott, Brahman, Tao oder »das Überweltliche« nennen. In der Meditation realisiert der Mensch, daß er zwar in der Welt, aber nicht von der Welt ist (Johannesevangelium). Deshalb wurde und wird Meditation in Ost und West vor allem in Klöstern und religiösen Gemeinschaften tradiert und gelehrt, wo auch die ganze Lebensweise bis ins einzelne hinein auf die Transzendenz ausgerichtet ist.

Es ist eine Frage, ob Meditation in diesem umfassenden Sinn inmitten einer säkularisierten Umwelt noch geübt werden kann, da »Transzendenz« fast ein unverständliches Fremdwort geworden ist.

Patricia Carrington unterscheidet in ihrem »Großen Buch der Meditation« (siehe Literaturhinweis) grundsätzlich zwei Arten der Meditation:

– *Meditation als Weg zu einer spirituellen Entwicklung:* Sie fußt auf den alten religiösen Traditionen und will das gesamte Leben des Meditierenden an einem überpersönlichen Ziel ausrichten. Sie benützt die Übung zur Vertiefung der geistig-überpersönlichen Dimension.

– *Meditation als Weg zur seelischen Gesundheit und Ganzheit:* Ihr Ziel ist wesentlich begrenzter. Sie will nicht den Lebensstil grundsätzlich ändern, sondern »die Erfahrungswelt des westlichen Menschen, der innerhalb der Grenzen unserer Gesellschaft bleibt, bereichern«. Die Verfasserin nennt dies »praktische Meditation« und behandelt in ihrem Buch fast ausschließlich diesen Weg.

Wir folgen dieser Einteilung und sprechen zunächst von der Meditation als Psychotechnik und dann von der Meditation als spirituellem Weg. Unter »psychisch« wollen wir dabei alles verstehen, was zur Individualität des einzelnen Menschen gehört, während wir unter »spirituell« die Dimension des Ewigen, Überindividuellen begreifen. Selbstverständlich handelt es sich hier nicht um Gegensätze, denn im Menschen ist beides vereint – auf seiner physischen Grundlage –, und Ziel wahren Menschentums ist die Integration aller Dimensionen. Auch in der Meditationspraxis sind die Übergänge fließend: Es ist sehr häufig der Fall, daß jemand mit der »praktischen Meditation« beginnt und dadurch Schritt für Schritt zu einem neuen Verständnis von Welt, Mensch und vom eigenen Dasein geführt wird.

Die Verbindung zur Therapie ist schon im Wort »Meditation« gegeben. Es wird abgeleitet aus der indogermanischen Wurzel »med«; sie bedeutet: messen, abschreiten, abstecken. Mit ihr hängt das deutsche Wort »Maß« zusammen, aber auch das lateinische »Medizin«. Der medicus (Arzt) ist der klug abmessende Ratgeber, der den Patienten, der aus dem Lot gekommen ist, wieder ins rechte Maß bringt. Man sieht, wie hier noch ein ganzheitliches Verständnis von Medizin vorausgesetzt wird, die sich nicht am Symptom orientiert, sondern den Menschen als Ganzheit im Auge hat. Ähnlich können wir Meditation als die Bemühung sehen, den Menschen wieder in sein ursprüngliches Maß und Wesen zu bringen. Dazu gehört das Gleichgewicht seiner leiblichen, seelischen und geistigen Dimension.

Die naheliegende Herleitung des Wortes Meditation aus den lateinischen Bestandteilen »medium« (Mitte) und »itari« (gehen) – verstanden als »in die Mitte gehen« – ist zwar etymologisch nicht haltbar, kann aber trotzdem zum Verständnis beitragen. Daß das Zeitwort »meditari« auch ganz schlicht »üben« bedeutet, wirft ein bezeichnendes Licht auf den zu beschreitenden Weg.

## Die Grundübung der Meditation

Allen Meditationsarten gemeinsam ist die Einübung in die Stille. Sie drückt sich auf allen Ebenen des Menschen aus: als Unbewegtheit im leiblichen, als Gelassenheit im seelischen und als Ausrichtung auf das »Überweltliche« im geistigen Bereich. Sie hält den schmalen und schwer zu beschreitenden Grat zwischen Aktivität und Passivität, zwischen willentlicher Konzentration und schlafähnlichem Sich-Gehenlassen. Es entsteht dadurch ein »Zustand frei schwebender Aufmerksamkeit« (Carrington). Graf Dürckheim (s. Literaturhinweis) charakterisiert diese Stille im Gegensatz zur Stille des Todes, in der sich nichts bewegt, als eine Stille des Lebens, »wo nichts mehr die Bewegung oder Verwandlung stört oder aufhält«.

Die Grundübung stimmt ein in eine Gesamtverfassung, die aus drei Faktoren gebildet wird (nach Dürckheim).

– *Die rechte Haltung:* Sie verwirklicht sich, indem wir die Wirbelsäule in natürlicher Weise aufrichten, um das Untere mit dem Oberen zu verbinden. Der Sitz auf dem Boden läßt noch stärker als auf einem Stuhl die Verankerung des Leibes im Becken spüren. Von dieser Basis aus wächst die Wirbelsäule wie der Baum aus dem Wurzelstock und trägt das Haupt frei wie eine Krone. Meditationsanweisungen, die eine »bequeme« Haltung empfehlen, sind unzureichend oder doch mindestens mißverständlich, weil sie leicht zum angenehmen Dösen einladen. Es geht nicht um Bequemlichkeit, sondern um das Wesen, das in der Haltung leibliche Gestalt findet. Und zum Wesen des Menschen gehört seine Ausrichtung auf ein »Oben«, das ihn selbst transzendiert.

– *Der rechte Atem:* Atmen ist die Grundbewegung des Lebens im Wechsel von Spannung und Entspannung, von loslassen und wieder zulassen. Eindrücklich für jeden Übenden ist die Erfahrung, daß der Atem von selbst geschieht und daß die eigene Angst oder Ungeduld des Ego verhindert, das Ausatmen frei ausschwingen zu lassen bis in eine Pause hinein, um dann die Fülle des neuen Einatmens wie ein Geschenk zu empfangen. Wir empfehlen zur Meditation keine Atemübungen, wie sie auf dem Yogaweg oder in vielen Therapieformen angebracht sind. Die Übung besteht darin, das aktive Ich zurückzunehmen und in der »frei schwebenden Aufmerksamkeit« sich dem Atem zu überlassen, durch den hindurch uns das »große Leben« trägt. Dadurch kann der Übende ein neues Verhältnis zur Umwelt erfahren, das nicht durch seine Aktivität, sondern durch Geschehenlassen geprägt ist. Atem ist Geschenk, nicht Leistung.

– *Die rechte Spannung:* Auch hier findet Meditation das rechte Maß; sie wird den normalen Muskeltonus weder in einen Schlafzustand abfallen lassen noch ihn zur Arbeitsleistung steigern. Der »frei schwebenden Aufmerksamkeit« des Geistes entspricht leiblich das gelassen in sich ruhende Da-Sein. Wer in der angedeuteten Weise sitzt und atmet, verwirklicht darin schon die rechte, sozusagen gelöste Spannung: Er läßt seine Wesensform zu, ohne sie festzuhalten. Entspannung ist also nicht das Ziel der Meditation. Ihr geht es nicht um ein Wohlbefinden, sondern um die rechte Form, in der das überzeitliche Wesen des Menschen sich verleiblicht.

Auf der Übung der Stille können viele Meditationsformen aufbauen. Im Grunde aber ist es die Kraft der Stille, die Verwandlung in Gang setzt. Mit fortschreitender Übung fällt ab, was nur aufgesetzt oder gespielt war. Unter der konventionellen Schicht des angepaßten Ich erhält das tiefere Wesen, das jedem Menschen eingestiftet ist, die Chance, seine Stimme zu erheben. Ihr Gehör zu schenken ist der Beginn des spirituellen Weges.

Daß dabei Krisen auftreten können, liegt in der Natur des Prozesses. Davon wird in den nächsten Abschnitten noch zu reden sein. Grundsätzlich steht es jedem Menschen jeden Alters frei, die Grundübung zu erlernen und zu praktizieren, wenn er sich frei dafür entscheidet und für neue Erfahrungen offen ist. Vorsicht ist geboten, wenn die Stille als Vorwand, als Flucht vor den Realitäten des Lebens dient und das Gleichgewicht zwischen Sich-Zurückziehen und den sozialen Kontakten nicht mehr stimmt (z.B. beim schizoiden Persönlichkeitstyp) oder wenn ein allzu rigides Meditationsritual zwanghafte Tendenzen unterstützt.

## Meditation als Psychotechnik

Da Meditation stark in das psychische Feld des Menschen eingreift, liegt es nahe, sie gezielt als Mittel der Psychohygiene oder Psychotherapie einzusetzen. So kann zum Beispiel die Grundübung der Stille eingesetzt werden, um Zivilisationsschäden auszugleichen. Wer sich in gelassenem Sitzen sammelt, wirkt dadurch sicher der Hektik, der Zerstreuung und einem Gefühl des Getriebenseins entgegen. Wer äußerlich und innerlich zur Ruhe kommt, lernt sich auch selbst besser kennen, wird mehr Selbstvertrauen gewinnen und Angst abbauen. Oft werden sehr praktische Erfolge fast marktschreierisch angepriesen, die sich nur schwer nachweisen lassen: Zuwachs an Intelligenz und Gedächtnisleistung, verbesserte Kommunikationsfähigkeit, Selbstentfaltung, Bewußtseinserweiterung und anderes. Manche Autoren (z.B. Schwäbisch-Siems) halten die Ziele von Meditation und Psychotherapie für identisch, nämlich die freie Entwicklung der Persönlichkeit, wobei die Meditation noch erhebliche Vorteile bietet: Sie kann weitgehend allein praktiziert werden. Dadurch entfällt die Abhängigkeit vom Therapeuten, und obendrein ist die Meditation beträchtlich billiger.

Wer auf dem Wege der Meditation nicht mehr sucht als die hier angedeuteten praktischen Ziele – was ja auch nicht wenig ist –, kann eine der üblicherweise angebotenen Meditationsmethoden in einem Kurs erlernen und dann allein praktizieren. Wenn wir nur 20 Minuten für die tägliche Übung veranschlagen, setzt das eine gute Portion eigener Initiative voraus, die der seelischen Stabilität und Entfaltung zugute kommt. In der Regel wird die Seele selbst dafür sorgen, daß der Prozeß der Bewußtwerdung ohne tiefere Einbrüche vonstatten geht. Das gilt vor allem für die Stille-Übung; wo andere Meditationsmethoden geübt werden, in denen bewußt seelische Auslösereize gesetzt werden – zum Beispiel durch Worte, Bilder, Imagination, Klänge oder Musik –, sollte nicht ohne kundige Begleitung geübt werden. Außerdem muß der Übende wissen, daß der Spannungsabbau, der in der Meditation erfolgt, oft unerledigte Konflikte, verdrängtes Material oder alte »Stresse« an die Oberfläche bringt, die beunruhigende körperliche oder seelische Phänomene wie Unrast oder Herzklopfen hervorrufen können. Gerade wer für sich allein übt, sollte einen Therapeuten oder Meditationsleiter wissen, der hier eine Supervisionsrolle ausüben kann. Ist dies nicht möglich, so ist zu raten, die Übung zu unterbrechen.

Die Grundfrage an die von P. Carrington so genannte »praktische Meditation« ist jedoch, ob der Meditierende damit nicht im Raume seines Ego und seiner Weltverhaftung bleibt. Niemand wird etwas dagegen einwenden, wenn Intelligenz, Gedächtnis oder Kontaktfähigkeit wachsen, wenn der Mensch ruhiger, gesammelter und dadurch leistungsfähiger wird. So gesehen, leistet Meditation einen guten Beitrag zur Psychohygiene. Aber ist das alles? Sollte und könnte nicht Meditation die Schranke des leistungsorientierten, einem Ideal angepaßten Ich durchbrechen?

## Meditation als spiritueller Weg

Es wächst die Zahl der Menschen, die alle »praktischen« Ziele erreicht haben: Sie sind zur Persönlichkeit gereift und harmonisch in die Gesellschaft eingepaßt. Trotzdem – oder gerade darum? – suchen sie nach einer anderen Dimension, die den persönlichen Erfolg übersteigt und das Individuelle in ein Ganzes einbindet. Es ist – religiös gesprochen – die Sehnsucht nach einer Wiedergeburt. In diesem Sinne sagt Graf Dürckheim: Meditation hat nur Sinn auf dem Weg der Verwandlung, als Instrument zum Durchbruch des Wesens. Er nennt diese Art der Meditation eine initiatische Übung, weil sie das Tor öffnet (initiare) zum Wesen, das wir selbst als Ausformung göttlichen Lebens sind (s. Initiatische Therapie).

Hier trifft sich die alte religiöse Tradition der Meditation mit der Entwicklung der neuen Psychologie, die sich selbst »Transpersonale Psychologie« (siehe dort) nennt. Sie nimmt die spirituellen Impulse des Menschen, sein Streben nach Religion, Ganzheit, Ewigkeit, Gott oder Sinn ebenso ernst wie seine materiellen oder psychischen Bedürfnisse. Sie spricht in Ergänzung zum »Unterbewußten« vom »Überbewußten« (Roberto Assagioli) und in Entsprechung zur Tiefenpsychologie von einer »Höhenpsychologie« (Viktor Frankl). Man kann mit R. Assagioli die Meditation als Aktivierung der Intuition auffassen: Sie öffnet das in sich verkapselte Ego für die Welt des Überbewußten, die allerdings nicht einfach zu finden ist wie ein Ding, eine Sache, sondern erst im Vollzug der Übung als tragender und umfassender Grund erfahren wird.

Der Unterschied zur »praktischen Meditation« besteht nicht im »Was«, sondern im »Wie«, das heißt, dieselbe Übung kann eingesetzt werden, um innerweltliche, sehr ichbezogene Ziele zu erreichen, oder sie kann im Loslassen alles Ichhaften zur Wurzel des Seins und zur Geborgenheit im Umfassenden führen.

Noch wichtiger als bei jeder Psychotechnik ist hier die regelmäßige tägliche Übung – jetzt allerdings nicht als Leistung auf ein angestrebtes Ziel hin, sondern im Gehorsam gegen die innere Stimme des noch Unbekannten, die sich auf geheimnisvolle Weise meldet als die Seinsgestalt, die wir werden sollen. Auch die ganze Lebensführung wird sich mehr und mehr an dem spirituellen Weg ausrichten. Das bedeutet eine Zucht, wie sie in allen spirituellen Wegen – zum Beispiel in den beiden ersten Gliedern des Yogapfades (s. Yoga) oder in den Zehn Geboten des Christentums – vorausgesetzt wird. Wer das außer acht läßt, wird vielleicht erstaunliche übersinnliche Erfahrungen machen, aber sie führen nicht zur Verwandlung.

Außer den genannten Klippen rein psychischer Natur ist die Gefahr des spirituellen Weges vor allem der Hochmut. Wenn der Mensch noch nicht reif oder durch entsprechende Lebensführung vorbereitet ist für Erfahrungen aus dem überbewußten Bereich, kommt es leicht zur Verwechslung von Ich und dem höheren Wesen – was Vermögen des letzten ist, wird dem eigenen Ich zugeschrieben. Neigung zur Selbstgefälligkeit und Besserwisserei kann die Folge sein, im schlimmsten Fall eine psychotische Inflation.

Deshalb ist gerade auf diesem Weg die Führung durch einen erfahrenen Lehrer anzuraten, wie es in den östlichen Wegen selbstverständlich ist. Doch das Ziel ist, über die Autorität des Lehrers oder Meisters den »inneren Meister«, die »innere Stimme«, das »spirituelle Selbst« zu finden, das im christlichen Bereich als »Christus in mir« bekannt ist. Jeder, der den spirituellen Weg von der psychischen Selbstentfaltung fort zur spirituellen Entfaltung des überindividuellen Selbst geht, wird in die religiöse Dimension hineingeführt. Oft wird er seine angestammte Religion neu und tiefer erleben, nicht mehr als Gesetz von außen, sondern als Ruf in die »Freiheit der Kinder Gottes«. Hier erst entfaltet sich voll, was Meditation ist und was sie uns in heutiger Zeit geben kann.

*Literaturhinweise:*

Carrington, Patricia: Das große Buch der Meditation, München 1982[2]
Graf Dürckheim, Karlfried, Meditation – wozu und wie, Freiburg 1975

# Musiktherapie

Gertrud Loos

*Geboren 1916 in Hamburg; dort auch Heirat und Geburt dreier Kinder. Studium der Musik und langjährige Leiterin der Schallplatten-Reihe »Jugend-Serie« der Deutschen Grammophon-Gesellschaft. Ausbildung in Musiktherapie, Körperwahrnehmung und Atemtherapie; Lehrmusiktherapeutin. Gründung und erster Vorsitz des Deutschen Berufsverbandes der Musiktherapeuten. Musiktherapeutin an der Psychotherapeutischen Klinik Stuttgart und in freier Praxis. Mitarbeiterin am C. G. Jung-Institut Stuttgart und am Lehrgang »Musik in Prävention und Therapie« der Universität Ulm, Abteilung Anthropologie und Wissenschaftsforschung.*

## Was tut der Klang mit dem Menschen?

Barbara, eine junge magersüchtige Patientin, schloß die Augen, als ich tiefe, schwingende Gongtöne durch den Raum trug. Dann legte sie die Hände auf ihre Leibesmitte. Sie, die das Wort »Bauch« noch nicht einmal aussprechen konnte, die allein beim Anhören dieses Wortes Ekel und Brechreiz empfand, sagte nach dem Abklingen der Gongtöne: »Da drinnen wurde es plötzlich weich und groß wie eine Welle.«

An diesem kleinen Beispiel können wir zunächst einmal ablesen, was in diesem Fall der Klang mit Barbara getan hatte. Er hatte eine Resonanz geweckt. Der Gongton war durch den Bauchinnenraum hindurchgeklungen – weich und in Wellenbewegungen. Beides mangelt diesen kranken Frauen: Weichheit und Bewegung, gar die Bewegung in Wellen, in rhythmischer Gliederung. Sie sind starr, kalt, reduziert, verspannt, ohne Eigenstruktur. Nach sechsjähriger lebensferner Magersucht war ein Klang in Barbaras Bauchraum vorgedrungen, dahin, wo unter der Eisdecke anscheinend noch ein Fünkchen Lebenshoffnung lag. Wenn man den bisherigen Behandlungsverlauf mit Barbaras Biographie zusammenschaut, so kann man diagnostizierend vermuten, daß in der Frühzeit des noch ungeborenen oder neugeborenen Kindes bereits Störungen oder Mangelsituationen in der Mutter-Kind-Beziehung die emotionale Entwicklung empfindlich blockiert hatten. Weiter ist zu vermuten, daß der mütterliche Klangraum keine ausreichenden Möglichkeiten zur Resonanz angeboten hatte und somit der präverbale Dialog entgleist war. Noch zwanzig Jahre danach ist Barbaras Bauchraum geschlossen. Die Symptomwahl Magersucht heißt immer: Resonanzmangel, Mißverhältnis zwischen Eindruck und Ausdruck, Sich-nicht-angesprochen-Fühlen.

Das Gehör wird bereits intrauterin belebt und hat darum für die Entwicklung des Kindes große Bedeutung. Trotzdem können wir diese erste Sinneswahrnehmung nicht »Hören« nennen. Als Klangempfindung im mütterlichen Klangraum möchte ich sie bezeichnen. Wenn wir bedenken, daß ein Ungeborenes etwa 26 Millionen mal den Herzschlag der Mutter empfängt, und zwar als Klang-Bewegung, als motorisch-emotional ungetrenntes Phänomen, so wird uns ganz klar, daß körperlich-seelische Störungen der Mutter auf das Kind negativen Einfluß haben können; ebenso, daß Heilsein, Zugehörigkeit, Gemeintsein bereits in diesem frühen Lebensstadium geprägt werden.

Zurück zum Gongerlebnis: es ist kein Rezept, es muß wiederholt, verstanden, decodiert und besprochen werden. Es war aus einer geglückten Übereinstimmung von Patienten-Bereitschaft und Therapeuten-Intuition entstanden und konnte darum für Barbara eine korrigierende Neuerfahrung auf der Symbolebene des Klanges in Gang setzen. In diesem Stadium der Therapie war Barbara noch gar nicht »ansprechbar«. Worte prallten an ihr ab, blieben im Gestrüpp der längst entmutigten Sprache, der Ent-Täuschung, in der Echolosigkeit hängen. Aber der ungeformte, wortlose Klang hatte im seelisch-körperlichen Resonanzraum anscheinend eine noch heile Stelle erreicht, wo Anklang möglich war. Da fand der Gongton Widerhall, und Barbara konnte sogar wörtlich zurückmelden: »Da drinnen wurde es plötzlich weich und groß wie eine Welle.« Das heißt etwa: Für diesen Augenblick kann ich mich öffnen und meine Spannung loslassen; ich habe keine Angst, daß du mich überwältigst; ich fühle, daß ich einen lebendigen Körper habe. (Drei entscheidende Veränderungsziele für Magersüchtige!)

Mit diesem Streiflicht auf ein musiktherapeutisches Geschehen will ich sagen: Jede Spezialmethode all der neuen Therapie-Formen muß charakteristische, nur ihr eigene und ihr allein zugehörende Wirkkräfte haben (außer den sich überschneidenden); andernfalls wäre sie ersetzbar und überflüssig. Klang und Rhythmus sind die spezifischen Merkmale der Musiktherapie. Mit ihrer Hilfe kann diagnostiziert, therapiert und Handlungsfähigkeit erworben werden. Die Musiktherapie ist keine Psychoanalyse, aber ein aufdeckendes Verfahren, das ein Licht in außersprachliche, bisher unbeleuchtete Seelenanteile zu bringen vermag. Voraussetzung ist die Einheit von Patient, Methode und Therapeut. Die Beziehung ist wichtiger als jegliche Methode.

Das Gongbeispiel zeigte die Wiederbelebung eines unbewußten personalen Bereichs. Klang kann aber auch persönlichkeitsüberschreitende Erfahrungen ermöglichen. Beispiel: In einer Musiktherapie-Gruppe erklingen sechs ganztönig aufeinander abgestimmte Röhrenglockentöne mit langem Nachhall, so daß der ganze Raum erfüllt ist vom Schwirren der Töne und Obertöne.

Ein Patient formuliert hinterher sein Klangerlebnis: »Es war Sonntag und ich ging mit meinen Eltern in die Kirche – dabei hatte ich gar keine Eltern und ging nie in die Kirche« (ein archaisches Geborgenheitserleben). Denselben Klang interpretiert eine Teilnehmerin so: »Ich war ein Stern, und da waren Tausende von Sternen am Himmel, aber es war kein Chaos, sondern jeder wußte seinen Weg« (eine transpersonale, kosmische Vision). Ein junger Mitpatient stammelt erschrocken: »Ich ging den Weg zu meiner eigenen Hinrichtung« (Ausdruck existentieller Lebensbedrohung).

Drei fundamental unterschiedliche Erlebnisweisen, ausgehend von einer Klangquelle. Der Mensch in seiner Ganzheit wird vom Klang erfaßt. Seine Empfindungen, die oft Rückschlüsse auf frühe Kränkungen zulassen, werden angesprochen und ernst genommen. Es gibt kein Falsch, darum auch kein Richtig, es gibt nur diesen einmaligen Menschen in seiner ihm eigenen Klangerfahrung. Das ermutigt zum So-Sein, wie ich bin, weg von ängstlicher Anpassung und Fremdbestimmung. Die Klangsprache hat eine andere Qualität als die logische Sprache. Sie ist eine analoge, mehrschichtige, vieldeutige, gefühlsreiche Verständigungsform, sie schafft Beziehungen zur eigenen inneren Welt und befähigt zur Kommunikation mit der Umwelt.

## Was tut der Mensch mit dem Rhythmus?

Immer wieder, seit Jahrhunderten, versuchen Menschen dem Geheimnis der Musik ein Stück näher zu kommen. Mein Gedanke dazu kreist um die beiden Grundelemente Klang und Rhythmus. Klangempfindungen sind, wie wir eben erkannten, mütterlichen Ursprungs. Klang braucht Raum und Begrenzung zur Entfaltung. Seine Kennzeichen nähern sich eher dem weiblichen Prinzip: Er entzieht sich der vordergründigen Erfassung, er ist diffus und mehrdeutig, spielerisch und inhaltlich von jeweils eigener Qualität.

Der Rhythmus hingegen ist digital, das heißt: eindeutig und meßbar, ordnunggebend, standhaft, auffordernd, werbend, kommunikativ, wegweisend – und das sind eher maskuline Kennzeichen, der Quantität und der Chronologie zugehörig. Erst die Synthese der Polarität Klang und Rhythmus erzeugt das, was wir Musik nennen. Aus dieser Verbindung gestaltet sich dann das musikalische Beiwerk, Harmonie, Melodie, Dynamik. Und die Musik? Sie lacht sich eins und bleibt ein Wunder.

Aber dem Rhythmus müssen wir nun doch noch ein bißchen hinter seine Kulissen schauen. Schon klassisch ist sein Lehrsatz: Rhythmus ist Gliederung der Zeit in sinnlich faßbare Teile. Rhythmus mit seiner konstruktiven Kraft ist für alle aus der inneren oder äußeren Ordnung gefallenen Menschen ein unautoritärer, oft sogar ein lustvoller Haltgeber. Rhythmus ist für alle neurotisch eingeengten, geistig entmutigten, seelisch verstummten Patienten eine Wiederbelebung der kreatürlichen Aufforderung: Komm, mach mit, du bist gemeint, spiel mit uns.

Auch hierzu wieder ein Praxis-Ausschnitt: Ein Patient kommt zum ersten Mal in die Musiktherapie-Gruppe. Er kommt zu spät, der Raum ist ihm zu warm, die Instrumente bezeichnet er als »Kinderkram« – lauter Abwehrsignale. Er setzt sich auch nicht mit in den Kreis, sondern neben die Tür, halb abgewandt, nicht ohne mehrfach zu beteuern, daß er völlig unmusikalisch sei.

Wir spielen eine freie Improvisation, in der zunächst klangliches Durcheinander und dissonante Reibungen entstehen, auch knallharte Trommel- und Paukenschläge, bei denen der Neue sich die Ohren zuhält. Dann aber werden die Klänge durchsichtiger, aufmerksamer, aufeinander bezogen, wie lauschend – und ein Rhythmus taucht auf, erst nur erahnbar, zögernd, dann mutiger. Strukturen schieben sich übereinander, versuchen Deckungsgleichheit, klingen zusammen. Die Dissonanzen bleiben, aber sie erhalten durch den Rhythmus musikalische Dimension. Welches Glück, wenn der Zufall sie auflöst. Ganz rasch ist Vergnügen und Lachen da. Der Rhythmus hat sein Geheimnis gelüftet und Zusammengehörigkeit gezaubert; der Klang gibt seine Farben und Stimmungen hinzu, und plötzlich ist Musik im Raum – ohne Leistungsdruck, ohne Noten und Komponisten und Dirigenten. Darüber könnte ich noch viele Worte verlieren, aber keines ist so treffend wie jenes, das der Neue sagte. Er stand auf, schob seinen Stuhl in den Kreis an ein Xylophon und sagte: »Achsooo!« Was etwa heißt: Ja, *das* kann ich auch! Mehr wird von mir nicht verlangt?

Schon ist klar: Der Rhythmus ist das (mehr) aktive und aktivierende Element im Gegensatz zum (mehr) bewahrenden, empfangenden, ruhenden Element Klang. Rhythmus ist, nach Marius Schneider, das anthropokosmische Urgedächtnis. Er ist ein Teil unseres Lebens: Herzschlag, Atem, Gang und Sprache ebenso wie der Lauf der Sterne, Ebbe und Flut, Tag und Nacht, Geburt und Tod gehorchen rhythmischen Gesetzen.

Klang und Rhythmus sind Urphänomene – Musik aber ist ein menschliches Produkt, worin, wie in allen Dingen von Menschenhand und Menschengeist, Licht- und Schattenanteile verwoben sind. Um Musik zu produzieren und reproduzierbar zu machen, erfand der Mensch den Takt, das exakte Zeitmaß, den metrischen Schlag, den es in der Natur nicht gibt. Solange sich das Metrum dem rhythmisch-intuitiven Fließen einfügt, ist es willkommene Koordinationshilfe. Wenn aber das Metrum sich verselbständigt, wird es zum diktatorischen Beat und militanten Gleichschritt. Beat braucht keine Intuition und keine Entscheidung, er ist metronomisch fixiert. Dabei aber bleibt alles Lebendige auf der Strecke – und das nicht nur in der Musik. Überall da, wo das Gleichgewicht fehlt, verödet der Rhythmus, verwahrlosen Erde und Luft, werden menschliche Beziehungen konturlos, verfällt die Harmonie von Körper, Seele und Geist.

Hier wird Musiktherapie aktuell: das Suchen nach dem rhythmischen Eigenmaß, das Pendeln zwischen Zuviel und Zuwenig, das Glück des Findens und das Eingebettetsein in die Gemeinschaft. In jeder Improvisation, beim Selbermusizieren, muß jeder Spieler in jeder Sekunde selber entscheiden: Wieviel Beat brauche ich heute, bis ich die Dämonen ausgetrieben habe – wieviel zärtlichen Klang, um wieder zu ahnen, wie meine Sehnsucht heißt – wieviel Untertauchen, bis ich an meiner eigenen Mutlosigkeit ersticke – wieviel rhythmisches Zusammenspiel, um wieder zu wissen, was Vereinigung ist? Auf der Symbolebene des musikalischen Rhythmus können probehandelnd Chaos und Ordnung, Nähe und Distanz, Gleichgewicht und Unmaß, Zerfall und Integration ohne Gefahr ausgespielt werden, denn jeder kann seine Menge selber bestimmen. Und jede Empfindung kann im Klang probeweise fühlbar werden, weil es der festlegenden Worte nicht bedarf und weil Musik keine Beziehungsfallen kennt.

## Klang und Rhythmus sind Eros und Logos in der Musiktherapie

Die Musiktherapie hat es leicht, ihre therapeutischen Qualitäten zu begründen, fußt sie doch auf der Jahrtausende alten Kunst und Kultur »Musik« ebenso wie auf dem individuellen, subjektiven Lebensbeginn im mütterlichen Klang-Rhythmus-Raum. Seit Menschengedenken war Musik immer auch ein Teil der Heilkunst. Und ist es heute noch: Trommelmusik, Gesänge, Zauberformeln, Magie und Mystik sind in schamanische Riten eingebunden, deren Klänge bis in unsere Behandlungsräume dringen. Neben der Improvisation spielt gelegentlich auch die komponierte Musik aller Epochen eine Rolle. Allein das Hineinbegeben in den musikalischen Fluß, hinein in die fließende Bewegung von Raum und Zeit, kann heilsam wirken, weil der hörende Mensch in der musikalischen Struktur das Gewesene *und* das Kommende im gegenwärtigen Augenblick erleben kann. Er ist eingebunden in größere Zusammenhänge, er ist nicht allein. Musik kann uns verzaubern, sie kann geistige Genüsse entfachen oder uns in erholsame Regressionen versetzen. Sie kann Unerhörtes hörbar machen, sie kann eine Wiederbelebung intrauteriner Erfahrungen bewirken – und das ohne jede pharmakologische Hilfe. Musik hat eine starke Suggestionskraft und kann hypnoide Zustände auslösen. Dies geschieht in jeder Behandlung und muß vom Therapeuten verstanden und behutsam entschlüsselt werden.

Musiktherapie hat es schon im alten Griechenland gegeben. Damals schloß Musik die Sprache und die darstellende Bewegung mit ein. Diesem Verständnis nähern wir uns heute wieder. Daß Musik psychische und somatische Veränderungen hervorruft, ist bekannt; und daß jede Epoche, ihrer Problemstellung entsprechend, die phänomenalen Wirkweisen der Musik nützte, um sie in ihre jeweiligen Heilungsvorstellungen einzubeziehen, leuchtet ohne weiteres ein. Auch die heute praktizierte Musiktherapie ist ein Kind ihrer Zeit. Sie versucht nicht mehr, durch Vorspielen und Besserwissen zu manipulieren, sondern durch Selber-Tun zum Handeln zu ermutigen. Damit wehrt sie sich, wie alle modernen Bewegungen, gegen Erstarrung und mechanistische Praktiken wie auch gegen die Aufspaltung in Profis und Dilettanten. Sie regt an zur Kreativität und belohnt uns damit. Sie lehrt uns, die Schönheit des Unfertigen und die Langeweile des Konformismus zu erkennen. Musiktherapie kann auch begreiflich machen, daß Gesundheit nicht Abwesenheit von Krankheit bedeutet. Gesund werden heißt stimmig werden, heißt Gleichgewicht und Maß finden. Nicht alle Konflikte sind zu lösen, nicht alle Schmerzen kann man tilgen. Im Leiden und durch Leiden kann Entfaltung ermöglicht werden. Dabei können Musik und Spiel hilfreich sein.

### Musiktherapie ist empfehlenswert für

- Menschen mit eingeschränktem Gefühlsleben und Kontaktschwierigkeiten,
- Kinder zur Freisetzung wie auch Grenzziehung ihrer spielerischen Ausdrucksmöglichkeiten,
- alte Menschen zur körperlich-seelisch-geistigen Wiederbelebung,
- streßgeplagte Personen zur Entfaltung von Kreativität und Spaß am Spiel,
- Musik-Studenten und -Lehrer zum Ausgleich perfektionistischer Einseitigkeit durch freie Improvisation.

### Musiktherapie ist indiziert bei

- Frühstörungen, neurotischen und psychosomatischen Fehlentwicklungen,
- Menschen mit Rückzugstendenzen und Unterstimulations-Folgen,
- motorisch Gestörten (in Verbindung mit Bewegung),
- sprachgestörten und sprechgehemmten Menschen.

**Musiktherapie ist das Mittel der Wahl für**

– autistische Kinder,
– magersüchtige und Borderline-Patienten zum Ausgleich von Mangelerfahrungen im präverbalen Bereich,
– chronisch Schizophrene zur Kompensation (ausgenommen in paranoid-halluzinatorischen Akutzuständen).

## Zusammenfassung

Musiktherapie ist eine erlebnisorientierte, tiefenpsychologisch fundierte Behandlungsmethode, die mit Musik oder deren Elementen – Klang und Rhythmus – in frühe persönliche und in transpersonale Bereiche einzudringen vermag. So werden extraverbale Schichten des Unbewußten berührt. In regressiven Prozessen können Traumata aus vorsprachlicher Zeit wiederbelebt und bearbeitet werden – durch korrigierende Erfahrung und Verbalisierung. Wenn durch Schwingungen von Klang und Rhythmus Ebenen erreicht werden, die *vor* dem Trauma liegen, hat die Regression an sich schon erholsame und heilende Wirkung.

Musik entlastet die überstrapazierte Rationalität und kann die Wahrnehmung von Gefühlen und damit eine Veränderung der Erlebnisverarbeitung bewirken. In der freien Improvisation werden kommunikative und kreative Fähigkeiten geweckt, die die Persönlichkeit stärken, die sozialen Fähigkeiten fördern und zu Handlungen ermutigen.

Rhythmus und Klang sind spezifische Wirkkräfte in der Behandlung von Frühgestörten und sind zugleich die charakteristischen Merkmale der Musiktherapie, die sie von anderen Methoden abgrenzen.

*Literaturhinweise:*

HARRER, G. (Hrsg.), Grundlagen der Musiktherapie, Stuttgart 1975
LOOS, G., Spiel-Räume, Stuttgart 1986
STROBEL, W. und HUPPMANN, G., Musiktherapie, Göttingen – Toronto – Zürich 1978

# Neurolinguistische Selbstorganisation/ Neurolinguistisches Programmieren

Jürgen Wippich

*Geboren 1946, ist Dozent an der Weiterbildungsstätte für psychiatrische Fachkrankenpflege am Psychiatrischen Landeskrankenhaus Weißen-Ravensburg. Als klinischer Psychologe und Ausbilder in klientenzentrierter Psychotherapie arbeitet er neben seiner Lehrtätigkeit mit zum Teil psychisch schwer beeinträchtigten Patienten hypnotherapeutisch nach M.H. Erickson, nach dem Grundgedanken neurolinguistischer Selbstorganisation, der personenbezogen-provokativen Therapie Frank Farrellys und nach der systemischen Familientherapie.*

Neurolinguistisches Programmieren (NLP) bezieht sich auf subjektive Erfahrung. Die folgenden Ausführungen sind deshalb *nicht wahr* im Sinne einer objektiven Sichtweise. NLP bezeichnet sich als reine Verhaltenstechnologie und nicht als neue therapeutische Richtung oder Schule.

Übersetzt bedeutet das umständliche Wort, daß unser Verhalten und Erleben durch ein Nervensystem gesteuert wird (Neuro), daß wir uns mit einer gesprochenen und mit einer Körpersprache verständigen (linguistisch) und daß wir Gegenstände wiedererkennen und Vorgänge wiederholen können, als ob sie programmiert worden seien. Forschungsergebnisse der neuen Physik und Biologie zeigen uns jedoch, daß kein Organismus von einem anderen ohne Beeinträchtigung manipuliert werden kann, so daß wir lieber von »Neurolinguistischer Selbstorganisation« *(NLS)* sprechen. Im folgenden verwenden wir beide Begriffe synonym.

Die Begründer des NLP, John Grinder, ein Sprachwissenschaftler, und Richard Bandler, ein Psychologe und Computerspezialist, hatten sich gefragt, wie man die Struktur der Arbeit von so hervorragenden Therapeuten wie M.H. Erickson, V. Satir und F. Perls entschlüsseln könne. Sie wollten die Muster menschlichen Verhaltens und menschlicher Erfahrung durchsichtig und elegant lernbar machen. Therapie und Lernen sollen Spaß machen, schnell gehen und wenig schmerzhaft sein. Alle Maßnahmen und Erkenntnisse, die zu diesem Ziel führen, sind legitim. Ihrer Ansicht nach ist es ethisch nicht vertretbar, Therapieprozesse lange hinauszuzögern, wenn seitens des Therapeuten und des Klienten greifbare Ressourcen zugänglich sind. Nicht-sprachliche, in hohem Ausmaß humanistische Vorgehensweisen sind eine ebenso bedeutsame Grundlage wie eine ganzheitliche oder systemische Denkweise.

## Wahlmöglichkeiten. Innere und äußere Kontrolle

Ein Ziel des NLP ist, dem Individuum mehr Wahlmöglichkeiten in seinen Handlungs- und Erlebnisweisen zu geben. Je weniger eine Person von äußeren Bedingungen abhängig ist – hierzu gehören auch gelernte Denkmuster und Ideologien –, um so entscheidungsfreudiger ist sie in Problemsituationen. So würde ein NLP-geschulter Arzt gegenüber einem an Grippe erkrankten Patienten wohl die Meinung vertreten: »Ihr Immunsystem ist geschwächt«, während der orthodoxe Schulmediziner eher von einer Infektion sprechen würde. Im NLP soll die Außenkontrolle zur Innenkontrolle werden.

## Modell der Welt

*Sinnesmodalitäten.* Von Kindesbeinen an nehmen wir die Umgebung mit Hilfe unserer fünf Sinne wahr. Unsere Augen erwarten Licht. Wir erkennen Helligkeitsunterschiede. Die Erfahrungen werden im Langzeitgedächtnis aufgehoben und immer wieder mit neuen verglichen. Dabei sieht nicht etwa das Auge, wie der naive Mensch vor Jahrhunderten noch glaubte, sondern der unterscheidende, vielschichtige Wechselwirkungsvorgang zwischen Augen, Umgebung und dem Nervensystem mit den verschiedenen Gehirnarealen gibt all dem einen Sinn. Draußen gibt es ja keine Farben und Formen, sondern lediglich »Lichtquanten«, das heißt kleinste elektromagnetische Teilchen oder Wellen.

Eskimovölker kennen einhundert verschiedene Worte für die Farbe »weiß«. Die Unterscheidungsvielfalt ist für sie lebensnotwendig. Wenn wir unsere fünf Sinne beieinander haben, sind wir gesund, wenn nicht, sind wir ver-rückt. So drückt sich die Weisheit des Volksmundes aus.

Im NLP unterscheiden wir zwischen Sinnesmodalitäten des Auges (A), des Ohrs (O), des Körpers (K), des Geschmacks (G) und Geruchs (G). Zwischen ihnen gibt es wiederum eine Unzahl von Differenzierungen. Einen A-Gedanken können Sie farblos als Bild oder wie einen Film erinnern; einen O-Gedanken laut oder leise und so weiter.

*Strategien.* Jeder Mensch tritt mit einer, zwei oder mehreren Sinnesmodalitäten bevorzugt in die Welt. Das kann bewußt-sprachlich oder unbewußt nicht-sprachlich geschehen. So können wir bildhaft oder in Worten denken und im Zusammenhang damit an irgendeinem Ort des Körpers eine Empfindung wahrnehmen. Andersherum kann sich aus einem spontan entstandenen Gefühl eine bildhafte Vorstellung entwickeln, oder eine Melodie oder ein Wort. Bei den schwarzen Linien »alte Bücher« oder »Heu«, die Ihre Netzhaut als »Wortgebilde« erreichen, kann sogar eine Geruchsempfindung entstehen.

Willentlich können wir uns gezielt auf diese oder jene Wahrnehmung konzentrieren wie zum Beispiel auf einen Gedanken, ein Gefühl oder eine Bewegung, Wer in Ihnen stellt aber all die Verbindungen her zwischen den A-, O-, K-, G-, G-Mustern, wenn Sie in diesem Moment beispielsweise das Wort »Klaviergeklimper« lesen? Einordnungsvorgänge in uns regeln sich autonom.

Wenn man es wirklich genau nimmt, und das sollte man tun, wenn man sich mit Wirklichkeitsbereichen beschäftigt, weiß man, daß lediglich »Lichtquantenunterschiede« das Auge erreichen. In unserem Kopf entsteht kein Klavier, sondern je nachdem, ob unser Gehirn zunächst Augen- oder später Ohrinformation in unsere bewußte Wahrnehmung bringt – ein blitzschneller Vorgang –, haben wir zunächst einen bildhaften Gedanken eines Klaviers und später eventuell einen tonalen, melodischen Eindruck. Dabei kann an einem Ort unseres Körpers eine Empfindung entstehen. Die Abfolge kann aber auch völlig anders verlaufen. Menschen sind in dieser Hinsicht wirklich sehr individuell – vielfältiger als Fingerabdrücke. »Klaviergeklimper«. Der Sinn des Wortes ergibt sich aus dem Zusammenspiel der Erinnerungsmuster des Sehens, Hörens, Fühlens, Riechens und Schmeckens, die sich in dem großen Lagerhaus unseres Gedächtnisses befinden.

## Bewußt / Unbewußt

Das Zusammenspiel der A-, O-, K- und G-, G-Komponenten geht blitzschnell. Wir sind nur bedingt in der Lage, es mit unserer bewußten, wachen Wahrnehmung zu bemerken. Ein äußerer Beobachter, ein »Neurolinguistischer Programmierer« kann in solchen Sekunden eine große Hilfe sein. Ohnehin wäre es vermessen, zu meinen, wir könnten den riesigen Schatz an Informationen, Empfindungen, Haltungen, Bewegungsmustern und so weiter, der sich in dem Lagerhaus unseres Gedächtnisses befindet, mit Hilfe unseres bewußten Denkens, Handelns und Wollens kontrollieren.

Unser Bewußtsein nimmt kleine Ausschnitte im jeweiligen Moment wahr. Unser Unbewußtes ordnet die Ausschnitte immer wieder neu ein. Psychotische Patienten, die alles auf einmal sehr präzise wahrnehmen, können nichts einordnen. Der Mensch sieht dann den Wald vor lauter Bäumen nicht mehr. Wir müssen weglassen, um einordnen zu können. NLS beschäftigt sich mit dem Wechselspiel zwischen bewußten und unbewußten Vorgängen. Mit Milton H. Erickson (siehe Hypnotherapie) vertraut es auf die autonomen Ordnungsrelationen des lebendigen Organismus. Dieser ökologische Gedanke entspricht den Erkenntnissen der neuen Physik und Biologie.

## Anwendung

Im folgenden werden einige wenige Möglichkeiten aus dem vielfältigen, sich kreativ immer wieder neu gestaltenden Repertoire des NLS dargestellt. Der Leser mag damit spielen, bedenkend, daß all das nichts Neues ist, sondern so alt wie das menschliche Gehirn.

*Anker, ankern:* »Anker« nennt man im NLP das »Feuern« der Nervenzellen aufgrund eines inneren oder äußeren Reizmusters. Denken Sie an den tiefsten Ton des Klaviers. Bemerken Sie den Ort des zugehörigen Körpergefühls. Wenn der Vorgang wiederholbar funktioniert, bringen Sie bitte dem Teil Ihres Inneren, Unbewußten oder wie Sie es auch nennen mögen, eine Haltung der Dankbarkeit oder des Annehmens für diese Art innerer Kommunikation entgegen. Sie können dann weiterhin zum Ton oder zum Gefühl mit Hilfe Ihres Unbewußten einen Farbton oder ein Farbmuster finden.

Wiederholen Sie den Vorgang mit dem höchsten Klavierton. Bemerken Sie die Unterschiede innerhalb der Sinnesmodalitäten?

*Veränderung der Geschichte eines Problems* (»history change«): Oben genannte Vorschläge führten bei einem Kursteilnehmer in Zusammenhang mit dem hohen Ton sehr schnell zu unangenehmen Kindheitserinnerungen. Ich schlug ihm vor, im Einklang mit dem tiefen und einem mittleren Ton an wesentliche Kraftquellen zu denken, Ressourcen, die ihm innerhalb aller Sinnesmodalitäten zugänglich waren. In einigen Minuten lernte er, alle drei Töne in Verbindung mit den jeweiligen Sinneseindrücken sehr vollständig zu unterscheiden.

Nachdem ich ihn gefragt hatte, ob er sich darauf einlassen könne, spielerisch zu lernen wie ein Kind, das heißt die Vorgänge seinem Unbewußten zu überlassen, schlug ich ihm vor, innerlich Klavier zu spielen.

Da ich mich in Verbindung mit den Ton-Induktionen auf seine physiologischen Vorgänge, die in einer Veränderung der Atemfrequenz, Gesichtsmuskulatur, Gestik und so weiter sichtbar werden, präzise geeicht hatte, konnte ich nun bemerken, wie die inneren Vorgänge sich zunächst mischten, später einem Eindruck von Harmonie, Ausgeglichenheit und Kongruenz Platz machten. Ich schlug ihm vor, diese »neue/alte Vergangenheit« mit in die Zukunft zu nehmen (»future pace«; posthypnotische Suggestion. Im NLP geht man davon aus, daß alles, was ein Mensch erlebt hat, in seinem Langzeitgedächtnis gespeichert wird. So haben sämtliche Verhaltensweisen irgendwann einmal einen Sinn gehabt, auch wenn sie unangenehm waren. Später können wir sie lediglich umdeutend nutzen). Der Teilnehmer erzählte mir nach einigen Wochen, daß sich die »neue/alte Vergangenheit« sogar noch positiv verstärkt hatte.

Dieser Lernvorgang gleicht oft einem »Aha-Erlebnis«, einem grenzüberschreitenden Wechsel innerer Grenzen wie beispielsweise einem grandiosen Einfall. Dabei macht der Therapeut lediglich Vorschläge. Es mag so aussehen, »als ob« er programmiere. Das Unbewußte des Klienten muß zu der Veränderung bereit sein.

*Reframing* (positives Umdeuten, »neu-rahmen«): Nicht immer ist das Unbewußte dazu bereit. So war ein anderer Klient unfähig, außerhalb der Stadt ohne starke Angstreaktionen Auto zu fahren. Ankern blieb erfolglos. Bei dieser Problematik führt in der Regel ein dissoziatives Vorgehen innerhalb einer Sitzung zu einer vollständigen Angstreduktion. In diesem Fall zeigte es aber nur eine geringfügige Wirkung.

Ich bat ihn, sich die Situation beim Verlassen der Stadtgrenze bildhaft vorzustellen und dabei auf seine Körpersignale zu achten. Das Bild ist bei diesem Vorgang quasi die bewußte Oberfläche, das Körpersignal, das sich dem Bewußtsein kundtut, ist ein Zeichen eines unbewußten Musters oder inneren Teils, der die Person immer wieder auf die gleiche Art handeln läßt, weil ihr zur Zeit noch keine anderen Wahlmöglichkeiten zur Verfügung stehen.

Ich fragte ihn, ob es ihm möglich sei, den Vorgang »Bild-Körpersignal« mehrmals zu wiederholen (wie oben), und ob er eine Haltung entwickeln könne, diesem Körpersignal, dieser Art von Kommunikation mit inneren Vorgängen gegenüber eine lernend-bejahende, womöglich dankende Haltung einzunehmen.

Obwohl es ihm ungewöhnlich vorkam, bat ich ihn, den signalgebenden Teil zu bitten, ihm zusätzlich ein Bild ins Bewußtsein zu geben. Es erschien eine Bierflasche. Der Klient hatte Angst vorm Autofahren, weil er trinkt!! Nach einigen weiteren Schritten wurde klar, daß er, bevor er seine Angst verlieren konnte, zunächst zusätzliche Alternativen lernen mußte. Seine Angst war notwendig. Sie schützte ihn.

Nachdem er diese Alternativen sozusagen in einem »mentalen Training« auf allen Sinnesmodalitäten gelernt hatte, konnte er sich die beängstigende Situation ohne das gewohnte Angstsignal vorstellen. Der innere Teil war mit dem gewünschten Verhalten einverstanden. Gleich nach dieser Sitzung konnte der Klient problemlos aufs Land fahren. Ungefähr ein Jahr später berichtete er, daß er endlich eine seit Jahren geplante Reise in seine osteuropäische Heimatstadt hatte unternehmen können.

NLP-Reframing setzt sich aus präzisen Schritten zusammen. Sie werden bei Wippich (s. Literaturhinweise) genau beschrieben. Im Grunde ist jede gute Psychotherapie ein Reframing-Vorgang, da Grenzen und Einschränkungen überwunden werden in dem Sinn, in dem Logik eine Wahrheit nur konserviert weitergeben kann, neue Erkenntnis aber durch ein Überschreiten der Grenzen geschieht. Eine Annahme der Philosophie des »als ob« des Philosophen Vaihinger ist Grundlage des NLP.

*Voraussetzungen:* Um derartig tiefgreifende Veränderungen innerhalb einer Kurztherapie zu ermöglichen, muß seitens des Therapeuten sowie auch des Klienten ein guter Rapport – jene intime und doch kontrollierte hypnotherapeutische Beziehung – gegeben sein. Dabei ist weder der Klient noch der Therapeut wichtig, sondern das Ergebnis ihres minutiösen »Aufeinander-Einlassens«. Der Klient entscheidet eher unbewußt, auf welche »suggestions« (Vorschläge) des Therapeuten er sich einläßt. Der Therapeut trägt Sorge für den Prozeß. Die Vorgänge geschehen in Bruchteilen von Sekunden. Dazu muß der Therapeut zu folgenden Wahrnehmungsleistungen trainiert sein:

*Ideomotorische Reaktionen.* Bewußt/unbewußtes Bemerken, Begleiten und Lenken (pacing/leading) physiologischer Reaktionen wie Veränderungen in der Atem- und Pulsfrequenz, Gestik, Mimik, Blutdruck, Muskelanspannung, Körperhaltung und so weiter.

*Repräsentationssysteme.* Reaktionen des Körpers sind unbewußt, Worte zum Teil bewußt. Die Art und Weise, wie ein Mensch Worte unbewußt auswählt, geben Aufschluß über sein momentanes inneres Modell der Welt. In einer kinästhetischen Situation begreifen wir einen Vorgang, in einer visuellen haben wir eine klare Vorstellung, in einer auditiven keine Frage mehr, in einer olfaktorischen haben wir es satt, und in einer gustativen stinkt es uns und so weiter. Herrscht ein guter Draht (Sympathie, Übertragung, Rapport) zu einer Person, sprechen wir die gleiche Sprache, das heißt, wir wählen unbewußt das korrekte Repräsentationssystem aus. Diese Fähigkeit ist trainierbar.

*Zugangshinweise.* Bewußt-sprachliche Repräsentationen hört der geschulte NLP-Therapeut. Er kann sie mit eigenen Worten begleiten und vermeidet unnötigen Widerstand. Noch wirksamer ist es, die Art und Weise zu erkennen, mit der unser Gehirn unbewußt Information abruft. Wenn wir uns die Bewegungsmuster der Augen wie auf einem Zifferblatt vorstellen, können wir Zugang zu diesen Vorgängen erhalten. So bewirken bildhafte Gedanken meist Augenbewegungen zwischen 11.00 h und 1.00 h, seelische oder körperliche Empfindungen Augenbewegungen bei 19.00 h, und ein sprachlicher, innerer Dialog tut sich durch Bewegungen in Richtung 19.00 h kund. Der Beobachter muß gut trainiert sein. Die Bewegungsmuster sind sehr schnell. Bei vielen Menschen bestimmten sie Sympathie und Antipathie auf einer unbewußten Ebene.

Die kurzen Ausführungen mögen dem Leser einen kleinen Einblick in diese neue Verhaltenstechnologie geben, die in den letzten Jahren sehr schnell Einzug in die verschiedenen Bereiche von Psychotherapie, Wirtschaft, Organisation fand, und sie mögen ihn ermuntern, damit zu spielen. Manches wird nur unter Anleitung funktionieren.

Ein letzter Hinweis: NLP bemüht sich, ein perverses Prinzip zu vermeiden, nämlich Vorgänge immer zu wiederholen, obwohl sie keinen Erfolg bringen.

*Literaturhinweise:*

Cameron-Bandler, L., Wieder zusammenfinden, Paderborn 1983
Wippich, J., Begegnung, Konstanz 1985

# Paartherapie

Theodor Seifert

*Dr., geboren 1931. Studium der Psychologie an der Freien Universität Berlin, Weiterbildung in analytischer Psychologie am C.G. Jung-Institut Zürich. Langjährige psychologische Tätigkeit in Schweden, von 1953 bis 1967. Seit 1967 als Psychotherapeut am Psychotherapeutischen Zentrum Stuttgart tätig. Zur Zeit stellvertretender Leiter der Psychotherapeutischen Klinik Stuttgart. Seit Gründung Mitarbeit am C.G. Jung-Institut Stuttgart, eigene Praxis als Psychotherapeut und Lehranalytiker. Herausgeber der Reihen »Weisheit im Märchen« und »Zauber der Mythen«.*

»Wenn ein Paar mehr als zehn Jahre verheiratet ist, sollte man keinen der Partner allein in Behandlung nehmen.« Diese Empfehlung hörte ich vor Jahren auf einem Fachkongreß und hatte seitdem viel Gelegenheit, sie zu befolgen und zu überprüfen. Natürlich muß von Fall zu Fall entschieden werden, welche Therapieform für die vorliegende seelische, partnerschaftliche oder psychosomatische Symptomatik geeignet ist, und es kann durchaus angezeigt sein, nur oder erst einmal einen Partner in Behandlung zu nehmen. Das ist jedoch vielfach nur eine halbe Lösung, denn:

### Die Beziehung ist krank

Es entspricht alter Gewohnheit, von einem »Kranken« zu sprechen und ihm den »gesunden« Partner gegenüberzustellen. Genaugesehen kommt aber bei einem Familienmitglied die Erkrankung der Beziehung nur zum *Vorschein*, weshalb man diesen Menschen heute als »Symptomträger« und nicht mehr als »Patienten« oder »Kranken« bezeichnet. In der Praxis stellt es sich allerdings meist noch so dar, daß ein Paar gemeinsam überzeugt ist, nur der eine sei krank. Anfänglich ist es natürlich für den symptomfreien und sich völlig gesund fühlenden Partner schwierig, einzusehen, daß er auch viel zur Erkrankung der Beziehung beigetragen hat, nicht nur der offensichtlich Kranke. Trotz äußerer Schwierigkeiten ist es manchmal einfacher, mit einem kranken oder schwachen Partner zu leben und sich dadurch stark und überlegen zu fühlen, statt eine eigene echte Sicherheit zu entwickeln. Bei einem entsprechend stabilen und selbstsicheren Partner fällt die überlegene Position nicht einfach so zu, sie müßte gemeinsam erarbeitet werden. Häufig ist es noch so, daß die Frau in der Rolle der Schwächeren, Unterlegenen und oft auch Kränklicheren ist. Die Erfahrung zeigt, daß der Ehemann große Schwierigkeiten bekommt, wenn seine Frau über eine eigene Therapie an Selbständigkeit und Sicherheit gewinnt und auch körperlich stärker und gesünder wird. Seine Angst und Unsicherheit werden jetzt deutlich, vielleicht auch ihm selbst erstmals bewußt. Bislang konnte er seine Schwäche gut durch die größere Schwäche seiner Frau ausgleichen, er war immer noch der Stärkere.

## Schuldzuschreibungen und Schattenprojektionen

»Wenn mein Mann, wenn meine Frau nicht immer…, dann würde auch ich nicht gleich…« Es gibt kaum ein Gespräch mit einem Paar, bei dem solche Sätze nicht fallen, zumindest am Anfang der Behandlung. Es scheint wirklich so zu sein, daß der andere durch sein Verhalten – seine Langsamkeit, sein langes Im-Bett-Bleiben, seine Genauigkeit und so weiter – die Schwierigkeiten verursacht. Andererseits: Was ist mit mir, wenn mich das immer wieder so ärgert und aufregt, daß ich die längst bekannten Vorhaltungen wiederhole, ihn frage, wann er denn endlich einmal… Das Gleichgewicht einer solchen Beziehung ändert sich sofort, wenn ich mich nicht mehr vom Verhalten des anderen abhängig mache, nicht mehr *ihn* entscheiden lasse, wann *ich* mich ärgere. Zunächst scheint das zwangsläufig zu sein: Der eine tut etwas, der andere ärgert sich, doch ist das ein Fehlschluß. Gerade in der Paartherapie kann man lernen, solche Automatismen zu überwinden und freier zu werden, was jede Beziehung spürbar entlastet. In der therapeutischen Praxis bestätigt es sich, daß uns das am anderen am meisten aufregt, was wir in uns selbst auch spüren, aber verdrängen und nicht zu leben wagen. Diesen Teil unserer Persönlichkeit bezeichnet man als *Schatten*. So wird mir etwa eine gewisse Nachlässigkeit und Unordnung, eine egoistischere Lebenshaltung oder eine freundliche Kompromißbereitschaft vorgelebt, während ich mich krampfhaft um Planung und Ordnung, um Rücksichtnahme oder strenge Konsequenz bemühe. Empört stelle ich fest: Wenn sich jeder das erlauben wollte... Wir heiraten häufig einen Menschen, der jene Eigenschaften besitzt, die wir ängstlich in uns verbergen, die aber viel Lebensenergie binden.

Jeder projiziert seinen Schatten. Deshalb fasziniert uns der andere so. Er wagt, wo wir zögern, er greift an, wo wir um des lieben Friedens willen nachgeben. Es kommt aber die Zeit, wo wir dies selbst übernehmen und nicht länger dem anderen überlassen sollten. Das ist meist der Zeitpunkt einer schweren persönlichen und Beziehungskrise, aus der das Paar allein nicht mehr herausfindet, sondern sich in einer endlosen Reihe von direkten oder indirekten Verletzungen quält und schließlich resigniert oder voller Erbitterung auseinandergeht. Manche werden auch krank, körperlich oder seelisch, und verlieren ihre Leistungsfähigkeit und Vitalität. Es wurde zu viel Lebensenergie im ehelichen Konflikt verbraucht, die sonst im Leben so nötig wäre, um den täglichen Anforderungen zu genügen. Häufig ist auch die Flucht in den Alkohol oder eine andere Sucht zu beobachten. Dann sollte erst einmal jeder vor seiner eigenen Tür kehren, sagt das Sprichwort, oder den Balken im eigenen Auge erkennen, fordert die Bibel. Eine hierfür sehr geeignete Form ist die Paartherapie.

## Wann kommt eine Paartherapie in Betracht?

Eine Paartherapie ist immer dann zu empfehlen, wenn die Beziehungsschwierigkeiten von einem Paar nicht mehr allein bewältigt werden können; wenn die Kinder zu stark in Mitleidenschaft gezogen werden – was sich zum Beispiel am Leistungsabfall in der Schule, an häufigen Erkrankungen oder Unfällen zeigen kann –, wenn Resignation, Ablehnung oder Gleichgültigkeit die Beziehung prägen und das Gefühl der Sinnlosigkeit überwiegt. Jeder scheint dann nur noch seiner Wege zu gehen, gemeinsame Interessen und Aktivitäten verschwinden, gemeinsame Gespräche enden immer auf dieselbe Weise im Streit oder mit einem »Hab ich's doch gewußt, es lohnt sich einfach nicht, mit dir zu reden«. Viele Paare reden über Jahre aneinander vorbei, erreichen sich nicht mehr. Häufig sind es die Schwierigkeiten der Kinder, die die Ernsthaftigkeit der Beziehungsproblematik bewußt machen. Äußerlich verlaufen manche Ehen recht ruhig und ausgeglichen, dabei sterben sie aber innerlich langsam ab. Daß eine Beziehung krank ist, erkennt man auch an der lebenstötenden Einförmigkeit des gemeinsamen Lebens; Freude und Spaß sind verschwunden, und es entwickeln sich immer die gleichen Konflikte oder Phantasien, etwa: »Hätte ich damals doch nur den/die geheiratet!«

Man flieht innerlich aus der Beziehung. Häufig sind es nur noch äußerliche Gründe wie gemeinsame Kinder oder gemeinsamer Grundbesitz und Versorgungsansprüche, die eine Ehe aufrechterhalten. Nur zu gut versteht man dann die resignierte Frage: »War das alles?« Über all diese Probleme kann in einer Paartherapie offen und mit guten Aussichten auf mögliche Veränderungen gesprochen werden. Jahrelang bestehende psychisch bedingte Erkrankungen, die auch ein Ausdruck des tiefen Ehekonfliktes sind, bessern sich dabei immer oder verschwinden ganz.

Eine besondere Schwierigkeit besteht darin, daß nur einer der beiden Partner für eine Behandlung ausreichend motiviert ist. In den meisten Fällen fällt es den Männern schwerer, sich dafür zu entscheiden, und die Initiative geht entsprechend auch von den Frauen aus. Männer halten es für übertrieben, so viel Aufwand zu treiben, weil die Beziehung ihrer Ansicht nach gar nicht *so* schlecht sei. Daß die Beziehung als solche einen Eigenwert darstellt und nicht nur Mittel zum Zweck ist, leuchtet Männern noch selten ein. Sie haben ihre Energie ganz nach außen verlagert und wollen zu Hause ihre Ruhe haben, wollen nach anstrengenden Tagen ihren Hobbys nachgehen oder haben daheim noch viel mit ihrem Beruf zu tun. »Beziehung, was ist das eigentlich?« scheinen sie zu fragen. In solchen Fällen kann es besser sein, wenn die zur Therapie motivierte Partnerin erst einmal ihre eigenen Wege geht und selbst eine Behandlung beginnt. Meist läßt es sich in einigen Vorgesprächen klären, ob der Zögernde im Sinne der Therapie zu motivieren ist oder nicht. Manchmal wird eine Paargruppe auch als Alibi benutzt: »Niemand soll mir vorwerfen, ich hätte nicht alles versucht, um diese Ehe zu retten.« Ein solcher Mensch ist meist längst auf einem anderen Weg, die Therapie wäre nur ein Rückzugsgefecht.

## Wie läuft eine Paartherapie ab?

Paartherapien werden in Einzelsitzungen oder als Gruppentherapie mit vier bis fünf Paaren einmal wöchentlich durchgeführt. In der Regel ist die Gruppenbehandlung vorzuziehen.

Viele Paare meinen, ihre Probleme seien zu persönlich und zu intim, um vor anderen ausgebreitet und ausgetragen zu werden. Dabei zeigt die Erfahrung, daß die Schwierigkeiten aller Paare sehr ähnlich sind. Zu beobachten, wie andere mit dem gleichen Problem kämpfen und in der Therapie daran arbeiten, kann sehr befreiend wirken. Hinzu kommt, daß praktisch jeder Standpunkt, auch jedes Problem, das der eigene Partner nie verstanden hatte, in der Gruppe angenommen und wenigstens von einigen positiv aufgenommen wird. Keiner fühlt sich völlig allein. Auf diese Weise sind Bestätigungen und Korrekturen möglich, die in Einzelgesprächen kaum so rasch zu erreichen sind. So fiel es zum Beispiel in einigen Gruppensitzungen auf, daß ein Mann nie direkt auf eine Frage des Therapeuten antwortete, sondern, ein Stichwort aufgreifend, über ganz andere Dinge sprach. Der Therapeut fühlte sich mißachtet oder nicht verstanden und machte auf dieses Danebenreden aufmerksam. Das erstaunte wieder den Teilnehmer, der im guten Glauben war, geantwortet zu haben. Hier schaltete sich nun die Ehefrau ein und erklärte mit großem inneren Engagement, daß das immer so sei, nie antworte er genau, immer drehe er einem das Wort im Munde herum, um zu beweisen, daß er recht habe. Dagegen verwahrte sich der Mann sofort, er drehe gar nichts herum. Wäre dieses Gespräch zu Hause abgelaufen, es hätte geendet wie immer: Jeder sähe sich in seiner Überzeugung bestätigt, daß er recht habe und vom anderen eben nicht verstanden werde. Der Vorwurf: »Du drehst mir das Wort im Munde herum« bliebe bestehen, die beidseitige Resignation hätte sich weiter vertieft. In der Gruppe war es aber möglich, die benutzten Worte gemeinsam anzuschauen, die beiden bekamen zusätzliche Reaktionen und Erfahrungen der anderen Gruppenteilnehmer zu hören und erlebten, daß man mit solchen Problemen auch konstruktiv miteinander umgehen kann. Gerade in einer Paartherapie läßt sich lernen, solch sinnloses Hin und Her zu erkennen, abzubrechen und miteinander darüber zu sprechen, auch darzulegen, was in jedem abgelaufen war, und zuzuhören, hinzuhören, statt nur die eigene Meinung wieder bestätigt zu sehen. In jeder Sitzung sind solche Beobachtungen möglich, so daß die Paare vieles voneinander mitnehmen. Meist ist es auch so, daß in einer sogenannten offenen Gruppe, in die immer wieder ein neues Paar aufgenommen wird, wenn eines ausscheidet, einige Paare schon ein Stück des Weges gegangen sind und dem neuen Paar aufgrund eigener Erfahrungen helfen können.

### Was wird mit einer Paartherapie erreicht?

Vorausgesetzt, daß beide Partner ehrlich und offen an ihren eigenen und an den gemeinsamen Problemen arbeiten, ist immer mit einem gewissen Erfolg zu rechnen. Ich habe keine Paartherapie erlebt, die ohne jedes Ergebnis geblieben wäre. Langsam, manchmal schlagartig werden Einsichten und Erkenntnisse in die Dynamik der Paarbeziehung gewonnen. Es wird deutlich, welche Rollen man sich gegenseitig zuschob – etwa die des Unterdrückers, sich selbst die des armen Opfers – und welche Schuldverteilung man vornahm. In der ersten Phase einer Behandlung wird auch gelernt, sinnloses Hin und Her als solches zu durchschauen, abzubrechen und wenn nicht gleich, so doch bald darüber miteinander zu reden. »Was machen wir da eigentlich miteinander?« Längerer Zeit bedarf es, um die eigenen kindlichen Haltungen und Erwartungen kennenzulernen und schrittweise aufzugeben. In allen Paarbeziehungen wird vom Partner noch erwartet, daß er wiedergutmacht, was einem die Eltern »angetan« haben, daß er Defizite ausgleicht, die seit vielen Jahren bestehen. Damit ist jeder überfordert, und die diesbezüglichen Krisen sind unvermeidbar. In einer Gruppe werden solche infantilen Haltungen rasch deutlich, sie können aufgearbeitet werden. Damit sind auch weitere Schritte in die Selbstverantwortung verbunden, was für jede Paarbeziehung befreiend wirkt. Drohungen wie »Ich bringe mich um, wenn du mich verläßt« werden dann nicht mehr ausgesprochen. In zunehmendem Maße findet der einzelne seinen tragenden Grund in sich und kann sich selbst eine gute Mutter, ein guter Vater, ja auch ein guter Partner werden. Sollte keine gemeinsame Basis für die Beziehung mehr gefunden werden, so ist dies ein sehr guter Ausgangspunkt für das dann notwendige Leben allein.

Im Lauf der Behandlung wird es immer klarer, wie eng die Paarproblematik mit den eigenen inneren Konflikten verknüpft ist und wie sehr der Partner dazu herhalten mußte, mich zu entlasten. In Streitgesprächen kann dann die Frage nach der eigenen noch unbewußten inneren Mitbeteiligung rascher und vor allem ehrlicher gestellt werden, die Antwort des Partners wird ohne Impuls zur Rechtfertigung angehört, weil sie nicht mehr als Vorwurf und Anklage erlebt wird. Es ergeben sich reiche Möglichkeiten gegenseitigen Gesprächs und konstruktiver Problembearbeitung. Ein sehr großer Vorteil solcher gemeinsamen Therapie liegt in der Chance, den anderen wirklich kennen und seine innere Situation und Entwicklung verstehen zu lernen. Man braucht dann nicht mehr auswählend oder tendenziös aus seiner Therapie zu berichten: »Mein Therapeut hat aber gesagt...«, sondern erlebt diesen wichtigen Veränderungsprozeß gemeinsam. Deshalb ist es oft angezeigt, an eine Einzeltherapie eine Paartherapie anzuschließen. Das schafft Vertrauen und Sicherheit. Indem jeder mit dem anderen dann auch zu sich selbst finden kann, erfährt er den vielleicht tiefsten Sinn einer Partnerschaft besser: die eigene Ganzheit zusammen mit einem anderen Menschen zu finden und zu leben. Dann sind beide bereichert.

Eine etwa zwei- bis dreijährige gemeinsame Therapie oder Selbsterfahrung in einer Gruppe kann sicher nicht diesen ganzen Weg umfassen, aber sie hilft, die dafür notwendige Lebenshaltung zu entwickeln und die Fähigkeit, ein einzelner zu sein und zugleich in Gemeinschaft zu leben und sich zu entfalten.

*Literaturhinweise:*

Brocher, T., Von der Schwierigkeit zu lieben, Stuttgart 1985[8]
Schellenbaum, P., Das Nein in der Liebe, Stuttgart, 1986[5].

# Primärtherapie

Klaus A. M. Bieback

*Geboren 1938 in Stettin, Abitur 1958 in Hannover. Studium der Evangelischen Theologie in Heidelberg und Göttingen. Zehn Jahre als Lehrer und Pfarrer tätig. 1973/74 Primärtherapie bei A. Janov in Los Angeles. Seit 1975 eigene Praxis für Primärtherapie in Köln. Verschiedene therapeutische Ausbildungen in den USA und Deutschland: Primärtherapie, Gestalttherapie, Transaktionsanalyse, Gesprächstherapie, Kommunikationstrainings, NLP und Therapien nach M. Erickson.*

## Arthur Janovs Buch »Der Urschrei, ein neuer Weg der Psychotherapie«

Janov »entdeckte« die Therapie Ende der sechziger Jahre in der psychotherapeutischen Arbeit mit seinen Patienten und berichtet davon in dem Bestseller »The Primal Scream«, der 1970 in den USA und 1973 in Deutschland veröffentlicht wurde. Die deutsche Übersetzung des Titels gab der Primärtherapie auch den sensationsträchtigen Namen »Urschrei-Therapie«.

## Primärtherapie, eine Wanderung zum Ursprung

Die Primärtherapie ist eine Wanderung durch die verschiedenen Szenen unseres Lebens immer weiter zurück: Beruf und Ehe, Ausbildung und Schulzeit bis in die ohnmächtige Kleinkind- und vorgeburtliche Lebenszeit. In der Therapie sucht der Klient noch einmal die Orte und Wegstationen auf, an denen seine psychische Entfaltung und Prägung begonnen hat.

## Der ungefühlte Schmerz

Ein Besucher erzählte mir: Beim Lesen des Buches von Janov hatte ihn etwas wie aus jahrelanger Betäubung aufgeweckt. In ihm schrie etwas aus Leibeskräften. Er konnte hören, was er bisher nie wahrgenommen hatte. In ihm gab es ein Kind, das vor Schmerz weinte. Die Entdeckung machte ihn ganz aufgeregt.

Janovs Betrachtungen nahmen etwas ernst, was er bisher nie wahr haben wollte. Er hatte sich darüber hinweggesetzt; er hatte es mit vielen eigenen oder fremden Worten übertönt. Es war aber nie verstummt. Jetzt wußte er, was er spürte: Es war sein »Urschmerz« (primal pain). So nannte Janov diesen Strom unbewußten, kindlichen Schmerzes, der da an seinen Kräften zehrte. Dieser nie vergessene Schmerz stammte aus den unerfüllten Bedürfnissen und verdrängten Leiden seiner Kindheit, die als dumpfe Spannung, als unbewußte Sehnsüchte und in Symbole verkleidete Kinderwünsche in sein Erwachsenenleben hineinflossen: darum seine endlosen Kämpfe, seine nie aufgegebene Hoffnung auf »irgendwas«. Längst vergessene Worte von Mutter und Vater tauchten in seinen Erinnerungen auf.

## Verstehen

Immer war in ihm ein Unzufriedensein – selbst wenn er alles hatte. Seinen ständigen Alarmzustand, als sei etwas unerledigt, hatte er »Nervosität« genannt. Jetzt ergab sie einen Sinn. Sie war die verkleidete Form des Urschmerzes. Er sah die Familie ohne Vater, spürte die Not seiner Mutter und die Gehorsam fordernde Erziehung, er fühlte die spannungsvolle Atmosphäre in seinem Elternhaus. Seine kindliche Alarmstimmung, zu helfen und alles richtig zu machen, sein Suchen nach Halt und Umsorgtsein, seine Angst vor Unsicherheit und autoritären Vatergestalten – all dies zeigte sich in Spannung, Einsam-, Erstarrt-, Minderwertig-, Depressiv- oder Aggressiv-Sein. Sein Kopf raste, um seine heillose Welt mit Gründen zu erklären und ihr einen Sinn abzugewinnen. Er fühlte sich erkannt. Was sollte er tun? – Er wollte Therapie machen.

## Die neue Suche

Es begann die Suche nach dem Therapeuten. »Ich bin mir ein Fremder, und ich suche jemanden, der mir hilft, durch all die Fassaden und Symbolisierungen meines Schmerzes hindurch mein verschüttetes Leben zu finden.« Dies sagte er, als wir uns trafen. Wir sprachen über seine Probleme. Es waren die normalen Schwierigkeiten eines erfolgreichen, mitteleuropäischen »Normalneurotikers«: Probleme mit dem Partner, mit Sex und Nähe, mit den Kindern, seine Unruhe, sein Aufbrausen im Beruf, sich selbst manchmal nicht ausstehen können und einige weitere erträgliche Macken. Es war Leid, aber es waren keine Notwendigkeiten, um deswegen einen Arzt oder Seelenarzt zu bemühen.

Ich sagte: »Sie haben das Beste aus Ihrem Leben gemacht, was das Leben zuließ. Das verdient Ihre und meine Anerkennung. Jedes Reinreden eines anderen in Ihr Leben wäre eine Entmündigung und Beraubung.«

»Aber ich brauche Hilfe. Ich bin mir selbst ein Fremder. Ich bin hinter Mauern eingesperrt in einem Niemandsland.«

Ich antworte ihm, daß er die Mauern seines Lebenshauses aus guten Gründen zusammen mit vielen Helfern einmal so gebaut habe. »Wenn Sie es nun umbauen wollen, sollten Sie sich die alten Pläne und das Fundament ansehen und Zeit, Kosten und Kraft für den Umbau bedenken; außerdem, es macht viel Staub. Sie würden von nun an die Verantwortung für Ihr Leben und Fühlen auf niemand anderen schieben und Chef Ihres Lebensbaus werden.« In der Übernahme der Verantwortung für die eigene Persönlichkeit geschieht dieser umfassende, geistige und tatkräftige Vorgang, den Janov »Fühlen« nennt.

## Das Fühlen

Diese Therapie ist ein Besuch bei den Geschichten und in der Geschichte unseres gesamten Lebens bis in die frühe Kindheit. Beim Nacherleben dieser Geschichten tauchen die Gefühle auf, die das Kind gemeinsam mit dem Schmerz unterdrücken mußte: Es hungert der vergangene Mangel, es opfert sich die Liebe ohne Antwort, es ängstet sich die vergangene Bedrängnis, es wütet der heilige Zorn, es trauert der schmerzliche Verlust. Es bebt das unerfüllte Leben und weint die bisher ungeweinten Tränen.

Diese Trauerarbeit im Janovschen Sinn ist ein Berührtwerden von der Primärform, mit der vom Leben gemeinten Form, die unter dem Schmerz liegt. Sie ist somit nicht ein gefühlvolles Problemanalysieren, Jammern, Klagen, Schreien oder Hyperventilieren wegen eines leidvollen Geschicks – dann wäre sie ein momentanes Spannungsabladen und Abreagieren. In ihr geschieht vielmehr die Kontaktaufnahme mit der Urform des Lebendigseins hinter dem Schmerz. In ihr wird die in der Kindheit erzwungene Entfremdung und Spaltung überwunden, die damals einmal den Schutz des Lebens übernahmen. Es ist ein Auftauchen aus der Betäubung. Dabei wird die sogenannte »Abwehr« als notwendige Schutzfunktion und als Stärke der Persönlichkeit erfahren, die dem Leben zugute kam.

**Lösungen**

Im Laufe der Therapie kommt es schrittweise zu Lösungen für Konflikte, zur Linderung lähmender Phobien und zur Aufhebung leidvoller Symptome, als ob neue, erwachsene Formen des Lebens bereitlägen, die die Lebenskraft endlich wählen kann, während sie die alten Formen der Kindheit wie ein unpassendes Kleidungsstück nicht mehr anzieht.

Verschiedene unterdrückte Kindheitsgefühle am Beginn der Therapie können den Klienten überraschen. Manchmal taucht ein zorniger, rächender Mörder auf oder ein zu Tode geängstigtes Schneewittchen, manchmal ein häßlicher, hungriger Frosch oder ein schlafendes, alterndes Dornröschen. Der Varianten von Verzauberungen und Verwünschungen des Menschenlebens in der Kindheit sind Tausende. Das Fühlen und das Lösen eines solchen Banns kann nur durch jeden selbst geschehen. Auf welches Wunder er immer hoffte, es war vergeblich: Es kommt kein Prinz und keine erlösende Fee mehr.

Die »Entzauberung« fängt mit der Enttäuschung der illusionären, kindlichen Hoffnung an. Die in sie hineinfließende Lebensenergie hielt den endlosen, neurotischen Kampf bis heute in Gang. Mit dem Fühlen der Realität, des Urschmerzes, orientiert sich die Lebenskraft neu. Das schmerzliche, mühevolle »Realwerden« beginnt und damit ein neuer Lebensabschnitt: das Leben als erwachsener Mann und als erwachsene Frau.

## Geburtserfahrung

Die meisten Klienten durchlaufen auf ihrer therapeutischen Wanderung die Erfahrung ihrer Geburt noch einmal, als sei sie eine der wichtigsten Prägungen. Immer wieder auftauchende Bilder, Träume und Gefühle von einem erdrückenden, unüberwindlichen Berg, einer Überflutung durch gewaltige Wellen, von einem dunklen, endlos scheinenden Tunnel erzählen ein Leben lang von dem Ereignis. – Diese Erfahrungen riefen Erinnerungen an die Geburt des eigenen Kindes wach. »Es schreit, hören Sie!« hatte der Arzt damals gesagt. Zum ersten Mal sah er sein Kind: ein zappelndes, schreiendes Menschenbaby. Erleichterung und Staunen über das neue Leben flossen über in Tränen der Freude.

War dieser Schrei des Neugeborenen, mit dem die Entbindung vom mütterlichen Lebensstrom anfing, mit dem selbständiges Atmen, Stimme, Ich-Sagen und weltergreifende menschliche Sprache begannen, der »Urschrei«? Zumindest war er in seinem ganzen Angewiesensein auf Antwort ein erster Schrei, »a primal scream«, der seine Eltern noch manche Nerven kostete. In dem zarten »Urschrei« steckt eine Entfaltungskraft mit großen Folgen.

## Der Ursprung

Die Art der Grenzüberschreitung bei unserer Geburt, der Ur-Sprung, ist eine wichtige, therapeutische Station, die nur von einer noch wichtigeren übertroffen zu werden scheint. Die »frühen Prägungen« begannen bereits »im Jenseits« vor dieser Existenz: im Bauch unserer Mutter. Sie war einmal unser Lebenselement, als Ich und Du noch nicht geschieden waren. Über ihr Fühlen waren wir der Welt längst vor der Geburt begegnet. Somit »wußten« wir zum Beispiel, ob das Leben uns feindlich oder freundlich erwartet. Die Pläne unseres Lebenshauses lagen als Entwurf gezeichnet bereit, bevor wir das »Paradies« verließen.

Und noch weiter zurück und doch nicht so fern liegen Ereignisse, die über den Rahmen der Primärtherapie hinausgehen, denen der Wanderer, wenn er sich Zeit nimmt, begegnet: unsere systemisch-soziologische und seinshaft-biologische Beerbung der Eltern, Großeltern und Urgroßeltern und aller Vorfahren – und schließlich die Quelle selbst, aus der es unaufhörlich strömt: etwas wie unendliche Tatkraft, Liebe, Ehrfurcht, Staunen, Dank.

## Der Begleiter

Der Wanderer nimmt einen kundigen Begleiter auf seine Reise mit. Die Therapie ist wie unsere erste Wanderung an Mutters und Vaters Hand ein kommunikativer, sozialer Vorgang. In der Begegnung mit dem anderen, in dem Sich-Stellen im Gegenüber zu einer anderen fühlenden Person und einem gemeinsamen Gehen öffnen sich die Tore zu den verborgenen Räumen des Inneren. Schritt für Schritt erfährt er seine eigene Stärke und lernt so, sein eigener Therapeut zu werden.

Janovs »Warnung« am Schluß seines Buches ist nicht ganz abwegig: Der Begleiter sollte sorgfältig gewählt werden. Seine gründliche Ausbildung und sein Wissen sind Voraussetzung. Er kann die Wanderung nur begleiten, wenn er ihre Tiefen und Höhen selbst durchgestanden hat. Damit sich nicht beide verirren, sollte er sich auskennen im Labyrinth der Seele. Angesichts des Schreckens vor den Urgefahren des Lebens, angesichts seines sich Verloren-Fühlens in seiner manchmal heillosen Welt braucht der Wanderer Ermutigung zum Weitergehen. Die Authentizität des Therapeuten, seine Fähigkeit, selber Freund und Begleiter zu sein, seine eigene Menschlichkeit, seine Möglichkeiten und seine Grenzen sind das Gegenüber und der Raum, in dem die Therapie stattfindet.

Alle Primärtherapeuten gestalten die Arbeit anders. Persönlichkeit, Ausbildung, Methodik, Aufbau, Zielsetzung, all dies ist sehr unterschiedlich, zum Beispiel ob und wieweit dem Therapeuten oder der Therapiegruppe wieder Vater-Mutter-Rollen zugewiesen sind und ob und wieweit der Therapeut seinem Klienten seine Mündigkeit läßt oder es »für ihn« wissen oder machen will. Jeder Interessent sollte darum in der Vorbereitungsphase Zeit und Kosten nicht scheuen, Informationen zu sammeln, »seinen« Therapeuten kennenzulernen und zu interviewen und dann sein bestes Fühlen zu befragen, wo ein guter Ort für seine Therapie ist.

## Die äußeren Strukturen

So wie Janov die Therapie entwickelt hat, steht am Beginn die dreiwöchige Intensivphase, in der der Klient in einem Hotel wohnt, mit täglich einer Sitzung von etwa drei Stunden. Daran schließen sich etwa 30 bis 50 Sitzungen an, die auf ein bis zwei Jahre verteilt sind. Man geht langsam Schritt für Schritt, um das

Erlebte in die Gegenwart zu integrieren. Meist kann man davon ausgehen, daß bei sehr frühen, schwerwiegenden Verletzungen (z.B. Todesnot bei der Geburt, Verlust der Eltern, physische oder psychische Folter, Haß- und Mordanschläge, schwere Erkrankungen der Mutter, sexuelle Vergehen an Kindern, frühe Heimaufenthalte) die Therapie mühsamer ist und mehr Geduld erfordert und die Erfahrungen der Lösung länger auf sich warten lassen. Der eigene Organismus und niemand sonst entscheidet, wann und welche Verletzungen geheilt werden und welche möglicherweise nicht.

Das therapeutische setting ist in einer ganz besonderen Weise strukturiert: Es ist eine Einzeltherapie in einer Gruppe mit wenig Interaktionen untereinander. Jeder arbeitet für sich. Der Therapeut hilft, die unterschiedlichen Prozesse in Gang zu setzen. Immer ist es ein Weg in die Tiefe, und zugleich ist es ein Nach-außen-Lassen der Gefühle in eine sichtbare, hörbare, bewegte Gestalt. In der Intensivphase am Beginn der Therapie gibt es meist eine Reihe von Einzelsitzungen, um den Klienten in die Methode des Vorgehens einzuführen. – Die Kosten richten sich nach Anzahl der Sitzungen.

## Grenzen

Das Besondere der Primärtherapie scheint mir ihre Intensität, ihre Weite und Tiefe und das Bezogensein auf die persönliche Lebensbiographie. Es geht um die Aufarbeitung der gesamten Persönlichkeitsstruktur, die verschlossen oder aufgeschlossen, die leidend-schmerzverzehrt oder vertrauend dem Leben zugewandt sein kann. Die Möglichkeit, auch die Therapie als Ort des »Ausagierens« oder als »Flucht in eine Innenwelt« zu mißbrauchen, spricht nicht gegen sie. Das »Fühlen« im Janovschen Sinne ist ein Erfahren in zwei Richtungen: in die persönliche Vergangenheit und in die persönliche Gegenwart, die das eigentliche Ziel ist, um endlich hier als erwachsener, fühlender Mensch zu leben.

Die Primärtherapie traut dem Patienten und begleitet seine Schritte nach seinem Maß. Sie ist sehr persönlich und stellt darum keine allgemeingültigen psychotherapeutischen »Übungen« oder »Methoden« bereit, die »es« dann machen. Mit ihnen würde nur wieder eine fremde Struktur übergestülpt und ein fremder Weg beschritten, der nicht aus dem eigenen Fühlen gefunden wird. Sie ist eine Arbeit an sich selbst und den schmerzlichen Anteilen der Persönlichkeit. Sie hilft, die besten, individuellen Kräfte der Person zum Vorschein zu bringen. Damit eröffnet sie eine neue Chance zum Leben und leitet die Heilung ein, zu der das eigene Leben fähig ist.

## Bedeutung

Die Primärtherapie ist ein eigenständiger Weg zwischen Psychoanalyse und den humanistischen Psychotherapien. Sie hat die schmerzlich-emotionale Komponente der frühen Kindheit und ihre Bedeutung für das menschliche Leben neu gefunden und herausgestellt. Dieses Wissen wirkt sich in vielfacher Weise aus wie zum Beispiel in den neuen Formen der »sanften Geburt«. Sie bietet einen guten, starken, fühlenden Weg der Psychotherapie. Ihre ganzheitliche Sicht vom Menschen als körperliches, geistiges, geschichtliches, soziales, fühlendes Wesen, in dem alle diese Bereiche respektvoll beachtet werden müssen, beeinflußt Medizin, Sozialpädagogik und Öffentlichkeit.

*Literaturhinweise:*

JANOV, ARTHUR, Der Urschrei, Frankfurt 1973
JANOV, ARTHUR, Gefangen im Schmerz, Frankfurt 1980
JANOV, ARTHUR, Frühe Prägungen, Frankfurt 1983

# Psychoanalyse

Horst Kächele

*Prof. Dr. med., geboren 1944. Studium der Medizin in Marburg, Leeds (England) und München von 1963 bis 1969. Promotion 1969. Ausbildung zum Psychoanalytiker (DVP) von 1970 bis 1975. Seit 1970 bis heute an der Abteilung Psychotherapie der Universität Ulm. 1976 Habilitation für Psychotherapie, Universität Ulm. 1977 Professor, leitender Oberarzt der Abteilung Psychotherapie. 1985 Leiter der Sektion Psychoanalytische Methodik.*

## Was ist Psychoanalyse?

Unter Psychoanalyse versteht man ein Behandlungsverfahren für seelisch kranke Menschen, das der Wiener Nervenarzt Sigmund Freud aus enttäuschenden Erfahrungen mit den Wirkungen der Ende des 19. Jahrhunderts vorherrschenden Hypnosebehandlung entwickelt hat. Die entscheidende Neuerung bestand darin, den Kranken aus der passiven Rolle des Hypnotisierten zu befreien und ihn zum aktiven Partner im therapeutischen Gespräch zu machen. Durch eine Reihe von Vereinbarungen (sogenannten Behandlungsregeln) wird zwischen Patient und Arzt ein Raum geschaffen, in dem die den Patienten belastenden Symptome in einer neuen, anderen Weise betrachtet werden können. Dieser Raum wird als die »psychoanalytische Situation« bezeichnet, deren Elemente im folgenden kurz skizziert werden.

## Vorgehensweise

Vereinbart wird zwischen Arzt und Patient, daß zu voraus festgelegten Zeiten ein Gespräch stattfindet. Wievielmal in der Woche ein solches Gespräch stattfinden soll, ist variabel und richtet sich nach verschiedenen Bedingungen der Krankheit, der Zielsetzungen und, last not least, auch der Finanzierbarkeit. Die Dauer der Sitzung ist durchgängig mit 45–50 Minuten veranschlagt. Dieses Gespräch findet im Sitzen vis-a-vis oder so statt, daß der Patient auf einer Couch liegt und der Analytiker hinter ihm sitzt. Auch hier gilt, daß die Anordnung sich nach den therapeutischen Gegebenheiten zu richten hat. Ohne Zweifel vermittelt die sitzende Position eine stärkere Haltefunktion und wird deshalb von vielen Patienten mit Selbstverlustängsten als unerläßlich bezeichnet; die liegende Position des Patienten kann dessen Introspektion und die Entdeckung vorbewußter und unbewußter Prozesse dann fördern, wenn er die Position des Liegens selbst als nicht zu bedrohlich, zu kränkend und so weiter empfindet. Die »Couch« ist so sehr zum Kennzeichen der Behandlungsform »Psychoanalyse« geworden, daß oft übersehen wird, daß sie nur eines unter verschiedenen Mitteln und Strategien darstellt, um günstige Behandlungsbedingungen herzustellen.

Die psychoanalytische Situation wurde von Freud mit dem Schachspiel verglichen, in dem Regeln auf einem vorgegebenen Feld bestimmte Bewegungen ermöglichen; Strategien des Handelns sind aber die entscheidenden Einflußgrößen für den Verlauf des Spiels. Die Grundregeln für die beiden Teilnehmer an der psychoanalytischen Situation lauten vereinfacht:

– *Grundregel der freien Assoziation für den Patienten:* Versuchen Sie alles mitzuteilen, was Sie denken und fühlen. Sie werden bemerken, daß dies nicht einfach ist, aber der Versuch lohnt sich.

– *Grundregel der gleichschwebenden Aufmerksamkeit für den Psychoanalytiker:* Bleiben Sie offen für alle vom Patienten geäußerten Einfälle, lassen Sie dessen Ideen und Phantasien vollen Spielraum; vor allem lassen Sie sich nicht von Ihrem abstrakten theoretischen Wissen leiten, sondern seien Sie neugierig, etwas Neues zu erfahren; betrachten Sie jeden Patienten in seiner Einzigartigkeit und Unvergleichbarkeit.

## Ein Beispiel

Weder kann der Patient dieser Grundregel dauernd Folge leisten, noch kann sich der Analytiker enthalten, zusammenfassende Anschauungen zu bilden. Trotzdem schaffen beide aufeinander abgestellten Regeln einen Verständigungsraum, der für die Mitteilung von nicht bewußten Bedeutungen hervorragend geeignet ist. Zur Veranschaulichung soll eine kurze Sequenz aus der ersten Sitzung einer Behandlung dienen:

Eine 26jährige Referendarin kommt zur ersten Sitzung und berichtet zunächst über ihre Recherchen bei der Krankenkasse; sie erkundigt sich dann über das Gutachten, das ich für sie schreiben soll. Nach meiner Erläuterung kommt die Frage: Wie lange wird es denn gehen? Sie äußert etwas Besorgnis, denn ihr Bruder, der etwas davon verstünde, habe gemeint, unter einem Jahr käme sie nicht weg. Nach kurzem Nachdenken sage ich ihr, daß eine genaue Zeitangabe wohl nicht möglich sei, das hänge davon ab, wie wir vorankommen würden.

Dann übernehme ich die Führung und erkläre ihr den Ablauf und die Durchführung der Behandlung. Es sei günstig für sie, wenn sie auf der Couch liege, ich würde hinter ihr sitzen, und sie solle versuchen, alles mitzuteilen, was ihr in den Sinn komme. Nachdem ich mich erkundigt habe, ob sie noch weitere Fragen habe, und sie dies verneint, schlage ich vor, gleich zu beginnen, und wir begeben uns auf unsre Plätze.

P.: Kann ich gleich erzählen, was mir in den Kopf kommt?

A.: hm

P.: Muß ich gleich an das Abendlied denken: Sieben Englein um mich stehen (lacht verlegen), weil Sie hinter mir sitzen, am Kopfende… heute nacht hab' ich schon davon geträumt, ich wollte hierher kommen… und da hab' ich Sie nicht gefunden,…das richtige Zimmer nicht gefunden… so an Träumen kann ich bestimmt viel erzählen, weil ich fast jede Nacht träume… und wenn ich aufwache, ist auch meist noch etwas da… gestern habe ich mich so furchtbar geärgert… ich war nämlich übers Wochenende in T.…da hab ich studiert… und da hat es mir so wahnsinnig gut gefallen… und da krieg ich immer die Wut, wenn ich wieder nach Ulm muß… in Ulm ist alles so häßlich, es gibt keine hübschen Mädchen hier.

A.: Sind die Ihnen wichtiger?

P.: Männer interessieren mich sowieso nicht – Ulm ist immer wie mit der Wolke vorgezogen.

Es ist unschwer zu sehen, daß wir es mit einer braven Patientin zu tun haben, die prompt der Instruktion gefolgt ist, die der Analytiker ihr in der Vorbesprechung gegeben hat. Es scheint so, daß er ihre Aufmerksamkeit unversehens auf den »Kopf« gelenkt hat (obwohl er das Wort »Sinn« verwandt hat), so als ob dort sich das

Wichtige ereignen würde. Ihr erster Einfall zur Situation – sie auf der Couch, er verborgen hinter ihr – erinnert an eine Kinderszene, wo die Engel zu Hilfe gerufen werden, damit das Kind in der Nacht gut beschützt wird. Ein Element der Gefahr, des kindlichen Allein-gelassen-Seins in der Nacht, wird evoziert und durch das verlegene Lachen abgemildert. Der folgende Einfall setzt das Thema der Gefahr fort, indem die Patientin schon im Traum sich mit der Frage auseinandersetzt, ob sie den Analytiker, sein Zimmer mit all seinen unbewußten Bedeutungen, auch finden wird. Der dritte Einfall besänftigt die unsichere Spannung in der Weise, daß die Patientin ihm versichert, daß sie zur Mitarbeit bereit sei. Wie sie vermutlich weiß, kann sie sich des Interesses ihres Psychoanalytikers versichern, indem sie ihm Träume berichtet. Der vierte Einfall thematisiert unverhüllt, daß die Symptomatik der Patientin – eine heftige Angstentwicklung – mit der Referendarzeit in Ulm eingesetzt hatte und sie sich in die Studentenzeit zurücksehnt.

Es folgen nun weitere Einfälle zur Studienzeit in T., zu den Kneipenbesuchen abends, wo sie mit Freunden bis vier Uhr morgens wegging. Ihr Mann war schon zu Zeiten ihrer Freundschaft darüber böse, denn er wurde müde und ging früher heim. Dann wirft sich die Patientin vor, daß sie nie nein sagen kann, und wechselt das Thema. Sie fragt nach, was beim psychologischen Test herausgekommen ist. Sie sei bestimmt im Intellektuellen ungenügend gewesen, dabei wolle sie doch noch den Doktor machen, das sei ihr in den letzten Tagen klargeworden, ihr besagter Bruder, den sie auch bei der Behandlung um Rat gefragt habe, habe den eben fertig gemacht. Nach einer Pause, in der der Analytiker schweigt, bedenkt sie, ob nicht alles schlimmer werde, wenn man sich soviel Gedanken mache; ihre Eltern hätten an so etwas keinen Gedanken verschwendet, darüber mit ihnen zu diskutieren sei völlig sinnlos. Wieder tritt eine Pause ein, in der keine Antwort vom Analytiker kommt. Sie habe Angst, Schulden zu machen, sie brauche immer ein Pölsterchen auf der Bank, das sei ihre einzige Sorge bei der Analyse.

In der nun folgenden Pause bemerkt der Analytiker, daß die Patientin das Zimmer mustert und sich an dem altertümlichen Ofen mit dem Blick festzuhalten scheint.

P.: Die Psychotherapie kommt aber schlecht weg in Ulm (P. lacht).

A.: Wegen des alten Ofens?

P.: Nicht nur das, auch das andere Haus, in dem ich mein erstes Gespräch mit Dr. F. hatte, fällt ja schier zusammen. Als ich bei ihm war, hatte ich Angst, daß er mich wegschickt wegen solcher Kinkerlitzchen, wie ich habe.

A.: So wie Sie im Traum das Zimmer nicht finden konnten.

P.: Aber es sind doch nur Kinkerlitzchen… das wird bestimmt ein Abenteuer, ich bin gespannt, was da rauskommt. Manchmal denke ich, was ich jetzt denke, da ist sonst nichts, oder so viele Gedanken auf einmal.

A.: Vielleicht hat das damit zu tun, daß der erste Gedanke nicht gleich geäußert wurde...

Dies Beispiel illustriert das Verfahren: Der Zusammenhang zwischen den verschiedenen Stücken ist nicht völlig willkürlich, auch nicht völlig logisch-systematisch. In sich sind die Mitteilungen sinnvoll, die einzelnen Einfälle sind korrekt gebildete Gedankengänge und entsprechen formal-syntaktisch der spontanen Rede. Die Einfälle werden zunächst nur durch die Einheit von Raum und Zeit zusammengehalten, indem sie als Mitteilungen einer Patientin an den Therapeuten betrachtet werden. Es ist keine einfache Geschichte, bei der der rote psychologische Faden sofort erkennbar wäre, sondern es wird eine Collage aufgebaut, deren Einzelteile einen Beitrag zu einem übergeordneten, zunächst nicht immer gleich erkennbaren Leitmotiv beisteuern.

In der Einübung der freien Assoziation nehmen die Mitteilungen des Analytikers deshalb eine bedeutungsvolle Funktion an, weil sie dem Patienten zu verstehen geben, daß es ein Gegenstück zu der ihm verordneten Tätigkeit gibt, eine Antwort auf das von ihm verlangte Mitteilungsgebot. Auf seine Mitteilungen erhält der Patient vom zunächst zuhörenden und deswegen oft schweigenden Analytiker dann eine Antwort auf Fragen, die er in dieser Form nicht gestellt hat und nicht stellen konnte. Über Zuhören, Klärung, Konfrontation erarbeitet sich der Analytiker ein Verständnis des »roten Fadens« in den Mitteilungen, das er dann dem Patienten in Form von Deutungen zu vermitteln versucht. *Deutungen* sollen über die Feststellung von bestimmten Zusammenhängen eine Antwort auf eine motivational gemeinte »Warum«-»Wozu«-Frage geben, zum Beispiel: Welchen Zweck hat es, ein bestimmtes Verhalten (Angst bei öffentlichen Auftritten) einzusetzen? Es dient vielleicht der Abwehr unbewußter Größenphantasien beziehungsweise der gefürchteten Bestrafung, wenn man sich so zeigt.

## Theoretische Gesichtspunkte

An dieser Stelle ist es unerläßlich, von der Schilderung des Behandlungspraktischen auf die theoretische Ebene hinüberzuwechseln. Die psychoanalytische Situation ist deshalb so entwickelt worden, weil sie einem bestimmten Verständnis von neurotischen Symptomen entspricht, das Freud Hand in Hand mit der Entwicklung der Methode vorlegte. Ausgehend von den Erfahrungen mit hysterischen Patienten, verallgemeinerte Freud die *Grundformel*, daß Symptome symbolische Kompromißlösungen für konflikthafte, unverarbeitete und aus inneren Gründen unverarbeitbare Erfahrungen des persönlichen Lebensvollzuges sind, die in dieser Form festgehalten und zugleich vor dem Bewußtsein verhüllt werden können. In der psychoanalytischen Situation werden nun die in den Symptomen gebundenen Konflikte wieder in zwischenmenschliche Prozesse zurückverwandelt, was in der Psychoanalyse mit dem Begriff der *Übertragung* bezeichnet wird. In der Übertragung erlebt der Patient – und muß sich gleichzeitig als Erlebender sehen können – noch immer lebendige Wünsche und Abneigungen, die er mit seiner ihm bewußten erwachsenen Person schlecht zu verbinden vermag. Die Natur dieser Wünsche hat derzeit einen sehr umstrittenen Status: Ob es sich um Triebe handelt in dem Sinne des Wortes, wie es in der Biologie lange sinnvoll war, ist für den »Aggressionstrieb« wenig wahrscheinlich, und selbst für die Sexualität wirft ein solches Verständnis größere theoretische Probleme auf; es empfiehlt sich, derzeit davon auszugehen, daß in den Phasen der menschlichen Entwicklung je verschiedene Bedürfnisse und Wünsche entwickelt werden, die zu Befriedigungs- und Enttäuschungserlebnissen verknüpft werden. Spätere, sogenannte auslösende Konfliktsituationen scheinen zu einem Rückgriff auf frühere befriedigend erlebte Beziehungsformen zu führen, was mit dem Begriff der *Regression* beschrieben wird.

Die damit verbundenen theoretischen Probleme werden derzeit in der Psychoanalyse heftig diskutiert; die sogenannte Metapsychologie – das heißt die Theorie jenseits der psychologisch erfahrbaren Phänomene – ist in einer Krise, deren Ausgang sicher in einem tiefgreifenden Wandel der theoretischen Vorstellungen bestehen wird, mit denen die Psychoanalytiker ihre reichen klinischen Erfahrungen bislang geordnet haben. Die Fundierung der klinischen Erfahrungen in der psychoanalytischen Situation führt dazu, daß solche Theoriekrisen zu einem verbesserten Verständnis der Praxis führen können.

Versteht man die Übertragung als eine Wiederbelebung verdrängter Beziehungsmuster, in denen Wünsche und Abwehrformen enthalten sind, dann wird die *Gegenübertragung* als gefühlsmäßige Reaktion des Analytikers auf diese Einstellungen des Patienten verstehbar. Ursprünglich wurde die Gegenübertragung als eine Störung des Selbstverständnisses des den Patienten spiegelnden

Analytikers verstanden; heute gehen wir davon aus, daß die subtile Diagnostik der zwischenmenschlichen Beziehungskonflikte, an denen die Patienten im Verständnis der Psychoanalyse leiden, nicht ohne die Verwendung der eigenen gefühlshaften Reaktionen auf den Patienten möglich ist. Diese sind durch die persönliche Erfahrung und wissenschaftliche Schulung des Analytikers geprägt; die Vielfalt von Schulen und Ausrichtungen in dem Bereich der Tiefenpsychologie findet vermutlich darin einen wichtigen unter vielen Gründen.

Übertragung und Gegenübertragung können als einander ergänzende Rollen verstanden werden, mit denen Patient und Psychoanalytiker einander begegnen können. Eine wichtige Voraussetzung ist jedoch, daß sie einander gleichzeitig als Träger dieser Rollen erleben können. Deshalb muß die Fähigkeit, sich aus den intensiven Erlebnissen dieser affektiven Begegnung auch lösen zu können, durch die gleichzeitige Entwicklung und Pflege einer *hilfreichen Beziehung* aufgewogen werden, um die zufriedenstellende Durchführung einer psychoanalytischen Behandlung sicherzustellen. Wenn die sogenannte *Übertragungsneurose* nicht mehr in ihrem »als-ob«-Charakter erkannt wird, sondern Liebe und/oder Haß in dieser Beziehung bestimmende Realität geworden sind, droht einer Behandlung das Scheitern. Unter dem Stichwort *»therapeutische Allianz«* werden deshalb all jene Heilfaktoren diskutiert, die vom Patienten und Analytiker in den therapeutischen Raum eingebracht werden müssen, damit das Beziehungsexperiment »Übertragung und Gegenübertragung« gelingen kann. Es ist hilfreich, den *Analogiecharakter* der psychoanalytischen Erfahrung immer wieder zu unterstreichen. Zwar sind die Tränen wirklich, die in der Behandlung geweint werden; zugleich gilt es, die dieser Trauer zugrundeliegenden unbewußten Konflikte aufzusuchen, die bislang nicht gelebt werden konnten.

## Ziel der Behandlung

Über die Bewußtwerdung verdrängter, konflikthafter Erfahrungen wird das Ziel angestrebt, die innere Notwendigkeit für eine neurotische Symptombildung aufzuheben. Dies vollzieht sich – angeleitet durch die Grundregeln – in der psychoanalytischen Situation an und mit dem gefühlsmäßig lebendigen Erleben der Beziehung zum Analytiker. Dies wird von diesem durch verschiedene

Mittel gefördert, unter denen die neutral-hilfreiche Einstellung und die Deutung der jeweils bestehenden Beziehungs- und Konfliktmuster auf dem Hintergrund der Lebensgeschichte die wichtigsten sind. Jeder Patient entwickelt jedoch *Widerstände* gegen die schmerzlichen Gefühle, die mit solchen Wiederbelebungen verbunden sind, weshalb die sogenannte Widerstandsarbeit zu den großen Problemen der Behandlungstechnik gehört. Widerstand ist jedoch kein negativer Begriff, sondern beinhaltet die Summe der vom Patienten bisher geleisteten Bewältigungsarbeit in der Überwindung bisheriger belastender Erfahrungen.

Parallel zu diesen Prozessen in der Behandlung werden auch die Konflikte in den wichtigen Beziehungen des Patienten durchgearbeitet; oft fördert das eine das andere ganz wesentlich, und schließlich kommt als drittes die Aufarbeitung der lebensgeschichtlichen Erfahrungen, wie sie in den gegenwärtigen Konflikten sichtbar geworden sind. Diese drei Arbeitsfelder werden in vielfältiger Weise verstehend und aufhellend miteinander verknüpft und durch die sogenannte *emotionale Einsicht* dem Patienten besser zugänglich und verfügbar gemacht. Auf Einsicht folgen die notwendigen Schritte des Durcharbeitens und Neu-Probierens, die für die Stabilisierung der Einsicht unerläßlich sind.

## Persönliche Voraussetzungen

Um von einer psychoanalytischen Behandlung zu profitieren, braucht es auf seiten des Patienten neben dem Leidensdruck im günstigen Fall auch eine Motivation, sich persönlich verändern zu wollen. Die Fähigkeit, Probleme und Symptome auch als Teil der eigenen Geschichtlichkeit anerkennen zu können, wird oft erst im Laufe des Behandlungsprozesses erworben und ist bei entsprechend flexibler Einstellung des Therapeuten keine Eingangsvoraussetzung. Deshalb muß vom Psychoanalytiker Einfühlungsvermögen in sehr verschiedene Lebenswelten verlangt werden. Psychoanalytische Behandlung ist heute kein Privileg der Gebildeten oder gar der Reichen mehr. Die Übernahme der Behandlungskosten durch die Krankenkassen hat gezeigt, daß das Gold der Analyse nicht mit dem Kupfer der Suggestion legiert werden muß, um eine Behandlung der Armen zu ermöglichen, wie Freud ursprünglich meinte.

Wichtig ist jedoch eine ziel-orientierte Einstellung, die in der psychoanalytischen Situation hilft, die »unendliche Analyse« an realitäts-gerechten Zielen zu orientieren. Alle psychologisch-psychotherapeutischen Verfahren können gegenwärtig für sich beanspruchen, »für 60–70 Prozent aller Patienten besser zu sein als keine Behandlung«; je umfangreicher die therapeutischen Maßnahmen jedoch sind, desto kritischer muß der Anspruch an sie auch sein, so daß Anspruch und Erfolg sich nicht aus dem Auge verlieren. Die psychoanalytischen Behandlungsmethoden lassen viele Möglichkeiten offen, für einen Patienten die seiner gegenwärtigen Situation entsprechende und seinen Zielen gerecht werdende Behandlungsform zu wählen.

*Literaturhinweis:*

Thomä, H. und Kächele, H., Lehrbuch der psychoanalytischen Therapie, Band 1: Grundlagen, Heidelberg 1985

# Psychodrama

## Ellynor Barz

*Geboren 1931 in Schlesien. Studium der Pädagogik und Theologie in Hamburg und Tübingen. Mehrjähriger Aufenthalt in den USA. Verheiratet, vier Kinder. Studium mit Diplomabschluß am C.G. Jung-Institut Zürich. Psychodrama-Ausbildung bei Dean und Doreen Elefthery/Miami, USA. Eigene psychotherapeutische Praxis und Arbeit mit Psychodramagruppen in Zumikon bei Zürich.*

Psychodrama als Erfahrungsweg oder Therapieform kann aus verschiedenster Motivation gewählt werden: Angst vor Isolation oder auch vor Gruppen; das Bedürfnis, sich selber besser kennenzulernen; zwischenmenschliche und innerseelische Konflikte verschiedenster Art; mancher ist von seinen Gefühlen abgeschnitten, ein anderer ihnen hilflos ausgeliefert. Oft kommen körperliche Beschwerden hinzu: Beklemmungsgefühle, Schlaflosigkeit, Verspanntheit. Was wird mit dem Mittel des Psychodramas angestrebt?

Jakob Levy Moreno, Psychiater und Soziologe, geboren 1890, entwickelte das Psychodrama als eine Form von Gruppenpsychotherapie, die einem einzelnen sowohl wie einer Gruppe gerecht werden konnte. Das noch in Wien konzipierte und von ihm nach 1922 in den USA weiterentwickelte Psychodrama, das bis zu seinem Tod 1974 bereits eine weite Verbreitung fand, beruht vor allem darauf, individuelle wie soziale, das heißt zwischenmenschliche

Probleme ganz konkret im Raum, im Hier und Jetzt zu vergegenwärtigen und zu behandeln. Moreno bezeichnete das Psychodrama als eine »Tiefentherapie, die auf Handlung beruht«. »Handlung« heißt im Griechischen »Drama«.

Wird ein Problem im Psychodrama gestaltet, so wird es an-schaubar und ein-fühlbar. Aus einem rein intellektuellen oder bewußten Bemühen kann ein ganzheitliches Erlebnis werden, das die Sinne und die Gefühle mit einbezieht. Solche lebendigen Erfahrungen machen Einsichten möglich, aus denen sich Korrekturen von Fehlverhalten oder Fehlerleben ergeben. Dies kann Lösung von Konflikten bewirken, zu einem persönlichen Reifeprozeß oder zu Bewußtwerdung unbewußter Verhaltensmuster und Grundstrukturen führen. Die Ergebnisse hängen ebenso von der Gruppe und ihrer Zielsetzung ab wie von dem Leiter oder Leiterpaar, das die Gruppe zusammensetzt, von ihrer Persönlichkeit, psychologischen Ausrichtung und den Erwartungen oder Zielen, die sie in ihrer Arbeit haben.

Psychodrama ist eine Methode, die nicht an eine bestimmte psychologische Schule gebunden ist, deren Voraussetzung aber Arbeit in Gruppen ist. (Einzelne Elemente der Psychodramatechnik können auch in Einzelanalysen oder in verschiedenen anderen Bereichen angewandt werden.)

Die Gruppen bestehen im allgemeinen aus acht bis zehn Teilnehmern und sind gemischt zusammengesetzt: beiderlei Geschlechts, verschiedenen Alters, Berufs, Milieus und so weiter. Geschlossene Gruppen sind häufiger als offene, das heißt, alle Teilnehmer beginnen zur gleichen Zeit und bleiben für eine bestimmte Dauer beisammen. Die Sitzungen finden regelmäßig ein- bis zweimal pro Woche statt und dauern ca. eineinhalb bis zwei Stunden. Absolute Verschwiegenheit nach außen ist eine grundlegende Bedingung und Voraussetzung für gegenseitiges Vertrauen.

### Verschiedene Formen von Psychodrama

Moreno benutzte das Psychodrama in verschiedenen Bereichen und entwickelte entsprechend verschiedene Formen:

– *Das person-zentrierte Psychodrama,* in dem eine ganze Sitzung *einem* Gruppenmitglied, dem sogenannten Protagonisten, dient, dessen Konflikt oder Problem dargestellt und mit Hilfe der Gruppe be-handelt wird;

– *Das themenzentrierte Psychodrama,* in dem ein Thema externer oder interner Art – es mag sich aus dem Zeitgeschehen oder in näherem Zusammenhang mit der Gruppe ergeben – dramatisch gestaltet und bearbeitet wird;

– *Das gruppenzentrierte Psychodrama,* das Interaktions- oder andere emotionale Probleme, die in der Gruppe auftauchen, mit psychodramatischen Mitteln zu lösen versucht.

Moreno strebte mit dem Psychodrama die Neubelebung von Spontaneität und Kreativität im Menschen an; so kann ein geschulter Psychodramaleiter auch spontan immer neue Anwendungsbereiche oder Techniken entdecken.

Hier möchte ich nur auf das protagonist-zentrierte Psychodrama eingehen, das die reinste Form von Psychodrama ist, während die anderen Möglichkeiten sich mehr oder weniger mit anderen Gruppentherapiemethoden verbinden lassen. Auch hier gibt es verschiedene Varianten des ursprünglichen »klassischen« Psychodramas von Moreno. Ich beschreibe es in der etwas erweiterten Form von Dean und Doreen Elefthery, die besonders geeignet ist, auch die unbewußten Tiefenschichten des Menschen mit einzubeziehen. D. Elefthery war ein Schüler, Freund und Mitarbeiter von Moreno und dessen Nachfolger als »President of the American Society of Grouppsychotherapy and Psychodrama«. Er starb 1982.

## Der Verlauf des Psychodramas

Ein außenstehender Betrachter würde bei einem Psychodrama etwa folgendes sehen: In einem neutralen Raum sitzen zehn bis zwölf Menschen auf Stühlen in einem Kreis. Es wird – zum Teil recht lebhaft – geredet. Dann stehen zwei auf. Alle andern rücken auf ihren Stühlen so weit wie möglich auseinander. Die zwei gehen sprechend im Kreis herum. Dabei scheint der eine, nach seiner gelassenen Haltung, der Leiter zu sein, der andere, vielleicht zögernd, schüchtern oder erregt, der Spieler. Hinter diesen tritt sogleich ein Dritter und bleibt bis zum Schluß der Handlung immer hinter ihm, legt ihm manchmal die Hand auf die Schulter und spricht dann auch. Andere werden hinzugerufen und spielen nach einer Weile mit. Es gibt viel Hin und Her, manchmal ist fast die ganze Gruppe in Bewegung. Es wird lebhafter. Manchmal meint man, aus den verschiedenen Gesichtern und Gebärden schon zu ahnen, worum es gehen könnte. Das mag vielleicht eine Stunde dauern. Es scheint verschiedene Szenen zu geben. Dann rücken alle wieder auf ihren Stühlen eng zusammen und sind bald in ein Gespräch vertieft, ruhiger vielleicht als zu Beginn; betroffen auch, manche wie erleichtert.

Von den Beteiligten in der Gruppe her gesehen, hatte das Ganze einen klar strukturierten Aufbau. Jedes Psychodrama folgt bestimmten Regeln, Spielregeln vergleichbar, für alle Mitspieler verbindlich. Sie ermöglichen Orientierung und geben Schutz und Rückhalt.

Jedes Psychodrama verläuft in *drei Phasen*: Auf die Eröffnungsphase – warming-up genannt –, in der unter anderem entschieden wird, wer in dieser Sitzung Protagonist sein wird, folgt das eigentliche Psychodrama, die Aktionsphase, in der sein Problem gestaltet, in Handlung umgesetzt wird, und schließlich die Abschlußphase, in der der Protagonist wieder in den Kreis der Gruppe zurückgenommen ist und alle mit ihm teilen, was sie erlebt oder selber erinnert haben: das Sharing. Hier schweigt der Protagonist und nimmt in sich auf, was die anderen zu seinem Thema dazulegen an eigenen Erfahrungen.

## Die fünf »Mittel« des Psychodramas

Fünferlei braucht es für ein protagonistzentriertes Psychodrama: Die *Bühne* ist der Innenraum, der durch den Kreis der Gruppe entsteht. Hier findet die dramatische Handlung statt. Das Wort *»Protagonist«* bezeichnete in der griechischen Tragödie den ersten Schauspieler, der dem Chor gegenübertrat. Im Psychodrama ist es das Gruppenmitglied, das sich vor der Gruppe und mit Hilfe der Gruppe mit seinen Konflikten auseinandersetzt. Es geht dabei nicht darum, daß er ein guter Schauspieler ist, sondern darum, daß er sich selber erlebt und zeigt, wie er im »wirklichen Leben« draußen sich entweder nicht zeigen kann oder darf – oder will.

Der *Leiter* ist Spielleiter und analytischer Therapeut, der außerhalb des Spieles steht, dem Protagonisten gegenüber, wenn er auch innerlich mitgeht. Er hat ein bestimmtes therapeutisches Ziel im Auge, wählt die Szenen und Szenenwechsel, schlägt Rollen und Rollentausch und so weiter vor. Er konfrontiert den Protagonisten, führt und fordert ihn.

Das *Hilfs-Ich* des Protagonisten dagegen (auch »auxiliary ego« genannt, es ist der Co-Therapeut) bleibt – wie sein Schatten – stets hinter dem Protagonisten. Es unterstützt ihn von innen heraus (und manchmal ganz buchstäblich), spricht wie er, als er, in der Ich-Form, als seine Verstärkung oder Verdoppelung, als sein »anderes Ich«. Es wird vom Protagonisten nicht als ein Du erlebt, sondern als eigene mögliche innere Stimme, die er meistens besser akzeptieren kann als die irgendeines Gegenübers, besonders, wenn es um Inhalte und Gefühlsregungen geht, die bisher im Bewußtsein nicht zugelassen waren, denen der Protagonist nicht »ins Auge schauen« konnte oder wollte. Als Zeichen dafür, daß das Hilfs-Ich als ein Teil des Protagonisten zu sehen ist, legt es die Hände auf seine Schulter, wenn es an seiner Stelle spricht. Kann der Protagonist gewisse Einwürfe des Hilfs-Ich nicht akzeptieren, werden sie wieder fallengelassen. Er soll angeregt, aber nicht fremdbestimmt werden.

Die *Gruppe* gehört zum Spiel dazu. Aus ihr sucht der Protagonist diejenigen heraus, die Rollen übernehmen sollen. Aber auch alle andern, die nicht Rollenspieler sind, können spontan mithandelnd eingreifen, indem sie verdoppelnd hinter jedem Beteiligten, mit dem sie sich identifizieren, etwas sagen oder ausdrücken können – wenn sie vorher die Hand auf dessen Schulter legten (wie das Hilfs-Ich beim Protagonisten) als Zeichen, daß sie als ergänzender Teil noch etwas hinzufügen. Dann gehen sie wieder an ihren Platz zurück. Scheinen einige Beiträge dem Protagonisten unpassend, winkt er ab, und es ist, als ob sie nicht gebracht worden wären.

### Das Psychodramaspiel

Wenn der Protagonist gefunden und sein Anliegen bekannt ist, wenn mögliche Szenen genannt und die nötigen Spieler dazu ausgesucht sind, kann das Spiel beginnen. Die Gruppe ist bereits auseinandergerückt, der Spielraum ist freigegeben. Zuerst werden die Rollenspieler »eingeführt«, das heißt für die Rolle erwärmt, in sie hineinmodelliert, damit sie wissen und spüren, wer und wie sie sind, und entsprechend »richtig« handeln können.

Diese *Einführung in die Rolle* durch den Protagonisten ist ein wichtiger Bestandteil des Psychodramas. Er schildert die Rolle – seinen Vater zum Beispiel – nicht von außen, wie er auf ihn wirkt: hart, autoritär, ungerecht vielleicht, sondern er versucht, sich selber in ihn hineinzuversetzen. Er steht hinter dem Spieler, die Hände auf seinen Schultern, und stellt sich als der Vater vor: »Ich bin Viktor, 65 Jahre alt, habe kein leichtes Leben gehabt, und jetzt habe ich große Schwierigkeiten mit meinem Sohn Klaus.« Auch die ganze Gruppe hat bei dieser Einführung gespürt und zum Teil detailliert erfahren, wem der Protagonist im Spiel begegnen wird, und ist danach in der Lage, angemessen mitzuspielen.

Bevor die eigentliche Handlung beginnt, wird das *Bühnenbild* aufgebaut. Mit wenigen Requisiten – Stühlen aller Art, Tischchen vielleicht – und starker Imagination wird die Atmosphäre vermittelt und der Raum gestaltet, in dem die Szene spielt.

Der Leiter wird in jedem Fall eine *Schlüsselszene* zu finden suchen, eine für die Probleme des Protagonisten besonders typische – archetypische – Situation, die für viele weitere Erlebnisse prägend blieb. Solche Szenen stellen meistens ganz grundsätzliche Erfahrungsmöglichkeiten dar, so daß auch jedes Gruppenmitglied »sich selbst in einem seiner kollektiven Syndrome dargestellt« sehen kann (Moreno) und mitbetroffen ist. Das kann eine Kindheitserinnerung sein: ein verzweifeltes Rufen in einem dunklen Raum, das niemand hörte; oder ein Jugendstück: die nicht erhörte Bitte eines Sohnes nach dem Abitur, sein Vater möchte ihm einmal sein Auto leihen; Aktuelles: Streit mit dem Chef; eine verpaßte Chance: sich mit einem ungerechten Vater nicht noch vor dessen Tod auseinandergesetzt zu haben; es kann ein Traum sein und anderes mehr.

## Verschiedene Techniken des Psychodramas

Eine der wichtigsten Techniken ist der *Rollentausch*. Mitten im Spiel oder Dialog veranlaßt der Leiter den Protagonisten, die Rolle mit seinem Gegenspieler zu tauschen; jener tritt an die Stelle des Protagonisten, und dieser spricht nun in einem Vater-Sohn-Dialog an Stelle des Vaters weiter. So erlebt der Protagonist nicht nur sich als Sohn, sondern auch die Betroffenheit, die Gefühle des Vaters. Diese Ein-fühlung, dieses Erleben *beider* Seiten kann zu einer Wende in der Beziehung, jedenfalls zu einer neuen Einstellung des Protagonisten führen.

Es können ihm auch völlig neue Impulse aus den spontanen Beiträgen der Rollenspieler erwachsen – oder durch das sogenannte »Doppeln«. *Doppeln* werden die Beiträge der andern genannt, die keine Rollen haben, aber dennoch spontan hinter den Protagonisten oder einen andern Spieler treten, in Haltung und Gebärden diesen gleich, und *ihre* Gefühle oder Reaktionen äußern (wie beim Hilfs-Ich beschrieben).

Es sei noch die *Spiegeltechnik* genannt, in der ein Gruppenmitglied vorübergehend den Protagonisten ablöst und die letzte Szene noch einmal in möglichst genauer Imitation spielt. Damit wird dem Protagonisten ermöglicht, daß er sich von außen sieht und die Wirkung seiner Haltung, seiner Stimme und Gestik spürt.

Alle Techniken dienen dazu, zu verdeutlichen, daß der Protagonist – wie jeder Mensch – in seinem bewußten Erleben nur einen Teil seiner Gesamtpersönlichkeit kennt. Wesentliche Anteile existieren außerhalb des Bewußtseins, im Unbewußten, autonom. Im Psychodrama wird es unter Umständen möglich, unbewußte Anteile zu realisieren. Dies kann erschütternd oder befreiend sein; es bringt »Katharsis«, »Reinigung durch Vervollständigung« (Moreno) – dem einzelnen wie der Gruppe.

*Im anschließenden Sharing* wird dies noch einmal deutlich, wenn jeder sein Mit-Betroffensein, sein eigenes Erleben mit-teilt und damit den Protagonisten nicht allein läßt in dem Gefühl, sich exponiert zu haben. Er selber hört jetzt nur noch zu.

Sein *Feedback* gibt er erst zu Beginn der nächsten Sitzung, das heißt, er berichtet, was das Psychodrama bei ihm innerlich und äußerlich in Bewegung gebracht hat und zu welchen Einsichten er gelangt ist. Hier kann sich kurz ein allgemeines Gespräch anschließen oder auch eine Prozeßanalyse – und damit ist die Gruppe meistens erwärmt für die neue Sitzung.

Weil durch das Psychodrama eine tiefe emotionale Ebene erreicht wird, muß der einzelne im Bedarfsfall die Möglichkeit zu weiteren therapeutischen Gesprächen haben, sei es mit einem der Leiter oder einem anderen Therapeuten. Das wird vor Beginn der Psychodramaarbeit besprochen und je nach Einstellung der Leiter geregelt.

Es ist oft erstaunlich, mitzuerleben, was schon ein einzelnes Psychodrama auslösen kann, gar, was eine Serie von Psychodramen bewirkt, für den einzelnen wie für die Gruppe: an Wachstumsprozessen, Einfühlungsvermögen und mitmenschlicher Bezogenheit, an Neuorientierung und lebendiger Einsicht.

*Literaturhinweise:*

MORENO, J.L., Gruppenpsychotherapie und Psychodrama. Einleitung in die Theorie und Praxis, Stuttgart 1959

LEUTZ, GRETE A., Psychodrama, Theorie und Praxis. Bd. I: Das klassische Psychodrama nach J.L. Moreno, Berlin, Heidelberg, New York 1974

YABLONSKY, LEWIS, Psychodrama. Die Lösung emotionaler Probleme durch das Rollenspiel, Stuttgart 1978

# Psycho-pharmaka

Gerhard Dieter Roth

*Dr. med., 1952 geboren. 1971 Abitur. Anschließend an der Eberhard-Karls-Universität Tübingen Studium von Medizin, Psychologie und Philosophie. Nach Approbation und Promotion ab 1979 als Stipendiat der Studienstiftung des Deutschen Volkes Psychotherapieausbildung an Carl Rogers »Center for Studies of the Person«, La Jolla, California, sowie am »Gestalt Institute of San Francisco«. Ab 1980 Weiterbildung zum Facharzt für Psychiatrie und Neurologie am Bürgerhospital Stuttgart. Seit 1983 in psychoanalytischer Weiterbildung am C. G. Jung-Institut in Stuttgart. 1986 Niederlassung als Nervenarzt und Psychotherapeut in Ostfildern bei Stuttgart. Verheiratet, drei Kinder.*

## Psychotherapie und/oder Psychopharmaka?

Ein alter Streit ist angesprochen. Ein Streit, der so lange währt, wie sich Wissenschaftler um die Ursachen und Heilungsmöglichkeiten seelischer Störungen und Erkrankungen bemühen, was eigentlich erst der Fall ist, seit psychische Auffälligkeiten nicht mehr als gottgewollte Bestrafungen und dämonische Besessenheit, sondern als echte Krankheiten aufgefaßt werden.

## »Seelenmittel«

Der Fachbegriff »Psychopharmaka« ist so natürlich nicht richtig, da es nicht möglich ist, »den Geist« oder »die Seele« direkt chemisch zu beeinflussen, vielmehr wirken diese Substanzen in der Weise, daß sie die Erregungsübertragung an den Kontaktstellen der

Nervenzellen (»Synapsen«) beeinflussen. Der heute gebräuchliche Begriff »Psychopharmakon« entstammt einer Veröffentlichung des Jahres 1548 (!), während die ersten diesbezüglichen Publikationen der medizinischen Neuzeit von »Pharmakopsychologie« sprachen, ein Begriff, der sich nicht durchgesetzt hat. Der Nervenarzt Kraepelin schrieb 1892 das Buch »Über die Beeinflussung einfacher psychischer Vorgänge durch einige Arzneimittel«, wobei Alkohol, Teer, Chloraldehyd, Äther und einige weitere Substanzen gemeint waren. Mehr als Kuriosum ist zu erwähnen, daß der Begründer der Neurosenlehre, Sigmund Freud, gleichzeitig im Selbstversuch Kokain als Mittel gegen Depressionen ausprobierte.

### Wie alles anging...

Bis vor etwa 40 Jahren standen der psychiatrischen Therapie nur wenige, risikoreiche Behandlungsmöglichkeiten zur Verfügung. So wurde ab 1920 mit Schlafmitteln die »Dauerschlaftherapie« bei depressiven Patienten eingeführt, 1933 das »Insulinkoma«, das auch bei psychischen Erregungszuständen wirksam war, jedoch mit großen Risiken einherging. Zwei Jahre später erfolgte dann die »chemische Heilkrampfbehandlung«, die kurz darauf zur »Elektrokrampftherapie« weiterentwickelt wurde. Diese Behandlungsmethode wird in modifizierter Form in den USA, in England und Frankreich wieder häufiger angewandt, während sie – wohl auch historisch begründbar – in der Bundesrepublik sehr zurückhaltend eingesetzt wird. Die Verfechter dieser Methode argumentieren, daß akute und langfristige Nebenwirkungen im Vergleich zur langfristigen Medikamenteneinnahme eher gering einzuschätzen sind.

### ...und dann weiterging

Die »moderne Psychopharmakotherapie« entwickelte sich stürmisch seit etwa 1945, als es gelang, aus einem zunächst als Wurmmittel und Mittel gegen Reisekrankheiten bekannten Medikament das Atosil zu entwickeln, das bei erregten Patienten eine gute Wirkung zeigte und aus dem dann die Substanzgruppe der »Neuroleptika« entwickelt wurde, die zunächst bei der Behandlung schizophren erkrankter Patienten eingesetzt wurde, heute jedoch auch bei anderen Indikationen benützt wird. Kurz darauf erfolgte auch die Einführung des Tofranil, das bis heute aufgrund der deutlich antriebssteigernden und stimmungsaufhellenden Wirkung eingesetzt wird. 1960 kam mit der Einführung des LIBRIUM die Medikamentengruppe der »Tranquilizer« auf den Markt, die aufgrund ihrer angstlösenden und beruhigenden Wirkung zu den derzeit am häufigsten verordneten Medikamenten zählen. Auch aus umsatzorientierten Gründen wird in dieser Gruppe weiterhin intensiv geforscht, wobei dem TAFIL, dem jüngsten Produkt dieser Reihe, vom Bundesgesundheitsamt die Indikation zur »vorübergehenden Behandlung der neurotischen Depression« zugebilligt wird. Dies ist um so erstaunlicher, als doch die neurotischen Störungen die klassische Indikation zur Psychotherapie darstellen. Das bringt uns zur Frage »Psychotherapie und/oder Psychopharmaka« zurück.

Wer einmal erlebt hat, wie bei einem psychisch erkrankten Menschen jeglicher Außenkontakt abgebrochen ist, wie dieser stundenlang regungslos dasitzt, Familie, Freunde, Hobbys, Beruf aufgegeben hat und sich selbst aus diesem Panzer nicht mehr befreien kann, wird an der Befürwortung des Einsatzes von Psychopharmaka nicht vorbeikommen. Erst diese konnten die Öffnung der psychiatrischen Kliniken und die psychiatrischen Reformen möglich machen. Auf der anderen Seite steht die Tatsache, daß Psychopharmaka, speziell die Gruppe der Tranquilizer, von Patienten mit Ängsten, Spannungen und psychosomatischen Erkrankungen eingenommen werden, denen mit Hilfe von psychotherapeutisch orientierten Gesprächen zur Aufarbeitung aktueller Lebensprobleme sicherlich besser zu helfen wäre. In der schulbuchmäßigen psychiatrischen Behandlung gilt heute die Regel »so viel wie nötig und so wenig wie möglich«, damit der seelisch leidende Patient die Möglichkeit zu einer erneuten Kontaktaufnahme mit der Umwelt (Familie, Arzt, Psychotherapeut) erfährt und dann die weiteren Behandlungsmöglichkeiten (Psychotherapie, sozial-psychiatrische Ansätze, Beschäftigungstherapie, Rehabilitationsbehandlungen) wirken können.

In dem Gesamtverzeichnis der auf unserem Markt verfügbaren Arzneimittel (»Rote Liste 1985«) finden sich 220 verschiedene Psychopharmaka, deren Hauptgruppen nun dargestellt werden.

## Antidepressiva

Da diese Medikamente die Stimmung anheben, werden sie oft auch als »Thymoleptika« bezeichnet.

Eine echte Depression kann neben der eigentlichen depressiven Stimmungslage auch von einer starken inneren Hemmung – »gehemmte Depression« – oder von einer ausgeprägten, quälenden inneren Unruhe – »agitierte Depression« – begleitet sein. Deshalb werden die Antidepressiva nach ihrem Wirkungsschwerpunkt eingeteilt in antriebssteigernde, antriebsneutrale und antriebshemmende Medikamente.

Zur *»antriebssteigernden«* Gruppe gehören unter anderem die folgenden Präparate: PERTOFRAN, PARNATE, ALIVAL, NORTRILEN, MAXIMED, JATROSOM, ACETEXA, ELDORAL, BENPON.

Folgende Präparate sind im wesentlichen nur wenig auf den Antrieb wirksam beziehungsweise antriebsneutral und wirken damit vor allem auf die Stimmungslage: TOFRANIL, ANAFRANIL, VIVALAN, L-TRYPTOPHAN, THOMBRAN, ALIVAL, TOLVIN, LUDIOMIL, AGEDAL, GAMONIL, TRAUSABUN, NOVERIL, PSYTON (Kombinationspräparat aus Tranquilizer mit Antidepressivum).

Die Gruppe der *antriebshemmenden* Präparate wird insbesondere bei angstbetonten »agitierten Depressionen« eingesetzt und ist mit ihrer beruhigend-dämpfenden Wirkung auch bei selbstmordgefährdeten Patienten indiziert: SAROTEN, APONAL, SINQUAN, STANGYL, EQUILIBRIN, LAROXYL, TRYPTIZOL. Die hier verbreitete Wirksubstanz in Kombination mit einem Tranquilizer findet sich auch im LIMBATRIL wieder, dem mit dem SAROTEN in der Bundesrepublik am häufigsten verschriebenen antidepressiven Medikament.

## Nebenwirkungen?

Wie bei allen Medikamenten, so sind auch die hier besprochenen Präparate mit zahlreichen Begleit- oder Nebenwirkungen behaftet, die um so verständlicher werden, wenn wir uns nochmals vergegenwärtigen, daß sie auf die Überträgersysteme unseres Nervensystems wirken. Damit nehmen sie auch auf das vegetative Nervensystem – Drüsentätigkeit, Herz-Kreislauf-Tätigkeit, Magen-Darm-Tätigkeit, Harnblasenfunktion und so weiter – Einfluß. Ein Teil dieser Störungen ist, so unangenehm er im Erleben ist, im wesentlichen harmlos und reversibel. In den ersten Behandlungstagen findet sich oft eine unangenehme Trockenheit der Mund- und Nasenschleimhaut, die sich nach wenigen Wochen von selbst bessert und mit einfachsten Mitteln (Kaugummi, Bonbon lutschen) zu lindern ist. Weitere Störungen wie Verschwommensehen, Schwindelgefühle, kollapsartige Zustände sollten in jedem Fall mit dem verschreibenden Arzt besprochen werden und Anlaß genug sein, in der ersten Behandlungszeit eine körperliche Schonung mit einzuplanen. Bei depressiven Patienten läßt sich oft eine quälende Verstopfung beobachten, die leider von den genannten Antidepressiva noch verstärkt werden kann. Meist sind milde pflanzliche Abführmittel (Rhabarber-Präparate, Leinsamen, Weizenkleie) durchaus ausreichend. In seltenen Fällen kann eine zunehmende Harnverhaltung auftreten, der verschreibende Arzt wird dann entsprechende Gegenmittel verordnen.

Ein echtes Problem ist die manchmal festzustellende Gewichtszunahme, wobei durch körperliche Aktivität, gute diätetische Beratung und eine regelmäßige Gewichtskontrolle Abhilfe geschaffen werden sollte. Das Risiko der »harten Nebenwirkungen« (epileptische Anfälle, Verwirrtheitszustände bei vorgeschädigtem Gehirn, Herzrhythmusstörungen bei organischen Herzschäden, Harnverhaltung bei Prostatavergrößerung, Blutbildveränderungen usw.) kann im Einzelfall nur vom verschreibenden Arzt richtig eingeschätzt werden. Die volle Wirksamkeit dieser Medikamente ist erst nach zwei bis drei Wochen erreicht, deshalb ist ein zu rasches Um- oder Absetzen nicht sinnvoll.

### Lithium-Präparate

Schon lange ist bekannt, daß die regelmäßige Einnahme von Lithiumsalzen zur Vorbeugung manischer und depressiver Phasen im Rahmen der manisch-depressiven Erkrankung (Zyklothymie) in bis zu 70 Prozent aller Fälle wirksam ist. Darüber hinaus wird das Präparat zur Behandlung von bereits eingetretenen manischen Zuständen eingesetzt. Quilonum, Quilonum Retard, Hypnorex Retard, Lithium Aspartat, Lithium Orotrat und Lithium Duriles zeigen alle die gleichen Nebenwirkungen, wobei insbesondere Zittern, Magen-Darm-Störungen, Kropfbildung und eine gelegentliche Gewichtszunahme zu erwähnen sind. Die Wirksamkeit der Präparate hängt auch vom Blutspiegel ab, der deshalb regelmäßig kontrolliert werden sollte.

## Neuroleptika

Heutzutage werden allgemein zwei Indikationsgebiete für diese Medikamentengruppe anerkannt:

»Psychomotorische Erregtheit«. Damit ist zunächst die Übererregbarkeit des akut an Schizophrenie erkrankten Patienten gemeint, dann jedoch auch die quälende innere Unruhe bei der »agitierten Depression« und nicht zuletzt Zustände allgemeinen Angespanntseins bei angstbetonten neurotischen Erkrankungen, Streßsituationen, ja sogar Schlafstörungen.

»Psychosen des schizophrenen Formenkreises«. Damit ist ein eigenständiger Symptomkomplex mit Wahninhalten, Trugwahrnehmungen und schizophrenen Denkstörungen gemeint. Bei der chronischen Verlaufsform der Schizophrenie kann es dann zu lang anhaltenden Persönlichkeitsstörungen kommen, die oftmals das weitere Bestehen im gewohnten sozialen Rahmen sehr schwer machen können.

## Die Verordnung von Neuroleptika

Die neuroleptisch wirksamen Medikamente sind nach den genannten Indikationsgebieten geordnet, wobei die Grenzen sehr unscharf sind.

Die wichtigsten Präparate der ersten Gruppe, die zum Beispiel auch bei Schlafstörungen eingesetzt werden und deren Hauptwirkung die Antriebsdämpfung ist, sind: Megaphen, Neurocil, Protactyl, Atosil, Psyquil, Aolept, Inofal, Dominal, Melleril und Truxal (beide Präparate besitzen eine zusätzliche antidepressive Wirkung).

## Behandlung der Schizophrenie

Die Hauptwirkung der folgenden Präparate ist primär gegen spezifisch schizophrene Symptome gerichtet, der Arzt sagt, sie sind »antipsychotisch« wirksam: Dapotum, Lyogen, Omca, Eldoral (Kombinationspräparat mit einem Antidepressivum), Taxilan, Decentan, Ciatyl, Fluanxol, Leponex (wird aufgrund der hohen Risiken nur noch selten angewandt), Glianimon, Dipiperon, Impromen, Sedalande, Haldol. Zur Langzeitbehandlung chronisch schizophrener Erkrankungen werden viele der erwähnten Präparate in Depot-Form angeboten. Hierzu zählt auch IMAP, das in niedriger Dosierung auch häufig bei anderen Indikationen eingesetzt wird.

### Nebenwirkungen

Auch diese Medikamentengruppe wirkt auf die Überträgerstoffe des Nervensystems und hat unter Umständen eine Vielzahl der Nebenwirkungen, die bereits bei den »Antidepressiva« beschrieben wurden. Je nach Substanzgruppe unterschiedlich häufig findet sich noch eine spezielle Symptomenkombination aus Muskelsteifheit, Starrheit des Gesichtes und Zittern (medikamentöses Parkinson-Syndrom), die, genauso wie eine krampfartige Kontraktion der Zungen-Schlund-Hals- oder Schultermuskulatur, mit AKINETON rasch zu beheben ist. Die oft quälende Sitz- und Beinunruhe muß durch Dosis- oder Substanzänderung, gelegentlich auch mit VALIUM angegangen werden. Das Hauptproblem der Langzeiteinnahme von Neuroleptika sind die »Spätdyskinesien«, worunter man nur schwer zu beeinflussende unwillkürliche Bewegungsabläufe, zum Beispiel Schmatz- und Kaubewegungen, versteht. Darüber hinaus sind, wie auch bei den antidepressiven Medikamenten, Blutbildveränderungen, epileptische Anfälle, Verwirrtheitszustände und so weiter zu beobachten, weshalb auch hier die Notwendigkeit der regelmäßigen ärztlichen Kontrolle nachdrücklich betont werden muß.

### Tranquilizer

*Ihre Bedeutung...*
Von allen bisher besprochenen Medikamentengruppen treffen wir hier auf diejenige, die am meisten Diskussionen verursacht hat. Mit der Einführung des LIBRIUM und VALIUM hat sich der internationale Arzneimittelmarkt total gewandelt. Angst, Spannung, innere Unruhe werden gelöst, – milde – depressive Verstimmungen beseitigt und je nach Wirkgruppe und Dosierung der Nachtschlaf angeregt. Somit ist leicht verstehbar, weshalb diese rezeptpflichtige Arznei sehr oft vom verschreibenden Arzt erbeten wird. Dieser Wunsch trifft, vor allem bei Ärzten, die keine Psychiater sind, meist auf offene Ohren, da der erhoffte Effekt meist prompt und ohne große akute Nebenwirkungen einsetzt.

*Die Problematik…*
dieser Substanzgruppe tritt bei längerfristiger Einnahme zutage. Oft schon nach wenigen Wochen zeigt sich nämlich, daß, um eine anhaltend gute Wirkung zu erzielen, eine Dosissteigerung notwendig wird, wobei es dann nach einiger Zeit zu leichten Vergiftungserscheinungen (Muskelschwäche, verwaschene Sprache, Bewegungsunsicherheit usw.) kommen kann und beim Absetzen dann massive Entzugssymptome auftreten können. Nach neuesten Berichten kann dies sogar ohne Dosissteigerung, also bei regulärer, vom Arzt so verordneter Einnahme geschehen (»Low dose dependency«).

Auch aufgrund der gelegentlich zu beobachtenden »euphorisierenden Wirkung«, wie sie wohl jeder nach Alkoholgenuß schon festgestellt hat, ist diese Substanzgruppe als potentiell süchtig machend einzustufen und unterscheidet sich damit grundsätzlich von den Neuroleptica und Antidepressiva. Deshalb sollten Tranquilizer nur zeitlich befristet und in der verordneten Dosierung eingenommen werden. Typische Vertreter dieser Gruppe sind: ANEURAL, LEXOTANIL, ALBEGO, FRISIUM, LIBRIUM, LIMBATRIL (Tranquilizer mit Antidepressivum), DIAZEPAM, VALIUM, TRANXILIUM, TAVOR, NOBRIUM, ADUMBRAN, PRAXITEN, DEMETRIN, TACITIN, INSIDON, TAFIL.

**Naturheilmittel**

Seit langer Zeit kennt die Volksmedizin die beruhigende Wirkung von Baldrian und Hopfen sowie die stimmungsaufhellende Wirkung des Johanniskrauts. Wenn der Effekt als ausreichend erlebt wird, sind die Präparate aufgrund ihrer guten Verträglichkeit zu befürworten.

# Psychosomatik


## Ingrid Olbricht

*Dr. med., Chefärztin der Psychosomatischen Abteilung der Wicker-Klinik, Bad Wildungen. Ärztin für Neurologie, Psychiatrie, Psychotherapie. Veröffentlichungen: Verborgene Quellen der Weiblichkeit. Die Brust – das enteignete Organ, Stuttgart 1985. Verschiedene Artikel über Psychosomatik und über die weibliche Brust in verschiedenen Zeitschriften.*

Hinter dem Begriff »Psychosomatik« steht nicht eine Methode, sondern er umfaßt vielfältige, vielschichtige und vieldeutige Zusammenhänge, die nicht mit einer einzigen Definition erklärt werden können.

Der einfachste und vordergründigste Zugang kann vom Wort selbst her erfolgen. Psyche heißt Seele, Soma heißt Körper. In den herkömmlichen Körpermedizinen, insbesondere in den chirurgischen Disziplinen, wird der Mensch meist so behandelt, als ob er ganz überwiegend aus einem kranken Körper bestünde, der wieder funktionsfähig gemacht werden muß. In der Psychiatrie ist die Behandlung so, als ob nur die Seele krank sei. Dabei wirkt beides unmittelbar aufeinander ein. Es gibt keinen seelischen Konflikt, keine psychische Belastung, die nicht in irgendeiner Form körperliche Folgen hätte, es gibt auch keine körperliche Erkrankung, die sich nicht im seelischen Bereich widerspiegelte.

Ein einfaches Beispiel, das wir alle kennen, möge dies verdeutlichen. Wenn wir Angst haben, so spiegelt dies unser Körper mit einer Vielzahl von körperlichen Reaktionen wider. Wir haben Herzklopfen, wir zittern vielleicht, uns wird heiß oder kalt, der Angstschweiß bricht aus, und vielleicht stehen uns gar die Haare zu Berge. Körperliche Vorgänge werden hier durch ein Gefühl, das sich im seelischen Bereich abspielt, nämlich durch die Angst, verursacht.

Hinter dem medizinischen Dualismus, der Spaltung von Körper und Seele, liegt ein psycho-physisches Problem nicht nur der Medizin, sondern unserer Gesellschaft überhaupt. In der Medizin werden die Symptome von Erkrankungen auf Befunde reduziert, das heißt, der Mensch wird als eine Art Maschine betrachtet, deren unterschiedliche strukturelle Anteile in bestimmter Weise zu funktionieren haben. Die Erkenntnisse der Medizin werden über Labor und Mikroskop gewonnen, Struktur und Funktion der »Maschine Mensch« genau erfaßt. Damit wird der Mensch zum Objekt der Medizin gemacht. Was dabei verlorengeht, ist die Frage nach dem Warum, die Frage nach dem Lebensprinzip, das Erfassen der spirituellen Seite des Menschen. In der üblichen Medizin existiert der Mensch nicht mehr als »Subjekt«.

## Die Entwicklung der leib-seelischen Spaltung

Die Krankenbehandlung lag ursprünglich ganz in den Händen von Priesterärzten, die sowohl über den Körper als auch über die Seele erstaunlich viel wußten. Die ursprüngliche Behandlung war also ganzheitlich, sie ist es noch heute bei den wenigen ursprünglichen Kulturen, die wir noch kennen. Es konnte übrigens bis jetzt nicht bewiesen werden, daß dort weniger häufig psychosomatische Krankheiten auftreten als beispielsweise bei uns.

Die Spaltung begann mit der Spezialisierung, indem die Funktion von Priestern und Ärzten getrennt wurde. *Platon* (427–347 v. Chr.) beklagte schon die begriffliche Trennung zwischen Körper und Seele. Er sagte: »Denn das ist der größte Fehler bei der Behandlung der Krankheiten, daß Leib und Seele allzusehr voneinander getrennt werden, wobei es doch nicht getrennt werden kann – aber das gerade übersehen die griechischen Ärzte, und darum entgehen ihnen so viele Krankheiten; sie sehen nämlich niemals das Ganze. Dem Ganzen sollten sie ihre Sorge zuwenden, denn dort, wo das Ganze sich übel befindet, kann unmöglich ein Teil gesund sein.«

*Hippokrates* (460–377 v.Chr.) und seine Schule stellten den Körper mehr und mehr in den Vordergrund des Interesses. Der menschliche Körper wurde so zum naturwissenschaftlichen Gegenstand und zum Objekt ärztlicher Behandlung gemacht. Eine Verschärfung der eingetretenen Spaltung trat durch die Leibfeindlichkeit des Christentums und durch die Spaltung zwischen Natur- und Geisteswissenschaften in der Zeit der Aufklärung zusätzlich auf. Krankheiten ohne nachweisbaren organischen Befund existierten im zunächst erfolgreichen mechanistisch-materialistischen Denken nicht mehr. Allerdings zeigten sich auch bald die Grenzen eines so eingeschränkten Weltbildes.

Hinter dem Bedürfnis, alles durch die Sammlung meßbarer Daten und deren Interpretation zu erklären und zu erfassen, steht der Wunsch nach vollkommener Sicherheit. Unsicherheit ist aber ein Grundprinzip des Lebens, das wir akzeptieren müssen. Die Sucht nach immer neueren und exakteren Untersuchungen ist der Wunsch nach immer mehr Sicherheit, der letztlich dazu führt, daß die Unsicherheit, das Unwägbare, das Ungesehene, nämlich der seelische Aspekt, immer mehr verdrängt und damit unsichtbar wird.

### Wie hat sich nun die psychosomatische Medizin entwickelt?

Eine Krankheit, die die Grenzen des mechanistisch-materialistischen Weltbildes aufzeigt, war die Hysterie und alle damit zusammenhängenden Begleiterscheinungen. Der Versuch, diese Krankheit als Einbildung oder Simulation abzutun, scheiterte, wie auch der Versuch, sie durch verborgene organische Defekte zu erklären. Hier lag *Freuds* Ansatz. Er postulierte, daß es noch andere Schichten menschlichen Wesens geben müsse und daß die scharfe Trennung von Körper und Psyche willkürlich sei, da beide eine ursprüngliche Einheit bilden.

Der Begriff *»psychosomatische Medizin«* wurde von *Heinroth* (1818) eingeführt, der in der sogenannten romantischen Medizin Anfang des 19. Jahrhunderts begann, körperliche Erkrankungen psychogenetisch zu deuten. Er sah böse und sündhafte, besonders sexuelle Leidenschaften als Ursachen von Tuberkulose, Epilepsie oder

Krebs an. Er betrachtete Krankheit als Strafe. Die moderne psychosomatische Medizin entwickelte sich weiter aus einer Fülle von ganz unterschiedlichen Zuflüssen, aus naturwissenschaftlichen und naturphilosophischen Betrachtungsweisen wie auch aus medizinisch-anthropologischen und psychoanalytischen Konzepten.

Allerdings ist der Zusammenhang zwischen Seele und Körper nie ganz vergessen worden, wie sich in Redensarten zeigt, die der Volksmund benutzt. Wenn uns ein Problem Kopfzerbrechen bereitet, wenn wir unseren Ärger schlucken müssen, wenn wir wie gelähmt sind, wenn uns etwas am Herzen liegt, dann sprechen wir im Grunde unsere psychosomatische Reaktion auf seelische Zusammenhänge an. Jeder hat schon einmal gesagt: »Ich bin sauer.« Es gibt nur einen Ort des menschlichen Körpers, an dem er sauer sein kann: im Magen. Und es ist tatsächlich nachgewiesen worden, daß bei Ärger die Magensäureproduktion ansteigt.

## Grundlagen zum Verständnis der Psychosomatik

Auf der deskriptiven Ebene läßt sich sagen, daß es die Aufgabe der psychosomatischen Medizin ist, den Einfluß seelischen Erlebens auf den Körper zu verstehen. Sie begreift seelische Konflikte oder unverarbeitete seelische Erlebens- und Verhaltensweisen als Ursache für körperliche Beschwerden und Erkrankungen.

Die psychosomatische Medizin unterscheidet sich in ihrem Aufgabenbereich also vom Gebiet der herkömmlichen, körperorientierten Medizin. Sie kann aber auch nicht einfach in den Rahmen der psychologischen Disziplinen eingeordnet werden. Denn zum psychosomatischen Krankheitsverständnis ist auch die Kenntnis des sozialen Umfeldes und der psychosozialen Einflüsse und Gegebenheiten notwendig. Daraus ergibt sich, daß die Psychosomatik Wurzeln in drei wissenschaftlichen Disziplinen hat:

– Sie benötigt für Diagnostik und Therapie der faßbaren organischen Störungen die Erkenntnisse der naturwissenschaftlich-somatisch orientierten Medizin.
– Sie benötigt die Methoden der Psychologie, Psychoanalyse und verwandter Gebiete für Diagnostik und Therapie des lebensgeschichtlichen Hintergrundes und der Psychogenese.
– Sie muß sich der Soziologie bedienen, um historische und aktuell-gesellschaftliche Bezüge und psychosoziale Faktoren einbeziehen zu können.

Aus dem eben Gesagten heraus läßt sich leicht verstehen, daß sich die psychosomatische Medizin seit ihren wissenschaftlichen Anfängen zu einem umfangreichen, mittlerweile fast unüberschaubaren Fachgebiet entwickelt hat, das nur unter Einbeziehung des eben geschilderten Methodenpluralismus verstanden werden kann. Ebenso wird verständlich, daß sie, da sie in drei Fachgebieten verwurzelt ist, in ihrem wissenschaftlichen Standort weit weniger festgelegt sein kann als andere medizinische Disziplinen.

## Welches sind eigentlich die psychosomatischen Krankheiten?

Im Grunde ist Psychosomatik die älteste medizinische Disziplin überhaupt. Psychosomatische Krankheiten hat es gegeben, seitdem es Menschen gibt. Sie sind also an die menschliche Existenz gebunden, sie sind typisch für den Menschen. Von den etwa dreitausend Krankheiten, die die Medizin heute beim Menschen beschreibt, gibt es viele, an denen Tiere nicht erkranken können. Es ist sogar schwierig, wenn nicht gar unmöglich, bestimmte Krankheiten im Tierversuch zu erzeugen. Das sollte uns eigentlich wundern, denn von seinem körperlichen Aufbau her ist der Mensch nichts anderes als ein höheres Säugetier. Das einzige, was ihn vom Tier unterscheidet, ist die spezifische Entwicklung seines Gehirns. Die besondere Existenzweise des Menschen liegt also in seiner geistig-seelischen Weiterentwicklung. Es liegt nahe, eine Reihe von Krankheiten, die spezifisch menschlich sind, mit dieser Weiterentwicklung in Zusammenhang zu bringen.

In einem sehr umfassenden Sinn kann also jede Krankheit als psychosomatisch angesehen werden, bei der seelische Einflüsse erkennbar sind. Aber auch körperliche Beschwerdebilder ohne faßbare organische Veränderungen müssen dem psychosomatischen Bereich zugeordnet werden. Hierzu gehören alle als vegetativ, funktionell, psychogen oder hypochondrisch bezeichneten Krankheitsbilder, wie etwa die »vegetative Dystonie«, das »psychovegetative Syndrom«, die »funktionellen Beschwerden« der verschiedenen Organsysteme und weitere unspezifische Störungen. Die Symptome werden durch solche Diagnosen meist dem vegetativen Nervensystem zugeordnet, ohne daß allerdings eine ausreichende Erklärung für die Funktionsstörung vorliegt.

In einem engeren Sinne des Wortes werden solche Krankheitsbilder als psychosomatisch aufgefaßt, bei denen nachweisbare organische oder meßbare funktionelle Veränderungen von Krankheitswert vorliegen und deren Ursache in einem chronisch gewordenen Konflikt oder in chronischen Defiziten zu suchen ist.

Psychosomatische Krankheiten sind also Körperstörungen, die als Folge eines gegenwärtigen, aus der Vergangenheit nachwirkenden Konfliktes oder Defizites auftreten. Besonders häufig finden wir sie deshalb in Lebenskrisen und in sogenannten »Schwellensituationen«, also beispielsweise beim Übergang von der Kindheit in die Pubertät, von der Pubertät ins Erwachsenenleben und gehäuft beim Übergang zum Altern. Dahinter stehen scheinbar unlösbare Probleme, Gefühle von Schuld, Ausweglosigkeit und Sinnlosigkeit.

Solche psychosomatischen Krankheitsbilder sind beispielsweise die essentielle Hypertonie, Magen- und Darmgeschwüre wie zum Beispiel Colitis ulcerosa oder Morbus Crohn, Bronchialasthma, Ekzeme der Haut und Allergien, Hyperthyreose, Gelenk- und Wirbelsäulenerkrankungen sowie eine Fülle von Erkrankungen aus dem Bereich der Gynäkologie. Aber auch Migräne, Schlafstörungen und Störungen des Eßverhaltens gehören dazu.

Es gibt in allen Fachgebieten der Medizin Krankheitsbilder, die psychosomatisch gesehen werden müssen. Allerdings gibt es Patienten mit schweren psychosomatischen Erkrankungen, bei denen der psychosomatische Zugang nicht gefunden werden kann. Hier liegen Übergänge und Grenzen der Möglichkeiten psychosomatischer Betrachtungsweise und psychosomatischer Therapie. Es gibt ja im Grunde zwei Formen psychosomatischer Krankheiten: nämlich diejenigen, die neue sinnvolle Entwicklungen und Standortbestimmungen anregen und damit weiterführend wirken, und diejenigen, die als automatische biologische Reaktionsmuster zu verstehen sind. Die Übergänge sind, wie immer bei lebendigen Bezügen, fließend.

## Diagnostik und Behandlung in der psychosomatischen Medizin

Jede Therapie setzt Diagnostik voraus. Keine körperliche Erkrankung kann nur psychotherapeutisch behandelt werden, im Wesen der Ganzheit liegt es, daß ebenfalls körperliche Diagnostik und Behandlung durchgeführt wird. Dazu benötigt die Psychosomatik die Möglichkeiten der organisch orientierten Medizin, aber auch die Hilfe der Psychodiagnostik.

Die verschiedenen Behandlungsmethoden müssen an unterschiedlichen Ansatzpunkten angreifen, wie aus dem theoretischen Ansatz der Psychosomatik hervorgeht.

Die körperliche Behandlung erfolgt einerseits, falls notwendig, über Medikamente und über eine Vielzahl von Therapieangeboten aus dem Bereich der Physiotherapie, wie Bäder, Gymnastik, Kneippsche Anwendungen und ähnliches. Nun greifen viele dieser Behandlungen nicht nur in den körperlichen Bereich ein, sondern es ergeben sich auch seelische Auswirkungen, wie jeder weiß, der sich schon einmal wohlig-zufrieden in einem warmen Bad entspannt oder durch eine Wechseldusche erfrischt hat.

Im psychotherapeutischen Bereich steht eine Fülle von unterschiedlich orientierten Einzel- und Gruppentherapien zur Verfügung, die teilweise ausschließlich über das Medium der Sprache wirken, teilweise bereits das Handeln oder körperliche Wahrnehmungen einbeziehen. Zusätzlich wirksam sind nonverbale psychotherapeutische Verfahren, die weniger über die Sprache als vielmehr über das Handeln wirksam werden, wie Musiktherapie, Maltherapie, Werktherapie und auch verschiedene Formen der Bewegungstherapie und Rhythmik. Alle diese Verfahren können einzeln oder in Gruppen durchgeführt werden. Bei der Gruppenarbeit werden immer auch psychosoziale Faktoren mit einbezogen, da hier interaktionelle und gruppendynamische Prozesse ablaufen.

Wichtig in der psychosomatischen Behandlung sind auch die verschiedenen Entspannungsverfahren, die gleichzeitig den körperlichen und seelischen Bereich ansprechen. Hierzu gehören unter vielen anderen das Autogene Training, die Funktionelle Entspannungstherapie und die Atemtherapie, aber auch die verschiedenen Biofeedback-Verfahren wie etwa Atem- oder EMG-Biofeedback.

Mit all diesen Verfahren wird einerseits eine Aufdeckung der zugrundeliegenden Schwierigkeiten und Konflikte versucht, also des seelischen Anteils, gleichzeitig wird die gegenwärtige Realität überprüft, es können neue, angemessenere, weniger belastende Reaktionsweisen gefunden werden.

Dem vorher beschriebenen Methodenpluralismus entspricht also auch ein therapeutischer Pluralismus.

### Was bedeutet die psychosomatische Behandlung für Patienten und Therapeuten?

In keiner anderen medizinischen Disziplin muß der Betroffene in einem solchen Ausmaß selbst zur Mitarbeit bereit sein. Die psychosomatische Therapie ist ganz auf die Mitarbeit des Patienten angewiesen.

Noch immer wirken sich hier jedoch die Ängst gegenüber allem nicht Faßbaren, also inbesondere Seelischen aus. Mit allen Richtungen, die mit dem Wortbestandteil »psycho« benannt werden, wird irrtümlicherweise noch heute manchmal der Makel verbunden, nicht normal oder gar »verrückt« zu sein. Das beeinträchtigt oft die Bereitschaft des Betroffenen, sich auf die Behandlung einzulassen.

Hinzu kommt, daß die Erfolge im psychosomatischen Bereich nicht im medizinisch-naturwissenschaftlichen Sinne unmittelbar meßbar und nachweisbar sind. Er erfordert eine ganz andere Art zu denken und zu handeln als die übrigen Bereiche der Medizin, das Ursache-Wirkungs-Prinzip wird hier nicht mehr unmittelbar deutlich. So wirkt ein Therapiebestandteil nicht immer, manchmal aber auch in einem ungeahnten Ausmaß. Wichtig ist immer auch die Beziehung zwischen Patient und Therapeut.

Psychosomatik ist damit eine schwierige, weil sehr vielschichtige Aufgabe, sie ist schwierig und oft frustrierend für den Betroffenen und für das therapeutische Personal. Sie ist aber auch eine oft menschlich anrührende, spannende, abwechslungsreiche und interessante Arbeit. Sie behandelt nicht nur den Menschen als Ganzheit, sie fordert auch die Bereitschaft des Therapeuten zu ganzheitlicher Betrachtungsweise.

*Literaturhinweise:*

Overbeck, Gerd, Krankheit als Anpassung, Frankfurt 1984

Jores, Arthur (Hrsg.), Praktische Psychosomatik, Bern 1981

Bräutigam, Walter und Christian, Paul, Psychosomatische Medizin, Stuttgart 1975

# Psychotherapie von Psychosen

Viktor Zielen

*Arzt und Psychoanalytiker. Dozent und Lehranalytiker am C.G. Jung-Institut in Stuttgart. Veröffentlichungen im Bereich der Psychotherapie, Analytische Psychologie, Psychosentherapie.*

Unter den psychischen Störungen beschäftigt uns in der Gegenwart kaum eine Krankheit so sehr wie das Krankheitsbild der Psychosen. Hier setzt bereits die erste Frage ein, nämlich ob die Psychose eine Krankheit ist. – Fragen wir den hiervon Betroffenen selbst, so wird er den Leidenszustand, in den er durch die Psychose geraten ist, als Krankheit bezeichnen.

## Ausgangsposition der Psychosetherapie

Der an der Psychose leidende Mensch befindet sich in einem Erlebenszustand, in dem er sich selbst ebenso verdächtig geworden ist wie der Welt, in der er lebt. Seltene Dinge gehen in ihm und um ihn herum vor und erfüllen sein Bewußtsein. Er bemerkt zum Beispiel, daß manche Menschen ihn neuerdings belachen, abfällige Bemerkungen über ihn machen oder hinter seinem Rücken über ihn reden. Er fühlt sich beobachtet oder sogar verfolgt, er hört unerklärliche Geräusche oder Stimmen, die seine Handlungen kommentieren. Er schaut in den Spiegel und kommt sich verändert, fremd vor. Er hat Eingebungen, weiß, daß unausweichliche Dinge eintreten werden, und vieles mehr. In dieser Not steht der von solchen Erlebnissen Betroffene vor der Entscheidung, ob er den ihn ängstigenden Signalen und Zeichen Rechnung tragen darf und muß, oder ob er seine Wahrnehmungen übergehen kann und will. Damit steht der Psychoseleidende vor einem unlöslichen Problem.

Wollte er den ihn ängstigenden Zeichen folgen, müßte er sein bisheriges Leben ändern oder aufgeben. Unterläßt er dies, folgt er weiter seinen hergebrachten Lebensgewohnheiten, bleibt ein nagender Zweifel in ihm, sich gegen seine innere Stimme entschieden oder, schlimmer als das, einen Auftrag von oben, vielleicht von Gott selbst, mißachtet zu haben. So möchte er, und weiß nicht wie, den ihm zuströmenden Erfahrungen folgen und möchte zugleich der Mensch bleiben, der er bisher war, das heißt, auch für die Menschen unauffällig und unverändert bleiben, mit denen er zusammen lebt.

An wen soll und darf er sich in dieser ausweglosen Situation wenden? Sich in der geschilderten Verfassung jemandem anzuvertrauen, oder etwa von sich aus einen Arzt aufzusuchen, hieße für den Betroffenen, sich die Zweifel einzugestehen, zuzugeben, daß mit ihm etwas nicht in Ordnung ist, ja daß er »verrückt« sei. Darum trachtet der von Psychoseerlebnissen beeinflußte Mensch seinen Zustand so lange wie immer möglich zu verbergen. Er wird sich, so gut es geht, von den anderen unauffällig zurückziehen, dabei sein bisheriges Leben und seine Verhaltensweisen möglichst fortsetzen. In einer durch Not erzwungenen unfreiwilligen Isolation auf sich gestellt, gerät er, je mehr er sich gegen die psychotischen Erlebnisse wehrt, in den Zustand einer ängstlich unruhigen Gespanntheit, der außerdem von Schlafstörungen begleitet, mit der Zeit nicht mehr auszuhalten ist. Schließlich bringen kleinste Anlässe das äußerlich mühsam gehaltene Gleichgewicht zum Erliegen. Dieses ist gewöhnlich der Zeitpunkt, in dem der erstmals von der Psychose Befallene, von seinen Angehörigen unterstützt und überredet, bereit ist, einen Arzt zu konsultieren.

## Probleme bei der Suche nach einer Psychotherapie

Der Leidende wird mit großer Wahrscheinlichkeit erst auf einen Arzt treffen, der, beeindruckt von dem Zustand des Kranken selbst oder von dem, was er durch die Angehörigen erfährt, versuchen wird, den Patienten von sich aus auf ein Psychopharmakon (siehe dort) einzustellen, oder der den Patienten weiter an einen ebenfalls Medikamente verordnenden Facharzt überweist. Die Frage nach der unterstützenden oder begleitenden, die Psychotherapie oft erst ermöglichenden medikamentösen Behandlung muß uns noch beschäftigen. Als erstes und wichtigstes (oftmals auch einziges) Angebot von seiten des Arztes wird es vom Betroffenen in der Regel abgelehnt. Er fühlt sich vom Arzt zunächst mißverstanden, durch die angebotenen Mittel abgespeist und in seinen Ängsten, geisteskrank zu sein, bestätigt. In dem sich entwickelnden Arzt-Patienten-Gespräch pflegen die anwesenden Angehörigen sich bald den Argumenten des Arztes anzuschließen. Der Patient gewinnt den Eindruck, einer Front gegenüberzustehen, in der die Angehörigen sich zu seiner Verbitterung auf die Seite des fremden Arztes gestellt haben. Damit kommt es oftmals zu einer Verschärfung der Lage. Mißlingt es jetzt, die Situation ohne weitere Diskussion glimpflich zu beenden, geschieht leicht das, was alle unbedingt vermieden haben wollten. Der aufgebrachte, sich im Stich gelassen und verraten fühlende Patient verliert die Kontrolle über sich und fällt in einen psychotischen Erregungszustand. Statt in eine ambulante Behandlung einzutreten, wird der Patient nun, unter Umständen gegen seinen Willen, in eine Psychiatrische Klinik eingewiesen.

Ohne die Frage einer notwendigen klinischen Behandlung näher zu erörtern und insbesondere ohne den Einweisungsmodus zu diskutieren, möchte ich in dem gegebenen Zusammenhang doch hervorheben, daß die vom Laien so sehr gefürchtete Maßnahme einer stationären Behandlung (siehe dort) durchaus ein Vorteil für den Patienten sein kann. In einer tiefenpsychologische Behandlungskonzepte anwendenden Psychiatrischen Klinik gelingt es meist ohne Schwierigkeiten, zahlreiche Vorurteile gegenüber der eine gewisse Zeit erforderlichen kombinierten medikamentösen und psychotherapeutischen Behandlung abzubauen. Im Schutz der Klinik wird es sogar oft leichter als ambulant möglich, eine konfliktbearbeitende analytische Psychotherapie vorzubereiten oder diese in einem bestimmten Umfang in Angriff zu nehmen. Dabei erweist sich die Durchführung einer systemübergreifenden familienzentrierten Psychotherapie als ein besonderer Vorteil auch im Blick auf die Fortsetzung der weiter notwendigen ambulanten Psychotherapie, die auch in Form einer Gruppentherapie durchgeführt werden kann.

Offensichtlich gehört es zum Verlauf psychotischer Erkrankungen, daß die konfliktbearbeitende Therapie im allgemeinen nicht auf Anhieb, sondern meistens erst auf Umwegen zustande kommt. Dabei könnte es scheinen, als müßten erst mancherlei Enttäuschungen gemacht und bestanden werden, bis die vom Patienten, seiner Familie und dem behandelnden Arzt so viel Kraft, Geduld und Ausdauer verlangende Psychotherapie greift.

Eher schon gelingt eine Krisenintervention auf Anhieb, wobei auch hier die Voraussetzungen bei den beteiligten Personen günstig sein müßten. Hierzu ein kurzes Beispiel:

## Möglichkeiten einer Krisenintervention

Eine 42jährige Frau wird in Begleitung ihres Verlobten wegen einer »paranoiden Schizophrenie« zur »Nachbehandlung« überwiesen. Sie teilt mir mit, daß es an einem Montag vor etwa zwei Monaten angefangen habe. Damals hätte sie drei Stimmen vor dem Kopf gehört; sie hätte den Verlobten für Gott und sich für das Jesuskind gehalten. Der Hausarzt habe sie in die Klinik gebracht. Auf Drängen des Verlobten habe man sie nach einer Woche wieder entlassen, aber dann sei es erst richtig losgegangen. Sie habe getobt, keine Tabletten genommen und sei deshalb nochmals in die Klinik gekommen.

Der Verlobte flicht ein, daß das ganze eigentlich schon im Herbst mit Unruhe und Schlaflosigkeit eingesetzt und sich mit einer Reise nach Ungarn verschlimmert habe. Dort hätten sie eine Frau kennengelernt, die Geister zitieren und Gläser habe bewegen können. Etwas von dieser Kraft sei in seiner Verlobten geblieben.

Die Patientin fühlt sich jetzt soweit hergestellt, daß sie wieder arbeiten möchte. Sie ist von Beruf Sachbearbeiterin. Sie stammt aus der DDR. Ihre Mutter stirbt, als sie acht Jahre alt ist. Sie ist die mittlere von drei Schwestern. Der Tod der Mutter trifft sie sehr. Sie ist der Liebling der Mutter gewesen. Die Mutter stirbt am Herzasthma während der vierten Schwangerschaft, vier Wochen vor der Geburt. Der Vater heiratet ein halbes Jahr später wieder. Sie hat eine Stiefmutter bekommen. Sie siedelt mit siebzehn Jahren in den Westen über, heiratet mit zwanzig einen Mann, der sehr rabiat ist und sie mißhandelt. Der Verlobte wirft ein: »Er war auch Trinker.« Die Ehe wird nach sieben Jahren geschieden. Sie heiratet zwei Jahre später den Freund des geschiedenen Mannes. Auch diese Ehe geht schief. Der Verlobte flicht wiederum ein: »Auch dieser Mann war ein Trinker.« Sie lebt nun seit vier Jahren mit dem jetzigen Verlobten in einer harmonischen Beziehung. Der Mann möchte sie heiraten.

Mir geht es durch den Kopf, daß die leidgeprüfte Frau offensichtlich diesen Weg gehen muß, um die Entscheidung, nochmals zu heiraten, treffen zu können. Hierzu scheint sie die psychotische Eskalation zu brauchen.

Ich sage zur Patientin: Nach allem, was vorfiel, sei der Test bestanden, und ich füge hinzu: »Ja, der Verlobte hat den Test auf jeden Fall bestanden, aber Sie brauchen wohl noch etwas mehr Zeit.«

Dann frage ich die Patientin nach den Stimmen. Sie: Es seien wohl Männerstimmen gewesen, jedenfalls habe die Stimme des Freundes aus drei Stimmen bestanden.

Ich erkläre, daß die Patientin, was die Männer angehe, durch die Beziehung mit dem jetzigen Verlobten vor eine schwere innere Entscheidung gestellt sei. Das Problem Mann sei früh in ihre Seele gekommen. Ein solches Problem könne sich in Träumen melden und habe zuletzt sogar im Wachzustand zu ihr geredet. Das sei der Zustand gewesen, der sie in die Klinik brachte.

Ich frage nach der Mutter und komme auf ihr Schicksal als Waise. Ich rede von der Enttäuschung durch die geliebte Mutter, nach der sie sich wohl immer sehnte, von der Enttäuschung durch den Vater, der ihr die Liebe nicht geben konnte, und von dem Zwiespalt, in den sie zuletzt geraten sei, nachdem sie einen Mann gefunden hat, der sie liebt und heiraten will.

Patientin und Begleiter fühlen sich gleichermaßen angesprochen und verstanden. Von dieser Seite hätten sie das ganze noch nicht betrachten können.

Ich wende mich nun an die Patientin und sage, daß es für sie vor allem schwierig sei, sich selbst zu verstehen. Auf der einen Seite dürfe sie sich für eine ganz normale Frau halten, auf der anderen Seite sei sie von Erlebnissen überrascht, die sich sozusagen normal nicht begreifen ließen. Ich wiederhole nochmals meine Deutung, nämlich daß die Erlebnisse in der Psychose als Prüfung gemeint seien. Ihre Seele habe zum Äußersten gegriffen. Wer in einem solchen Ernstfall zum andern halte, der habe sich bewährt. Dennoch sollten sich die Partner Zeit lassen. Ich empfehle der Patientin, sie möge sich ihre Träume merken und durch die Beachtung der inneren Stimme im Traum zu einer Entscheidung kommen, die ihr ein neues Leben ermöglichen könnte.

Die Patientin fragt mich jetzt nach Tabletten. Ich erkläre, daß diese als Schutz vor nochmaligen Überraschungen nützlich sein könnten, auch für die notwendige Optimierung der Gespräche mit dem Arzt. Das Ziel sei, weitere Gespräche zu führen, die Tabletten später ganz abzubauen. Die Patientin bittet mich beim Abschied, sie wieder arbeitsfähig zu schreiben. Weitere Konsultationen sind verabredet.

Die Patientin hat die Tabletten nicht genommen. Sie erscheint ein Jahr später, um mir mitzuteilen, daß sie geheiratet habe und daß es ihr und ihrem Mann gutgehe.

Vieles blieb nach dem ersten und einzigen Gespräch offen. Die Schicksalsaspekte des früh mutterverwaisten, vom Vater verratenen Stiefkindes und der in unglücklichen Ehen enttäuschten Frau wurden kaum oder nicht berührt. – Die Kraft des eigenen Herzens, die Treue und Standfestigkeit des Verlobten auf der einen Seite und das von innerer Anteilnahme geführte ärztliche Gespräch, in dem der in die Psychose eskalierende Konflikt als Schicksalsbefragung interpretiert wurde, genügten offensichtlich, so daß die Patientin wieder zurück in eine sie tragende Lebensordnung finden konnte.

Auch ein solcher ungewöhnlicher Ablauf wie die Interventionen des Analytikers, die aller Wahrscheinlichkeit nach vom psychotischen Geschehen mit beeinflußt waren, gehören in den Umkreis jener Störungsbilder, die mit dem Begriff Psychose belegt werden.

Die psychotherapeutische Behandlung einer Psychose sollte nicht ohne die bewußte Zustimmung des Patienten und der Familie eingeleitet werden. Sie kann ohne diese praktisch nicht zum Tragen kommen. Das bedeutet für den Therapeuten, daß er bei seinen Interventionen darauf achten sollte, Formulierungen zu vermeiden, die bei dem Patienten die Gegeneinstellung zur Umwelt verstärken können. Ein solches Vorgehen würde notwendig zur Verschärfung des Konfliktes beitragen. Der Psychoseleidende sollte umgekehrt mit der Zeit lernen, daß es seine innere seelische Wirklichkeit ist, die sein Verhalten zur Umwelt mit bestimmt und daß er für beide, die innere wie die äußere Wirklichkeit, mitverantwortlich ist. Hier ergeben sich Schwierigkeiten bei der Bearbeitung der Konflikte. Sie zieht unvermeidlich Spannungen nach sich, und zwar nicht nur in der therapeutischen Beziehung, sondern immer auch zwischen dem Patienten, seinem Therapeuten und der Umgebung.

## Beziehung und Übertragung in der Psychosenpsychotherapie

Was die Therapie tragen sollte, ist eine tiefe wechselseitige Verbundenheit zwischen dem Therapeuten und seinem Patienten. Sie gehört zum Geheimnis der Psychotherapie. Sie wird von der Familie geahnt, darf sich aber niemals gegen die Familie richten. Was das Protokoll der Krisenintervention ebenfalls zeigen sollte, ist die bei gegebenen Voraussetzungen oft unmittelbar entstehende intensive wechselseitige Beziehung zwischen dem Patienten und dem Behandelnden. Es geht dabei um eine beiderseitig bewußte und beiderseitig unbewußte Beziehung, die ich als archaisch bezeichne. Sie ist als archaischer Übertragungsmodus nicht nur Ausdruck einer gemeinsamen tiefen Schicksalsverbundenheit, sie bildet das Fundament der

Therapie und erweist sich zugleich als ihr besonderes Instrument. Als »Instrument« bietet der Modus der beiderseitigen unbewußten Verbundenheit die Voraussetzungen für die unmittelbare Erfassung des Konfliktes und seiner Bedeutung. Dabei kommt dem Unbewußten auf seiten des Therapeuten die weitere Aufgabe einer Art »magischen Tasche« oder eines Filters zu. Gleichsam als magische Tasche verschließt das Unbewußte des Analytikers die unerträglichen Inhalte und filtert die sie begleitenden Affekte so lange, bis ein therapeutisches Klima entsteht, das den Umgang mit den psychotischen Inhalten ermöglicht.

Auf diese Weise können auch bei oft sehr gestörten Patienten therapeutische Gespräche zustande kommen, die es dem psychoseleidenden Menschen gestatten, Wege zu suchen, sich mit den inneren Konflikten produktiv auseinanderzusetzen.

## Stundenprotokoll einer Psychotherapiestunde
(Einzeltherapie)

Als Beispiel hierzu gebe ich Auszüge aus dem Behandlungsprotokoll eines klinisch als »paraphren« diagnostizierten, jetzt 25jährigen Mannes, der lange unter Stimmenhören litt. Er befindet sich seit über drei Jahren in regelmäßiger Psychotherapie. Walter hat inzwischen eine Umschulung als Kaufmann absolviert, findet aber keine Anstellung. Ein Versuch in einem Großbetrieb scheiterte nach sechs Wochen. Walter besucht eine beschützende Werkstatt und lebt ohne Kontakte nach draußen bei seinen Eltern.

Die Situation hat sich in den letzten Monaten zu Hause zugespitzt. Der Vater interveniert. Der Sohn schüchtere ihn, seine Frau und das ganze Haus ein. Dabei wohnten unter ihnen kleine Kinder. Walter trinke abends Unmengen von Bier, die er als Vater liefern müsse, sonst gebe es Krach. Die Mutter lehne den Sohn inzwischen ganz ab. Sie sage ihm ins Gesicht, daß sie von einem Verrückten nichts wissen wolle.

Mein Vorschlag für ein gemeinsames psychotherapeutisches Gespräch wird zwar vom Vater akzeptiert, aber von Sohn und Mutter abgelehnt. Einige vorangegangene gemeinsame Gespräche liegen Monate zurück. »Sie haben«, wie der Vater sagt, »aber wohl nichts gebracht.«

In der auf das Gespräch mit dem Vater folgenden Therapiestunde sage ich zu Walter, daß er sich wohl in großer Not befinde. Sein Vater sei hier gewesen und habe von den Spannungen zu Hause erzählt. Walter protestiert: Das sei eine Unverschämtheit, nicht der Vater, er sei krank! Ich widerspreche: Er sei ja nicht nur krank. Ich hätte den Eindruck, daß er durch sein Verhalten für alle ein Opfer bringe. Walter: Er habe starke Seiten, er bringe aber auch Opfer. Er sei in großer Not, ob er sich darüber freuen sollte? – Mir geht durch den Sinn, ob meine Interpretation und Reaktion auf sein Verhalten zu Haus bei ihm etwas wie »Freude« auslöste. Ich frage zurück: »Freude?« – Walter: Er könne es nicht sagen, aber er sei ein aufrichtiger Mensch. Wenn er sich gefordert fühle, möchte er immer besser als andere sein, darum gebe er es nicht auf. Doch habe er Angst, daß es immer schlimmer mit ihm würde. Ich widerspreche: Er sei doch dabei, sich zu verselbständigen. Walter: Das könne nur kommen, wenn ein Verlangen danach sei. Ich: Aber das liege doch in ihm. Walter: Ja, aber auch, wenn das Verlangen von der Allgemeinheit komme. Heute gebe es aber keine Arbeitsplätze, und auf der Straße werde man belästigt.

Hier bringe ich die Sprache auf sein Verhalten zu Hause: Er reagiere immer empfindlicher, und die andern reagierten zurück; ob er auch dieser Meinung sei? Walter: Das ist die einfache Frage nach Leben und Tod. Er fühle sich tot und krank und überaus lebendig. Er frage sich ständig: Wie kannst du über den Tod nachdenken? Er schaut mich an, überlegt und sagt dann: »Sehen Sie, es gibt keinen Tod. Wenn jemand auf einen zuginge und sagen würde: Ich bin der Tod, dann würden alle auf den Tod zurennen, würden sagen: Was sollen wir machen? Wir machen nichts mehr! Dann würden Sie sagen: Tod, du bist unser Gott!« Dieser Gedanke sei schrecklich, weil er nicht weiterführe.

Ich schweige. Walters Gedanken erschienen mir als Interpretation seiner Krankheit. Als hätte Walter meinen Gedanken aufgefaßt, sagt er: »Ich gestalte meine Krankheit von oben nach unten. Zuerst bin ich tot, dann weiß ich, was passiert, und kann leben. Ich tue es den Eltern zuliebe. Ja, ich habe meine Eltern sehr lieb!« – Ich interveniere: Es sei sehr paradox, die Eltern als Toter zu lieben. Die Eltern müßten doch denken, daß er sie nicht liebhabe. Walter: Ja, der Eindruck ist so, aber wenn ein Mensch tot sei, greife er nach vielem, wozu er sonst nicht fähig sei.

Ich erkläre, daß durch sein Verhalten unsere Gespräche von den Eltern immer mehr in Frage gestellt würden, und gebe die Empfehlung, die Krankheit doch bei den Eltern mehr »rauszuhalten«.

Walter: Die Mutter schreibt Ihnen Briefe, sagt, ich saufe, knalle mit den Türen, nehme keine Tabletten.

Ich: Sie sind aufrichtig, aber die andern wollen und können Ihre Wahrheit nicht verstehen.

Walter: Er könne nur so weitermachen, aber (seine Stimme wird drohend) »wenn die andern mich angreifen und zwingen...« Ich führe seine Rede fort: Hier sei die Unterscheidung wichtig zwischen den Eltern, mit denen er lebe, und den Eltern, die in seiner Seele lebten. Die Antwort, die Walter jetzt gibt, überrascht mich ebenso, wie sie mich bewegt. Walter: »Wenn die Eltern sich gegen mich wenden, hab ich immer noch mich. Wenn die sagen, du bist nicht mehr unser Walter, dann habe ich mich, und ich werde es bleiben, auch in größter Not.«

Ich wiederhole meinen Vorschlag, doch die Krankheit mehr »rauszuhalten«. Walter: »Sie haben mir sehr geholfen, als Sie von der Not sprachen.« Er besinnt sich: »Das ist die Lösung. Wenn ich weiß, worum es geht, ist es gut, sonst erzähle ich nur Mist. Nicht daß ich zu Hause Hunger leide. Wir haben viele Streitigkeiten.«

Ich bleibe formal weiter auf der Linie meiner Interpretationen, erwähne dann, daß er lange keine Träume gehabt habe, die doch Wissen und Energie zur Lösung der Probleme beisteuern könnten. Er greift meinen Gedanken auf und sagt: »Ich möchte, daß mein Traum Wirklichkeit wird, daß ich das schaffe, was ich will.« Er überlegt: »Mein Leben zu gestalten, daß ich einen Ausweg finde, daß ich machen kann, was ein normaler Mensch meint.«

## Interpretation

Das gekürzte Stundenprotokoll erscheint nach außen wie ein Dialog. Dabei stellt sich wie von selbst die Frage: Kann man so mit einem Psychosekranken reden? Folgt man dem Bericht des Vaters, den Briefen der Mutter, die voller Bedenken, Zweifel und Vorwürfe sind, kann an dem psychisch gestörten Verhalten von Walter kein Zweifel bestehen. Er hört, wie er selbst sagt, noch gelegentlich Stimmen, bezieht oft Mitteilungen im Radio auf sich, fühlt sich auf der Straße von Fremden belästigt, seine Stimmung ist meist mürrisch verdrossen, sein Verhalten vorwiegend passiv und von aggressiven Durchbrüchen durchsetzt.

Walter zögerte lange, er testete mit seinem Verhalten immer wieder den Therapeuten, bis er sich darauf einließ, mit ihm Gespräche zu führen. Die Therapie ist für Walter der einzige affektgeschützte Raum, in dem er krank sein kann und zugleich reflektieren darf, was sein Verhalten für ihn und alle bedeutet. Darum findet er die Aktionen der Eltern, die nicht wie er krank sind, unverschämt. Die Gespräche in der Therapie sind für ihn der Ausweg, der ihm wieder in die Alltagswirklichkeit zurückhelfen soll, oder – um es mit Walters Worten zu sagen: sein Leben so zu gestalten, daß er machen kann, was ein normaler Mensch meint. Er weiß, daß das nicht allein von ihm, sondern daß es vom allgemeinen Willen, das heißt auch von den Zeitumständen abhängt. Der Weg ist für ihn durch den Aufruhr im Innern noch nicht gangbar. Seine Seele gleicht einem Vulkan, und er lebt in der Familie wie auf einem Vulkan. Die Krankheit fordert von ihm Todeserfahrungen, die er bestehen muß, wenn er leben soll. Er spürt, daß die paradoxe Liebe zu seinen Eltern zu seiner Not gehört, daß er diese Not ständig zu arrangieren hat, um am Ende durch sie zu sich zu gelangen. Denn wenn die Eltern sagen, du bist nicht mehr unser Sohn, dann habe er immer noch sich. Das bedeutet zugleich: Walter muß zu Unterscheidungen gelangen, damit er Entscheidungen zu treffen lernt, die ihn leben lassen. Wenn er weiß, worum es (im ganzen) geht, ist es gut.

Darum kommt er zur Therapie, ist er in der Lage, sich mit den Eltern und seinem Therapeuten immer wieder neu zu arrangieren. Es bleibt ungewiß, wie die Psychotherapie weiter ablaufen wird. Auch dies gehört zu den Belastungen einer Psychosepsychotherapie. Doch wer wollte sich weigern, dem psychoseleidenden Menschen die psychotherapeutische Hilfe zu geben, die er auf dem Weg zur Freiheit, der Geburt des inneren Menschen, so sehr benötigt?

*Literaturhinweise:*

Benedetti u. a., Psychosentherapie, Stuttgart 1983
Searles, H. T., Schizophrenieforschung, München 1974
Zielen, V., Psychose und Individuationsweg, Fellbach 1986

# Selbsthilfegruppen

Michael Lukas Moeller

*Geboren 1937 in Hamburg, studierte Medizin und Philosophie in Hamburg, München und Berlin. 1967 promovierte er mit einer Arbeit über »Psychodynamik der Prüfungsangst«. Nach Ausbildung zum Psychoanalytiker habilitierte er sich für das Fach Psychotherapie und Psychosomatische Medizin. Seit 1973 hatte er in Gießen eine Professur für seelische Gesundheit inne. 1983 übernahm er den Lehrstuhl für Medizinische Psychologie am Klinikum der Johann Wolfgang Goethe-Universität Frankfurt am Main. Durch seinen Einsatz für die Entwicklung der Selbsthilfegruppen ist er besonders bekannt geworden. Seit anderthalb Jahrzehnten widmet er sich schwerpunktmäßig der Psychoanalyse der Paarbeziehung. Er war federführend für ein zehnjähriges Forschungsprojekt zur Entwicklung der Paargruppentherapie.*

## Vielfalt und Einheit der Gruppenselbsthilfe

Die entscheidenden Merkmale aller Selbsthilfegruppen sind Selbstbetroffenheit und Handeln in eigener Sache. International läßt sich die für viele inzwischen verwirrende Formenvielfalt der über 450 problembezogenen Gruppierungen (siehe Literaturhinweise) in acht Zweige gliedern: Die drei wesentlichen gesundheitsbezogenen Selbsthilfezusammenschlüsse, auf die es hier ankommt, sind die *Gesprächsgemeinschaften*, zu denen alle Anonymous-Gruppen und zahlreiche, nicht nach speziellen Programmen arbeitende Kleingruppen (z. B. Paargruppen) gehören, die *Selbsthilfegruppen* wie in der »Frauenselbsthilfe nach Krebs«, und die großen *Selbsthilfeorganisationen* wie die Rheuma-Liga, der Psoriasis-Bund, die Multiple-Sklerose-Gesellschaft und zahlreiche weitere medizinische und nichtmedizinische Vereine. Die anderen fünf sollen nur kurz benannt werden: Zu den bewußtseinsverändernden Selbsthilfegruppen gehören die Frauengruppen der Emanzipationsbewegung oder die Homosexuellen-Gruppen. Zu den lebensgestaltenden Selbsthilfegruppen unter anderem Wohngemeinschaften und Landkommunen. In arbeitsorientierten Selbsthilfegruppen haben sich jugendliche und ältere Arbeitslose zusammengefunden, um sich eine berufliche Tätigkeit zu erschließen. Mehr und mehr entwickeln sich auch ausbildungsorientierte Selbsthilfegruppen – etwa für Krankenschwestern, Sozialarbeiter, Psychotherapeuten –, oft als selbstorganisierte Fortbildung. Und schließlich sind alle Bürgerinitiativen zu den Selbsthilfegruppen zu zählen.

Selbsthilfeorganisationen – zusammengefaßt etwa im Bundesverband »Hilfe für Behinderte« mit insgesamt inzwischen 33 bundesweiten Vereinigungen und über einer Viertelmillion Mitglieder – sind bürokratisch organisiert und verfolgen im wesentlichen »äußere« Selbsthilfeziele wie Informationen der Betroffenen, gelegentliche Diskussionsrunden, Forschungsförderung, Öffentlichkeitsarbeit und vor allem Gesetzesänderung zugunsten ihrer Kranken.

*Selbsthilfegruppen* dagegen sind weniger bürokratisiert und arbeiten in der Regel lokal. Sie sind teils spontan auf Einzelinitiativen hin entstanden, teils im Rahmen der bundesweiten Selbsthilfeorganisationen als Ortsgruppen zu verstehen. Hierzu gehören alle eher informierenden Selbsthilfegruppen, die meist auch ein zwangloses Zusammensein ermöglichen, sich gemeinsam Vorträge anhören, sehr häufig Krankenbesuche machen und sich auch sonst beraten. Sehr oft entschließen sie sich zu gemeinsamen kleineren Aktivitäten, zu einer Gymnastikgruppe, einer Schwimmgruppe, einer Wandergruppe. Deren Vielfalt ist vorteilhaft, weil sie unterschiedlichen Menschen die unterschiedlichsten Zugänge zur Gruppenselbsthilfe bietet. So werden etwa im »Ludwigsburger Modell« Selbsthilfegruppen für brustkrebserkrankte Frauen angeboten, die zunächst keine besonders tiefgehende Aufarbeitung des persönlichen Leidens ermöglichen. Doch selbst eine Bastelgruppe zum Beispiel hat als »Schleusengruppe« eine enorme Bedeutung, weil sie die Scheu vor der Gruppe verringert und sich aus dem Kreis der Teilnehmerinnen nach und nach Personen finden, die an einer intensiveren Gesprächsgruppe teilzunehmen bereit sind.

Die *Gesprächsgemeinschaften* sind eine besondere Form der Selbsthilfegruppen. Sie können aus allen Formen von Selbsthilfegruppenzusammenschlüssen entstehen, also von den großen bundesweiten

Vereinigungen angeregt werden und deren tragendes Element bedeuten, aus kleinen Aktivitätsgruppen erwachsen oder von Betroffenen oder Fachleuten spontan oder langfristig geplant angeregt werden.

Eine Gesprächsgemeinschaft hat ein relativ klar festgelegtes »setting«: Alle Gruppenmitglieder sind gleichberechtigt; jeder bestimmt über sich selbst; jede Gruppe entscheidet selbstverantwortlich; jeder geht in die Gruppe wegen eigener Schwierigkeiten; was in der Gruppe besprochen wird, sollte in der Gruppe bleiben und nicht nach außen dringen (Gruppenschweigepflicht); die Teilnahme ist kostenlos.

Zu einer Gesprächsgemeinschaft finden sich sechs bis zwölf Personen (fünf Paare oder drei Familien) zusammen. Sie lernen im regelmäßigen Gespräch ohne die Mitwirkung eines Gruppenleiters oder Therapeuten mit ihrer inneren und äußeren Situation angemessener umzugehen, und sie versuchen ihre persönlichen Ziele gemeinsam zu erreichen. Sie treffen sich in der Regel über mehrere Jahre hinweg einmal die Woche zu einer Sitzung von zwei Stunden Dauer in einem möglichst neutralen Raum.

Untersuchungen ergaben, daß die *Resultate* dieser Gruppen außerordentlich positiv sind und denen einer ambulanten, psychoanalytisch orientierten Gruppentherapie gleichen. Allerdings ist zu beachten, daß die angegebene Gruppenordnung eingehalten wird. Denn sie enthält indirekt jene grundlegenden Regeln, die eine Selbstregulation der Gruppe garantieren. Das Kleingruppenprinzip, das Kontinuitätsprinzip und das Gruppenselbsthilfeprinzip stehen dabei im Vordergund. Gruppenselbsthilfeprinzip besagt zum Beispiel: Hier hilft nicht einer dem anderen und der wieder ihm – wie es die Anekdote vom Tauben und Lahmen wiedergibt; denn das wäre wechselseitige Fremdhilfe –, vielmehr hilft hier jeder sich selbst und hilft damit den anderen, sich selbst zu helfen. Der entscheidende Vorgang in solchen kleinen überschaubaren Gruppen ist also die Tatsache, daß jeder für jeden zu einem kleineren oder größeren Vorbild wird. Das Lernen am Modell ist also die Grundlage. Die Emotions-Anonymous – Selbsthilfegruppen für seelische Gesundung – fassen das in den lakonischen und revolutionären Satz: »Keine Fragen, keine Ratschläge, jeder über sich selbst.«

## Entwicklungsstufen der Selbsthilfebewegung in der Bundesrepublik Deutschland

Selbsthilfezusammenschlüsse existieren seit Menschengedenken. Sie begannen mit dem Gruppenschamanismus, der zeitlich noch vor dem spezialisierten Schamanentum lag, überleitend zu den geheimen Krankenbrüderschaften, zu den Gilden im Mittelalter, von denen heute noch die Freimaurer abstammen, bis hin schließlich zu den Gewerkschaften, die ebenfalls als Selbsthilfegruppenorganisationen begannen.

Das Geburtsdatum heutiger Selbsthilfegruppen ist der Mai 1935. Mitten im Elend der Weltwirtschaftskrise entstanden die Anonymen Alkoholiker in den USA. Sie waren Modell für viele weitere Anonymous-Gruppen: Anonyme Neurotiker, A. Asthmatiker, A. Spieler, A. Eltern, A. Depressive und so weiter.

In der Bundesrepublik durchlief die Selbsthilfegruppenbewegung bisher etwa fünf Phasen: In der Anfangszeit (1956 bis 1975) von fast zwei Jahrzehnten kannte sie keiner; selbst Fachleute der psychosozialen Versorgung nahmen sie bestenfalls als zu vernachlässigendes Kuriosum zur Kenntnis. Dann aber waren sie nicht mehr abzutun. In der zweiten Phase ging es um die prekäre Frage einer Zusammenarbeit von Selbsthilfegruppen und Fachleuten. Sie begann mit einer aggressiven Abwertung der Selbsthilfegruppen durch Fachleute, die von »wildgewordener Krankenmeute« (wörtliches Zitat) sprachen. Die Phase endete auf den Gesundheitstagen 1980 und 1981: Eine Zusammenarbeit wurde für beide Seiten als fruchtbar und in gewissen Bereichen als notwendig angesehen. Bis 1984, in der dritten Phase, erfolgte dann eine breite Anerkennung der Selbsthilfegruppen, unter der SPD-FDP-Koalition vornehmlich unterstützt wegen der Prinzipien Mündigkeit, Selbstbestimmung und Basisdemokratie, unter der heutigen Regierung aufgrund des Subsidiaritätsprinzips.

Im Zuge der teilweise kräftigen finanziellen Unterstützung beginnt seit etwa 1984 eine vierte Phase, in der es um die Frage der Qualität der Selbsthilfegruppenarbeit geht. Diese Frage wird als Bumerang auf die professionelle Versorgung zurückkommen.

Inzwischen deutet sich bereits eine fünfte Phase an: Der Differenzierung der Selbsthilfeinitiativen auf allen Gebieten folgt die Integration der Gruppenselbsthilfe wie dem Einatmen das Ausatmen. In den Entwicklungswissenschaften ist diese Aufeinanderfolge von Differenzierung und Integration bekannt als notwendiges Moment des körperlichen, seelischen und sozialen Wachstums. Die Periode einer mehrdimensionalen Gruppenselbsthilfe steht allerdings erst am Beginn.

Seit 1984 existiert die Nationale Kontaktstelle zur Förderung und Unterstützung der Selbsthilfegruppen – NAKOS – in Berlin, ein nationales Selbsthilfegruppeninstitut, wie es in anderen westlichen Ländern bereits eingerichtet ist. Die mit ihr eng verbundene Deutsche Arbeitsgemeinschaft Selbsthilfegruppen hat mit über 70 regionalen Kontaktstellen für Selbsthilfegruppen in den deutschen Städten für ein schon recht differenziertes Selbsthilfenetzwerk gesorgt. Hier finden Selbsthilfeinteressenten und Fachleute in Faltblättern und Broschüren Starthilfe und Beratung.

Dies ist um so notwendiger, weil der Widerstand gegen Selbsthilfegruppen bei Laien und – vielleicht noch stärker – bei Fachleuten sozialpolitisch nicht unterschätzt werden darf. Er führt unter anderem zu einer großen Unkenntnis und zu einem Vorstellungsbild der Gruppenselbsthilfe, das stark mit Projektionen durchsetzt ist.

## Kernprobleme der Selbsthilfegruppenarbeit

Die Überwindung des genannten Widerstandes ist sozialpolitisch gesehen das Hauptproblem der Selbsthilfegruppen. Allerdings formiert sich der Widerstand je nach Arbeitsweise der Selbsthilfegruppen unterschiedlich.

Sind psychotherapeutische Aufarbeitung der eigenen seelischen Situation oder reflektiertes Handeln zur Veränderung der eigenen äußeren Lage die entscheidenden Ziele, dann sind kontinuierliche Gesprächsgemeinschaften die Methode der Wahl. Sie mobilisieren einen ähnlichen Widerstand wie jede Psychotherapie.

Ein weiteres Problem liegt darin, daß viele Selbsthilfeorganisationen mit ihren Broschüren und Informationsveranstaltungen das persönliche Leiden der Betroffenen nicht zu lindern in der Lage sind. Auch punktuelle, kurzfristige Einzelberatungen bringen keine wesentliche Änderung. Dagegen gelingt es den großen Selbsthilfevereinen am besten, die soziale Lage der Betroffenen durch Gesetzesänderungen zu verbessern. Beobachtern erscheint es heute geboten, die internationale Spaltung in bürokratische Selbsthilfeorganisationen einerseits und in oft völlig isoliert arbeitende Gesprächsgemeinschaften andererseits aufzuheben. Das kann in der Praxis einfach geschehen, weil die Anregung von Gesprächsgemeinschaften von jeder anderen Selbsthilfegruppenformation aus möglich ist, etwa im Rahmen der Rheuma-Liga, der Frauenselbsthilfe nach Krebs oder der Multiple-Sklerose-Gesellschaft. Auf diese Weise entsteht eine integrierte Gruppenselbsthilfe.

Allerdings stoßen die Gesprächsgemeinschaften ihrerseits auf sieben *Kernprobleme*:

1. Wie kann eine Gruppe *von den Erfahrungen der anderen lernen?* Das bedeutet konkret: Wie läßt sich die Gruppenselbsthilfe verbessern? Wie lassen sich Probleme angehen, die eine Gruppe als Ganzes nicht lösen zu können meint? Wie läßt sich Fehlentwicklungen vorbeugen?
2. Wie kann gemeinsames Reden *und* gemeinsames Handeln zugleich erreicht werden? Mit anderen Worten: Wie läßt sich *Selbstveränderung* – also Reflexion des eigenen Erlebens und Verhaltens und damit Aufarbeitung seelischer Belastungen – verbinden mit *Sozialveränderung*, das heißt mit gemeinsamer Planung für Initiativen, die als sozialpolitische und politische Konsequenz des Erkenntnisgewinns der Gruppen anzusehen sind?
3. Wie können *neue Interessenten* kontinuierlich informiert und aufgenommen werden, ohne daß die Gruppenarbeit gestört wird und ein Kampf gegen ständige Gruppenvergrößerung geführt werden muß?
4. Wie lassen sich die gemeinsamen alltäglichen Aufgaben im Rahmen der *Selbstorganisation möglichst wirksam* lösen und in ihrer Belastung verteilen – so etwa Raumbeschaffung und vor allem die meist vernachlässigte Bekanntgabe nach außen?
5. Wie soll die *Zusammenarbeit mit Fachleuten* vonstatten gehen, ohne die Eigenständigkeit der Gruppen zu gefährden?
6. Wie ist der *Neigung zu vereinzeltem Arbeiten* der Gruppen zu begegnen, die so häufig zu vorzeitigem Zerfall, zu apolitischer Minisolidarität oder zu einer Art Selbstgettoisierung führt?
7. Wie kann sich eine Form der Selbsthilfe durch eine andere Form *ergänzen oder erweitern?* Das bedeutet konkret: Wie lassen sich die Arbeitsweisen und Erkenntnisse der unterschiedlichen Gruppen allen anderen zugänglich und konkret erfahrbar machen? Oder anspruchsvoller: Wie kann eine Arbeitslosenselbsthilfegruppe oder eine Selbsthilfegruppe zur Ernährung oder zur Freizeitgestaltung oder zur Bearbeitung seelischer Probleme heranwachsen zu einer

integrierten Gruppe, die eine vielseitige oder gar ganzheitliche Selbsthilfe verwirklichen möchte?

### Die Selbsthilfegruppe der Selbsthilfegruppen: Das monatliche Gesamttreffen

Für die gleichzeitige Behebung der ersten sechs Kernprobleme gibt es keine geeignetere Lösung in der Praxis als die eines *konkreten Verbundes mehrerer ähnlicher Gesprächsgemeinschaften in einer Region.* Dieser Zusammenschluß realisiert sich in einer machbaren gemeinsamen Aktivität: im *monatlichen Gesamttreffen.* Es handelt sich um einen zweistündigen Termin, der zusätzlich zu den üblichen wöchentlichen Gruppensitzungen vereinbart wird und meist an einem anderen Ort stattfindet. Das *Gesamttreffen* ist sozusagen die *Selbsthilfegruppe der Selbsthilfegruppen.* Die Sitzung findet in Form eines offenen Gespräches statt. In ihm sollten die Delegierten einen kurzen Bericht über den aktuellen Gruppenverlauf geben, der dann auf dem Hintergrund der Erfahrungen anderer Gruppen gemeinsam erörtert wird. Jede Gruppe sollte auf diese Weise zu Wort kommen: wechselseitige Gruppensupervision. Nur in besonderen Problemfällen erscheinen alle Mitglieder der Gruppe, in der Regel zwei bis drei Gruppenvertreter, die nicht immer dieselben sein sollten (rotierende Delegierte).

Das Gesamttreffen dient nicht nur zur Optimierung der Gruppenarbeit. Es ist gleichzeitig Anlaufstelle für Interessierte, die sich Gruppen anschließen oder neue Gruppen gründen können. Das Gesamttreffen ist darüber hinaus ein angemessener Ort für die Zusammenarbeit mit Fachleuten. Sofern diese Kenntnis und Erfahrung über die Arbeit der Selbsthilfegruppen haben, wirken sie hier als Begleiter von Gesprächsgemeinschaften mit, so etwa Ärzte, Psychotherapeuten, Psychologen, Sozialarbeiter und andere Fachleute aus den sozialen Berufen. Später ebensogut erfahrene Betroffene. Im Gegensatz zum traditionellen Abhängigkeitsverhältnis etwa des Klienten zum beruflichen Helfer ist hier die gleichgestellte Beziehung zu beachten. Der Helfer berät also nicht die Gruppen, er berät *mit* ihnen.

Ein solches monatliches Gesamttreffen gleichartiger Selbsthilfegruppen ist in einer Region oftmals deswegen nicht zu realisieren, weil es nicht genügend Gruppen ein und desselben Typs gibt. Die erwähnten regionalen Kontaktstellen für Selbsthilfegruppen in bundesdeutschen Städten führen deswegen oftmals ein Gesamttreffen unterschiedlicher Selbsthilfeinitiativen als »gemischtes Gesamttreffen« durch. Dieses *»gemischte Gesamttreffen«* erscheint als ein sinnvolles, machbares Modell zur Integration unterschiedlicher Selbsthilfeansätze (vgl. oben 7.). In ihm kann ein lebendiger Austausch unterschiedlicher Selbsthilfegruppen stattfinden – etwa im direkten Anschluß an ein Gesamttreffen gleichartiger Gruppen. So verbreitet sich nicht nur die Erfahrung der einzelnen Selbsthilfegruppenbereiche. Vielmehr können Mitglieder einer speziellen Selbsthilfegruppe sich ohne weiteres anderen Gruppen anschließen. Dieses integrierte Gesamttreffen kann von jeder Selbsthilfegruppe, von jeder regionalen Kontaktstelle oder auch von entsprechenden Beratungsstellen initiiert werden, die mit Selbsthilfegruppen zusammenarbeiten.

## Zusammenarbeit mit Fachleuten

Die Zusammenarbeit von Selbsthilfegruppen mit Fachleuten wird nach den Erfahrungen der letzten Jahrzehnte einhellig von beiden Seiten als wünschenswert angesehen. Die Mitwirkung von Fachleuten ist vielfältig. Ärzte, Psychologen und Psychotherapeuten können vor allem die Klientel auf Selbsthilfegruppen aufmerksam machen. Die Psychosoziale Ambulanz des Universitätsklinikums Frankfurt versucht gezielt, psychotherapeutische Fachleistung und Selbsthilfegruppenarbeit sinnvoll miteinander zu verbinden. Sie begleitet auf monatlichen Gesamttreffen die entstehenden Gesprächsgemeinschaften und hilft bei der Initiierung. Das geschieht bereits auch von psychotherapeutischen oder ärztlichen Praxen aus. Gesprächsgemeinschaften können sich aus Personen bilden, die bereits eine psychotherapeutische Behandlung erfahren haben (Nachfolge-Gesprächsgemeinschaften). Sie können auch als geschlossene Gruppen leiterlos weiterarbeiten. Sie können aber auch die Konfliktarbeit vor einer psychotherapeutischen Behandlung aufnehmen und nur im Falle einer nicht ausreichenden Bearbeitung die professionelle Therapie in Anspruch nehmen. Es werden weitere Möglichkeiten der Zusammenarbeit erprobt: Anleitungsgruppen von wenigen Sitzungen mit dem erklärten Ziel, die Gruppen zur eigenständigen Arbeit zu ermutigen und, wenn nötig, zu befähigen. Phasenweise Beratung der Selbsthilfegruppen hinsichtlich eines angemessenen Vorgehens oder spezieller gravierender Probleme. Schließlich vor allem Mitwirkung bei der Initiierung neuer Gruppen und bei den besonders der Stabilisierung bedürftigen Gründungsversammlungen. Die Psychosoziale Medizin der Zukunft wird sich dementsprechend verstärkt als eine Schleuse zur eigenständigen Gruppenarbeit der Betroffenen verstehen müssen, um den großen Anforderungen einer präventiven und rehabilitativen Versorgung gewachsen zu sein.

*Literaturhinweise:*

Moeller, M. L., Selbsthilfegruppen. Selbstbehandlung und Selbsterkenntnis in eigenverantwortlichen Gesprächsgruppen, Reinbek 1978

Moeller, M. L., Anders helfen. Selbsthilfegruppen und Fachleute arbeiten zusammen, Stuttgart 1981

# Sexualtherapie

## Claus Buddeberg

*Priv. Doz. Dr. med., geboren 1946. Leitender Arzt an der Abteilung für Psychosoziale Medizin der Psychiatrischen Poliklinik des Universitätsspitals Zürich. Dozent für Paar-, Familien- und Sexualtherapie. Veröffentlichungen zur Paar- und Familientherapie, zur Psychoonkologie und zur Sexualmedizin und -therapie.*

Die Idealvorstellungen von Mann und Frau hinsichtlich einer Paarbeziehung haben sich in den letzten Jahrzehnten gewandelt. An die Stelle von Hoffnungen auf wechselseitige Unterstützung bei der Sicherung des Lebensunterhaltes und der Bewältigung von Krankheit und Not sind heute Erwartungen an eine intensive emotionale Bindung sowie an Abwechslung und gegenseitige Rücksichtnahme getreten. Für die Erfüllung dieser Erwartungen spielen die sexuelle Funktionsfähigkeit und die sexuelle Zufriedenheit beider Partner eine wichtige Rolle. Die Entwicklung und Verbreitung der Sexualtherapie in den letzten fünfzehn Jahren ist einerseits auf die Wirkungslosigkeit herkömmlicher psychotherapeutischer Verfahren in der Behandlung sexueller Funktionsstörungen zurückzuführen. Andererseits ist diese Entwicklung ein Hinweis dafür, welche Bedeutung heute ein befriedigendes Sexualleben für das Gelingen einer Zweierbeziehung hat.

## Sexuelle Funktionsfähigkeit und Zufriedenheit

Sexuelle Funktionsstörungen sind in ihrer *Symptomatik*, ihrer *Ausprägung* und in ihren *Ursachen* sehr heterogen. *Die physiologischen und psychologischen Abläufe im sexuellen Reaktionszyklus des Menschen lassen sich in drei Phasen unterteilen:* Lust-Appetenz-Phase, Erregungsphase und Orgasmusphase. In jeder dieser Phasen können psychische und/oder körperliche Ursachen Störungen hervorrufen, die in sexuellen Symptombildungen offenkundig werden. Hemmungen der *Lust-Appetenz-Phase* äußern sich bei beiden Geschlechtern in einem Libidomangel, das heißt einem verminderten oder fehlenden sexuellen Verlangen, oder in einer sogenannten sexuellen Aversion, von der man spricht, wenn gegenüber einem bestimmten Partner eine sexuelle Abneigung besteht, gegenüber einem anderen Partner aber sexuelle Bedürfnisse vorhanden sind. Eine Beeinträchtigung der *Erregungsphase* führt beim Mann zu Erektionsstörungen, bei der Frau zu einer Hemmung der Schwellreaktion und des Feuchtwerdens der Scheide (Lubrikation). Störungen, die beim Einführen des Gliedes oder beim Koitus selbst in Erscheinung treten, sind der Vaginismus der Frau und die Dyspareunie. Der Vaginismus wird durch die spastische, reflektorische Verkrampfung der Muskeln des Scheideneingangs verursacht und verunmöglicht das Einführen des Gliedes. In geringerer Ausprägung können Verkrampfungen der Scheideneingangs-Muskulatur auch eine Dyspareunie verursachen, die subjektiv als Schmerzen beim Koitus wahrgenommen wird. Störungen der *Orgasmusphase* äußern sich beim Mann in einem vorzeitigen, verzögerten oder fehlenden Samenerguß, bei der Frau in Orgasmusschwierigkeiten, wobei der Orgasmus nie oder nur selten eintritt.

Sexuelle Funktionsfähigkeit darf nicht gleichgesetzt werden mit *sexueller Zufriedenheit*. In der Regel beeinträchtigt zwar eine sexuelle Funktionsstörung, vor allem wenn sie über längere Zeit besteht, auch die sexuelle Zufriedenheit. Es gibt jedoch zahlreiche Menschen, die trotz Störungen ihrer sexuellen Funktionsfähigkeit mit ihrem Sexualleben zufrieden sind. Andererseits gibt es nicht wenige sexuell voll funktionsfähige Personen, die beim Geschlechtsverkehr kein Gefühl der sexuellen Zufriedenheit erreichen können. Das entscheidende Kriterium für die Behandlungsbedürftigkeit sexueller Schwierigkeiten ist nicht das mehr oder weniger perfekte Funktionieren der sexuellen Funktionsabläufe, sondern die sexuelle Unzufriedenheit eines Menschen. Nur Männer und Frauen, die mit ihrer Sexualität unzufrieden sind, stehen unter einem Leidensdruck, der eine unabdingbare Voraussetzung für die Durchführung einer Sexualtherapie ist.

## Was ist Sexualtherapie?

Bei der Sexualtherapie handelt es sich um eine meist auf zehn bis zwanzig Sitzungen beschränkte Therapie, die sich auf die Behandlung sexueller Symptome konzentriert. Sie wird entweder als Intensivtherapie während zwei bis drei Wochen oder mit ein- bis dreiwöchigen Intervallen zwischen den einzelnen Therapiesitzungen durchgeführt. Die heute praktizierten Behandlungskonzepte haben keine einheitliche theoretische Basis, sondern bestehen aus einer Kombination von theoretischen Elementen und therapeutischen Techniken der Psychoanalyse, der Paartherapie und der Verhaltensmodifikation. Ausgehend von den Erfahrungen von *Masters* und *Johnson*, die in den sechziger Jahren eine zwei bis drei Wochen dauernde, verhaltenstherapeutisch orientierte Intensivbehandlung für Paare entwickelten, entstanden in den letzten Jahren verschiedene Behandlungskonzepte, in denen symptomspezifische Übungen und psychodynamisch orientierte Gesprächstechniken verwendet werden. Im englisch- und deutschsprachigen Raum ist vor allem das Therapiekonzept von Helen *Singer-Kaplan* bekannt geworden. Kernstück ihrer Sexualtherapie ist die Anleitung zu spezifischen sexuellen Erfahrungen durch therapeutisch verordnete Übungen, die die Partner zwischen den einzelnen Therapiesitzungen zu Hause durchführen. Daneben spielt jedoch die Exploration und Bearbeitung intrapsychischer und interpersoneller Konflikte beider Partner eine zentrale Rolle.

Die Mehrzahl der funktionellen Sexualstörungen ist zwar auf psychische Ursachen zurückzuführen. Trotzdem sollten vor Beginn einer Sexualtherapie mögliche organische Ursachen durch die Erhebung einer eingehenden *Sexualanamnese* ausgeschlossen werden. Vor allem bei Erektionsstörungen von Männern jenseits des 50. Lebensjahres spielen Durchblutungsstörungen der Penisgefäße eine wichtige Rolle. Solche organisch bedingten Störungen können heute gut diagnostiziert und auch operativ behandelt werden. Nicht zu vergessen ist auch, daß zahlreiche Medikamente eine hemmende Wirkung auf die sexuellen Funktionsabläufe haben. Bei zahlreichen

Sexualstörungen ist die Ursache nicht in schwerwiegenden innerpsychischen Konflikten oder in einer tiefgreifenden Beziehungsstörung zu suchen, sondern in sexuellen Fehlvorstellungen und relativ oberflächlichen Ängsten. Trotz der sexuellen Liberalisierung der vergangenen Jahre bestehen vor allem hinsichtlich des weiblichen Orgasmus immer noch recht eigenartige Vorstellungen. Auch die geschlechtstypischen Unterschiede zwischen männlicher und weiblicher Sexualität sind in der breiten Bevölkerung ebensowenig bekannt wie bei Ärzten und Psychotherapeuten. Schließlich können auch altersbedingte Veränderungen der sexuellen Reaktionsfähigkeit Ängste auslösen, die zu sexuellem Versagen führen. *Sexuellen Fehlvorstellungen* ist eines gemeinsam: Sie beruhen auf der Annahme, daß Geschlechtsverkehr nur auf eine ganz bestimmte Art richtig ist und befriedigen kann. Lassen sich die eigenen starren Vorstellungen nicht verwirklichen, ist etwas falsch und nicht in Ordnung. Die Folge sind sexuelle Unzufriedenheit und gegenseitige Beschuldigungen, die schlußendlich zur Symptomatik einer sexuellen Funktionsstörung führen können. Fehlvorstellungen und oberflächliche sexuelle Leistungs- und Versagensängste können durch eine *Sexualberatung* in ein bis drei Gesprächen oft wirksam behandelt werden. Ziele einer Sexualberatung sind:
– die Vermittlung von Information über die sexuelle Entwicklung und das Zusammenspiel körperlicher und seelischer Faktoren zur Erreichung eines befriedigenden Sexuallebens;
– der Abbau einseitiger Vorstellungen und sprachlicher Hemmungen, mit dem Partner über sexuelle Probleme zu sprechen;
– die Verdeutlichung der Tatsache, daß Sexualität aus einem Wechselspiel von Verhalten, emotionalem Erleben und kognitiven Einstellungen besteht.

### Indikationen zur Sexualtherapie

Eine Sexualtherapie hat nur dann Aussicht auf Erfolg, wenn der Symptomträger *und* sein Partner an einer Behandlung wirklich interessiert sind, wenn ihre Beziehung einigermaßen tragfähig ist und wenn zwischen ihnen keine feindseligen Gefühle vorhanden sind. Wenn neben der sexuellen Symptomatik noch andere neurotische oder psychosomatische Symptombildungen bestehen oder wenn zwischen beiden Partnern ein tiefgreifendes Mißtrauen herrscht, dann sollte eher an eine andere Form der Psychotherapie gedacht werden. Gelegentlich zeigen sich schwerwiegendere individuelle beziehungsweise Paarkonflikte erst in der Anfangsphase einer Sexualtherapie, zum Beispiel an Widerständen gegenüber der Behandlung oder am Auftreten von massiven Ängsten. In diesem Fall ist es sinnvoll, den Patienten und allenfalls auch seinen Partner auf die Notwendigkeit einer längerdauernden Einzel- oder Paartherapie hinzuweisen.

### Ablauf einer Sexualtherapie

Wie schon erwähnt, handelt es sich bei der Sexualtherapie um eine zeitlich befristete Form der Kurzpsychotherapie. Neben der Behandlung von einzelnen Paaren werden auch Paar-Gruppen und Gruppentherapien von Patienten ohne festen Partner durchgeführt. Am häufigsten wird die Sexualtherapie jedoch als Paartherapie durchgeführt. Der Therapieablauf läßt sich in drei Phasen unterteilen: Zunächst wird in einer *Abklärungsphase* versucht, die möglichen Ursachen der Störung zu ermitteln, eine Beziehung zwischen Therapeut und Patientenpaar zu etablieren und die Therapieziele festzulegen. Die *zweite Phase* der Behandlung zielt vor allem auf eine *Verbesserung der eigenen Körperwahrnehmung* und *der verbalen und averbalen Verständigung zwischen den Partnern* über ihre sexuellen Wünsche und Vorstellungen. In dieser Phase wird dem Paar ein *Koitus-Verbot* auferlegt mit dem Ziel, die bisherigen überwiegend negativen sexuellen Erfahrungen zu verhindern und gleichzeitig schrittweise positive Körpererfahrungen zu ermöglichen. Menschen mit sexuellen Schwierigkeiten sind in der Regel in ihren Körperwahrnehmungen mehr oder weniger auf ihre Geschlechtsorgane fixiert. Ihre Vorstellungen kreisen um sexuelle Leistungen und Versagensängste. In dieser Phase der Behandlung geht es vor allem darum, beiden Partnern durch gemeinsame Übungen angenehme Körpererfahrungen zu ermöglichen. Die bei den zu Hause durchgeführten Übungen gemachten Erfahrungen werden mit dem Paar in den Therapiesitzungen besprochen. Anhand von Schwierigkeiten bei den Übungen können dann Ängste erfaßt und im Gespräch geklärt werden. Die Bearbeitung von Widerständen und Ängsten erfordert vom Therapeuten Erfahrungen in einzel- und paartherapeutischen Behandlungstechniken.

In einer *dritten Phase* der Behandlung wird dann versucht, *durch geeignete Übungen die sexuellen Ängste schrittweise abzubauen*. Die Übungen in dieser Behandlungsphase zielen auf das Kennenlernen der eigenen sexuellen Reaktionen und Erlebnisweisen sowie derjenigen des Partners. Durch die Besprechung wechselseitiger sexueller Wünsche und Erwartungen, die die Partner aneinander haben, versucht der Therapeut, dem Paar dabei zu helfen, sexuelle Verhaltensweisen kennenzulernen und zu erfahren, die beiden Partnern ein Gefühl sexueller Zufriedenheit vermitteln können. In dieser Therapiephase zeigt sich nicht selten, daß nicht nur der Symptomträger, sondern auch sein »gesunder« Partner sexuelle Ängste und Befürchtungen hat, die er bisher auf seinen Partner delegiert hatte.

Sexualtherapeutische Konzepte erscheinen auf den ersten Blick unkompliziert, vielleicht sogar simpel und scheinbar von jedermann anwendbar, der sie gelesen hat. In Wirklichkeit ist der Therapieprozeß jedoch sehr komplex und erfordert ein großes Maß psychotherapeutischer Erfahrungen und Fähigkeiten. Sexualtherapie im engeren Sinn sollte deshalb nur von Therapeuten mit längerdauernder psychotherapeutischer Vorerfahrung ausgeübt werden. Wären die Übungen allein das Entscheidende, so könnte man diese auch in schriftlicher Form den Patienten mitgeben und ihnen die Behandlung ihrer sexuellen Störungen selbst überlassen. Die Tatsache, daß es gegenwärtig noch sehr wenige kompetente Sexualtherapeuten gibt, weist darauf hin, daß diese Form der Psychotherapie nicht so einfach zu erlernen und zu praktizieren ist, wie man bei oberflächlicher Betrachtung annehmen könnte.

*Literaturhinweise:*

BUDDEBERG, C., Sexualberatung, Stuttgart 1983
SINGER-KAPLAN, H., Sexualtherapie, Stuttgart 1983[2]
ZIMMER, D., Sexualität und Partnerschaft, München 1985

# Stationäre therapeutische Einrichtungen

Walter Volk

*Dr. med., Arzt für Neurologie und Psychiatrie, Psychotherapie, Psychoanalyse. Klinische Tätigkeit an der Universitäts-Nervenklinik Marburg und als Oberarzt an der Psychiatrischen Klinik des Bürgerhospitals Stuttgart. Lehrauftrag an der Universität Tübingen für Psychotherapie und Psychosomatik. Wissenschaftlich tätig an der Forschungsstelle für Psychotherapie Stuttgart; dabei bilden Krankenhausstruktur und stationäre Therapie einen Forschungsschwerpunkt (über fünfzig wissenschaftliche Publikationen). Dozent am C. G. Jung-Institut Stuttgart, Lehrbeauftragter an der Universität Stuttgart-Hohenheim. Supervisions- und Gruppenarbeit in verschiedenen Kliniken. Verheiratet, zwei Kinder.*

## Krankenhausaufenthalt bedeutet einen Milieuwechsel

Alle stationären Behandlungsmaßnahmen sind zunächst als wesentliche Veränderung der äußeren Situation zu verstehen. Ein stationärer Krankenhausaufenthalt ist ein grober und einschneidender Milieuwechsel. Es bedeutet für den Kranken ein Herausnehmen aus seiner gewohnten Umgebung. Die täglichen Reibereien und Schwierigkeiten werden verlassen. Es entstehen jedoch neue Reize und neue Eindrücke. Durch die äußere Distanz soll der Patient Ruhe und Besinnung erhalten, durch Abwechslung und zeitweise Befreiung von seiner ihn quälenden Welt Kraft gewinnen, um nachher damit besser fertig zu werden.

## Wann ist ein stationärer Aufenthalt zu empfehlen?

Aus dem Vorliegen einer bestimmten Erkrankung läßt sich kein Krankenhausaufenthalt ausreichend begründen. Wesentlich ist vielmehr der Gesamtzustand, die Schwere der Störungen und Beeinträchtigungen. Sicher ist bei Erkrankungen mit stark veränderter Realitätserfassung und auffälligen Abweichungen eine stationäre Behandlung zu empfehlen, um den Patienten vor Aktivitäten zu schützen, die ihm schaden und ihn später in soziale Schwierigkeiten bringen. Auch für Lebensmüde ist die Klinik ein Schutz. Oft kommt es zur Entscheidung einer stationären Therapie, wenn die ambulanten Möglichkeiten erschöpft sind, aber auch, wenn die ambulanten Hilfen fehlen. Es gibt diagnostische Unklarheiten, die nur stationär abgeklärt werden können. Manche therapeutischen Maßnahmen erfordern eine Beobachtung, wie sie nur stationär möglich ist.

## Die Belastungen des Krankenhausaufenthaltes

Im Krankenhaus wird nicht nur etwas für den Patienten getan, sondern ihm wird auch etwas angetan. Man spricht von institutionellen Zumutungen. Für das Krankenhaus besteht das Problem, einen Mittelweg zwischen Arbeitsroutine und individueller Zuwendung zu finden. Das Krankenhaus ist an Strukturerhaltung interessiert. Der Patient begibt sich in eine neue soziale Ordnung. Hierbei ist wichtig, daß alle Verrichtungen des Alltags an demselben Ort stattfinden, mit der gleichen Gruppe von Schicksalsgenossen. Die Tagesabläufe sind weitgehend von den Zielen der Institution festgelegt. Die grundlegende Ordnung, nach der ein Mensch jeweils an verschiedenen Orten schläft, arbeitet und Freizeitaktivitäten nachgeht, ist aufgehoben. In jedem Fall findet sich der Patient in einer fremden Umgebung wieder, deren Gesetzmäßigkeit er nicht kennt. Von ihm werden Anpassungsleistungen erwartet.

Ein Krankenhausaufenthalt bedeutet daher in sich schon eine seelische Belastung. Für somatische Kliniken wurde festgestellt, daß 80 Prozent der Patienten darunter leiden, was sich in depressiven Verstimmungen zeigt. In der neuen Umgebung des Krankenhauses, die für den Patienten unbekannt ist, werden oft kleinkindhafte Verhaltensweisen angenommen mit entsprechenden Unsicherheiten und gefühlsmäßigen Einstellungen. Dies zeigt sich zum

der Ball, der sich ausdehnt und dem Druck elastisch standhält. Elastisch! Weich, ohne Anspannung, aber nicht *schlaff*.

Knickt der Daumen ab und wird *ch'i* blockiert, schwindet auch die *ch'i*-Kraft. Spannt man die Muskeln an, wird *ch'i* ebenfalls blokkiert, stemmt man sich gegen den Druck, benutzt man das Körpergewicht oder, potentiell, Schwungkraft – beide Arten von Kraft sind von »*ch'i*-Kraft« zu unterscheiden.

»*Chi*-Kraft« ist auch nicht »Atem-Kraft« in dem Sinn, daß bewußtes und intensives Atmen die Körperbewegung begleitet. Der Atem soll leicht und frei fließen – man braucht nicht auf ihn zu achten und ihn nicht zu »machen«. »Konzentriere dich auf deinen Geist, und deine Kräfte werden wachsen«, sagen die klassischen *taichi*-Texte – wenn das *ch'i* fließen kann, weil der Körper die richtige Bewegung macht, fügt der zeitgenössische *taichi*-Lehrer hinzu.

### Taichi Chuan ist Heilgymnastik, praktischer Taoismus, Kampfkunst!

Entspannte Heilgymnastik? Ja – die Bewegungen werden entspannt ausgeführt, entwickeln aber wesentliche Stärke und innere Kraft und damit Vitalität und klaren Kopf. Verkörperte Philosophie? Ja – *yin* und *yang* werden *praktisch*, Schritt für Schritt, eingeübt, damit Körper und Geist zusammenfinden; wie das aussieht – oder besser, sich anfühlt –, weiß man vorher nicht, und Konzepte und Erwartungen sind da letztlich im Weg, weil es doch alles anders kommt, als der Kopf möchte. Kampfkunst? Ja – jede Bewegung entwickelt *ch'i*-Kraft; das Ziel ist, sie im alltäglichen und besonderen Leben anzuwenden, lebendige, verwurzelte Kraft, mit der man kämpfen, arbeiten und lieben kann.

### Taichi Chuan im yang-Stil ist ein Schuh, der paßt

Meister Yang Shou-Chung, der Lehrer meines Lehrers, Meister K.H. Chu, antwortete auf die Frage, warum es so viele verschiedene Stile im *taichi chuan* gäbe – mit großen, kleinen, mittleren Bewegungen und so weiter – mit einer Gegenfrage: Wenn du Schuhe kaufen gehst, kaufst du welche, die passen – oder?

Der *yang*-Stil, den er an Meister Chu weitergegeben hat, paßt den Menschen, indem er sie nicht behindert, sondern in ihren Bewegungsmöglichkeiten fördert, wie ein Paar gute Schuhe. Zum Beispiel hilft es jemandem, der seine Kraft hauptsächlich in großen, verspannten Bewegungen der Arme und des Oberkörpers einsetzt, überhaupt nichts, wenn er auf einmal anfängt, alles, was er tut, ganz klein, weich und sparsam zu machen – nach dem Motto: Immer zuviel *yang*, jetzt aber erstmal *yin*. Nein – er muß lernen, seinen ganzen Körper als Einheit zu bewegen und ruhig in so großen Bewegungen, wie es seinem Bedürfnis entspricht! Das kann er mit dem *yang-taichi chuan*, und dann wird sich die neue Qualität der Bewegungen und der Energie einstellen – ein Ball kann sich nur als ganzer ausdehnen oder schrumpfen. Die Form der Bewegungen, die ihm dazu verhelfen, ist vorgegeben, aber ihr Maß ist er selber, das heißt, die Bewegungen sind nicht größer, als der Übende kann, aber da sie alle zusammenwirken, entsteht aus der objektiven Form seine subjektive Harmonie: Neue Schuhe müssen auch erst eingelaufen werden.

### Der Übungsweg

Man braucht etwa ein Jahr, die Bewegungsfolge des alten *yang*-Stils zu erlernen. Sie besteht aus drei Teilen, die Erde, Himmel und Mensch symbolisieren, und dauert im Ablauf 15 bis 20 Minuten. Damit besitzt man eine Übung, die man täglich ein- bis zweimal ausführen kann und die mit der Zeit die besten Ergebnisse als Gesundheitsübung hervorbringt.

Der 83jährige Autor eines Buches über *taichi chuan* schreibt: »Nach 32 Jahren Dienst bei der Post in China und nach der Pensionierung mit 60 lebte er zufrieden in Shanghai, bis plötzlich, mit 69, Herzbeschwerden auftraten: Vergrößerung des Herzens, Arterienverkalkung und Rhythmusstörungen. Erst dann begann er, *taichi chuan* zu lernen und täglich zu üben. Nach einem Jahr wurde festgestellt, daß die Krankheit zum Stillstand gekommen war, und nach einem weiteren Jahr wurde die Herztätigkeit als normal befunden. Seitdem hat er täglich, ohne Ausnahme, *taichi* geübt, und seine Gesundheit hat sich stetig gebessert. Jetzt, mit 83, kann er sich an keinen Tag der Krankheit oder des Unwohlseins in den letzten Jahren erinnern, ja seine Gesundheit ist besser als in seiner Jugend. In den USA, wo er inzwischen lebt, unterrichtet er viele ältere und alte Menschen in *taichi chuan*.«

Ein Meister beschreibt den Zustand des Körpers nach langem Üben von *taichi chuan* so: »Die Wangen sind von gesunder roter

Farbe, die Schläfen voll pulsierenden Lebens, die Ohren karmesinrot, sie hören scharf, und die Augen sind hell und funkeln vor Energie. Die Stimme ist laut und trägt weit. Der Atem geht regelmäßig, ohne Hast und Keuchen. Zähne, Zahnfleisch und Kiefer sind gesund und stark. Die Schultern und die Brust sind kräftig und geschmeidig. Der Bauch ist stark und elastisch wie das Fell einer Trommel. Die Füße stehen so sicher, als seien sie im Boden verwurzelt. Der Schritt ist leicht. Die Muskeln sind weich wie Baumwolle, wenn die innere Energie nicht aktiv ist, aber sie werden hart und straff, wenn diese eingesetzt wird. Außerdem ist die Haut weich und rosig und so sensibel, daß sie jede Berührung ›hören‹ kann.«

Wer tiefer eindringen und mehr lernen möchte, kann – mit der Zeit – sechs *Vertiefungsstufen* der Form lernen, in denen jeweils ein bestimmter Aspekt vertieft wird beziehungsweise hinzukommt. Diese Stufen werden erstmals in Europa durch Meister Chu weitergegeben – sie machen den Unterschied des alten, authentischen zum »öffentlichen« *taichi chuan* aus, wie es von ungenügend ausgebildeten Lehrern in Ost wie West heute hauptsächlich verbreitet wird.

Dann gibt es Partnerübungen, in denen der Wechsel von *yin* und *yang* mit einem Übungspartner geübt wird; auch hier verschiedene Stufen und Formen. Danach kann man darangehen, *taichi chuan* als Kampfkunst zu erlernen. Jede der 37 Bewegungsformen, aus denen der Ablauf besteht, enthält in sich mehrere Möglichkeiten, einen Angriff abzuwehren. Dann gibt es noch die Waffen, die auch in Einzel- und Partnerübungen ausgeführt werden können: Schwert, Säbel und langer Stock.

*Taichi chuan* ist ein Weg, der kein Ende hat. Ob man nur ein kurzes Stück gehen oder die ganze lange Reise machen will, schon der erste Schritt – mit dem ja auch die längste Reise beginnt – enthält im Kern den ganzen Weg in sich. Wie aufregend und beruhigend, daß da so ein langer Weg ist, auf dem man gehen und entdecken kann und nirgends ankommen muß!

*Literaturhinweis:*

Anders, Frieder (Hrsg.), *taichi* – Chinas lebendige Weisheit. Grundlagen der fernöstlichen Bewegungskunst, Köln 1985

# Tanztherapie

Margarethe Langen

*Geboren 1920. 1946 als Autodidaktin erste Arbeit mit Patientengruppen. (Dietrich Langen begann in den LVA-Krankenhäusern Malente-Gremsmühlen und Flensburg mit Gruppentherapie.) 1949 Socialworker. 1950 Gründung des ersten Patienten-Clubs in Tübingen, gemeinsam mit Dietrich Langen. 1973 erste Kontakte mit Wally Kaechele (Tanz mit Behinderten). 1978 bis 1980 Ausbildung zur Dance Alive-Specialistin bei Wally Kaechele und Professor J. Lau. 1980 Ehrenmitglied der Internationalen Mediziner-Arbeitsgemeinschaft. Seit 1980 Seminarbetreuerin und Sprecherin der Sektionen im Bundesverband für Tanztherapie Deutschland e.V., Monheim/Rh.*

## Der Körper lügt nicht

*Was ist Tanz?* Tanz gehört zu den elementaren Lebensäußerungen des Menschen. Tanz kann bildfrei sein, ein Ausdruck gesteigerten Lustgefühls, ein Spiel mit dem eigenen Körper. Tanz kann abbildhaft sein, er will dann etwas mitteilen, verkünden oder nachahmen (Brockhaus).

*Was ist Therapie?* Die Lehre von der Behandlung der Krankheiten (Therapeutik) oder die Behandlung selbst (Brockhaus-Enzyklopädie).

*Was ist Tanztherapie?* Die »American Dance Therapy Association« (ADTA) bezeichnet »Tanztherapie als die psychotherapeutische Verwendung von Bewegung als Prozeß, der die emotionale und physische Integration des Individiums zur Folge hat«.

## Ursprung des Tanzes

Tanz existiert schon, seit es Menschen gibt. Die Sprache des Körpers – Gefühle, Befinden – durch Tanz auszudrücken ist ursprünglich. Der Tanz aus frühester Zeit ist noch heute bei den Naturvölkern Ausdruck seelischer Vorgänge und hat eine starke innere Bezogenheit zu den Anlässen im Leben dieser Menschen. Geburt, Hochzeit, Tod, Beschwörung der Geister, Heilung der Kranken, Jagd, Erntedank, Beginn eines Krieges, alles wurde und wird noch heute vom Tanz begleitet. Tanz ist Ausdruck des Lebensgefühls. Auch Medizinmänner und Schamanen benutzen Tanz nicht nur zur Geisterbeschwörung, sondern auch zur Heilung von Krankheiten.

## Entwicklung der Tanztherapie

Die ersten Ansätze der heutigen Tanztherapie finden wir in den vierziger Jahren dieses Jahrhunderts, entscheidend vom Ausdruckstanz geprägt. Es waren Tänzerinnen, die in Dresden, Leipzig oder Berlin Mary Wigmans neue Tanzkunst und Rudolf von Labans Bewegungslehre erfahren haben.

Rudolf von Laban, Tänzer, Tanzpädagoge und Tanztheoretiker, 15. 12. 1879–1. 7. 1958, schuf die Grundlagen des modernen freien Kunsttanzes. Er ließ den Tanz zum Ausdruck seelischen Erlebens werden. Er erfand eine Tanzschrift, die heute noch Gültigkeit hat und von Tanztherapeuten zur Bewegungsanalyse benutzt wird.

Mary Wigman, Tänzerin und Choreographin, 13. 11. 1886–18. 9. 1973, prägte einen völlig neuen Stil, den sie als »absoluten Tanz« bezeichnete.

Maßgeblich beteiligt an der Weiterentwicklung der Tanztherapie waren in den *USA* Trudi Schoop, Liljan Espenack, Marian Chace, Mary Whitehouse, Franziska Boas und andere.

In *Kanada* Julianna Lau, die auch das DANCE ALIVE Modell entwickelte und 1977 den ersten internationalen Tanztherapiekongreß für Kanada organisierte.

Das Wiedererkennen der heilenden Kraft des Tanzes, die Rückbesinnung darauf, daß Bewegung Körper, Geist und Seele stimuliert und harmonisiert, führte auch bei uns dazu, daß zunehmend körperorientierte Verfahren in den heutigen Therapien angewendet werden.

### Wie sehen wir Tanztherapie?

Als eine dynamisch orientierte Erlebnistherapie, ausgehend von der momentanen Befindlichkeit des Klienten. Der Begriff »Tanz« ist – nach dem heutigen Verständnis – zu Beginn einer Therapie jedoch zu anspruchsvoll. Es sind Bewegungen, Signale des Körpers, die der Tanztherapeut wahrnimmt und durch Sensibilisierungshilfen anregt. Er greift diese Bewegungen auf, um über sie in einen Dialog mit dem Klienten zu kommen. Erfahrungen, Gefühle sind im Körper gespeichert, Bewegung und Haltung drücken sie aus. Wir können jeden uns bekannten Menschen schon aus der Ferne am Gang erkennen. Wir können auch jedem uns Vertrauten anmerken, ob er fröhlich oder traurig ist. Genauso erkennt der Geschulte, wenn Bewegung, Haltung, Ausdruck, Befinden gestört, in Unordnung geraten, einfach unstimmig sind. Es paßt nichts zueinander. Deshalb konzentriert sich der Tanztherapeut zunächst auf das Bewegungsverhalten; denn durch die Körpersprache werden Denken und Fühlen, seelische Spannungen, Verkrampfungen und Unstimmigkeiten sichtbar.

### Wie arbeitet der Tanztherapeut?

Er nimmt diese körperlichen Botschaften des Klienten auf und versucht, sich über sie in die Gefühlswelt des Klienten einzufühlen. Hat er sie verstanden, versucht er über die Bewegungskommunikation auf gleicher Ebene Hilfestellung zu geben. Je nach Ausgangssituation des Klienten oder Zielvorstellung für ihn hängt es ab, wieviel oder wiewenig Bewegungsstruktur der Tanztherapeut einbringt. Auch die nebenher laufende Gesprächsführung ist vom Klienten abhängig. Im Laufe der gemeinsamen Arbeit will der Tanztherapeut erreichen, daß die Bewegungen des Klienten freier werden, daß Blockaden durchbrochen und unterdrückte Affekte motorisch ausgelebt werden. Der Klient soll sich über seine Bewegungsvorlieben und -abneigungen klarwerden. Er soll sich selbst besser kennenlernen, seine emotionalen Erfahrungsmöglichkeiten erweitern, sich akzeptieren und über sich sprechen können.

*Zielvorstellung:* Ziel ist, das vorhandene Bewegungsvokabular zu erweitern, verschüttete oder verkümmerte Fähigkeiten wiederzugewinnen und Balance herzustellen, um dadurch die naturgegebene Einheit von *Körper, Geist und Seele* zu erreichen.

*Einzel- oder Gruppentherapie?* Tanztherapie ist sowohl einzeln als auch in Gruppen durchführbar. In den meisten Fällen unterstützt die Gruppe den Therapieverlauf.

## Was muß der Klient an Voraussetzungen mitbringen?

Er benötigt keinerlei Tanzerfahrung, er muß keine Tanztechniken beherrschen, er soll auch nicht lernen, elegant oder schön zu tanzen. Entscheidend ist nicht, *was* er tut, sondern *wie* er es tut. Es gibt keine Wertung nach »gut« oder »schlecht« und nach »richtig« oder »falsch«.

Der Wunsch nach Hilfestellung und damit die Bereitschaft zur Mitarbeit wären gut, sind jedoch nicht in jedem Fall möglich und nötig. Der Klient sollte aber den Mut haben, sich seinen Konflikten zu stellen und sich mit ihnen auseinanderzusetzen, denn der Erfolg der Tanztherapie ist meistens weniger abhängig von dem, was der Tanztherapeut leistet, als davon, was der Klient tut. Er sollte dabei seine Bewegungen nicht mechanisch ausführen, sondern die Gefühle, die in ihm aufkommen, wirken lassen. Verschüttete eigene Heilkräfte werden so mobilisiert.

## Was bringt der Tanztherapeut an Voraussetzungen mit?

Die Vielseitigkeit des Tanztherapeuten wird durch eine Aussage von Julianna Lau erkennbar: »In der ständigen Suche nach einer sinnvollen Verbindung zwischen Körper und Seele muß der Tanztherapeut als Beobachter, Analytiker, Mittänzer, Contratänzer, Vorbild, Dirigent, Katalysator und mitfühlender Mensch es verstehen, das gesamte Bewegungs- und Verhaltensrepertoire dem Klienten zu entlocken und es erschließen zu helfen.«

Der Unterricht an der Dietrich-Langen-Schule für Tanztherapie in Monheim/Rhein vermittelt neben Eigentherapie Kenntnisse in Biologie, Medizin, Psychologie und Psychotherapie. Beim Tanztherapeuten kommt noch die Ausbildung in vielen unterschiedlichen Tanztechniken hinzu wie Ausdruckstanz, Jazz, Folklore, Ballett. Wichtig sind choreographische, musikalische und rhythmische Kenntnisse. Er braucht diese vielseitigen Erfahrungen, um die Feinheiten der Bewegungen des Klienten ganz zu erfassen. Er muß auch aus seinen Bewegungsvorräten dem Klienten Vorschläge anbieten können, und er braucht dieses Wissen für die Bewegungsanalyse.

### Was ist Bewegungsanalyse?

So wie jeder Arzt sich mit den akuten Beschwerden des Patienten befaßt, um eine Diagnose stellen zu können, muß es auch dem Tanztherapeuten möglich sein, das Körperbild seines Klienten zu diagnostizieren. Er fühlt sich nicht nur in die Bewegungen seines Klienten ein, er nimmt sie wahr und kann sie auch graphisch darstellen. Je nach Ergebnis dieser Bewegungsanalyse wird der Tanztherapeut sein Programm aufbauen. Bewegungsanalysen werden auch benutzt, um Therapieerfolge zu messen.

Die gebräuchlichste Analyse- und Beschreibungsmethode wurde von Irmgard Bartenieff nach einem Konzept von Rudolf von Laban in die Tanztherapie eingebracht. Einmal wird hier das Maß der physischen Energien, zum andern die Form der Bewegungen im Raum wahrgenommen. Es können auch die Bewegungen jedes einzelnen Körperteiles, zum Beispiel des kleinen Fingers der rechten Hand, nach einer Laban-Notation, ähnlich wie Kürzel in der Kurzschrift, aufgezeichnet werden.

### Einsatz von Musik

Es gibt tanztherapeutische Stunden völlig ohne Musik. Das richtet sich nach dem momentanen Geschehen im Klienten, weil dieses manchmal durch Musik überdeckt werden kann. In den meisten Fällen aber hat die Musik eine unterstützende Wirkung, sie muß nur sorgfältig ausgewählt werden. Das Orff-Instrumentarium, Trommeln, Schellen, Schlaghölzer, Bongos, Triangel, Tamburin, und vor allem die eigene Stimme sind wertvolle Hilfsmittel zur Unterstützung und Stimulation von Bewegung.

Ich selbst betreue in meinem Hause seit 36 Jahren schizophrene Patienten. Sie haben ein Minimum an Körperausdruck, unkoordinierte und ruckartige Bewegungen. Sie lieben aber Gesang, ihre Stimme. Eine ältere Patientin kennt noch heute alle Strophen vieler Kinder- und Weihnachtslieder. Das benutze ich, um mit »Vorstellungsbildern«, Gesang und Bewegung neue Verhaltensmuster zu erproben und einzuüben, um damit dem Patienten neue Verhaltensweisen zu erschließen.

## Was sind Vorstellungsbilder?

Sie können alles mögliche sein. Ein *Traum* kann ein Vorstellungsbild sein. Eine *Figur aus dem Leben* des Klienten: Vater, Mutter, Bruder, Schwester, Lehrer. Eine *bildhafte Vorstellung* wie der Ozean, der Wald, die Jahreszeiten, die Marionette. Auch *Tätigkeitswörter*: wandern, laufen, reiten. *Begriffe* wie Angst, Hunger, Wut, Freude. *Eigenschaftswörter*: glücklich, einsam, stark, klein. Die Art, wie der Klient ein Vorstellungsbild im Tanz verarbeitet hat, wird dann im anschließenden Feedback verbal bearbeitet. Es wird darüber gesprochen.

*Beispiel: »Die Marionette«.* In der Krebsnachsorge, aber auch bei psychosomatisch Kranken sehen wir manchmal, daß die Krankheit unbewußt dazu benutzt wird, den Partner zu beeinflussen. Er soll ständig Rücksicht nehmen und möglichst alle Wünsche erfüllen. So beherrscht der »schwache Kranke« den gesunden Partner. Um dem Klienten diese Tatsache klarzumachen und um dieses Verhalten aufzuarbeiten, benutzen wir eine Übung, die wir »Marionette« nennen. Es ist eine Partnerübung. Einer hält die imaginären Fäden in der Hand, er führt. Der andere soll folgen, er ist die Marionette. Sehr bald wird bei dieser tanztherapeutischen Übung klar, daß die Marionette eigentlich selbst entscheiden kann, inwieweit sie mitmachen will oder nicht, vor allem aber, *ob* sie mitmachen kann; denn hier sind körperlich Grenzen gesetzt, deren Überschreitung »Verletzungen« nach sich zieht. Durch Rollentausch erhält jeder die Möglichkeit, sich in die Rolle des anderen hineinzufühlen.

Die meist spontane Bezugnahme der Gruppe zu dieser Übung im Feedback unterstützt die Aufdeckung des unbewußten Verhaltens. Der Klient beginnt, über sich und seine Einstellung zum Partner nachzudenken und sich damit auseinanderzusetzen.

Hier beginnt die eigentliche Arbeit des Tanztherapeuten. Er soll nicht den Klienten ändern, sondern muß das Therapieprogramm so aufbauen, daß gemeinsam der Weg zur Änderung gesucht wird, der Klient ihn aber selber findet.

## Wer kann sich einer Tanztherapie unterziehen?

Da die Tanztherapie immer von den gesunden Anteilen des Klienten ausgeht, kann sie bei der unterschiedlichsten Klientel angewendet werden. Bei allen Typen und Syndromen seelischer Störungen, bei psychisch Kranken bis hin zu bestimmten Formen endogener Psychosen, bei körperlichen Behinderungen, zum Beispiel Rollstuhlfahrern, Blinden, Gehörlosen, bei geistig Behinderten, autistischen Kindern, Pubertätskrisen, in der Geriatrie (Altersheilkunde), auch bei Langzeitpatienten.

## Dance Alive (Lebendiges Tanzen)

Dance Alive von Professor Julianna Lau, Toronto, wird in der Gesundheitsvor- und -nachsorge eingesetzt. Wally Kaechele, Monheim/Rh. brachte dieses Modell 1977 aus Kanada mit und hat bisher 102 Dance Alive-Spezialisten ausgebildet. Sie arbeiten im Vorfeld der Tanztherapie. Die Therapie aber macht immer der Arzt oder der Psychologe. Der Dance Alive-Spezialist ist jedoch in der Lage, Bewegungsanalysen zu interpretieren und darauf individuelle Verbesserungs- und Vorbeugungsprogramme aufzubauen. Er soll dem Klienten zu einem harmonischen Gesamtbefinden verhelfen und ihm dadurch die Möglichkeit geben, auf seine Umwelt angemessen zu reagieren.

## Warum Tanztherapie und Dance Alive?

Dr. med. Ulrich Brost schrieb dazu: »Der Wunsch der Bevölkerung nach einer humanen, patientennahen Hilfe, die eigene Heilkräfte mobilisiert, ist größer, als viele Ärzte ahnen, und größer auch, als durch gegenwärtige Angebote gedeckt werden kann. Das erfahren hausärztlich tätige Allgemeinärzte fast jeden Tag.«

*Literaturhinweise:*

Kiphard, Ernst J., Mototherapie – Teil I, Dortmund 1983

Klein, Petra, Tanztherapie, Suderburg 1983

Laban, Rudolf, Der moderne Ausdruckstanz in der Erziehung. Eine Einführung in die kreative tänzerische Bewegung als Mittel zur Entfaltung der Persönlichkeit, Heinrichshofen 1984

# Telefonseelsorge

Wilfried Weber

*Dr., geboren 1934, Pfarrer und Psychotherapeut. Ausbilder der Gesellschaft für wissenschaftliche Gesprächspsychotherapie e.V. und der Deutschen Gesellschaft für Pastoralpsychologie e.V. Abgeschlossene Zusatzausbildung in Klientenzentrierter Gesprächsführung, Konzentrativer Bewegungstherapie sowie Ehe-, Familien- und Lebensberatung. 1965 bis 1970 Kirchliche Erwachsenenbildung und Vikariat. 1970 bis 1974 Ausbilder der Telefonseelsorge. 1972 bis 1978 Teilauftrag im Beratungszentrum Kronprinzstraße, Stuttgart. Seit 1974 Leiter und Ausbilder der Telefonseelsorge Stuttgart e.V.*

*Vorbemerkung: Als Telefonseelsorger suche ich, wo immer es möglich ist, das Gespräch. Also wähle ich an dieser Stelle die Form des Interviews:*

*Ich stelle mir einen Menschen vor, der vielerlei Fragen zur Telefonseelsorge hat, und ich versuche, kurz und verständlich zu beantworten. Ich stelle mich darauf ein, daß die Fragen bunt gemischt kommen – allgemein und persönlich, kritisch und wohlwollend, gut überlegt und spontan.*

*Frage:* Sorgt sich die Telefonseelsorge nur um die Seele des Menschen?

*Antwort:* Sicherlich hat Sie unser »Firmenname« zu Ihrer Frage geführt. Unsere Anrufer kümmern sich wenig um die Bezeichnung »Seel-Sorge«. Sie kommen mit allem, was sie angeht und umtreibt. Demzufolge sorgen wir uns um den ganzen Menschen mit seinem menschlichen und allzumenschlichen All-Tag.

In anderen Ländern wurden aussagekräftigere »Firmennamen«

gewählt: »Telefonischer Hilfsdienst« (Niederlande), »Vertrauenstelefon« (Polen), »Freundliche Stimme« (Italien), »SOS-Freundschaft« (Frankreich).

*Frage:* »Seelsorge« klingt so kirchlich! Ist die Telefonseelsorge ein kirchliches Missionsinstrument? Wer trägt und finanziert die Telefonseelsorge?

*Antwort:* Ich zitiere einen Satz, auf den sich im Jahr 1969 offiziell alle Telefonseelsorge-Stellen der Bundesrepublik einigten: »Unter Wahrung der persönlichen Freiheit will die Telefonseelsorge die Anrufenden voraussetzungslos und bedingungslos annehmen.«

Zu Ihrer zweiten Frage: In der Bundesrepublik Deutschland sind es die Kirchen, die die Telefonseelsorge tragen und ertragen; sie merkten schon Ende der fünfziger Jahre, wie groß das Bedürfnis nach telefonischer Beratung ist. In anderen Ländern wird die Telefonseelsorge von privaten Gruppierungen oder (psychiatrischen) Krankenhäusern getragen und finanziert.

*Frage:* Beratung und Seelsorge per Telefon: Wie ist das möglich? Das geht doch nur im persönlichen Gegenüber!

*Antwort:* Sie selbst bevorzugen offenbar das ganz persönliche Gespräch. Meine Erfahrung lehrt mich, daß andere Menschen lieber zum Telefon greifen: Sie sind vielleicht sehr schüchtern und distanziert; sie haben Angst, sich ganz zu zeigen; sie wollen sich erst mal über das Telefon öffnen und bekommen eventuell später die Freiheit zum persönlichen Gespräch; für ihre heißen oder peinlichen Fragen brauchen sie die Unverbindlichkeit des Telefons.

*Frage:* Ich möchte auf meiner Frage beharren und genauer wissen: Was kann die Telefonseelsorge leisten und was nicht?

*Antwort:* Damit ich Sie recht verstehe, frage ich kurz zurück, was hinter Ihrer Frage steht: Möchten Sie im Sinne der Information »genauer wissen«? Oder meldet sich bei Ihnen jetzt gerade viel Skepsis? Oder was ist es?

*Frage:* Wollen Sie mit Ihren Rückfragen mich aufs Glatteis führen? Wollen Sie mir nicht antworten?

*Antwort:* Ich wollte Ihre Frage in der Tiefe verstehen. Sie lehnen diese Hinterfragung ab. Nun, dann antworte ich Ihnen so, wie ich Sie verstehe. Wieviel innerhalb der Telefonseelsorge geleistet wird, hängt nach meiner Meinung in der Hauptsache vom Anrufer und vom Telefonseelsorge-Mitarbeiter ab, also von den Möglichkeiten und Grenzen beider Gesprächspartner. Von mir möchte ich sagen: Ich bin nicht »Mann oder Mädchen für alles«. Lassen Sie es mich witzig und drastisch formulieren: Ich bin kein »eierlegendes Wollmilchschwein« und kann demnach nicht Eier und Wolle und Milch und Fleisch anbieten. Gleichzeitig möchte ich von meinem Gesprächspartner auch nicht zu viel oder gar alles erwarten. Ich will sorgsam mit den Begrenzungen umgehen, die im Anrufer und in mir liegen. Vor allem achte ich auch die Schranken, die das Medium des Telefons auferlegt: Es gibt nach meiner Erfahrung Problemkreise, die durch den dünnen und langen Draht des Telefons nicht durchgehen. Ich denke zum Beispiel an Sucht oder an Psychosen. Immerhin können Telefonseelsorger »leisten«, daß ein Anrufer mit diesen Krankheitsbildern spürt, daß er zu einem Therapeuten sollte, und schließlich auch seine Widerstände fahren läßt und dort hingeht.

*Frage:* Was leistet die Telefonseelsorge im Unterschied zu den vielen anderen seelischen und sozialen Beratungseinrichtungen? Die bürgerlichen Gemeinden, die Kirchen, Psychotherapeuten und Ärzte bieten viel an, der »Psychomarkt« ist groß!

*Antwort:* Ich finde es gut, daß das Angebot so groß und vielseitig ist. Die Telefonseelsorge möchte Auffangnetz im psychosozialen Versorgungsgefüge sein, sie ist »Feuerwehr« für seelische und soziale Nöte, sie versteht sich als »Erste Hilfe« in akuten Krisen. Daneben ist die Telefonseelsorge auch für kleine Anfragen da (z.B. Informationsfragen), für das »Haar in der Suppe« oder das winzige »Sandkorn im Getriebe«.

*Frage:* Also ist die Telefonseelsorge letztlich doch »Mädchen für alles«?

*Antwort:* Ich erlebe die Telefonseelsorge als Anlaufstelle für alle Menschen und alle Fragen. Im Gespräch mit dem Anrufer finde ich dann heraus, was über das Telefon (vorläufig) geklärt werden kann und was nicht. Wenn ein Anrufer sehr schwierige oder spezielle Probleme äußert, schaue ich in der Kartei nach, bei welcher Institution oder Einzelperson er Hilfestellung findet. Ich nenne ihm geeignete Adressen und bin ihm behilflich, trotz aller Angst und Abwehr dorthin zu gehen.

*Frage:* Jetzt frage ich mal ganz einfach, wie viele Menschen sich an die Telefonseelsorge wenden.

*Antwort:* An meinem Arbeitsplatz in Stuttgart haben wir jährlich rund 15000 Anrufe, pro Tag also etwa 40. In der ganzen Bundesrepublik ergeben sich pro Jahr mehr als eine halbe Million Anrufe.

*Frage:* Worauf führen Sie diese große Nachfrage zurück?

*Antwort:* Ich nenne zunächst mehr äußerliche Gründe:
– Die Telefonseelsorge ist eine Anlaufstelle rund um die Uhr. Man kann anrufen, wenn alle anderen helfenden Einrichtungen geschlossen sind. Beispiele: Mitten in der Nacht erfährt eine Mutter, daß ihr Sohn schwer verunglückte. – Am Samstagnachmittag kommt es bei einem Ehepaar zum großen Streit, und sie verläßt die Wohnung.
– Die Telefonseelsorge ermöglicht auch denen ein helfendes Gespräch, die krank im Bett liegen oder am Arbeitsplatz unabkömmlich sind oder weit entfernt von einer Beratungsstelle oder einer Vertrauensperson wohnen.
– Die Telefonseelsorge arbeitet anonym: Der Anrufer muß weder seinen Namen nennen noch sein ganzes Gesicht zeigen; auf diese Weise kann er manchmal etwas sagen, was er im direkten Gespräch niemals aussprechen würde.
– Die Telefonseelsorge macht es leicht, ein Gespräch zu beginnen und auch zu beenden; es gibt keine Formalitäten wie beim persönlichen Kontakt; es kostet keinen Anfahrtsweg und nur ganz wenig Geld.
– Die Telefonseelsorge geschieht unter absoluter Schweigepflicht, also kann man dort auch »ganz unmögliche Dinge« loswerden.

*Frage:* Der Zugang zur Telefonseelsorge ist offensichtlich sehr leicht, vielleicht sogar zu leicht, so daß man den Anrufer verwöhnt?

*Antwort:* In der Tat wollen sich manche Anrufer verwöhnen lassen. Natürlich versuchen einige Menschen, die Telefonseelsorge letztlich zu mißbrauchen. Ich denke hier etwa an Anrufer, die nachts nicht schlafen können und sich dann »nur etwas unterhalten« wollen, aber sich weigern, nach den Gründen ihrer Schlaflosigkeit zu forschen. Zum sinnlosen Ausagieren seitens der Anrufer bin ich nicht bereit.

*Frage:* Sie haben mir zunächst mehr äußerliche Gründe genannt, warum so viele anrufen. Offenbar gibt es auch andere Gründe?

*Antwort:* Diese Gründe sehe ich in der Person und in dem Verhalten der Telefonseelsorger. Wenn sie nicht etwas anbieten würden, was die Anrufer anspricht und ihnen hilft, würde die Nachfrage nach der Telefonseelsorge stagnieren oder zurückgehen. Tatsächlich aber steigt die Zahl der Anrufer beständig, und auch die Zahl der Telefonseelsorge-Stellen nimmt weltweit zu.

*Frage:* Wenn so viel von der Person der einzelnen Telefonseelsorger abhängt, möchte ich darüber nähere Auskunft.

*Antwort:* Ich möchte Ihnen berichten, wie das in der Praxis der »Telefonseelsorge Stuttgart e.V.« aussieht (so ähnlich läuft es aber auch in anderen Telefonseelsorge-Stellen). Hier werden die ehrenamtlichen und hauptamtlichen Telefonseelsorger sehr sorgfältig ausgewählt und ausgebildet.

*Frage:* Warum gibt es in der Telefonseelsorge sowohl hauptamtliche als auch ehrenamtliche Mitarbeiter? Geht das gut?

*Antwort:* Wir sind hier vier hauptamtliche Mitarbeiter (Sozialarbeiter, Diplompädagogin, Diakonin, Pfarrer/Psychotherapeut) und rund einhundert freiwillige Mitarbeiterinnen und Mitarbeiter (aus vielerlei Berufsgruppen). In der Regel arbeiten wir gut zusammen: Jeder bringt seine speziellen Begabungen ein, läßt sie aber auch in Frage stellen. So regen wir uns gegenseitig an und manchmal auch auf. Die »Hauptamtlichen« haben vor allem die Aufgabe, den ganzen »Rahmen« der Telefonseelsorge zu organisieren, zum Beispiel den Dienstplan aufzustellen, die Nachschlagkartei auf dem laufenden zu halten, den Dienstraum samt Teeküche menschlich zu gestalten und die freiwilligen Mitarbeiter für den Dienst zu befähigen.

*Frage:* Aber warum arbeiten hier so viele »Ehrenamtliche«, also sogenannte »Laien«?

*Antwort:* In jedem Fall sind es sorgsam ausgewählte und gewissenhaft geschulte »Laien«. Neuere Untersuchungen beweisen, daß von geschulten und selbstkritischen »Laien« eine erstaunlich große therapeutische Wirkung ausgehen kann. Das hat folgende Gründe: »Laien« haben oft viel Realitätssinn und Bodennähe, sie bieten dem Klienten Offenheit und Nähe an, Partnerschaft und Solidarität, und weil sie ehrenamtlich arbeiten, haben sie eine besonders gute Motivation. Auf jeden Fall arbeite ich ausgesprochen gerne mit »Laien« zusammen.

*Frage:* Ich verstehe nicht, warum sich Frauen und Männer freiwillig für den Dienst in der Telefonseelsorge melden. Wieviel Stunden müssen die »Ehrenamtlichen« eigentlich einbringen pro Monat?

*Antwort:* Mindestens zwölf Stunden am Telefon, dazu kommen noch etwa vier Stunden für Fortbildung und Supervision. Als Beweggrund für dieses Engagement höre ich häufig Sätze wie: »Ich möchte nicht nur für meinen Beruf und meine Privatinteressen leben..., weil meine Kinder jetzt groß sind, habe ich Zeit und Kraft übrig..., ich fühle mich als Bürger und Christ zur Telefonseelsorge-Arbeit aufgefordert..., hier kann ich manchmal helfen und erfahre auch selber Hilfe und Bereicherung..., was ich für den Umgang mit dem Anrufer lerne, kann ich auch gut gebrauchen für den Umgang mit meinen Verwandten und Geschäftskollegen...«

*Frage:* Wie wählen Sie die freiwilligen Mitarbeiter aus?

*Antwort:* Weil ich natürlich meine »blinden Flecken« habe, treffe ich die Auswahl gemeinsam mit einigen erfahrenen Kolleginnen und Kollegen und in partnerschaftlicher Zusammenarbeit mit den Frauen und Männern, die sich für die Telefonseelsorge-Arbeit bewerben. Die Auswahl geschieht über Gruppenarbeit und Einzelgespräche. Zeitaufwand pro Bewerber etwa sechs Stunden.

*Frage:* Nach welchen Maßstäben wählen Sie aus?

*Antwort:* Hier verschränken sich objektive und subjektive Maßstäbe, ich habe keinen »Röntgenblick«. Ich erkundige mich nach der Motivation und der Belastbarkeit, nach Kontaktfähigkeit und Flexibilität, nach Fähigkeiten und Grenzen. Wie geht jemand mit seinen Lebenserfahrungen um, und kann er sich auf ganz neue Wege einlassen? Wie hält er es mit bürgerlichen und religiösen Normen? Nicht geeignet für die Telefonseelsorge-Arbeit erscheinen mir Menschen, die rechthaberisch Ratschläge geben möchten, die moralisieren und bagatellisieren, die sehr rational sind und gerne zu dogmatischen Lehrsätzen (aus Theologie und Psychologie und Lebenserfahrung und Volksweisheit) greifen.

*Frage:* Wie sieht die Ausbildung der ehrenamtlichen Telefonseelsorger aus?

*Antwort:* Sie absolvieren einen Grundkurs von rund 100 Stunden, verteilt auf etwa neun Monate. Innerhalb der Selbsterfahrung lernen sie sich kennen: die persönlichen Stärken und Schwächen, die eigenen Grundgefühle und Verhaltensweisen, das individuelle Menschen-, Welt- und Gottesbild. Dieser Prozeß ist oft verbunden mit Trauer und Ärger, Freude und Befreiung. Der zweite Schwerpunkt des Grundkurses liegt in der Erfahrung und Einübung einer hilfreichen Gesprächshaltung. Wir arbeiten hier mit der personenzentrierten Gesprächsführung, wie sie Carl Rogers entwickelte. Auf dem Weg zum helfenden Gespräch lernen Telefonseelsorger anhand vielerlei praxisnaher Übungen vor allem vier Haltungen:

– partnerzentriert sein,
– Wertschätzung und Wärme anbieten,
– mit Gefühlen einfühlsam und sorgsam umgehen,
– echt und offen sein.

Am Ende des Grundkurses stehen Informationen zu wichtigen

Themenkreisen: Suchtkrankheiten, Psychosen, psychosoziale Einrichtungen und so weiter.

*Frage:* Und dann?

*Antwort:* Dann beginnt die praktische Arbeit am Telefon – in Dienstphasen zwischen vier und zehn Stunden. Die Telefonseelsorger erhalten dazu regelmäßige Fortbildung und Supervision. Dabei taucht immer wieder die Frage auf: Wie gehe ich um mit meinen Grenzen als Telefonseelsorger, mit den Grenzen meiner Gesprächspartner, mit den Begrenzungen des Mediums Telefon?

*Frage:* Abschließend möchte ich zweierlei wissen: Was für Menschen wenden sich an die Telefonseelsorge? Welche Probleme tauchen am häufigsten auf?

*Antwort:* Rund zwei Drittel der Anrufer sind Frauen, ein Drittel sind Männer – leider meinen Männer immer noch, sie müßten es »allein« schaffen. Die meisten Anrufer stehen in der Lebensmitte (30 bis 45 Jahre), es folgen die Altersgruppen 20 bis 30 Jahre, 45 bis 65 Jahre; leider rufen nur wenige alte Menschen und noch weniger Jugendliche an. Wir haben Einmalanrufer, Mehrfach- und Daueranrufer.

Drei Problemkreise tauchen besonders häufig auf: psychische Probleme (Angstzustände, Depressionen, Zwangshaltungen), Partnerschaftsschwierigkeiten (bei verheirateten, ledigen und geschiedenen Partnern), besondere Lebenssituationen (akute Schicksalsschläge, Vereinsamung, Krankheiten).

*Nachbemerkung: Zur Zeit gibt es in 80 Städten der Bundesrepublik das Angebot der Telefonseelsorge. Alle Telefonseelsorge-Stellen haben eine einheitliche Rufnummer: 11101 und/oder 11102.*

# Themenzentrierte Interaktion

Gerd Iversen

*Geboren 1916, 1934–39 Medizinstudium in München und Hamburg. Promotion und Approbation in München; 1939–45 Truppenarzt und anfangs Ober-, dann Chefarzt eines Speziallazaretts; 1945–65 auf der inneren Abteilung des Kreiskrankenhauses Bad Segeberg, anfangs Stations-, dann Oberarzt und Chefarztvertreter, Anerkennung als Lungenfacharzt und als Internist, später in berufsbegleitender Weiterbildung Psychotherapie und Psychoanalyse (Zusatzbezeichnungen). 1965–80 Geschäftsführender Arzt, dann Präsident der Ärztekammer Schleswig-Holstein; seit 1966 Schriftleiter des Schleswig-Holsteinischen Ärzteblattes. Dozent an der Akademie für medizinische Fortbildung der Ärztekammer Schleswig-Holstein sowie bei den norddeutschen und Lindauer Psychotherapie-Wochen.*

Die Themenzentrierte Interaktion (TZI) bietet ein Konzept für Selbsterfahrung in Gruppen, die sich als tiefenpsychologisch fundierte, themenzentriert-interaktionelle Selbsterfahrungsgruppen verstehen.

In einem Seminar mit Ruth C. Cohn ging es vor zwölf Jahren um das Erschließen besserer Verständigungsmöglichkeiten, also zum Beispiel darum, zu lernen, was der andere, auch anders Gesinnte, mit seiner Aussage meint.

*»Wie sage ich aus – wie höre ich zu?«* war das Thema einer Gruppenarbeit. Wir entdeckten in diesem kleinen Kreis, daß in den ersten Tagen der eine oder andere so manches Mal nicht zugehört oder weniger seine *persönliche Ansicht* als eine unüberprüfte *allgemeine Meinung* zum Ausdruck gebracht hatte.

Aber: Waren denn alle genügend aufeinander eingegangen? Oder hatten sie einander nur *»die Meinung gesagt«*, statt zu versuchen, sich wirklich verständlich zu machen und richtig hinzuhören, wenn »das Gegenüber« sprach? Durfte ich meine eigenen Aussagen für genügend klar halten, oder hatte ich – aus welchen Gründen auch immer – zu oft unpersönlich und abstrakt gesprochen, da und dort zu allgemein, nicht so differenziert, wie es erforderlich gewesen wäre?

Im Laufe der nächsten Tage verständigten wir uns einzeln und auch in der Gruppe als Ganzes um so zuverlässiger, je mehr wir uns auf das jeweils gewählte Thema – unsere gemeinsame Aufgabe – zentrierten und je konsequenter jeder Teilnehmer auf Aussagen achtete, die durch seine eigenen persönliche Erfahrungen beziehungsweise die der Gesprächspartner gedeckt waren.

Immer weiter verschwanden Formulierungen mit »man« oder »wir«; sie wurden ersetzt durch Ich-Aussagen. Ruth Cohn unterstrich, daß das unüberprüfte »man« oder auch »wir« in der eigenen Formulierung erfahrungsgemäß »fast immer als ein Sich-Verstekken vor der persönlichen Verantwortung« gedeutet werden muß.

Die Gesprächsteilnehmer wurden sich offenbar zunehmend dessen bewußt, daß sie nicht vorrangig den Erwartungen der anderen entsprechen mußten, sondern daß sich *jeder frei entscheiden* konnte, was er selbst sagen oder tun wollte.

Die themenzentriert-interaktionelle Arbeit in einer tiefenpsychologisch fundierten Selbsterfahrungsgruppe ist gekennzeichnet durch

– Begrenzung der Aufgabe bezüglich des Zieles, des zeitlichen Rahmens und so weiter,
– aufgabenzentriertes, also nach Schwerpunkten ausgerichtetes Vorgehen (auf Teilfragen konzentriert) und eine
– angemessene Beschränkung regressiver Tendenzen, also der Neigung zu Rückzug und Abwehr (z.B. auf Grund früherer seelischer Verletzungen) – Balance!

Die von Ruth Cohn angegebenen *Hilfsregeln* einer auf Schwerpunkte bezogenen Interaktion (Wechselwirkung zwischen zwei oder mehreren Beteiligten) erleichtern den Lernprozeß im Sinne eines »lebendigen Lernens« durch Erfahrung. Dafür ist die gefühlsbezogene, gegebenenfalls auch unbewußte Wahrnehmung – mit dem »Herzen« und entsprechender Einfühlung – ebenso bedeutsam wie das Erkennen mit dem Kopf (kognitive Wahrnehmung).

Subjektive Deutungen und Eindrücke, Interpretationen oder Mißverständnisse und Fehldeutungen gilt es zu klären.

## Das aktuelle Erleben

Was uns stark bewegt, wird häufig durch Alltägliches überdeckt oder versteckt, gelegentlich verdrängt (»vergessen«) und nur ungenügend durchdacht. Unsere Beweggründe bleiben dementsprechend undeutlich. Wichtig ist aber, die *Erlebensschwerpunkte* im »Hier und Jetzt« mit einem (gründlichen Rück-)Blick auf das »Bisherige« zu klären; nur dann kann ich Erfahrungen Künftigem zugute kommen lassen. Die große *praktische Bedeutung* eines Erlebens kann in einem *Erfahrungsaustausch* in der Gruppe klarer werden. Dabei liegt die Feststellung nahe: »Dies ist der erste Tag vom Rest meines Lebens!« Diese Feststellung drängt dazu, sich auf wirklich Wesentliches zu konzentrieren, wenn zum Beispiel von mir oder in meinem sozialen Umfeld eine gemeinsame Aufgabe zu lösen ist.

## Interaktion

gehört zu den Kennzeichen einer lebendigen Teilnehmerschaft, im Sinne von Teilnahme und -gabe. Martin Buber formulierte: »Du sollst Dich nicht vorenthalten!« Das Beachten dieser Forderung hat ganz praktische Auswirkungen: Wenn ich mich vorenthalte, abschirme, heraushalte oder »verdecke« im Gespräch mit meinen Partnern, habe ich keinen An-Spruch auf deren Zuwendung. Auch wenn wir offen sind, sind allerdings Wirkungen und Wechselwirkungen (Interaktionen) im Spiel, die den Beteiligten nicht bewußt sind.

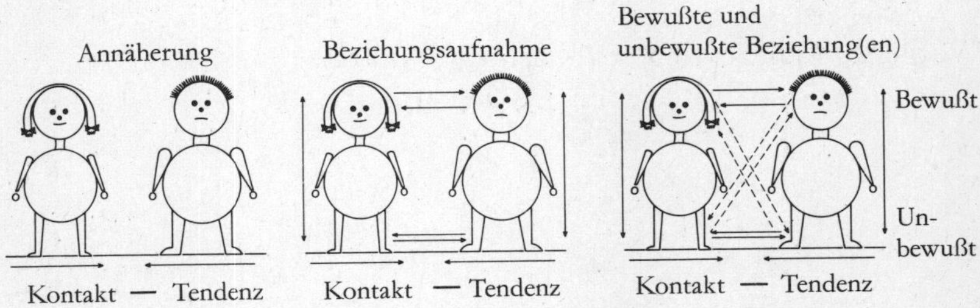


Das *Unbewußte* kann jedem einzelnen mitspielen *(siehe Abb. 1–3)* und natürlich auch einer Gemeinschaft »zusetzen«, sei es in einer Zweier-Gemeinschaft oder einer Gruppe. Die innerseelischen Wirkungen im einzelnen (zwischen Bewußtsein und Unbewußtem) wirken sich mehr oder minder deutlich auch auf die zwischenmenschlichen Beziehungen aus.

### Die Eigengesetzlichkeit

oder Autonomie des einzelnen, seine ganz persönliche, erblich vorgeprägte *Eigen*-Art will allerdings »herausgefunden« sein (Selbstfindung) und schrittweise wachsen (Selbstwerdung). *Dieser Prozeß kann in einer Gruppe von gleichsinnig Interessierten wesentlich gefördert werden.* Diese Möglichkeit als Chance wahrzunehmen ist gleichbedeutend mit dem Anerkennen einer begrenzten wechselseitigen Abhängigkeit oder

### Interdependenz

Menschlich und sachlich sind wir voneinander abhängig (interdependent); das mag gelegentlich bezüglich der (Ver-)Stimmung des Partners so sein und damit auch seiner entsprechenden Äußerungen; oft aber wiegt ja diese wechselseitige Abhängigkeit viel schwerer, nicht nur in Zu- oder Abneigung, sondern auch im Geben und Nehmen. Dabei ist jeder zwar für sich selbst verantwortlich, er ist gewissermaßen Kapitän seines eigenen Lebensschiffes, sein eigener »chairman«, zugleich aber ist er auch mitverantwortlich für die Gruppe, die Wohngemeinschaft oder Familie, für sein kleines oder größeres Team!

Es ist notwendig, »Individualität und Gemeinschaftlichkeit als ebenbürtig zu sehen«; aus diesem Bewußtsein entwickelte Ruth C. Cohn die Themenzentrierte Interaktion. Deren Lebendigkeit und Dynamik wird in jeder Gruppe durch drei Faktoren oder Elemente geprägt, die sich in eine vierte Wirklichkeit einfügen *(siehe Abb. 4)*:

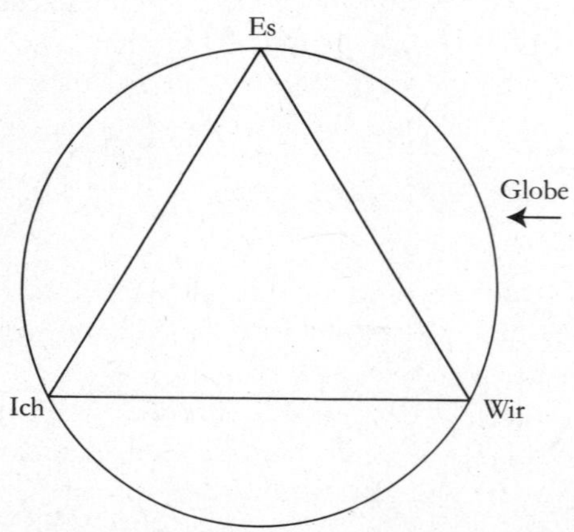

- das *Ich* der einzelnen Person, des Gruppenmitglieds,
- das *Wir* der Gruppe mit ihrer Interaktion und
- das *Es*, das Thema oder die gemeinsame Aufgabe, sind in
- das *Umfeld* (im engeren und weitesten Sinne = »globe«) einbezogen!

In einer Selbsterfahrungsgruppe können auch wortlose Interaktionen bedeutungsvoll sein, ein Minenspiel mit Lächeln oder Tränen, die Körperhaltung, ein »beredtes« Schweigen, ein langes Selbstgespräch oder ein kurzes Seitengespräch. Aufmerksam wahrnehmende und -gebende Gruppenmitglieder haben mehr Gewinn davon als solche, die gedanklich teilweise – oder zeitweilig ganz – abwesend sind.

Der innere oder äußere Grund der »Abwesenheit« oder Ablenkung ist für den einzelnen oder gleich mehrere eine Störung: Das Teilnehmen und Geben kann erheblich gemindert oder blockiert sein; auch das eigene Weiterdenken kann so »verbaut« sein, daß der Betroffene schließlich »abschaltet«. Spätestens jetzt hat die Störung so lange Vorrang, bis das betreffende Gruppenmitglied wieder »mitmachen«, also mitdenken und -empfinden kann! Deshalb gilt der Grundsatz:

**»Störungen haben Vorrang«**

Dieser Grundsatz ist sinnvoll: Störungen – zum Beispiel Seitengespräche – können die Gedanken des Teilnehmers binden. Seine Aufmerksamkeit wird durch anderes von der gemeinsamen Aufgabe, dem Thema, abgezogen. Das Gleichgewicht zwischen Ich, Wir und Es wird so beeinträchtigt. Aber die Interdependenz kann selbstverständlich ebenso positiv wirken: stärkend, ermutigend, beflügelnd oder auch beruhigend und klärend, kurz optimierend.

**»Das Strukturieren«**

der gemeinsamen Arbeit, also die Konzentration auf ein Thema, wird zunächst oft skeptisch betrachtet, ist aber für die Teilnehmer neuer Gruppen erfahrungsgemäß immer wieder erstaunlich hilfreich. Entsprechende »Rücksichten« engen nämlich nicht ein, sondern erleichtern die Selbsterfahrung. Anfangs mag der Gruppenleiter häufiger, bald nur noch selten auf Regeln und die beiden bereits erwähnten Grundsätze hinweisen:

- Jeder ist sein eigener chairman (Leiter oder Kapitän) und
- Störungen haben Vorrang (weil ohne ihre Lösung die Entwicklung – des einzelnen oder der Gruppe – erschwert wird).

Dazu Ruth Cohn: »Mein eigener chairman zu sein bedeutet (also), meine Möglichkeiten und Grenzen als menschliches Wesen zu begreifen und zu verfolgen: Ich bin nicht allmächtig; nicht ohnmächtig; meine Macht ist begrenzt. Ich bin immer nur mein eigener chairman und nie der des anderen, außer wenn dieser seine Bewußtheit noch nicht erreicht hat oder verliert.«

Daß Störungen Vorrang haben, bedeutet für Ruth Cohn letztlich nur, »daß wir die Wirklichkeit des Menschen anerkennen; und diese enthält die Tatsache, daß unsere lebendigen, gefühlsbewegten Körper und Seelen Träger unserer Gedanken und Handlungen sind. Wenn diese Träger wanken, sind unsere Handlungen und Gedanken so unsicher wie ihre Grundlagen.« – Bestimmend ist also die Wirklichkeit, nicht ein Dogma oder eine Weltanschauung mit ihren Prinzipien.

**Einige Hilfsregeln**

seien hier genannt; ihre überraschende Wirksamkeit in der TZI hängt mit dem Erfordernis zusammen, als letzte »Autorität« die gegenwärtige Wirklichkeit anzuerkennen – einschließlich der Autonomie jedes Individuums und seiner Interdependenz als kleiner Teil des Universums. Wenn ich kein starres Dogma höher einschätze als die erlebte Wirklichkeit, führt das zu einer entsprechenden Haltung – oder Verhaltensweise – auch im Gespräch. Diese wird durch die Beachtung folgender Regeln erleichtert:

- Bestimme selbst, wie du dich zu diesem Zeitpunkt mit deinen Aussagen in dieser Gruppe verhalten willst. Bringe deine eigenen Auffassungen, indem du per »ich« sprichst und nicht per »wir« oder per »man«. »Das habe ich so erfahren...«; nicht: »Das weiß man doch...«
- Wenn du an einen anderen eine Frage stellst, dann sage auch, was diese Frage für dich bedeutet, was dahinter steht. Vermeide also ein »Interview«. Damit gibst du dem anderen mehr Freiheit, erleichterst ihm eine persönliche Antwort.
- Mache dir bewußt, was du denkst und fühlst – und wähle dem-

entsprechend aus, was du sagst und tust. So bist du autonom/authentisch – und sagst, was dir wichtig ist –, weder weil dir »gerade so zumute ist« noch weil du etwas vermutest, was »man von dir erwartet« – also: selektive Autentizität.

– Interpretationen solltest du wenn irgend möglich zurückhalten und statt dessen deine persönliche Reaktion aussprechen. Auch wenn gelegentlich eine Interpretation zutreffend sein kann (und damit erhärtet, was der Interpretierte ohnehin weiß), muß sie nicht situationsgerecht sein – und dann eher Abwehr verursachen (und damit den Prozeß verlangsamen).

– Vermeide Verallgemeinerungen; Pauschalurteile stimmen fast nie, weil sie dem Einzelvorgang nicht gerecht werden; deshalb irritieren sie häufig und unterbrechen nicht selten den Gruppenprozeß.

– Willst du ein anderes Gruppenmitglied charakterisieren, dann füge hinzu, was es für dich bedeutet, daß dieses so auf dich wirkt. Damit wird deutlich, daß dieser Eindruck dein ganz persönlicher ist.

– Wollen gleichzeitig mehrere sprechen, sollten sich die Gruppenmitglieder darüber verständigen, worum es dem einzelnen jetzt geht. Das mindert »explosive« Mitteilungsbedürfnisse und erleichtert der Gruppe (anfangs dem Leiter) die Entscheidung, wer zuerst sprechen möge.

Mit Beachtung dieser Hilfsregeln von Ruth Cohn wächst die Freiheit der einzelnen Gruppenmitglieder. Schließlich bewirken sie ein Verhalten, das keiner Regeln bedarf, eine Haltung, die durch freundschaftliche oder auch liebevolle Achtung des anderen gekennzeichnet ist: Der Freiraum des einzelnen und der Gruppe wird rücksichtsvoll wahrgenommen. Daraus ergibt sich ein Gruppen-»Klima«, das zu Offenheit ermutigt und sich für den Ratlosen oder zweifelnd Suchenden auch heilsam auswirken kann.

## Die Zugänge

die zu einer solchen (Arbeits-)Atmosphäre führen, sind verschieden und können hier nur angedeutet werden. Schon die *Einführung in das Thema* – durch den Gruppenleiter oder Co-Leiter – kann bedeutsam sein, ebenso aber eine anschließende Schweigepause der ganzen Gruppe, die jedem Erinnerungen oder freie Assoziationen ermöglichen soll. Die Sammlung auf die Fragestellung kann auch durch das Schließen der Augen gefördert werden, wobei unter Umständen spontan Bilder auftauchen.

**Das Thema**

sollte nicht etwa willkürlich festgesetzt, sondern von einer kleinen Themenfindungsgruppe mit dem Gruppenleiter herausgefunden und formuliert werden. Die Themen richten sich nach der Zusammensetzung der Gruppe, ihren (mutmaßlichen oder bereits wahrgenommenen) Bedürfnissen oder erkannten Erfordernissen. Aus meinen Erfahrungen in der Bundesrepublik mit unterschiedlich zusammengesetzten Gruppen kann ich die Empfehlung von Ruth Cohn bestätigen, daß negative Formulierungen vermieden werden sollten. Sie schrieb schon 1969: »Ich habe schlechte Erfahrungen mit Themen gemacht, welche negative Assoziationen hervorrufen. ›Schwierigkeiten im demokratischen Prozeß‹ würde jedenfalls ein schlechterer Titel sein als ›Wege zur demokratischen Gruppenbildung‹...«

Negative Formulierungen mindern die Lernbereitschaft, bewirken eine geringere Affinität, gelegentlich sogar Abwehr; damit schrumpft die Chance tiefgreifender Selbsterfahrung, für die es Wege zu ebnen gilt. Hilfreich waren Themen wie die nachfolgend beispielhaft genannten:

- Abstand und Nähe – ihre Bedeutung für mich und meinen Partner, unser Suchen und Werden...
- Meine Beziehungen zu meinem Gegenüber – Hürden und Hilfen (jetzt und hier, dann und dort).
- Doch etwas mehr Gefühl? Was kann ich riskieren – was wohl gewinnen?
- Was bringt mich aus der Balance, wie finde ich sie wieder?
- Balance- und Beziehungsstörungen. Wie kann ich mir/dir künftig besser helfen?

Die vorstehend genannten Themen – aus einer sehr großen Auswahl – deuten *verschiedene Blickrichtungen* an; sie ermöglichen keine Rückschlüsse auf die Ergiebigkeit des Gruppengespräches. – In jedem Fall soll das Thema über seinen anfordernden und ansprechenden Inhalt hinaus eine *Funktion als »Mittelpunkt« der Gruppe* erfüllen. Dieser Mittelpunkt sollte immer wieder ebenso beachtet werden wie die einzelnen »Ichs« und das Zusammenwachsen der Teilnehmer zu einem »Wir« in einer lebendig lernenden Gruppe.

Dabei kann es sich um eine Selbsterfahrungs-Gruppe ebenso handeln wie um eine Selbsthilfe-Gruppe oder um eine therapeutische. Das themenzentriert-interaktionelle Konzept hat sich da wie dort vielfältig bewährt!

*Literaturhinweis:*

COHN, RUTH C., Von der Psychoanalyse zur themenzentrierten Interaktion. Von einer Behandlung einzelner zu einer Pädagogik für alle, Stuttgart 1983[6]

COHN, RUTH C. und ALFRED FARAU: Gelebte Geschichte der Psychotherapie. Zwei Perspektiven, Stuttgart 1984

# Transaktions-analyse

Angela Waiblinger

*Geboren 1938; Psychotherapeutin und Transaktionsanalytikerin in eigener Praxis; Weiterbildung in verschiedenen Therapieverfahren, vorzugsweise Analytische Psychologie; Lehrtätigkeit in Transaktionsanalyse, Geschäftsführende Vorsitzende des Eric Berne Instituts Stuttgart; Vortragstätigkeit; verschiedene Veröffentlichungen, unter anderem »Rumpelstilzchen«, Zürich 1983, und »Große Mutter und göttliches Kind«, Zürich 1986.*

## Die drei Ich-Zustände

Die Stimme der Frau am Telefon klingt leise und schüchtern. Sie bittet um einen Termin für ein Gespräch, denn »ich weiß nicht mehr weiter«. Sie stockt, und da ich nichts sage, fährt sie nach einer kleinen Weile fort: »Ich habe Ihre Adresse von meiner Ärztin.« Wieder stockt sie. Ich frage nach ihren Beschwerden. Sie antwortet: »Ich möchte so gerne Kinder haben – organisch bin ich gesund, aber es klappt nicht. Und jetzt, mein Mann...« Sie beginnt zu weinen. »Er hat eine Freundin, und ich habe Angst, daß... diese ein Kind von ihm bekommen könnte.«

Ich denke: »O je, das ist sicher keine leichte Sache«, doch ich spüre auch, daß sich warme, mütterliche Gefühle für diese Frau in mir regen, und ich gebe ihr den gewünschten Termin für ein Erstgespräch.

Nach zwei Wochen kommt sie pünktlich zur vereinbarten Zeit. Jetzt bin ich erstaunt über ihr Aussehen. Aufgrund ihrer leisen, schüchternen Stimme am Telefon erwartete ich eine kleine, zarte, kindlich wirkende Frau. Vor mir aber steht eine große, kräftige Gestalt mit strengem, starrem Gesichtsausdruck. Nun fühle ich mich ein wenig wie ein kleines Mädchen und merke, daß meine Stimme, mit der ich sie hereinbitte, kindlich klingt.

Unsere ersten – initialen – Transaktionen spielen sich also auf der Kind- und Eltern-Ebene ab. Jeder Erwachsene, gleichgültig wie alt er ist, trägt in sich das Kind, das er einmal war, und auch die Eltern, so wie er sie in seiner Kindheit erlebt hat. Diese Frau identifiziert sich offensichtlich sehr stark mit der strengen Mutter, was ihr Gesichtsausdruck und ihre Haltung zeigen, während das kleine Mädchen in ihr schüchtern und traurig bleibt. Als sie am Telefon aus ihrem Kind-Ich mit mir sprach, spürte ich mein sorgendes Eltern-Ich, und wenn ich jetzt ihr Eltern-Ich sehe, reagiert mein Kind-Ich. Das heißt: unsere Transaktionen verlaufen parallel.

Ich bitte sie in meinen Behandlungsraum. Unschlüssig bleibt sie an der Tür stehen und betrachtet die Stühle (da ich auch mit Gruppen arbeite, gibt es acht Stück).

»Nehmen Sie Platz, wo Sie wollen«, ermuntere ich, nun wieder aus meinem wohlwollenden Eltern-Ich, ihr kleines, unsicheres Mädchen. Sie geht daraufhin ein paar Schritte weiter in den Raum hinein, bleibt dann aber wie angewurzelt stehen und starrt auf die Wiege, die in einer Ecke steht.

»Wollen Sie neben der Wiege sitzen?« helfe ich ihr weiter. Sie nickt stumm und setzt sich steif in den entsprechenden Stuhl. Ich nehme ihr gegenüber Platz und warte, wie sie beginnen will. Sie sieht mich mit einem flehentlichen Blick an und streckt zaghaft die Hand nach der Puppe in der Wiege aus. Ich nicke und sage: »Nehmen Sie sie ruhig heraus.« Als sie die Puppe in ihren Armen hält, bricht sie in heftiges Weinen aus, das ihr strenges, steifes Aussehen auflöst, so daß ich nun nur noch ein zwar großes, aber ganz verzweifeltes Mädchen vor mir sehe.

»Worüber weinen Sie?« frage ich.

»Über mein Kind«, schluchzt sie. Genau das ist es! Sie weint nicht über das Kind, das sie noch nicht geboren hat, doch so gerne will, sondern über das, das sie selbst einst war und das eigentlich noch gar nicht so recht leben durfte, weil es von einer herrschsüchtigen Mutter unterdrückt wurde.

Nachdem ihre Tränen verebbt sind, frage ich sie, ob ihr bewußt ist, daß sie »*mein* Kind« gesagt hat. Sie ist überrascht und will wissen, warum sie wohl diese ungewöhnliche Formulierung verwendet hat. Der Rest der ersten Stunde verläuft auf der Informationsebene – von Erwachsenen-Ich zu Erwachsenen-Ich. Dabei bestätigt Frau F. meine Annahme, daß sie sowohl mit sich selbst wie auch mit ihrem Ehemann ebenso hart und unerbittlich umgeht, wie sie es von ihrer Mutter erlebt hatte. So ist es also sinnvoll, daß ihr Organismus ihr bisher ein »äußeres« Kind verweigert hat.

Von nun an kommt Frau F. regelmäßig einmal in der Woche zu weiteren Therapiesitzungen, in denen sie so nach und nach lernt, für sich selbst eine gute Mutter zu sein.

Nach etwa einem Jahr berichtet sie glücklich, daß sie schwanger ist, und nun arbeiten wir weiter an der Stabilisierung ihres sorgenden, beschützenden Eltern-Ich, des klar und rational denkenden Erwachsenen-Ich, um ihr natürliches, spontanes Kind-Ich zu befreien, das viel Freude und Kreativität in ihr Leben bringt.

Dabei helfen uns vor allem ihre Träume, die sie eifrig und gewissenhaft in ein dickes Heft schreibt. Ich stelle nach einiger Zeit überrascht fest, wie sich die Träume während der Schwangerschaft zu verändern beginnen: Träumte sie vorher überwiegend Begebenheiten aus ihrem Alltag, so weisen ihre Träume jetzt eine phantasievolle Farbenprächtigkeit auf, die an viele Märchen erinnert. Auch die darin enthaltenen Botschaften greifen archetypische Muster des allgemeinen, jahrtausendealten Menschheitserlebens auf (s. auch Analytische Psychologie).

## Das Skript

Eric Berne, der die Transaktionsanalyse in den fünfziger Jahren aufgrund seiner ärztlich psychiatrischen Tätigkeit und seiner psychoanalytischen Ausbildung entwickelte, sah den Ursprung des von ihm so genannten Kind-Ich-Zustandes in der Archäopsyche des Menschen. Er beobachtete, daß Menschen sich heute ähnlich verhalten, wie es vor vielen hundert oder tausend Jahren Dichter und Erzähler in Mythen und Märchen beschrieben hatten.

Die Rolle, die jemand in seinem Leben einnimmt, und die unbewußte Gestaltung des Lebensverlaufs nannte er daher »Skript«. Das kleine Kind entscheidet sich aufgrund der es umgebenden Verhältnisse und seiner Anlagen für *das* Verhalten, mit dem es am besten das erreicht, was es zum Überleben braucht. So kann sich beispielsweise ein kleines Mädchen, das lieblos behandelt wird, dafür entscheiden, viel für andere zu tun und stets traurig auszusehen, weil es wenigstens dann etwas Zuwendung von anderen bekommt. Wenn diese erwachsene Frau nicht lernen würde, ihre aggressiven Kräfte für sich einzusetzen und auch etwas für sich zu fordern, sondern bei ihrem »Lieblingsgefühl« Traurigkeit bliebe, sich sogar bis zum Selbstmord in dieses Gefühl hineinsteigerte, würde sie ein »Verlierer-Skript« leben, das dem Märchen »Das Mädchen mit den Schwefelhölzern« gleicht. Ein Lebensplan, der dagegen dem »Hans im Glück« entspricht, wäre ein »Gewinner-Skript«. Die Art der unbewußten Lebensgestaltung herauszufinden, um den Klienten sich neu entscheiden zu lassen, ob er ein Prinz oder ein Frosch bleiben will, ist eine wichtige Aufgabe der Therapie mit Transaktionsanalyse. Denn das Muster der – meist zwar unbewußt, aber dennoch stereotyp – verlaufenden Transaktionen, das zu ganz bestimmten Lebens-»Spielen« entwickelt wird, bestimmt den gesamten Lebensverlauf. Zusammengefaßt läßt sich dieses Muster schon daran erkennen, was jemand sagt, nachdem er »Guten Tag« gesagt hat. So heißt denn auch Bernes letztes Buch.

## Die Spiele

In eine meiner seit vielen Jahren bestehenden Therapie-Gruppen, in die immer wieder neue Klienten aufgenommen werden, wenn andere ausscheiden, kommt ein Mann, 42 Jahre, um seine Beziehungsschwierigkeiten, die mit vielfältigen körperlichen Symptomen gekoppelt sind, zu bearbeiten. Transaktionsanalytisch gesehen, besetzt er allzu häufig sein rebellisches Kind-Ich, obwohl er ein gut entwickeltes Erwachsenen-Ich zur Verfügung hat. Sein fürsorgliches Eltern-Ich wertet er meist ab, obwohl es relativ gut ausgeprägt ist. Er benützt lieber sein kritisches Eltern-Ich, mit dem er ausgiebig an seinen Kindern und seiner Ehefrau herumnörgelt.

Gleich in der ersten Sitzung engagiert er sich aufgrund seines überschäumenden, ans Cholerische grenzenden Temperaments am Gruppengeschehen. Da diese Gruppe überwiegend aus Frauen besteht und er mit chauvinistischen Überzeugungen nur so um sich wirft, erntet er schnell entrüsteten Widerstand und Feindseligkeit vor allem der auch streitbaren Frauen. Die Gruppenatmosphäre ist spannungsgeladen wie ein heißer Sommertag vor einem Gewitter.

Die Ängstlichen unter den Teilnehmerinnen ducken sich regelrecht in ihre Stühle, und auch mir wird es ein bißchen ungemütlich, denn meine Aufgabe ist es unter anderem, dafür zu sorgen, daß die Klienten sich gegenseitig nicht wirklich verletzen oder schaden.

Nachdem Heinrich – so heißt der Neue – heftigste Zurückweisung von den anderen erfahren hat, frage ich ihn: »Wie ist das denn jetzt für dich?« Er zuckt lässig mit den Schultern und antwortet in einem gleichgültig und unbeteiligt wirkenden Tonfall: »Ja, ganz gut.« Einige empörte Schnaufer von anderen werden hörbar, und zornige Augen blitzen ihn an ob dieser Entwertung des vorausgegangenen Geschehens. Ich frage ihn erstaunt: »Macht es dir gar nichts aus, daß du so viel Ablehnung erhältst?« (In den Gruppen ist das »Du« üblich.) Er schüttelt ungerührt den Kopf: »Nein, überhaupt nicht.« Jetzt breitet sich eher nachdenkliches Schweigen aus, und ein Mann sagt: »Ich bin sehr betroffen über dein Verhalten. Es tut mir direkt selbst weh, wenn ich sehe, wie schlecht du mit dir umgehst.«

Heinrich schaut ihn überrascht an, dann wird sein Gesicht traurig, aber er entgegnet dennoch schnippisch: »Das bin ich so gewöhnt.« Nach einer kleinen Schweigepause frage ich ihn erneut: »Wie geht es dir jetzt?« Und nun antwortet er ernsthaft: »Nicht gut. Ich bin erschrocken über das, was sich hier abgespielt hat. Ich möchte es gerne verstehen. Wie verhalte ich mich denn?« »Nun«, sage ich, »du spielst ein übles Spiel mit dir und den anderen. Was meinst du, wie das für dich enden wird?« Er denkt eine Weile nach. »Ha – wenn ich so weitermache, werdet ihr mich wohl bald rausschmeißen aus der Gruppe.« »Genau«, bestätige ich, »du legst es darauf an, mit einem Tritt davongejagt zu werden. Du spielst also ›Kick me‹ (›Tritt mich‹). Du hast dich sicher schon häufig in deinem Leben ähnlich verhalten.« Er nickt. »Mir passiert es immer wieder, daß ich rausgeworfen werde oder die Leute nichts mehr mit mir zu tun haben wollen.« »Nein«, sage ich, »es passiert dir nicht, sondern du inszenierst dieses sogenannte ›Ränke-Spiel‹ – und du wirst irgend etwas daraus profitieren.« Er schaut mich fragend an.

»Was sagst du dir denn, wenn du wieder einmal davongejagt wirst?« »Ich bin eben doch ein mieses Stück«, antwortet er prompt. »Aha, du bist also nicht okay, während die anderen –« »Okay sind.« »Obwohl sie dir einen Tritt versetzen?« »Na ja, wenn ich sie so reize, bleibt ihnen ja gar nichts anderes übrig.«

»Wie ist es dann mit denen, die ihm den ›gewünschten‹ Tritt

geben?« fragt eine der vorhin wütenden Gruppenteilnehmerinnen. »Die spielen doch wohl auch mit.« »Ja. Was hast du denn eben gefühlt und gedacht?« Sie überlegt eine Weile und meint: »Ich war so empört und dachte, jetzt habe ich endlich mal einen Grund, so richtig wütend zu sein.« Und dann setzt sie noch hinzu: »Im Grunde hat Heinrich mir mit seinem Verhalten einen Gefallen getan. Nun konnte ich zu mir sagen: Du bist okay, während er nicht okay ist. Da fühlte ich mich gleich viel besser. Doch so will ich es auch nicht.«

»Gut«, sage ich, »wenn du willst, kannst du dir einmal anschauen, was Wut für dich bedeutet und was du diesbezüglich in deiner Kindheit erfahren hast.«

### Das Drama-Dreieck

Das Arbeiten an den typischen Verhaltensmustern, den »Spielen«, wie Berne sie genannt hat, ist besonders in Gruppen lohnend, weil hier eine Familiensituation konstelliert ist, die das Agieren des früh gelernten Beziehungs-Verhaltens, das ja von einem Hunger nach Zuwendung ausgeht, geradezu herausfordert. Hier werden auch die Rollen, die die Spieler abwechselnd einnehmen, deutlich erkennbar. Es sind immer wieder die gleichen Rollen: Seit dem Beginn der Menschheit bestimmt die Dynamik der, inzwischen legendär gewordenen, Dreiecks-Beziehung das Schicksal der Menschen. Ob es sich um Verführung (Schlange-Eva-Adam), Neid (Kain-Abel-Jahwe), Rache (Isis-Horus-Seth), Haß (Medea-Iason-ihre Kinder), Inzest (Laios-Jokaste-Ödipus) und Eifersucht (Othello-Jago-Desdemona) handelt, immer nehmen die Beteiligten abwechselnd eine der drei Rollen ein, die das klassische Drama ausmachen: die Rolle des Opfers, des Verfolgers und des Retters. Wenn man als Psychotherapeut den Geschichten der Klienten lauscht, sich ihre Träume erzählen läßt oder die Dynamik in einer Gruppe beobachtet, kann man wieder und wieder dieselbe uralte Inszenierung in immer neuen Gewändern anschauen. S. Karpman, ein Schüler Eric Bernes, hat diesen Vorgang, der sich zwischen zwei oder mehreren Menschen, aber auch intrapsychisch – innerhalb einer Person – abspielen kann, bezeichnenderweise »Drama-Dreieck« genannt. Sobald sich der einzelne darüber im klaren ist, welche der drei Rollen er vorzugsweise nach außen hin sichtbar – auf der sozialen Ebene – einnimmt und welche der beiden anderen dann zwingendermaßen innen – auf der psychischen Ebene – wirksam ist, kann er die Dynamik seines Skripts erkennen und sich mit psychotherapeutischer Hilfe daraus befreien. In den häufig auftretenden Verfolgungs-Träumen können wir die Opfer-Verfolger-Dynamik beobachten: Der Träumer, der verfolgt wird, spielt nach außen die Rolle des Opfers, während sein alter ego, das innere Ich, die Rolle des Verfolgers einnimmt.

## Ausblick

Sobald ein Klient die Einzelteile seines Lebensplans herausgefunden und zusammengetragen hat, kann er im Dialog mit sich selbst – ich mit mir – und/oder dem Therapeuten – ich mit dir – eine neue Entscheidung für ein freies Leben treffen. Dazu gehört allerdings – wie zu jeder Ent-Scheidung –, daß er sich von alten, »lieb« gewordenen Gefühlen, Vorstellungen und Verhaltensmustern trennt, die ihm zwar viel Verdruß, aber auch ein (trügerisches) Gefühl von Sicherheit eingebracht haben. Frei sein heißt ja: Verantwortung für sich und sein Tun übernehmen, und das erfordert eben viel Mut und oft auch Verzicht. Wenn also jemand bereit ist, den »Gewinn«, den er aus seinem neurotischen Verhalten zieht, aufzugeben und zu erkennen, »daß es für einige glückliche Menschen etwas gibt, das sich über alle systematischen Verhaltensarten erhebt, und das ist die Bewußtheit; etwas, das mehr bedeutet als die Programmierung der Vergangenheit, und das ist die Spontaneität; und etwas, das lohnender ist als alle Spiele, und das ist das Intimerlebnis« (Berne 1970), ist er auf dem besten Wege, das zu erreichen, was als Ziel einer Behandlung mit Transaktionsanalyse definiert werden kann: Autonomie. Dann braucht er sich nicht mehr ängstlich und rigide an die ganz bestimmte Rolle seines Drehbuchs (Skripts) zu halten, sondern kann sich jederzeit bewußt und autonom für das entscheiden, was jetzt gerade gut und stimmig für ihn ist.

*Literaturhinweise:*

Berne, E., Spiele der Erwachsenen, Reinbek 1970

Berne, E. Was sagen Sie, nachdem Sie guten Tag gesagt haben? München 1975

Rogoll, R., Nimm dich, wie du bist, Freiburg i. Br. 1983

# Transpersonale Psychologie

Rosmarie
Fingerhuth

*Geboren 1951. Journalistin und Berufsberaterin. In den letzten Jahren verantwortliche Redakteurin bei der »Schweizer Illustrierten« für den Themenkreis Psychologie und Medizin. Weiterbildungskurse bei Stanislav Grof am Esalen Institute, Big Sur, und beim indianischen Schamanen Harley Reagen »Swift Deer«. Zur Zeit Studium indischer Weisheit bei Sathya Sai Baba in Südindien.*

## Flug in andere Bewußtseinsebenen

Zur leisen sphärischen Musik klopft mein Herz wilde Kontrapunkte. Die ruhige Frauenstimme weist den Weg: »Sie versinken im Boden, tiefer, immer tiefer. Sie verschmelzen mit der Erde ringsum. Nun wird auch Ihr Atem tiefer und schneller – noch tiefer und noch schneller.« Voll auf den Atem konzentriert, folge ich. Meine Glieder erwachen zu eigenständigem Leben. Die Arme winkeln sich an, die Finger krümmen sich, die Beine – bleischwer zwar – stellen sich wie automatisch auf. »Mein Gott, wenn das nur gut geht«, schießt es mir durch den Kopf, aber ich atme weiter die doppelte Ration Sauerstoff ein.

Plötzlich brandet innere Energie gewaltig gegen meinen Brustkasten. Will mich zerbrechen. Ein dumpfer Knall. Mein Körper zerspringt. Ich sehe ihn fliegen, in Fetzen. Ich – oder was sich so anfühlt wie ich – bin draußen, schwebe über der Hülle. Der Raum, das Haus, die vertraute Welt bleiben zurück. Ich ziehe höher und höher in die absolute Leere. Mein formloses Ich verwandelt sich in einen Körper. Lang wird der Hals, schlank. Der Mund dehnt sich zum Schnabel, die angewinkelten Arme zu schweren Flügeln. Langsam und majestätisch schlagen sie die Luft. Ich schaue mich an, voller Zweifel, voller Neugierde. Mein Gefühl täuscht nicht: Ich bin ein Schwan. Ich fliege, bade im warmen Abendlicht. Und die Leere bevölkert sich. Gepanzerte Wesen mit überschweren Leibern, langen Schwänzen, winzigen Köpfen schauen mir entgegen. Ich erkenne sie als Saurier, als Drachen. Dann erscheinen vertraute Säugetiere, Elefanten, Büffel, Giraffen. Ich fliege weiter, Tier unter Tieren, vorbei an Pferden, Kühen, Hunden und Katzen. Zuletzt begegne ich einer kleinen tanzenden Maus. Die Reise könnte weitergehen, sie scheint endlos, aber ich bin müde geworden. Meine Flügel-Arme werden schwer. Langsam sacke ich, Schwan, ab, werde zum weißen Federbündel, sause mit enormer Geschwindigkeit in die Tiefe. Jetzt spüre ich nur noch Geschwindigkeit. Ein sanfter Ruck: Ich bin zurück in meinem Körper.

Verwirrt öffne ich die Augen, unfähig zu sprechen. Meine Gedanken kreisen wild: Da atmet man ein paar Minuten etwas tiefer und schneller als üblich und kann in Bewußtseinszustände eintreten, die jenseits alles Faßbaren sind. (Später lese ich über die Symbolik des Schwans. Der Schwan, in allen Kulturen ein androgynes Wesen. Ich denke über mein Frausein nach.)

Der Nachbar zu meiner Rechten scheint ähnlich mitgenommen. Unter Tränen lächelt er zufrieden. Bei einer Tasse Kaffee erzählt er mir, wohin seine Reise geführt hat. Nicht ins All, sondern zurück zu seiner Geburt. Der 62jährige Zahnarzt ist als Adoptivkind armer polnischer Einwanderer in Offenburg aufgewachsen. Von seinen leiblichen Eltern wußte er nichts. Sein Hyperventilations-Trip brachte ihm eine Begegnung mit seiner Mutter. Er sah, daß sie bei seiner Geburt ein zartes, kaum 16jähriges Mädchen war. Noch einmal durchlebte er jede einzelne Stufe der Geburt. In einem gewissen Moment konnte er seine Mutter nicht mehr spüren, ihre Energie entschwand. Er wußte, sie war gestorben. *Er* hatte sie umgebracht. Von dieser Reise hat er das Verständnis für sein lebenslanges, unbestimmtes »Schuld«-Gefühl zurückgebracht. In späteren Gesprächssitzungen konnte er das Erlebte erfolgreich verarbeiten und integrieren.

Damit verschwanden auch die immer wiederkehrenden Depressionen, die für ihn fast schon zum Alltag gehörten.

Erlebnisse, die über das alltägliche »ich«, »mich«, »mein« in den Bereich der Geburt oder sogar über Geburt und Tod hinausführen, gehören zum Forschungsgebiet der Transpersonalen Psychologie. Sie entstand vor knapp fünfzehn Jahren und gilt heute als »vierte Kraft« der Psychologie.

## Geschichte der Transpersonalen Psychologie

Psychologen der vierten Kraft richten ihr Augenmerk auf das Wesen des Menschen, das sich jenseits (trans) der Persönlichkeit auszudrücken sucht. Für sie liegt hier der Bereich dessen, was man »Seele« nennt, das »Gefäß des göttlichen Funkens«, das sich in jedem Menschen öffnen kann.

Die klassischen drei Kräfte der wissenschaftlichen Psychologie haben sich weitgehend nur mit der Persönlichkeit, ihren Kräften und Gesetzen beschäftigt. Die Verbindung zwischen Mensch und Universum wurde nicht oder nur am Rande betrachtet.

Die erste Kraft, der Behaviorismus, reduzierte den Menschen gar auf eine simple »Reiz-Reaktions-Maschine«. Sie schaut das Individuum nur von außen an. »Objektivität« ist wichtigste Forderung. Diese Richtung orientiert sich streng am äußeren, beobachtbaren Verhalten (englisch: behaviour). Der Mensch wird als ein Organismus gesehen, der auf gewisse »Reize« in bestimmter Weise reagiert.

Fast gleichzeitig, ebenfalls um die Jahrhundertwende, entstand eine Art Gegenströmung: die von Sigmund Freud begründete Psychoanalyse. Auch sie ist, genau wie der Behaviorismus, im mechanistischen Denken des 19. Jahrhunderts verhaftet. Nur geht Freud den entgegengesetzten Weg: Äußeres Verhalten wird fast völlig vernachlässigt, das Interesse liegt ausschließlich auf (mündlich mitgeteilten) inneren Vorgängen. Hier geht es wesentlich um die Entschlüsselung und Bewußtmachung unbewußter Prozesse. Von ihnen ist der Mensch weitgehend bestimmt. Jede personenüberschreitende Erfahrung gilt als pathologisch. Da Freuds Aufmerksamkeit nur den kranken seelischen Vorgängen galt, entstand ein äußerst pessimistisches und dunkles Menschenbild.

Einen entscheidenden Schritt nach vorne machte Carl Gustav Jung. Sein Blick war positiver. Er begann in systematischer Weise mit der Erforschung einer Tiefendimension des Menschen, die weit über das »kleine Ich«, die Persönlichkeit, hinausging. Sein Werk, das bestimmte Aspekte »transpersonaler Erfahrungen« beinhaltet, kann eigentlich erst heute richtig eingeschätzt werden. Das ist vermutlich auch der Grund, weshalb er momentan in Amerika, dem Geburtsland der Transpersonalen Psychologie, eine Renaissance erlebt.

Ein Mann kämpfte besonders vehement gegen das pessimistische Menschenbild des Sigmund Freud: Abraham H. Maslow, Dozent für Psychologie am Brooklyn College, New York, später an der Brandeis Universität in Waltham, Massachusetts. Bereits 1939 war er mit der bestehenden Psychologie »sehr unzufrieden«. Er lehnte es strikt ab, Menschen als »Patienten« zu bezeichnen, »wenn sie in Wirklichkeit ihren persönlichen Dingen nachspüren«. Maslow war am Wachstum der Psyche, nicht an ihrem Defizit interessiert. Für diese neue Betrachtungsweise fand er 1957 den Begriff der humanistischen Psychologie, der sogenannten »dritten Kraft«.

Während Jahren studierte Maslow (und andere) Menschen, die als besonders begabt, kreativ und selbstverwirklicht galten. Es zeigte sich, daß viele unter ihnen in den intensivsten Momenten ihres Lebens die eigene Person, Raum und Zeit transzendieren und sich mit dem »universellen Sein« eins fühlen konnten. Interessant sind die Parallelen dieser Berichte mit Aussagen von großen Mystikern aller Religionen und Zeitepochen. Sowohl Maslows Interviewpartner wie auch spirituelle Meister sprachen von »vereinigendem Bewußtsein«, sie verwendeten Begriffe wie »Offenbarung«, »Himmel« und »Erlösung«.

Schon zu Beginn der sechziger Jahre wußte Maslow deshalb, daß die humanistische Psychologie nur als vorübergehend zu betrachten war. Quasi als Vorbereitung für eine noch »höhere«, vierte Psychologie. Sie sollte transpersonal, transhumanistisch sein, ihren Mittelpunkt mehr im Kosmos als in menschlichen Bedürfnissen und Interessen haben. Sie sollte über Menschlichkeit, Identität und Selbstverwirklichung hinausgehen.

Zu ähnlichen Erkenntnissen gelangte unabhängig von Maslow auch der tschechische Arzt und Psychoanalytiker Stanislav Grof. Während zwanzig Jahren experimentierte Grof (zuerst in Prag, dann in den USA) mit psychedelischen Drogen. Unter deren Einfluß erzählten die Versuchspersonen immer wieder von Erfahrungen, die mit der Thematik Tod und Wiedergeburt verbunden waren. Grof spricht in diesem Zusammenhang von »transbiografischen« und »transpersonalen« Erinnerungen. Für Stanislav Grof war deshalb bereits um 1960 klar: »Eine Psychotherapie, die sich allein auf die Lebensgeschichte beschränkt, muß unzulänglich bleiben.«

In die Zeit der Maslowschen und Grofschen Forschungen fiel auch das Wiederentdecken von jahrhundertealten fernöstlichen Weisheiten und Gedankensystemen. Suchende Jugendliche und übersättigte Intellektuelle traten den »Weg nach innen« durch Yoga und Meditation an. Dabei erfuhren sie Bewußtseinszustände, die beispielsweise den LSD-Erfahrungen von Grof-Klienten nahe kamen.

Aus diesem Umfeld, mit Zentrum an der US-Westküste, entwikkelte sich eine eigentliche transpersonale Bewegung. 1968 prägten Abraham Maslow und sein Freund Anthony Sutich den Begriff »Transpersonale Psychologie«, die sich als vierte psychologische Kraft etablierte. Im Juni 1969 erschien die erste Nummer des »Journal of Transpersonal Psychology«, Sprachrohr der neuen Richtung, und noch im gleichen Jahr wurde die Gründung der »American Transpersonal Association« bekanntgegeben.

## Neues von der transpersonalen »Front«

Heute ist die Transpersonale Psychologie in den Vereinigten Staaten vielfältig repräsentiert und hat auch Zugang zum akademischen Bereich gefunden. In Europa ist sie ein noch eher abgelegenes Forschungsgebiet, von Interesse nur für einige wenige Spezialisten. Das wird sich in Kürze ändern, sagen Kenner, denn Erfahrungen im Bereich des Transpersonalen haben einmalige Kraft. Eine einzige Sitzung kann den Betreffenden weiter bringen als zehn Jahre Gesprächstherapie. Eine kühne Behauptung! Um sie zu stützen, hier der Erlebnisbericht eines jungen Zürcher Ingenieurs, nennen wir ihn Franz.

Mit 25 Jahren erkrankte Franz an einem aggressiven Hautkrebs (malignes Melanom). Trotz schlechter ärztlicher Prognose überlebte er nach zwei schweren Operationen. In einer Hyperventilationssitzung, wie eingangs beschrieben, sah er, daß er sich in einem bestimmten Moment seines Lebens für eine Hautkrankheit entschieden hatte. Er erzählte das etwa so:

»Die Sitzung begann mit dem beängstigenden Gefühl, gefangen zu sein. Ich war in eine winzige, düstere Zelle eingezwängt. Bewegungsspielraum blieb mir kaum. Vorsichtig blickte ich um mich und sah, daß die Zellenwände aus Menschenhaut waren. Es war *meine* Haut. Eine panische Angst ergriff mich, ich wollte schreien. Aber schon wechselte die Szene. Jetzt sah ich mich als kleinen Jungen, etwa vierjährig. Ich saß in der Sandkiste des Nachbarhauses. Mein allerliebster Spielkamerad und ich bauten gemeinsam eine Sandburg. Wobei mein kleiner Freund eher passiv dasaß und mir die Initiative überließ. ›Ich baue ein Schloß für dich‹, hörte ich mich sagen, vertiefte mich aber bald wieder in das Bauen der Burg. Als das Werk vollendet war, stieg ich aus der Kiste, pflückte im Beet nebenan eine Blume und steckte sie behutsam auf die Turmspitze. Andächtig setzte ich mich dann wieder auf den Holzrand der Sandkiste und betrachtete den Prachtbau versunken. Plötzlich stand mein Freund entschlossen auf, verpaßte mir eine saftige Ohrfeige, lief wie irre auf die Burg zu und zerstörte sie vollständig. Meine Backe brannte, mein Herz schmerzte. Wie gelähmt starrte ich auf das sandige Schlachtfeld. Mittendrin lag die geknickte Blume. In diesem Moment tiefster Verletztheit und Trauer faßte ich einen Entschluß: Niemals mehr werde ich mich einem Menschen öffnen, niemals mehr wird mich ein Mensch berühren können, ich ziehe mich hinter die Grenzen meines Körpers zurück.«

Das absolute Wissen, daß dieser Entschluß später zum Hautkrebs führte, bedurfte keiner Interpretation mehr. Franz wußte: Erst wenn er diesen Entscheid revidierte, konnte er seine Krankheit vollständig überwinden.

## Ziel einer transpersonalen Therapie

Ein Psychologe der vierten Kraft geht davon aus, daß der Klient der einzige ist, der sich helfen kann. Der Therapeut spielt nur eine unterstützende Rolle. Er sieht sich nicht als Fachmann, sondern mehr als »Reisebegleiter«. Therapeuten sind da, um ein entspanntes Umfeld zu schaffen, um, wenn nötig, spezielle Techniken anzubieten. Der Inhalt der Therapie wird allein vom Klienten bestimmt. Stanislav Grof: »Jeder Klient wird aufgefordert, nichts zu glauben, was er nicht selbst erlebt hat.« Seiner Meinung nach bedarf eine Erfahrung, die erfolgreich durchgearbeitet worden ist, keiner Interpretation. Sie wird weitgehend durch den Bericht des »Reisenden« über das, was in ihm vorgeht, ersetzt.

Hauptziele der Techniken, die in transpersonalen Selbsterfahrungstherapien angeboten werden, sind:
– Freisetzung gebundener Energien, die in emotionalen und psychosomatischen Symptomen festsitzen.
– Umformung eines starren energetischen Gleichgewichts in einen Strom des Erlebens.

Um in ein tiefes, heilendes Erlebnis einzutauchen, bedarf es keiner ausgeklügelten Techniken. Meist genügt es, sich voll auf die Körperempfindungen zu konzentrieren und unter der Anleitung eines Therapeuten ein paarmal tief durchzuatmen. Anregende Musik ist hilfreich, sie erleichtert es, sich sanft wegtragen zu lassen.

Sind die Widerstände eines Klienten stark, wird der Therapeut Techniken anbieten, die die blockierten Energien zum Fließen bringen. Hyperventilation oder andere Atmungstechniken sind dafür besonders geeignet. Aber auch körperbetonte Methoden wie Polaritätsmassage, Rolfing und bioenergetische Übungen eignen sich. Fernöstliche Methoden, zum Beispiel Taichi, Aikido oder bestimmte Meditationstechniken können ebenfalls blockierte Energien freisetzen. Besonders hervorgehoben wird die Gestalttherapie. Sie ist nützlich, um einzelne Themen, die in Sitzungen mit Hyperventilation und Körperarbeit an die Oberfläche getreten sind, weiter zu erforschen oder bis zum Ende durchzuarbeiten.

Die Transpersonale Psychologie ist nicht auf eine bestimmte Therapieform fixiert, sie anerkennt jedes System, das über den Bereich der Person in vorgeburtliche und nachtödliche Regionen vorstößt. Der Klient hat die Wahl. Im Gespräch mit seinem Therapeuten soll er sich für die eine oder andere Methode entscheiden.

Das mag wie therapeutischer Anarchismus klingen. Und Kritiker werden sich zu Recht fragen, ob hier nicht Methoden-Tourismus geboten wird. Sicher ist eines: Keine der Techniken ist Allheilmittel und öffnet direkt »die Tore zum Himmel«. Nur wer lange genug bei einer Methode bleibt, vielleicht noch eine zusätzliche ausprobiert, wird sich selber näherkommen.

Zukünftige Transpersonalisten sollen von der realistischen Annahme ausgehen, daß jeder Schritt ein kleiner Teil des großen Puzzles ist. Wer fühlt, daß das Leben ein ständiges Abenteuer der Selbsterforschung und des Strebens nach Erkenntnis ist, wird erkennen, daß alle Methoden äußerst nützlich sind und sich gegenseitig in ihrer Wirkung potenzieren können.

Noch etwas: Das Ziel der transpersonalen und transbiografischen Methode ist nicht die Flucht in andere Bewußtseinszustände. Im Gegenteil. Transpersonale Erlebnisse soll man nicht unterdrükken, sondern in ihrer ganzen Intensität erleben, sie verarbeiten und integrieren, um dann zu einem unkomplizierteren, voll im Hier-und-Jetzt aufgehenden Leben zurückzukehren.

*Literaturhinweise:*

Die Begründung der Transpersonalen Psychologie, hrsg. von Ruschmann, Eckart, Schriften zur Transpersonalen Psychologie, Bd. 1, Freiburg i. Br. 1983

Grof, Stanislav, Geburt, Tod und Transzendenz. Neue Dimensionen der Psychologie, München 1985

Tart, Charles T., Transpersonale Psychologie, Olten u. Freiburg i. Br. 1978

# Verhaltenstherapie

Ursula Faul

*Dipl.-Psych., geboren 1943, verheiratet, zwei Kinder. Studium der Psychologie an den Universitäten Kiel und München, Diplom 1972. Mehrjährige Tätigkeit in Klinik mit psychiatrischer, neurologischer und internistischer Abteilung. Verhaltenstherapeutische Postgraduierten-Ausbildung von 1977 bis 1979 am Center for Behavioral Psychotherapy in White Plains, New York. Praktiziert als Psychotherapeutin in Stuttgart.*

## Indikation zur Verhaltenstherapie

Eine junge Frau, 34 Jahre alt, als kaufmännische Sachbearbeiterin tätig und seit fünf Jahren verheiratet, meldet sich zu einer Verhaltenstherapie an, weil sie seit drei Jahren Angst hat, S-Bahn zu fahren, und die Angst ständig zunimmt. Im letzten Jahr ist sie gar nicht mehr gefahren, weil ihre Angst so stark ist, daß sie befürchtet, in der S-Bahn ohnmächtig zu werden. Auch am Arbeitsplatz hat sie ein Problem: Obwohl sie dort ihr Bestes gibt, findet sie, daß ihre Arbeit nicht anerkannt wird. Sie fühlt sich ausgenutzt, und ihre Kollegen sind ihr gegenüber abweisend.

Das Verhalten eines Menschen wird dann zum problematischen, das heißt hier zum therapiebedürftigen Verhalten, wenn es durch die Häufigkeit und Intensität seines Auftretens im persönlichen Erleben eine übermäßige Spannung, zum Beispiel Angst oder Ärger, hervorruft, zu körperlichen Beschwerden führt oder für andere nicht mehr akzeptabel ist. Dazu gehört außerdem, daß der

Betreffende von sich aus sein Verhalten nicht ändern kann und daß seine Lebensgestaltung durch das problematische Verhalten erheblich eingeschränkt wird.

Grundsätzlich ist die Verhaltenstherapie als Therapieform zur Behandlung aller psychischen Schwierigkeiten geeignet. Entscheidend für die Wahl der Therapieform scheint zu sein, ob die Art des methodischen, ethischen und psychodynamischen Konzepts eines Therapeuten den Vorstellungen des Klienten oder den Vorstellungen des überweisenden Arztes oder Psychologen entspricht. Wie bei allen Therapieformen sind die Motivation des Klienten zur Verhaltensänderung und hinreichender Leidensdruck unerläßliche Voraussetzungen für den Therapieerfolg. Die Klientin in unserem Beispiel erlebt eine übermäßige unangenehme Spannung als Angst. Sie ist in ihrer Lebensweise eingeengt.

## Therapierelevante Informationen

Im Erstgespräch stellt sich heraus, daß die Klientin nicht nur in der S-Bahn, sondern auch in ähnlichen Situationen, zum Beispiel beim Aufenthalt im Fahrstuhl, im Kino und in engen Räumen, Angst erlebt. Einige dieser Situationen kann sie, wenn auch angstvoll, noch aufsuchen, andere meidet sie völlig. Sie schämt sich ihrer Angst und hat lange versucht, nicht einmal ihrem Mann davon zu erzählen. Zum erstenmal trat ein Schwächegefühl in der S-Bahn auf, als sie abgehetzt den S-Bahnhof erreicht hatte. Sie war damals im Streß gewesen, da ihr Mann sie infolge seines beruflichen Einsatzes nicht mehr beim Einkaufen unterstützte und sie nicht mehr mit dem Auto von der Arbeitsstelle abholte. Seit diesem Vorfall hat sie schon bei dem Gedanken, daß sie S-Bahn fahren müsse, Angst. Seit einem Jahr kann sie gar nicht mehr die S-Bahn benutzen, und ihr Mann muß sie zum Arbeiten und Einkaufen fahren, was ihr sehr unangenehm ist. Am Arbeitsplatz ist sie bemüht, jede Aufgabe möglichst schnell und fehlerfrei auszuführen. Sie ist aber enttäuscht, daß ihr neuer Chef ihre Leistungen offenbar als selbstverständlich ansieht, ohne sie auch nur einmal dafür zu loben. Den Kollegen gegenüber ist er viel großzügiger und aufgeschlossener, obwohl sie es doch oft ist, die die Fehler von Kollegen korrigiert. Ihre Ehe sieht sie als sehr glücklich an. Ihr Mann und sie unternehmen viel miteinander, da ihr Mann viele Hobbys hat. Er hat in den letzten Jahren beruflich Karriere gemacht. In dieser Zeit ist er oft müde gewesen, und sie hat gern auf ihn Rücksicht genommen und häusliche Belange und Aufgaben von ihm ferngehalten.

Ausgangs- und Schwerpunkt der therapeutischen Arbeit ist das vom Klienten geschilderte aktuelle problematische Verhalten. Der Verhaltenstherapeut geht davon aus, daß das problematische Verhalten »gelernt« ist. Dabei gibt es nicht nur eine Ursache, die zum problematischen Verhalten führt, sondern eine Vielzahl von sich gegenseitig beeinflussenden auslösenden Bedingungen. Ebenso wird das Verhalten durch Konsequenzen, die es nach sich zieht, wie zum Beispiel Ermutigung oder Nichtbeachtung, beeinflußt.

Die Klientin erinnert sich nicht, daß ihre Eltern je miteinander gestritten hätten. Ihr Vater sei in seiner Arbeit aufgegangen, ihre Mutter habe sich in aufopfernder Weise um die Familie gekümmert.

Der Rückblick auf die Lerngeschichte des Klienten macht es möglich, das problematische Verhalten in seiner Entstehung zu erklären und herauszufinden, warum in bestimmten Situationen nur das problematische Verhalten, aber keine der Situation angemessenen alternativen Verhaltensweisen ausgeübt werden.

Bei der Erhebung der therapierelevanten Informationen werden die auslösenden und aufrechterhaltenden Bedingungen des problematischen Verhaltens und seine Konsequenzen ermittelt. Es wird festgestellt, welches Verhalten zu selten ausgeübt wird, obwohl es für eine Konfliktsituation angemessen ist. Weiterhin wird festgestellt, welches Verhalten zu häufig vom Klienten zur Konfliktlösung angewendet wird, auch wenn es unangemessen ist. Und es wird festgestellt, durch welche Bedingungen das problematische Verhalten aufrechterhalten und die Ausübung alternativen Verhaltens gehemmt wird.

Die Klientin fühlt sich in ihrer Arbeit nicht anerkannt und ist unzufrieden, da ihr Chef und ihre Kollegen ihr nicht die erwartete Anerkennung geben. Außerdem bringt ihr ihr Ehemann nicht genügend Aufmerksamkeit entgegen. Sie versucht nun, Anerkennung zu erreichen durch die Anwendung der von ihr gelernten Verhaltensregeln: Opferbereitschaft zeigen und perfekte Leistung erbringen. Damit erreicht sie jedoch nicht, daß sich die anderen anders verhalten als bisher. Durch die Vermeidung des S-Bahn-Fahrens erreicht sie die Zuwendung und Aufmerksamkeit ihres Ehemannes. Außerdem verringert sie mit dieser Vermeidung nicht nur ihre unangenehme Spannung, also ihre Angst vor dem S-Bahn-Fahren, sondern sie erreicht auch, daß sie in ihrer täglichen Arbeit entlastet wird, indem sie zum Einkaufen und zum Arbeitsplatz gefahren wird.

## Drei Verhaltensebenen

»Verhalten« vollzieht sich auf drei Verhaltensebenen: auf der Handlungsebene, auf der kognitiven Ebene und auf der körperlichen Ebene.

Die Handlungsebene umfaßt das beobachtbare Verhalten, zum

Beispiel: Die Klientin vermeidet das S-Bahn-Fahren. Die kognitive Ebene umfaßt Gedanken und Gefühle: Die Klientin erlebt Angst und macht sich Selbstvorwürfe. Die körperliche Ebene umfaßt die inneren körperlichen Reaktionen: Die Klientin hat in bestimmten Situationen Schwächezustände.

In der Verhaltenstherapie werden diese drei Verhaltensebenen berücksichtigt, indem sie das problematische Verhalten auf allen drei Ebenen zum Gegenstand der Therapie macht.

## Therapieziele

Das therapeutische Vorgehen richtet sich am problematischen Verhalten und an den daraus abgeleiteten angestrebten Verhaltensänderungen aus. Der Umfang der Therapie wird dadurch bestimmt, wie weit das problematische Verhalten mit anderen wichtigen Lebensbereichen, zum Beispiel mit der Arbeits- oder Familiensituation, verflochten ist.

Zusammen mit der Klientin wurde geplant, daß sie wieder lernt, S-Bahn zu fahren, und auch andere ähnliche Situationen nicht mehr vermeidet. Diese Verhaltensänderung ist jedoch nicht ausreichend und wird nur vorübergehend erfolgreich sein, wenn die Klientin nicht gleichzeitig lernt, Situationen, die bei ihr Spannung auslösen, durch alternatives Verhalten zu bewältigen. Das Verhaltensrepertoire muß erweitert werden und flexibler einsetzbar sein. Die Klientin muß mehr Reaktionsmöglichkeiten entwickeln, als auf Konfliktsituationen nur mit Opferbereitschaft, Leistung oder Angst zu reagieren.

Daher sind in dem dargestellten Therapiebeispiel weitere Therapieziele notwendig:

– daß die Klientin ihre Einstellung bezüglich Streben nach Harmonie, Einsetzen von Leistung zur Spannungsreduktion und Selbstbeherrschung bei Unsicherheit auf ihre Richtigkeit in der aktuellen Lebenssituation überprüft und gegebenenfalls korrigiert,
– daß sie ihre Wahrnehmung eigener Bedürfnisse und Bedürfnisse anderer verbessert und sie entsprechend zu akzeptieren oder zurückzuweisen lernt,
– daß ihr soziales Verhalten und ihre Kommunikationsfähigkeit erweitert werden,
– daß alternatives angemessenes Konfliktlösungsverhalten – gegebenenfalls in Zusammenarbeit mit dem Ehemann – geübt wird,

– daß im körperlichen Bereich die Wahrnehmung von unterschiedlichen körperlichen Spannungszuständen gefördert und die Fähigkeit zur Entspannung trainiert wird.

## Therapeutische Maßnahmen

Durch die Besprechung ihrer Lerngeschichte versteht die Klientin, daß sie wie früher auch in ihrer gegenwärtigen Lebenssituation unreflektiert die im Elternhaus erlernten Einstellungen und erlernten Wege zur Konfliktbewältigung anwendet, auch wenn diese nicht der Situation angemessen sind.

Die Klientin wird schrittweise dahin geführt, wieder allein S-Bahn zu fahren, indem sie sich zunächst die Situation in Gedanken angstfrei vorstellen kann, dann zusammen mit der Therapeutin eine Station, später auch mehrere Stationen in der S-Bahn fährt, bis sie schließlich allein das S-Bahn-Fahren übt.

In gemeinsamen therapeutischen Sitzungen besprechen die Klientin und ihr Ehemann ihre gegenseitigen Erwartungen. Er äußert seine Enttäuschung darüber, daß sie immer Dankbarkeit wegen ihrer Opferbereitschaft erwartet, und sie ihren Ärger darüber, daß sie immer alles mitmachen müßte. Beide lernen in mehreren Sitzungen, anhand von aktuellen alltäglichen Beispielen eine realistischere und befriedigendere Beziehung miteinander zu gestalten.

Es wird besprochen, wie die soziale Situation am Arbeitsplatz ebenfalls durch ihre gelernten Einstellungen zum Leistungsverhalten bestimmt worden ist. Im Rollenspiel lernt die Klientin, auf Kollegen im Gespräch einzugehen, Verantwortung abzugeben, ihre eigenen Leistungen einzuschätzen und in ihrem Verhalten gegenüber ihrem Chef unabhängiger zu sein.

Zur Durchführung der Verhaltensänderungen werden die mit dem Klienten erarbeiteten Therapieziele in einzelne überschaubare und verständliche Schritte aufgeteilt. Diese Aufteilung wird so vorgenommen, daß sich der Klient die angestrebten Verhaltensänderungen zutraut und daß er durch die Erfolge in den Teilschritten eine positive Rückmeldung erfährt. In der Therapie werden die Voraussetzungen für ein günstiges Lernklima geschaffen, das heißt, es werden zum Umlernen und Neulernen solche Situationen ausgewählt, die der Klient versteht, die so wenig Angst hervorrufen, daß er sie gestalten kann, und denen er sich nicht hilflos ausgesetzt fühlt.

Während Verhaltensänderungen auf der Gedanken- und Gefühlsebene und auf der körperlichen Ebene in den therapeutischen Sitzungen erfolgen, ist es auf der Handlungsebene häufig notwendig, daß der Therapeut mit dem Klienten die Situationen aufsucht, in denen das erwünschte Verhalten vor Ort eingeübt wird. Um sich wohl und sicher im Ausüben neuer Verhaltensweisen zu fühlen, ist

Übung in verschiedenen Umgebungen notwendig. Der Klient wird unterstützt, außerhalb der Therapiesitzungen das neue Verhalten, das er sich zutraut, auszuprobieren. Da jedes Verhalten im Zusammenwirken mit seinem sozialen Umfeld zu sehen ist, müssen die Reaktionen seiner wesentlichen Bezugspersonen mit berücksichtigt werden. Teilweise wird mit Unverständnis reagiert, teilweise haben die Bezugspersonen auch Schwierigkeiten, mit dem veränderten Verhalten des Klienten zurechtzukommen. Diese Zusammenhänge werden mit dem Klienten besprochen, und man kommt öfters zu dem Ergebnis, daß es gut ist, mit dem Klienten und seiner wesentlichen Bezugsperson in gemeinsamen Sitzungen an den angestrebten Verhaltensänderungen zu arbeiten.

## Therapieergebnis

Es sind insgesamt 50 Sitzungen in wöchentlichen Abständen durchgeführt worden. Die Klientin kann ohne Schwierigkeiten wieder S-Bahn fahren und sich angstfrei in ähnliche Situationen begeben. Auch die Beziehung zu ihrem Ehemann hat sich verändert, indem sie einander mehr über sich mitteilen, aufeinander eingehen, sich unterstützen, aber sich auch gleichzeitig die notwendige Unabhängigkeit lassen. Am Arbeitsplatz führt sie ihre Aufgaben durch, ohne das Lob des Chefs oder die Anerkennung ihrer Kollegen zu erwarten, und sie wird häufiger in Gespräche einbezogen.

Durch die Verhaltenstherapie wurde nicht nur das ursprünglich als problematisches Verhalten angegebene S-Bahn-Fahren wieder angstfrei ermöglicht, sondern die mit dem Verhalten verbundenen Bedingungen und Konsequenzen wurden ebenfalls analysiert und therapeutisch behandelt. Das führte zu einem verbesserten Selbstwertgefühl der Klientin, zu selbstsicherem Verhalten, zu einer befriedigenderen Beziehung zum Ehemann und dazu, daß sie sich am Arbeitsplatz wohl fühlt.

Die erreichten Verhaltensänderungen sind seit dem Ende der Therapie vor drei Jahren stabil geblieben. Es sind keine anderen problematischen Verhaltensweisen aufgetreten.

*Literaturhinweis:*

HALDER-SINN, P., Verhaltenstherapie, Stuttgart 1985

# Yoga

Albrecht Frenz

*Geboren 1937 in Schwäbisch Hall, studierte in Göttingen und Marburg Evangelische Theologie und Indologie mit den Nebenfächern Klassische Archäologie und Religionswissenschaften und promovierte in Marburg mit einer Dissertation über das Jaiminiya Brahmana. In Hamburg schloß er die Evangelische Theologie ab, kam in die Württembergische Landeskirche und ist gegenwärtig Pfarrer in Stuttgart. Auf mehrmaligen Studienreisen lernte er Indien kennen, war für drei Jahre Dozent am Theologischen College und an der Universität in Madurai, Tamilnadu, und nahm im Mai 1979 an den Gundert-Gedächtnisvorlesungen an der Universität Calicut, Kerala, teil. Veröffentlichungen unter anderem: Kausitaki-Upanisad; Tiruvasagam und Tirukkural, zusammen mit P. Nagarajan bzw. K. Lalithambal; Grace in Saiva Siddhanta, Vedanta, Islam and Christianity (Hg.); Where is Justice? (Hg.); Hermann Gundert (3 Bände): Tagebuch aus Malabar 1837–1859, Schriften und Berichte aus Malabar, Calwer Tagebuch 1859-1893; Christlicher Yoga.*

## Sprache und Inhalt

Das Wort »Yoga« gehört zum uralten indoeuropäischen Sprachschatz und hat seine direkte Entsprechung im deutschen »Joch«. »Yoga« leitet sich von der Wurzel yuj (sprich yudsch) »anjochen, anspannen« her und entstammt der Sprache der Viehzüchter, die ihre Zugtiere »einspannen«. Diese Bedeutung übertrug sich schon in ältester Zeit auf das Denken und die Sinnesorgane, die gleich Zugtieren »angejocht« werden – sie werden lenk- und kontrollierbar. Gleichzeitig entwickelte sich auch die Vorstellung, daß die Götter durch Opfer »angejocht« werden – sie werden beeinflußbar. Eine bedeutende Rolle spielt dabei die Rezitation heiliger Texte und Sprüche in einem bestimmten Atemrhythmus. Schon in vorbuddhistischer Zeit entfaltete sich Yoga in zwei Blickrichtungen: nach innen und nach außen beziehungsweise von außen.

Aus diesen alten Vorstellungen schöpft das klassische Yoga-Lehrbuch, das Yoga-Sutra, das inhaltlich schon in vorchristlicher Zeit vorlag und von Patanjali redigiert wurde. Darin wird Yoga als ein Zustand definiert, in dem die Gedankenwelt zur Ruhe gekommen ist. Um dies zu erreichen, soll die Sitzhaltung fest und bequem sein. Dieses Sitzen wird unter völliger Entspannung und dem Eintreten in die unendliche Weite geübt. Bezeichnend ist, daß dieser Anweisung die zweimal fünf Gebote (yama und niyama) – den Zehn Geboten des Alten Testaments oder den Seligpreisungen des Neuen Testaments vergleichbar – vorangestellt sind. Damit beginnt der Yoga mit einer hohen ethischen Norm, geht in seinem Mittelteil auf die Körperhaltung und die Atemtechnik ein, um schließlich in die Kontemplation einzumünden. Während das Yoga-Sutra die Körperhaltung in nur einem Sätzlein über die richtige Sitzhaltung erwähnt, entwickelte sich im 11. und 12. nachchristlichen Jahrhundert der Hatha-Yoga, der den verschiedenen Körperhaltungen wesentlich mehr Bedeutung beimißt.

### Der achtgliedrige Yoga

Als Grundkonzept des Yoga kann der achtgliedrige Yoga angesehen werden. Ein kurzer Überblick zeigt, was dem Yoga zugrunde liegt, wie er sich entfaltet und zu welchem Ziel er führt. Die acht Glieder sind: grundsätzliche Gebote (yama), persönliche Gebote (niyama), Körperhaltung (asana), Atembeherrschung (pranayama), Zurückziehen (pratyahara), Konzentration (dharana), Meditation (dhyana) und Zusammenfügung (samadhi).

Yoga beschränkt sich nicht nur auf körperliche Übungen, sondern ist eine ganzheitliche Erfahrungsweise. Wer mit sich und seiner Umwelt im reinen ist, übt seinen Körper und Atem so ein, daß Körper, Seele und Geist miteinander eintreten können in den offenen Bereich der Kontemplation, das heißt des Überblicks über das Ganze, wobei die Vielfalt eins wird. Yoga ist immer ein Weg, der gleicherweise von innen nach außen, von außen nach innen, von mir zur Welt, von der Welt zu mir, vom Höchsten zu mir und von mir zum Höchsten führt. Jeder Gedanke, jeder Atemzug, jede Übung ist in diesen gesamtheitlichen Bezug eingebettet. Yoga möchte Körper, Seele und Geist öffnen, sammeln und heilen. Der ganzheitliche Zusammenhang muß im Auge behalten werden, wenn wir nun auf die einzelnen Glieder und Unterglieder eingehen.

**Die fünf grundsätzlichen Gebote**

*Achtung vor der Schöpfung (ahimsa).* Damit ist die Achtung der ganzen Natur, jedes Lebewesens, jedes Nächsten gemeint. Hierher gehören die Schöpfungsaussagen der verschiedenen Religionen. Zum Beispiel findet sich im alten Hinduismus die Ansicht, daß am Weltenanfang weder Sein noch Nichtsein waren, sich aber dennoch das Eine irgendwie bewegte, sich befruchtete und die ganze Schöpfung in Gang brachte. Das Christentum geht davon aus, daß die Welt durch das Wort Gottes geschaffen wurde. Entsprechend ist das Verständnis des Menschseins ausgeprägt: Im Christentum wird der Mensch von Gott mit einem Du angeredet – der Mensch ist der Antwortende. Im Hinduismus ist der Mensch in einer Entwicklung begriffen, in der er sich seinem Ursprung entsprechend wieder mit dem Einen, dem brahman, vereint. – Die Achtung vor der Schöpfung kann auch von anderen heiligen Texten und Philosophien her interpretiert werden. Darin aber sind sich alle einig: Der Mensch ist zum Segen seiner gesamten Umwelt da.

Im zweiten Unterglied, *Wahrheit (satya),* kommt der von der jeweiligen Religion oder Philosophie geprägte Hintergrund am deutlichsten zum Ausdruck. Interpretieren wir Wahrheit im Hinduismus, so stoßen wir neben allem Bemühen, wahr zu leben, auf den Satz: tat tvam asi, »das (brahman) bist du«. Letzten Endes sind das Selbst (atman) und das Höchste (brahman) identisch. Im Evangelium bezeichnet sich Jesus als die Wahrheit. Die Wahrheitsfindung hängt davon ab, daß der auferstandene Christus im Menschen Wohnung genommen hat. Von dieser Unterscheidung im Wahrheitsbegriff wird nicht nur der weitere Yoga-Weg bestimmt, sondern vor allem das Ziel. Der hinduistische Wahrheitsbegriff führt in der höchsten Stufe, der Zusammenfügung, zur Identifikation von atman und brahman, während im Christentum bei allem Eins-Sein in Christus die Persönlichkeit erhalten bleibt: Mensch bleibt Mensch, Gott bleibt Gott. – Entsprechend kann der Wahrheitsbegriff einer andern Religion oder Philosophie erfaßt werden. Mahatma Gandhi hat dafür den Begriff Satyagraha geprägt: »Ergriffensein (im Herzen) von der Wahrheit«. In Übereinstimmung mit der Wahrheit zu leben ist der grundlegende Schritt zur Gesundung von Körper, Seele und Geist.

Das dritte Unterglied, *Nicht-Stehlen (asteya),* erklärt sich von selbst.

Mehr Probleme gibt *der Gott wohlgefällige Lebenswandel (brahmacarya)* auf. Dazu gehört vor allem die sexuelle Enthaltsamkeit. Aber schon in alten indischen Texten fällt darunter auch die Treue in der Ehe. Dieses Gebot ist nur von der Liebe her zu verstehen. Wir können dabei von der in allen Religionen vorhandenen Regel: »Liebe deinen Nächsten wie dich selbst« ausgehen oder vom Liebesgebot der Bibel: »Du sollst den Herrn, deinen Gott, lieben von ganzem Herzen, von ganzer Seele, von allen Kräften und von ganzem Gemüt, und deinen Nächsten wie dich selbst.« Weil ich mich liebe, sage ich ja zu mir und meinem Körper. Weil ich den Nächsten liebe, sage ich ja zu ihm und respektiere ihn in seiner Art. Weil ich Gott liebe, halte ich mich, den andern und alles für ein Gefäß, das bereit ist, Gott zu empfangen. Danach gestaltet sich mein Lebenswandel.

Schließlich weist *das Nicht-Raffen (aparigraha)* darauf hin, daß wir uns keine Schätze auf Erden sammeln, sondern sie um des Himmelreichs willen aufgeben sollen.

## Die fünf persönlichen Gebote

*Sauberkeit, Lauterkeit (shauca*, sprich *shautscha)* am Körper und in der Gesinnung.

*Zufriedenheit (santoscha),* die gleich einem Baum tief und fest im Vertrauen auf Gott wurzelt.

*Engagement (tapas)* hängt eng mit dem zusammen, was unter Enthaltsamkeit gesagt worden ist.

*Eigenes Forschen (in der heiligen Schrift) (svadhyaya)*. Hierzu gehört auch das wiederholte Sprechen von Texten und Sprüchen, wie es im ersten Psalm erwähnt wird: »Glücklich ist der Mann, der Lust an Jahwes Weisung hat und sie vor sich hinmurmelt Tag und Nacht.«

Das letzte Gebot heißt *Hingabe an Gott (ishvarapranidhana)*. Es geht von der Erkenntnis aus, daß Gott gegenwärtig ist und die einzige ihm angemessene Annäherung Lob und Preis sind.

## Die Körperübungen

Wer mit den grundsätzlichen und persönlichen Geboten im reinen ist, erfährt die Körperübungen (asana) und die Atemübungen (pranayama) als ganzheitliche Wirkungsweisen, die Krämpfe und

Verspannungen lösen und den Menschen nicht nur für sich und den andern, sondern auch für die Weite der Schöpfung und des Universums öffnen.

Im Laufe der Zeit haben sich eine Vielzahl von Körperübungen ausgebildet, die vielseitige Wirkungen haben. So ist der Vierfüßlerstand die Ausgangsstellung für verschiedene Gleichgewichtsübungen, ebenso die Baum-Übungen. Die Drehübungen und die Schlangenhaltung stärken die Wirbelsäule. Beugen und Strecken kräftigt Sehnen und Muskeln. Dabei wirken sich die Übungen auch auf die inneren Organe aus. Dies kann zum Beispiel im Schulterstand, bei dem die Organe die Umkehrstellung einnehmen, unmittelbar wahrgenommen werden. Allen Übungen gemeinsam ist, daß sie in einer Einstimmungsphase vorbereitet werden und in einer Entspannungsphase nachschwingen. Die Yoga-Übungen sind keine Gymnastik- oder Turnübungen, sondern langsam ausgeführte Haltungen, die bewußt mit dem ganzen Körper vollzogen und nachempfunden werden. Sie werden weder mit Leistungsdruck noch in einer bestimmten Zeit ausgeführt. Wer bei der Pflug-Übung mit den Zehen nicht auf den Boden kommt, führt die Übung bis zu dem Punkt hin aus, an dem er die Grenze spürt. Keinesfalls wird diese Grenze überschritten. Allmählich gewöhnt sich der Körper an die Spannung und gibt nach. Der Übungsfortschritt gleicht dem Wachsen einer Pflanze – er ist nie ruckartig, sondern stetig. Das Einüben des Körpers wirkt sich nicht nur im Ausgleich des Blutdrucks und einer guten Verdauung aus, sondern gibt der Seele, die von Ephräm dem Syrer als die Säule des Körpers bezeichnet wird, eine harmonische Umgebung. Die grundsätzlichen und persönlichen Gebote werden mit den Körper- und Atemübungen ganzheitlich, in Körper, Seele und Geist, umgesetzt. Das ist die Grundlage der Kontemplation.

## Die Atembeherrschung

Der Atem ist der wichtigste Lebensträger (prana) und wird auch Odem genannt. Deshalb ist die Beachtung eines gelösten und harmonischen Atmens, wie es beim Kleinkind auf natürliche Weise vorhanden ist, wesentlich für das Loslassen und Sich-Öffnen. Die Atemübungen sollten, wie auch alle anderen Übungsteile des Yoga-Weges, unter Anleitung eingeübt werden.

Mit dem Atem kann ein Leitwort oder ein Leitvers verbunden

werden. Nehme ich als Christ die Erhöhung Jesu ernst, so verbindet jeder Einatem mit dem auferstandenen, kosmischen Christus. Jeder Ausatem kann dann zur Hingabe an Gott werden, den wir Abba, lieber Vater, nennen. Wird mit dem Einatem das Wort »Jesus« verbunden, so geschieht die Aufnahme dieses Wortes und seines Sinngehalts über den Atem, das Fühlen und Denken. Auf diese Weise kann alles, was in uns eingeht, verwandelt werden zum Lob und Preis des Schöpfers. Aus der Verbindung des Leitverses »Jesus« – »Abba« mit dem Atem kann unser Leben zu einem ständigen Gebet werden. Durch die Beständigkeit wird, wie es Joseph der Seher ausdrückt, im Herzen das Gebet der Betrachtung eingepflanzt; dieses führt zur Schau des Herrn Christus. – Wer einer anderen Religion angehört oder einer Philosophie folgt, mag einen anderen Leitvers verwenden und damit seine Erfahrung machen.

### Das Zurückziehen

Das Zurückziehen der Sinnesorgane von den Sinnesobjekten kann vielfach geübt werden. Denn dies geschieht nicht nur bei der Yoga-Übung selbst, sondern bei jedem Gang durch ein Kaufhaus, vor jedem gedeckten Tisch, bei jedem Gedanken, der das Haben-Wollen signalisiert. Die Sinnesorgane ziehen sich aus der Zerstreuung zurück, um sich auf eine Person oder Sache zu konzentrieren.

### Die Konzentration

Die letzten drei Glieder Konzentration, Meditation und Zusammenfügung weisen fließende Übergänge auf. Sowohl bei der Konzentration wie auch bei der Meditation kann die Zusammenfügung eintreten.

In der Konzentration bindet sich das Bewußtsein an einen Punkt. Das bedeutet nicht, daß das Denken zum Erliegen kommt. Es ist vielmehr hellwach. Denn es wird so sehr von dem einen Gedanken erfaßt, daß alle anderen wie von selbst abfallen beziehungsweise von diesem einen Gedanken her durchdrungen werden. Hier kann die Intuition eintreten. Für die Konzentration wie dann auch für die Meditation ist das Kreuz mit der Auferstehung, das Licht, der Weg, das Wasser als Gegenstand der Konzentration sehr geeignet, um zum Erleben der Intuition zu kommen und diese als bereichernd, öffnend und erhebend zu erleben.

## Die Meditation

In der Meditation stellt der Meditierende einen Gegenstand so vor sich hin, daß er ihn von allen Seiten betrachten und sein Wesen von innen her erfassen kann. Dabei kann er so eng mit dem Meditationsgegenstand verschmelzen, daß er ganz davon erfaßt und umgewandelt wird. Ephräm der Syrer schildert, wie er eines Tages eine Perle in die Hand nimmt, darin die Symbole der himmlischen Majestät und des Sohnes erblickt, sie nachsinnend betrachtet, ihr gleich werden und schließlich durch sie eins werden will mit dem Licht der Völker zum Lobe Gottes. Das Ziel des christlichen Yoga ist, alle Fähigkeiten über das Wort so zu verwandeln beziehungsweise verwandeln zu lassen, daß sie zum Lobe Gottes gereichen.

## Die Zusammenfügung

Im letzten Glied, der Zusammenfügung, erfährt der Übende – entsprechend seinem Ansatz – als Hindu die Identifikation seines Selbst mit dem brahman, als Buddhist das Erlöschen aller Wünsche beziehungsweise das Aufgehen in der Leere, als Christ das »In-Christus-Sein« beziehungsweise »das Eingehen zu des Herrn Freude«.

## Zusammenfassung

Die acht Glieder des Yoga greifen ineinander wie die Glieder einer Kette, die sich in ihrem letzten Glied mit dem ersten gleichsam zu einem festen Band verklammert. Zu den schönsten Erfahrungen des Yoga gehört das Erlebnis des Eins-Seins mit der ganzen Schöpfung und ihrem Schöpfer. Jeder Sonnenstrahl ist ein Abbild des Sterns von Bethlehem, jeder Wind ein Zeichen für Pfingsten, jedes Aufblühen ein Spiegel von Ostern. Jeder Baum, jedes Gras, jeder Berg, jedes Tal ist ein Zeichen des Paradieses. Yoga kennt das Erlebnis der Einheit in der Schöpfung und – christlich gesprochen – die Erfahrung, daß das Heil in Christus nicht nur dem Menschen, sondern aller Kreatur gilt. In diesem Durchblick liegt der Ansatz sowohl zur Gesundung von Körper, Seele und Geist als auch der ganzen Schöpfung. Der Leib stellt eine Einheit dar, die nicht auseinandergerissen werden darf und im Zusammenhang von allem gesehen werden muß. Indem ich mich loslasse, mich ganz Gott überlasse, begebe ich mich ins Risiko, erfahre aber in allem die neue Kreatur.

In der »Anschirrung« der Sinne, in der Einübung des Körpers und des Atems und in der Kontemplation wie auch in der Erfahrung Gottes durch das Wort ist sich der Yoga von Urzeiten bis heute treu geblieben. Deshalb ist es möglich, den Yoga gleich dem Gebet in allen Religionen zu üben und zu pflegen. Wie das Gebet ist der Yoga eine Schale in der Hand des Menschen. Er kann diese Schale mit christlichem, islamischem, hinduistischem, philosophischem oder ideologischem Inhalt füllen. Je wahrheitsliebender der Übende handelt, desto sicherer gelangt er ans Ziel. Dies ist kein leichter Weg, aber ein heilsamer und erlebnisreicher. Die Schöpfung und sich selbst als Einheit zu erfahren im Lichte des Schöpfers und Heilbringers ist der wichtigste und wirkungsvollste Schritt zur Gesundung der inneren und äußeren Welt. Im Christentum ist damit die Hoffnung verbunden, schließlich den zu schauen, der nicht nur in allem erfahren werden kann, sondern der auch der Herr von allem ist. Da sich der Yoga inhaltlich mit der christlichen Lehre verbinden läßt, kann er ohne weiteres ins abendländische Denken und Handeln übertragen werden.

*Literaturhinweise:*


VOGEL, WERNER und DORSCHNER, MARLIES, Yoga mit Heilwirkungen, St. Georgen/Schwarzwald 1984

IYENGAR, B. K. S., Licht auf Yoga, München 1983[4]

IYENGAR, B. K. S., Licht auf Pranayama, München 1984